世界贸易报告丛书

世界贸易报告 2021

经济韧性与国际贸易

世 界 贸 易 组 织 著
中国世界贸易组织研究会 译

中国商务出版社
CHINA COMMERCE AND TRADE PRESS

图书在版编目(CIP)数据

世界贸易报告.2021:经济韧性与国际贸易 / 世界贸易组织著；中国世界贸易组织研究会译. — 北京：中国商务出版社，2022.8 （2023.5重印）
（世界贸易报告丛书）
ISBN 978-7-5103-4272-1

Ⅰ.①世… Ⅱ.①世… ②中… Ⅲ.①国际贸易—研究报告—2021②国际贸易—影响—经济增长—研究—2021 Ⅳ.①F74

中国版本图书馆CIP数据核字(2022)第075305号

版权出让方：WORLD TRADE ORGANIZATION
著作权合同登记号 图字：01-2022-2527 号

世界贸易报告2021

经济韧性与国际贸易

SHIJIE MAOYI BAOGAO 2021——JINGJI RENXING YU GUOJI MAOYI

世 界 贸 易 组 织 **著**
中国世界贸易组织研究会 **译**

出　　　版：	中国商务出版社			
地　　　址：	北京市东城区安外东后巷 28 号	邮　　编：	100710	
责任部门：	商务事业部（010-64269744）			
责任编辑：	张高平			
直销客服：	010- 64266119			
总 发 行：	中国商务出版社发行部（010-64208388　64515150 ）			
网购零售：	中国商务出版社淘宝店（010-64286917）			
网　　　址：	http://www.cctpress.com			
网　　　店：	https://shop595663922.taobao.com			
邮　　　箱：	bjys@cctpress.com			
排　　　版：	廊坊市展博印刷设计有限公司			
印　　　刷：	河北赛文印刷有限公司			
开　　　本：	700 毫米 × 1000 毫米　　1/16			
印　　　张：	28	字　　数：	338 千字	
版　　　次：	2022 年 8 月第 1 版	印　　次：	2023 年 5 月第 2 次印刷	
书　　　号：	ISBN 978-7-5103-4272-1			
定　　　价：	125.00 元			

序

世界贸易组织（简称世贸组织，WTO）作为管理全球贸易的重要国际组织，是全球经济治理的三大支柱之一，其164个成员涵盖世界98%的贸易额。以世贸组织为核心的多边贸易体制已成为国际贸易的基石，是经济全球化的重要制度保障。

2001年中国加入世贸组织，是中国深度参与经济全球化的里程碑，标志着中国改革开放进入历史新阶段。加入世贸组织以来，中国积极践行自由贸易理念，全面履行加入承诺，大幅开放市场，实现更广泛的互利共赢。中国坚定遵守和维护世贸组织规则，坚决反对单边主义和保护主义，支持开放、透明、包容、非歧视的多边贸易体制，为共同完善全球经济治理发出中国声音，是多边贸易体制的积极参与者、坚定维护者和重要贡献者。

《世界贸易报告》是世贸组织的年度旗舰报告，该报告每年围绕国际经贸领域的一个重要主题，进行深入的前瞻性分析，是观察和判断世界贸易未来发展的风向标，一直受到世贸组织成员和国际社会的高度关注。我国自2007年起每年翻译出版《世界贸易报告》。

为增进国内政府部门、学术界和业界对国际贸易、贸易政策前沿议题和多边贸易体制趋势性问题的系统把握和理解，经世贸组织授权，我们组织出版了《世界贸易报告》丛书。该丛书已收录了2015年到2021年《世界贸易报告》，主题分别为"《贸易便利化协定》的收益与挑战""为中小企业提供公平贸易平台""贸易、技术和就业""数字技术如何改变全球商务""服务贸易的未来""数字时代政府政策推动创新""经济韧性与国际贸易"。2022年及以后年度的《世界贸易报告》将按年度顺序陆续纳入丛书。

国务院领导同志高度重视此项工作。商务部部领导在组织翻译和出版丛书过程中亲自指导，在此表示衷心感谢。

感谢中国常驻世贸组织代表团和商务部世贸组织司的组织和协助。参与《世界贸易报告2021》的翻译、译校人员如下（以姓名音序为序）：毕中霖、丁奇、方博、高虹、耿子超、海琳娜、韩文逸、江佳、李洪辉、李若楠、李欣、柳瑜、马良仁、孟飖、宁夏、钱妤、孙恺瑞、唐瀚文、田添、王才钰、王晶、王坤、王榕、吴文昭、邢晓荣、熊能、姚家威、易炜铭、张明超、张晓辉、赵晨、赵宇果、郑茹娜、周立宇、周正、朱文强。感谢商务部国际贸易经济合作研究院和世贸组织秘书处的支持和配合。在此，也对中国商务出版社参与丛书编辑和出版等方面工作的同志一并表示感谢。

《世界贸易报告》的英文版为正式文本，中译文仅供参考，不具法律效力。由于时间仓促，丛书翻译难免有疏漏，敬请读者指正。

中国世界贸易组织研究会会长

目　录

致　谢

《世界贸易报告2021》编写工作是由世贸组织副总干事安娜贝尔·冈萨雷斯（Anabel González）和经济研究与统计司司长罗伯特·库普曼（Robert Koopman）总负责。艾迪·贝克尔斯（Eddy Bekkers）和何塞–安东尼奥·蒙泰罗（José-Antonio Monteiro）负责协调。报告作者包括马克·奥博因（Marc Auboin）、马克·巴凯塔（Marc Bacchetta）、弗朗西斯科·贝莱利（Francesco Bellelli）、柯西莫·贝弗利（Cosimo Beverelli）、艾迪·贝克尔斯（Eddy Bekkers）、伊曼纽尔·甘妮（Emmanuelle Ganne）、约翰·汉考克（John Hancock）、凯塔琳娜·朗格勒（Katharina Laengle）、凯瑟琳·伦德奎斯特（Kathryn Lundquist）、何塞–安东尼奥·蒙泰罗（José-Antonio Monteiro）、罗伯塔·皮埃尔马蒂尼（Roberta Piermartini）、伊夫·雷诺夫（Yves Renouf）、维克多·斯道森伯格（Victor Stolzenburg）和徐安恺（Ankai Xu）(经济研究与统计司)。

世贸组织秘书处的几个相关司对报告草案提供了宝贵的素材和评论意见。特别是农业和大宗商品司的乔纳森·赫本（Jonathan Hepburn）、梅尔文·斯普雷（Melvin Spreij）和克里斯蒂娜·沃尔夫（Christiane Wolff），发展司的施舍尔·普利亚达西（Shishir Priyadarshi）和迈克尔·罗伯茨（Michael Roberts），知识产权、政府采购和竞争司的陈建宁（Jianning Chen）、雷托·马拉克里达（Reto Malacrida）、菲利普·佩尔蒂埃（Philippe Pelletier）、阿斯特希克·所罗门（Astghik solomon）和安东尼·陶布曼（Antony

Taubman），法律事务司的约翰·阿丹克（John Adank）、米雷耶·柯西（Mireille Cossy）和胡安·巴勃罗·摩亚霍约斯（Juan Pablo Moya Hoyos），规则司的希里夫·科思昆（Seref Coskun）、克拉丽丝·摩根（Clarisse Morgan），贸易和环境司的雷纳·兰斯（Rainer Lanz）、卡斯滕·斯坦因法特（Karsten Steinfatt），服务贸易和投资司的艾琳娜·贝尔托拉（Elena Bertola）、安东尼亚·卡尔扎尼加（Antonia Carzaniga）、柴小林（Xiaolin Chai）、黛尔·霍内克（Dale Honeck）、马库斯·杰力托（Markus Jelitto）、胡安·马尔凯蒂（Juan Marchetti）、马丁·罗伊（Martin Roy）、李·塔特希尔（Lee Tuthill）和张若思（Ruosi Zhang），以及贸易政策审议司的威利·阿尔法罗（Willy Alfaro）均提供了书面建议。总干事伊维拉和总干事办公室的特里尼什·比斯瓦斯（Trineesh Biswas）提供了宝贵的建议并给予了工作指导。

彼得森国际经济研究所的查德·P.鲍恩（Chad P. Bown）、世界银行的斯蒂芬·哈列加特（Stephane Hallegatte）、巴斯大学的帕特里克·高莱（Patrick Gaulé）、信息与通信技术非洲研究所的艾莉森·吉尔瓦尔德（Alison Gillwald）、麦肯锡公司的苏珊·伦德（Susan Lund）、药品法律和政策组织的埃伦特·霍恩（Ellen 't Hoen）、马里兰大学的埃布纳姆·卡莱姆利–奥兹坎（Sebnem Kalemli-Özcan）、联合国防灾减灾署的水鸟真美（Mami Mizutori）和苏黎世大学的拉尔夫·奥萨（Ralph Ossa）提供了外部意见。

在知识和信息管理、学术外联和世贸组织教席项目司的穆斯塔法·萨迪尼·贾拉卜（Mustapha Sadni Jallab）、桑德拉·罗希耶（Sandra Rossier）和叶青（Qing Ye）的协调下，以下世贸组织教席教授也提供了意见：突尼斯大学的利拉·巴格达迪（Leila

Baghdadi），内罗毕大学的塔比瑟·基里迪–恩甘加（Tabitha Kiriti-Nganga），毛里求斯大学的布本·西塔纳（Boopen Seetanah）、维丽娜·坦卓恩–雷古伯（Verena Tandrayen-Ragoobur）和杰米·德·梅洛（Jaime De Melo）。

以下来自世贸组织秘书处以外的人士也对报告初稿提出了有益的意见：乔凡娜·阿迪诺菲（Giovanna Adinolfi）、狄龙·阿莱恩（Dillon Alleyne）、文卡塔查拉姆·安布莫之（Venkatachalam Anbumozhi）、利拉·巴格达迪（Leila Baghdadi）、阿姆里塔·巴赫里（Amrita Bahri）、理查德·鲍德温（Richard Baldwin）、塞西莉亚·贝罗娜（Cecilia Bellora）、乍得·鲍恩（Chad Bown）、利诺·帕斯卡·布里古格里奥（Lino Pascal Briguglio）、安德鲁·多布森（Andrew Dobson）、莱昂内尔·丰塔涅（Lionel Fontagné）、艾米丽·格雷（Emily Gray）、温妮莎–格雷（Vanessa-Gray）、史蒂芬·哈勒加特（Stephane Hallegatte）、埃布纳姆·卡莱姆利–奥兹坎（Sebnem Kalemli-Özcan）、塔比瑟·基里迪（Tabitha Kiriti）、金迪·基尔希–伍德（Jenty Kirsch-Wood）、米娅·米基奇（Mia Mikic）、茱莉亚·尼尔森（Julia Nielson）、希尔蒂格·希维克·诺达斯（Hildegunn Kyvik Nordas）、基思·纳斯（Keith Nurse）、拉尔夫–奥萨（Ralph-Ossa）、黛安·夸尔斯（Diane Quarless）、米歇尔·鲁塔（Michele Ruta）、安娜·玛利亚·圣克鲁斯（Ana Maria Santacreu）、布本·西塔纳（Boopen Seetanah）、罗伯特·泰赫（Robert Teh）、弗兰克·范·通厄轮（Frank Van Tongeren）和伊琳娜·佐卓（Irina Zodrow）。

安德烈·布罗托（André Brotto）、阿肯莎·博尔曼（Akanksha Burman）、卡洛琳·格拉夫（Carolin Graf）、尤利娅·库切利亚

娃（Yuliia Kucheriava）、李敏熙（Minhee Lee）、塞尔吉奥·马丁内斯·科托（Sergio Martinez Cotto）、卢卡斯·欧里基思·波夫（Lucas Ouriques Poffo）、石飞扬（Feiyang Shi）以及涅奇·特蕾莎（Enxhi Tresa）为报告研究提供了协助。在施拉达·巴蒂亚（Shradha Bhatia）和杨银（Yin Yang）的支持下，芭芭拉·丹德里亚（Barbara D'andrea）补充了图表。

经济研究和统计司的安妮·莱斯库尔（Anne Lescure）和戴安娜·登特（Diana Dent）负责报告的文本制作。信息和对外关系司的安东尼·马丁（Antony Martin）和海伦·斯温（Helen Swain）负责报告的图表制作。威廉·肖（William Shaw）和海伦·斯温（Helen Swain）对报告进行了编辑。此外，还要感谢语言和文件服务司翻译人员的高质量工作。

免责声明

世贸组织秘书处对《世界贸易报告》的内容全权负责。外部撰稿人的观点及世贸组织教席专家撰写的专栏内容由相应作者全权负责。《世界贸易报告》不代表世贸组织成员的意见或观点。就任何未决错误或遗漏，《世界贸易报告》作者还希望免除对《世界贸易报告》提出评论意见人的责任。

前　言

　　新型冠状病毒肺炎（简称新冠肺炎）疫情已经清楚证明，全球化触及我们生活的方方面面。当今时代的特点是：旅行、贸易和金融流动之间存在深刻的相互联系，由新冠肺炎疫情带来的经济冲击可以在几周之内传遍世界各地。早期的流行病需要几个月甚至几年的时间才能传播到全球。

　　新冠肺炎疫苗得以在创纪录的短时间内成功研发，核心原因也是全球化。科学家们能够在公共和私人研发资金的支持下，跨越国界分享思想和技术。由于新疫苗被证明是安全和有效的，跨越十几个或更多国家的数百个地点的供应链汇集在一起，提供大规模生产疫苗所需的专项资金和货物——所有这些都是在一年内完成的。

　　然而，新冠肺炎疫苗的获取仍然是非常不公平的。在编写本报告时，非洲和低收入国家的疫苗接种率仍然保持在个位数。而在富裕国家和越来越多的中上收入经济体，大部分符合条件的人都已接种了疫苗，个人的犹豫是普及疫苗接种的主要障碍。

面对疫情，全世界所有疫苗的生产量为每年50亿剂。到2021年底，全球新冠肺炎疫苗的生产量达到124亿剂，生产能力较之前大幅提高。但这仍然不够，特别是越来越多的国家由于国民的免疫力下降开始给国民注射加强针。疫苗生产和分配的核心仍然是贸易，这是强劲、包容和持久的经济复苏的先决条件。展望未来，贸易也将是建立更加分散和多元化的疫苗、治疗和诊断生产基础的核心，从而在面对未来的流行病时将更具韧性。

新冠肺炎让我们措手不及，尽管许多人预测世界早该暴发一次流行性呼吸道疾病方面的疫情。从气候变化到自然灾害等其他风险也更加明确：贸易也可以帮助我们更好地应对这些风险和其他风险带来的冲击。

《世界贸易报告2021》回顾了贸易、贸易政策以及国际合作在构建经济韧性以应对自然灾害和人为灾害（包括新冠肺炎疫情）方面的作用。研究发现，当今高度关联的全球经济更容易受到风险的影响，更容易受到从供应链中断到传染病暴发等各种冲击的影响。但当冲击发生时，全球经济韧性也更强了。

报告发现，贸易与合作有助于提高抵御冲击的能力，因为它促进了产品、供应商和市场的多元化。报告指出了贸易有助于构建经济韧性，特别是在配套的国内政策和有效的全球合作的支持下。

应对冲击的关键是预测、评估和管理风险。应对冲击的策略是供应来源地和目的地市场的多元化以及维持关键性物资的库存。其他减少风险和早期预警的策略，例如天气预报、保险、电信和保健服务，可以通过扩大服务贸易得以加强。

当冲击来临时，贸易可以使家庭和企业继续获得商品和服务，从而帮助其减轻冲击。在新冠肺炎疫情暴发期间，尽管存在一些与疫情相关的出口限制，但贸易满足了各国对医疗产品不断飙升的需求。2020年，尽管全球贸易额下降了7.6%，但医疗用品贸易却增长了16%，个人防护设备贸易增长了近50%——我们大家非常熟悉的口罩，增长了480%。2020年，农产品贸易保持稳定，防止了健康危机演变成粮食危机。

一旦冲击得到控制或消失，贸易可以加速经济复苏：在进口方面，可以促进获得具有价格竞争力的中间产品和服务；在出口方面，可以促进获得外国需求。对于财政空间有限的贫穷国家来说，贸易作为经济增长的驱动力尤为重要。

在疫情早期阶段，人们担心全球价值链可能崩溃并成为连锁冲击的新来源，特别是高度依赖特定节点或国家的价值链。虽然世界上有一些地方的工厂关闭，迫使其他地方的装配线暂时停产，但全球价值链迄今总体上具有韧性，有助于推动当前的经济复苏。在财政和货币政策的刺激下，在政府对贸易保护主义进行广泛限制的推动下，商品贸易比国内生产总值反弹得更快。

然而，企业预测经济将出现长期低迷而削减投资，需求意外大幅反弹。企业库存增加以及从缩减个人服务支出向购买生活消费品的转变，进一步加剧了需求反弹，导致供应链出现瓶颈和中断。极端天气事件、船只阻塞苏伊士运河等事故，以及重要港口和生产地点因新冠肺炎而关闭，导致了运输成本上升和交货延误。然而这似乎只是暂时的。

在国家层面上，贸易、经济增长和风险管理是相辅相成的。

在疫情前与新冠肺炎病例较少的国家有强大的贸易联系的经济体，其国内生产总值的恢复速度更快。

然而，在某些特定条件下，国际贸易可以传播冲击，如金融危机、国际运输中断、供应链中断和疾病。例如，依赖贸易、相对单一的经济体受新冠肺炎疫情的影响尤为严重。因此，接种新冠肺炎疫苗对于确保经济迅速复苏至关重要，这佐证了疫苗政策就是贸易政策，反之亦然。

与疫情相关的经济压力促使一些国家呼吁生产回流，促进自给自足，并退出贸易一体化，以建设更具韧性的经济。本报告认为，这些策略不太可能有效，国家实现自给自足的代价高昂、效率低下，从技术方面，甚至在某些领域不可能实现。虽然减少了来自其他国家的冲击，但应对国内冲击的脆弱性却增加了——这种情况下是没有国际贸易提供韧性机制的。相反，贸易一体化程度的提高与宏观经济波动的下降有关。

虽然世贸组织已经通过重要渠道为经济复苏做出了贡献，但它能够而且必须做出更大的贡献，因为我们将面临日益严重的自然灾害和人为风险。正如我们在与疫情相关的贸易措施中看到的那样，提高透明度和可预测性至关重要。这样决策者和企业可以获得所需的信息以做出决定，采取行动保持关键产品在世界各地自由流动以增强经济韧性，当前的新冠肺炎疫苗无瓶颈供应链就说明了这一点。世贸组织正在进行的关于服务、投资、农业、电子商务和中小微企业的谈判可以为包容性贸易和多元化贸易创造更多机会，使经济在未来更具韧性。世贸组织于2021年11月30

日至12月3日召开第12届部长级会议（后因新冠肺炎疫情推迟到2022年6月12日举行，译者注），为成员在这些方面取得进展提供了机会。重振国际合作，而非退回孤立主义，是更有希望的复苏之路。

世贸组织总干事　恩戈齐·奥孔乔·伊维拉博士

摘　要

　　2019年新冠肺炎疫情造成的健康和经济危机是对世界贸易体系的巨大考验，给全球供应链和国际贸易也带来前所未有的冲击。2020年，以美元计算的全球商品和服务贸易额下降了9.6%，而全球国内生产总值下降了3.3%，这是自第二次世界大战以来最严重的一次衰退。

　　然而，事实证明贸易体系比危机开始时人们的预期更具韧性。虽然疫情在初期严重扰乱了国际贸易，但供应链迅速适应了形势，货物继续跨境流动，不少经济体开始逐步复苏经济。

　　在疫情大流行期间，全球贸易体系一直是灵活、多样的力量之源。通过便利措施获取关键医疗品、粮食和其他消费品以支持经济复苏，各成员得以应对疫情(见图0-1)。根据世贸组织的最新预测，2021年全球经济产出(按市场汇率计算)将恢复到5.3%。这在一定程度上归功于国际货物贸易的强劲复苏——2021年国际货物贸易增长近8%，不过国际服务贸易仍然低迷。

　　《世界贸易报告2021》探讨了相互关联的全球贸易体系为何既脆弱又能抵御冲击，全球贸易体系何以帮助各成员在经济上更具抵御冲击的能力、如何改良其经济系统使其做好充分准备并在未来更具韧性。鉴于自然灾害和人为灾害日益频繁和严重，这些都是迫切需要解决的问题。

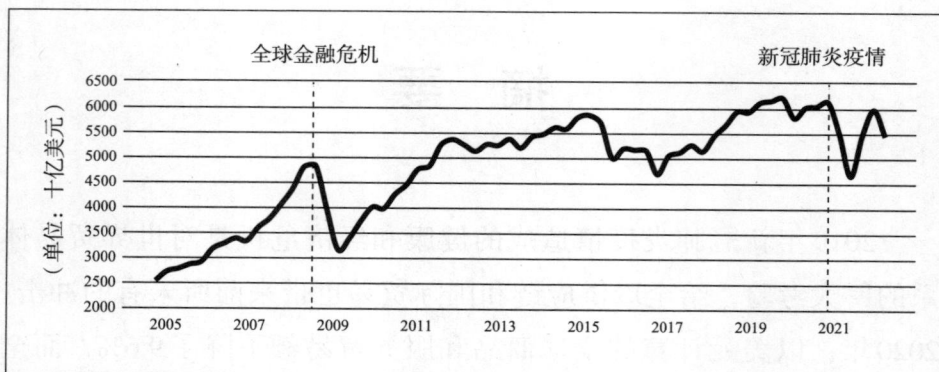

图0-1　2019年全球贸易较2008—2009年全球金融危机时期恢复得更快

注: 该数字显示同时报告商品和商业服务贸易流量的国家未经季节性调整的世界贸易量的变化情况。

资料来源: 作者基于世贸组织的贸易数据(https://data.WTO.org)进行计算。

　　例如, 气候变化正在助推极端气候事件的发生, 干旱、旋风和洪水可能产生毁灭性的影响; 人类对动物栖息地的侵犯会增加传播人畜共患病的风险, 这可能会导致另一场疫情; 尽管更安全的生产流程减少了技术和工业灾难的发生频率, 但网络攻击和数据诈骗的发生率预计将继续增加; 日益加剧的不平等、日益凸显的经济脆弱性、日益增长的政治不确定性和地缘政治的紧张局势都在增加冲突和暴力发生的风险。虽然人们倾向于单独审视这些风险, 但它们可能相互作用, 对环境、经济和社会造成连锁反应和冲击。

　　所有这些风险因素都会导致大量的死亡、伤害、疾病及巨大的经济损失。例如, 在1980—2020年, 地震造成了884000多人死亡。在同一时期, 全球发生了4800多次洪水, 影响了35亿多人。在1980—2020年, 自然灾害造成的总经济损失达3.6万亿美元 (EM-DAT, 2020)。

　　这些风险造成严重的社会后果。在危机时期, 较贫穷的家庭更容易受到冲击，如收入大幅受损、低龄儿童辍学、无法获得医疗保健及营养不良等。全球每年约有2600万人由于洪水和干旱等自然灾害陷入贫困。

2019年新冠肺炎疫情在就业率和工作时间方面进一步加剧了性别的不平等。因为女性对照顾儿童和老人负有更大的责任，且她们在面对面提供的服务业中比例更高，受疫情的影响尤其严重。中小微企业比大型企业更容易受到疫情的影响，因为前者获得金融、数字基础设施及风险管理信息的机会有限，而且中小微企业的雇员往往较贫穷和脆弱。在全球范围内，与发达成员相比，经济扰乱对发展中成员的影响更大，特别是对较小、较贫穷的国家。

本报告评估了贸易、贸易政策合作和多边贸易体系与经济韧性的关系。虽然"经济韧性"已经成为一个流行术语，常用于描述应对冲击带来的经营中断，经济受损所需的广泛的、多样的因素和战略，但它缺乏一个通行的定义。本报告将经济韧性定义为一种系统性预防和充分准备、应对冲击及从冲击中恢复经济的能力，其主体包括家庭、企业和政府。

构建经济韧性需要理解经济领域的挑战、机遇与预测、评估和管理风险的能力。尽管家庭、企业和政府会采取一系列广泛的、包括贸易政策在内的恢复经济的战略和行动，但国际贸易在构建经济韧性方面的作用还是备受关注的。

目前讨论的大部分内容都基于一种基本的二元假设，即全球贸易相互依存与国内经济安全之间固有的取舍关系——追求经济效率与追求经济韧性是不相容的。本报告探讨并重新评估了这一假设。

报告指出，这些目标往往是相互关联且相辅相成的——这是一个现实问题。

贸易是构建经济韧性的一种手段，特别是在得到国内相关政策及有效的全球合作与规则支持的情况下。

报告传达了三个主要信息：第一，当今全球经济具有贸易深度关联的特点，这使得世界更容易受到冲击，但在冲击发生时也更具抵御能力；第二，旨在通过退出贸易一体化来提高经济抵御能力的政策——例如，将生产重新转移到本国和促进自给自足的政策——往往会产生相反的效果，会显著地降低经济韧性；第三，加强经济韧性需要更多的全球合作。

今天，全球经济具有贸易深度关联的特点，这使世界更容易受到冲击，但也更能抵御冲击。

贸易通过经济、金融、运输和数字化将世界联系起来，从而增加各国的脆弱性和扩大遭受危害的程度，并促进这些危害的传播。与此同时，贸易作为发展生产力和促进经济增长的一个关键驱动因素，有助于各成员获得它们所需的资源，以防范风险、应对冲击和在危机中恢复经济。

贸易还在获得货物和服务的多样化方面发挥着关键作用。例如，当危机扰乱既定的供应关系时，无论是国内供应关系还是国外供应关系，贸易使各成员能够通过调换供应商来应对冲击。参与贸易，特别是参与出口贸易的公司，由于它们的平均生产率高于未参与出口贸易的公司，以及它们倾向于进入更加多元的市场，因此它们更有可能在经济衰退中生存下来。

与贸易相关的流动性可能是疾病传播的媒介。这包括以旅行和劳工移徙为形式的人员流动，以及牲畜和其他农产品的进出口贸易，特别是非法或不受管制的贸易。对于合法进口的动物，这些风险通过疾病筛查、检疫以及动植物卫生检疫措施的执行而得以降低。

　　然而，流动性也为危机提供了解决办法，因为它能够更快地传播知识，从而促进研究和开发，使人们能够在短期内找到治愈传染病的办法，并在长期内强化卫生系统。

　　一方面，贸易驱动的相互依存——特别是全球价值链的兴起——可能增加输入或输出供求突然中断的风险，以及易受国际运输网络中断的影响。因此，即使对价值链中的一个环节造成相对较小的冲击，也可能暂时阻断或破坏高度相互关联的准时生产和分销网络。例如，据估计，2011年日本大地震使与受灾供应商合作的公司的增长率下降了3.6个百分点，使与受灾客户合作的公司的增长率下降了2.9个百分点(Carvalho 等，2021；Tokui、Kawasaki 和 Miyagawa，2017)。

　　另一方面，鉴于建立供应商网络的成本很高，建立作为价值链支柱的长期关系是企业保持和调整与海外供应商贸易关系的动力，即使在困难时期也不例外。这可以提高贸易应对危机的韧性，从而减少贸易流动的波动性及其对增长的负面影响。价值链的存在还可以通过将某个区域的复苏传导到其他区域来帮助受冲击的区域恢复生产。企业可以采取供应来源多样化、增加库存和促进跨区域灵活生产等策略来提高全球价值链的韧性。

　　贸易会间接增加环境风险，包括毁林、过度农垦和气候恶化。例如，虽然贸易本身可能不是温室气体排放的主要来源，但它确实造成了因货物运输和增加产量而产生的排放。在缺乏有效的气候变化应对政策的情况下，这些排放会加剧气候恶化，增加气候恶化导致的自然灾害风险。

　　然而，贸易能够通过鼓励采用和运用环保商品、服务和技术，包括鼓励使用清洁和可再生能源，从而降低气候变化的风险。贸易还可以通过弥合各区域之间的供给差异，促进各区域能适应气候变化。例如，某些区域某些作物产量的下降，促进其他区域产量的增加。

服务贸易在帮助各成员在应对冲击方面也是至关重要的。例如，天气预报和早期预警系统可以预测和传播有关风暴、火灾、洪水、干旱和地震的信息。保险能够补偿被保险人的损失，促进降低风险的努力，尽管一些重大风险（包括地震和传染病）的损失被排除在许多保险合同之外。通信技术，包括传统技术和新技术，可以为应对灾害提供必要的信息。运输和后勤服务能够保障供应，而运输和后勤服务不足可能在危机期间造成灾难性后果，2019年新冠肺炎大流行就证明了这一点。进口卫生服务可以减轻不堪重负的国内医疗资源的压力。

提高影响贸易的国内服务效率也在构建经济韧性方面发挥关键作用。海关程序流程太长，例如，在收到全额付款之前拒绝放行货物、在确定哪些货物免征关税方面的拖延以及繁琐的文件要求，可能妨碍受灾期间紧急物资的交付。内陆成员尤其容易受到由于过境问题而造成的重要物资供应中断的影响。自2019年新冠肺炎暴发以来，一些成员已采取贸易便利化措施，例如，优先清关紧急供应品(如食品和医疗用品)，暂停某些关税，增加贸易基础设施等。

得益于出口方面持续的外部需求与进口方面中间产品和服务的供应，贸易还有助于促进经济复苏。贸易可以成为许多发展中成员和最不发达国家的重要复苏机制，这些成员通过财政刺激计划推动经济复苏的能力有限。贸易已经被证明是具有韧性的，并且一直在推动经济从新冠肺炎疫情中复苏起来。在经受新冠肺炎疫情冲击后，货物贸易比国内生产总值恢复得更快（见图0-2），尽管服务贸易仍然低迷。但在大流行病暴发一年后，货物贸易几乎恢复到了危机前的水平（WTO，2021c）。2019年，新冠肺炎发病率低的成员与存在密切贸易联系的成员的国内生产总值恢复得更快，这突出表明贸易、经济增长和风险管理相互支持。疫情开始时采取的大多数保护主义措施很快被取消。相反，为了加强贸易的韧性作用，许多成员采取了贸易开放措施。疫情还表明，数字贸易为更快、更具包容性的复苏提供了多种解决方案。

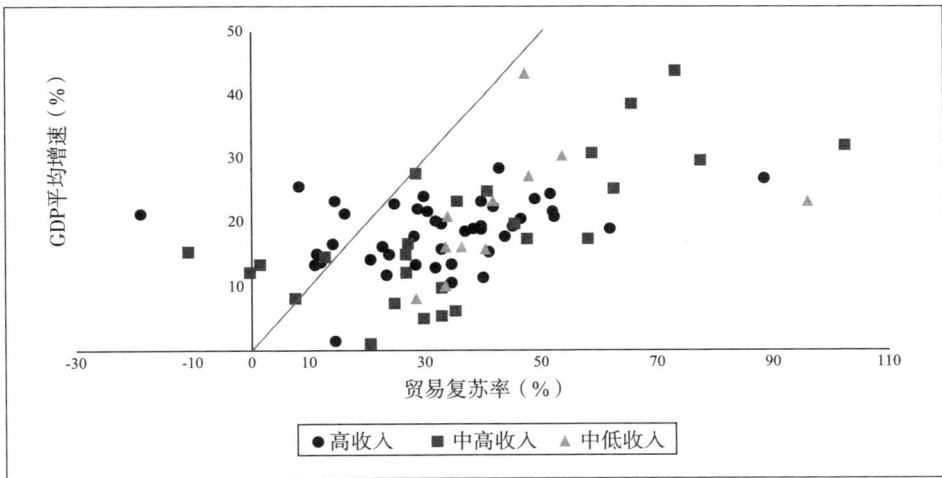

图0-2　2019年以来（2020年第二至第四季度）经济复苏与贸易复苏相关联

注：GDP 增长率和贸易复苏率是指从2020年第二季度到第四季度的百分比变化。贸易水平在2020年4月、5月处于最低点。

资料来源：作者基于世界银行的 GDP 数据 (https://data.worldbank. org) 和世贸组织的贸易数据 (https://data.WTO. org) 进行计算。

虽然贸易复苏是支持经济复苏的关键，但如果要维持良好的经济韧性，就需要找出造成脆弱性和导致危机的原因。疫情后的经济复苏使贸易体系更具可持续性、韧性和公平性，并解决疫情中出现的问题，例如，发展瓶颈和分配不公平的问题。这是一个将闲置的或分配不当的资源转移到更加可持续的、更有效率的地方的机会。与此同时，须当心这样的观点：认为刺激复苏的国家财政和货币政策不会加剧贸易失衡。恰恰相反，这些政策可能导致贸易保护主义加剧。

旨在通过生产回流、促进自给自足和退出贸易一体化来提高经济韧性的政策往往会产生相反的效果，显著降低经济韧性。

从长远来看，限制贸易和促进自给自足几乎不可避免地降低经济的效率，因为这种政策最终会推高商品和服务的价格，并限制获得产品、零部件和技术的机会。虽然国内供应链可以减少来自其他国家的风险，但其增加了国内容易受到灾害造成的供应中断和需求冲击的脆弱性。

此外，经济自给自足是一个虚幻的目标。在技术先进的部门，现代生产需要大量的全球性投入，任何一个国家都无法单独提供。即使是粮食生产的自给自足也依赖于化肥、农业机械或能源的进口来维持足够的农业产出。例如，在新冠肺炎大流行期间，即使是高度多样化的欧盟也需要进口40%的新冠病毒检测试剂盒和诊断试剂，美国的一家新冠病毒疫苗制造商需要依靠从19个国家采购的280个组件才能生产最终产品（Pfrizer，2021）。

为应对危机而采取的保障本国供应的出口限制往往会导致其他国家的贸易报复，包括减少进口和冲突升级，使所有相关方无力应对并从出口限制措施的危机中恢复起来。从长远来看，这种限制也会损害对基本商品的投资，因为生产商预期，在需求上升的时候，价格上涨幅度较低。所有这些都会减少贸易自由流动。更致命的是，当全球性的冲击来袭时，必需品的分配会变得不公平。

更广泛地说，对国家而言，贸易增强韧性的作用高于贸易带来的风险和冲击。

实践证明，过去50年来，贸易带来的成本降低缓解了大多数区域国内生产总值的波动。因此，退出贸易一体化的政策，以牺牲国际贸易为代价的供应链回流，可能造成宏观经济波动加剧。

相反，促进贸易多样化的政策更有可能构建经济韧性，从而减小宏观经济波动(见图0-3)。因此，正如贸易有助于解决国内供应短缺问题一样，贸易供应商的多样化有助于解决传统外国供应中断的问题。同样的，如果一个国家的出口集中在少数几种产品上，这个国家就更容易受到这些产品需求下降的影响，从而增加总体波动性。新冠肺炎大流行对依赖旅游业的地区造成严重影响就是典型例子。例如，很多最不发达国家特别依赖旅游业/旅游服务出口，2020年服务出口下降了39%。同样的，如果出口集中在少数几个目的地，目的地遭遇特大的需求冲击，如经济衰退，会对出口收入产生巨大影响。贸易路线和运输方式的多样化也在经济韧性中扮演着重要角色。

然而，鉴于某些贸易部门的经济规模以及进入市场与外国公司建立贸易关系所需的固定成本巨大(例如获取信息)，实现多样化可能具有挑战性。此外，在知识密集型部门，对知识产权被征用或模仿的恐惧可能使拥有无形资产的公司避免与广泛的供应商接触。事实上，数据显示，近几十年来，多样化程度仅略有增加，企业层面极为有限的数据亦显示贸易高度集中。

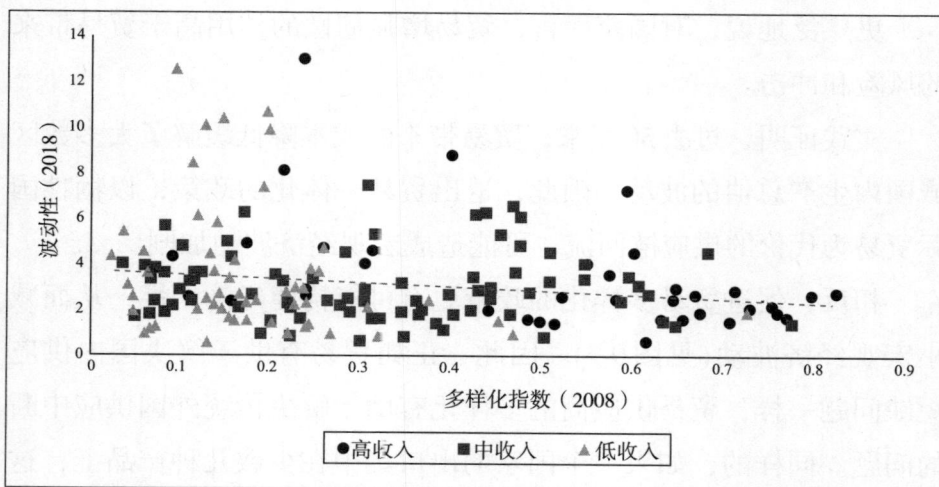

图0-3 贸易多样化减小宏观经济波动

注: 多样化指数源自于赫希曼指数（Herfindahl-Hirschman）中的出口地集中指数，范围从0(不多样化)到1(完全多样化)。波动性为2007—2017年间观察到的10年 GDP 增长率的标准差。

资料来源: 作者根据国际货币基金组织世界经济展望数据库（https://www.IMF.org/en/publications/sprols/World-Economic-Outlook-Databases）和 BACI 的数据（http://www.cepii.fr/cepii/en/bdd_modele/bdd_modele.asp）进行计算。

　　针对某些市场、政策和体制失灵实施的一系列政策可以促进贸易多样化。例如，建立清晰、透明和可预测的商业法规与投资政策可以降低新投资活动的成本和风险。降低关税和减少其他贸易壁垒、提高贸易便利化的效率，可以降低贸易成本，促进多样化；通过提高服务投入的质量和可用性，减少国内市场的服务贸易限制，可以增加服务密集型制成品的出口；制定促进竞争的政策可以刺激创新，最终通过提高企业生产力实现出口多样化；支持劳动力市场调整，如技能培训和减少性别不平等，扩大可用劳动力资源和提高劳动力效率，可以促进贸易多样化。

　　增强经济韧性需要更多的全球合作。在强有力的国际贸易规则的支持下，在多边或区域开展更多的贸易与合作可以有效支持各种国内战略，以避免和减轻风险以及应对、管理危机并从危机中恢复起来。一个国家实行的防控风险措施和增强经济韧性的政策可能对其他国家产生积极的溢出效应。从全球来看，个别国家单独采取这种政策不如全球协同实施这种政策。合作也有助于限制使用对贸易伙伴产生负面溢出效应的政策，如出口限制或补贴。

　　加强贸易与合作有助于使市场更加开放，使贸易更具包容性、稳定性和可预测性，从而促进生产、供应和市场的多元化，提高抵御冲击的能力。加强贸易与合作还可增加全球市场的透明度、信息共享度和可预测性，帮助各成员更好地评估生产能力、避免瓶颈、管理库存和防止过度储存，提高应对危机的能力。共享信息以增强经济韧性的例子是农产品市场信息系统（AMIS），这是一个包括世贸组织在内的国际机构平台，跟踪关键农产品的供应情况，在供应充足时向各成员保证供应，并在必要时提供一个协调应对政策的论坛。

　　贸易与合作发生在多边、诸边和区域层面。在这方面，世贸组织积极帮助推动贸易与合作，支持具有正面溢出效应政策的产生并扩大其影响力，限制世贸组织成员采取造成负面溢出效应的政策，并提供一个场所处理和解决贸易摩擦。世贸组织对贸易与合作的贡献包括减少贸易壁垒、简化海关手续、鼓励提高政策透明度和可预测性、帮助较贫穷成员增强贸易能力以及与其他国际组织合作促进全球经济发展。

　　世贸组织在疫情期间帮助增强经济韧性的工作补充了现有的多边、诸边和区域贸易规则体系。在新冠肺炎疫情期间，世贸组织监测了各成员为限制或促进贸易而采取的与疫情有关的措施，从而提高了市场的透明度。它与疫苗制造商和其他国际组织合作，查明疫苗供应链中的瓶颈，这项工作提供了关键疫苗投入以及可能阻碍疫苗跨国界流动的全套贸易和管理政策的详细信息。世贸组织能够利用其组织者和协调者的角色，为努力增加疫苗产量和分散疫苗生产做出贡献。长期以来，世贸组织致力于跟踪货物贸易和服务贸易的演变，提供政策支持和技术合作，现在则报告了新冠肺炎这一流行病对全球经济的影响，从而帮助成员应对冲击。

世贸组织成员可以共同努力，为增强经济韧性做更多的工作。例如，进一步加强世贸组织现有的透明度机制，特别是审议和通报机制，在危机发生时向企业和政府提供相关信息，从而为它们的决策提供便利。

另一个例子是，澄清危机事前关键材料或中间产品限制出口政策的恰当使用能降低全球价值链中的因政策不确定性带来的风险。在危机期间，更大范围内协调关键商品和服务的公共采购政策也是如此。此外，推进电子商务、帮助中小微企业发展和赋予妇女经济权利的工作将创造新的机会，使贸易更具包容性和多样性，从而更具韧性。

鉴于各种风险和潜在危机，加强和发展世贸组织与国际和区域经济组织现有的合作至关重要。协调从风险预防、救灾、公共卫生到气候变化、环境保护和金融稳定等领域的政策，确保政策一致性和相互支持，将进一步增强我们在面对未来危机时的集体韧性能力。

第一章 引 言

新冠肺炎疫情凸显了一个悖论：全球化创造了一个面对风险时更脆弱但也更具韧性的世界。一方面，经济一体化使我们更加依赖庞大的贸易网络，使我们更加暴露在多重风险和冲击之中。另一方面，经济一体化也让我们实现供应商多元化，让我们可以集中资源、分享信息和专业知识。开放、相互依存、网络技术，这些世界经济在面临危机时的敏感因素，使世界经济具有适应性和创造性，可以更好地抵御危机。通过让贸易更具多样性、包容性和合作性的方式来强化贸易，是使全球经济更能适应疫情、气候变化等当前和未来危机的关键。

第一节 脆弱性和韧性：全球化这枚硬币的两面

近年来，世界经济经历过各种危机，但或许没有一次危机能像新冠肺炎疫情这样，在影响范围、程度和可见度方面都具有真正的全球性。全人类比以往任何时候都更加关注同一全球性威胁，并且都依赖同样的解决办法：疫苗、保持社交距离和维持开放的世界经济。"在所有人都安全之前，没有人是安全的"这句话现在放之四海皆准（WTO，2021a）。

当今高度关联的全球经济是问题的部分原因，它使得像新冠肺炎疫情这样的冲击更容易在全球发生和放大影响，但它同时也可能是解决方案的一部分，因为关联使调动经济和技术资源更加容易，在冲击发生时可以及时做出反应。

全球化——人员、商品、服务、资本和思想越来越多地跨境流动——使世界日益复杂、融合、相互依存，这是不言而喻的。

这种相互依存关系的不利之处在于：世界某一地区的危机，例如流行病、金融冲击或环境灾难，可以迅速滚雪球形成全球危机。

这种现象并不新鲜。在14世纪中期，各国通过贸易和旅行相互联系，使得黑死病肆虐欧亚大陆和非洲的大部分地区。到了20世纪初，各国更紧密的联系使得1918年的大流感在每个大陆杀死了数百万人。

现在与以往不同的是全球互动的规模、范围、深度和速度，以及支持和驱动它们的集成技术的普及(Goldin 和 Mariathasan，2014)。全球经济的新高速公路——航空旅行、供应链、互联网——也是冲击的新超级传播者（见图 1-1，Shrestha 等，2020）。全球相互依存关系的不断深化，在很大程度上解释了2007年美国中西部次贷危机如何引发全球经济危机、2011年日本东北沿海发生的地震如何通过全球生产网络产生冲击波，以及2019年末中国武汉率先报告的新型冠状病毒如何迅速演变为今天的全球性新冠肺炎疫情。

与此同时，相互依存的全球经济对这些冲击具有非凡的韧性，而且可能超出很多人的预期。这并不是要低估新冠肺炎疫情造成的巨大的经济破坏，比如普遍失业、大规模企业关闭和自大萧条以来最严重的经济萎缩，也不是要忽视这场危机如何不成比例地损害了某些群体和国家，特别是最贫穷和最脆弱的群体和国家，它们最容易受到经济衰退的影响，且抵御或缓解冲击的能力最弱。

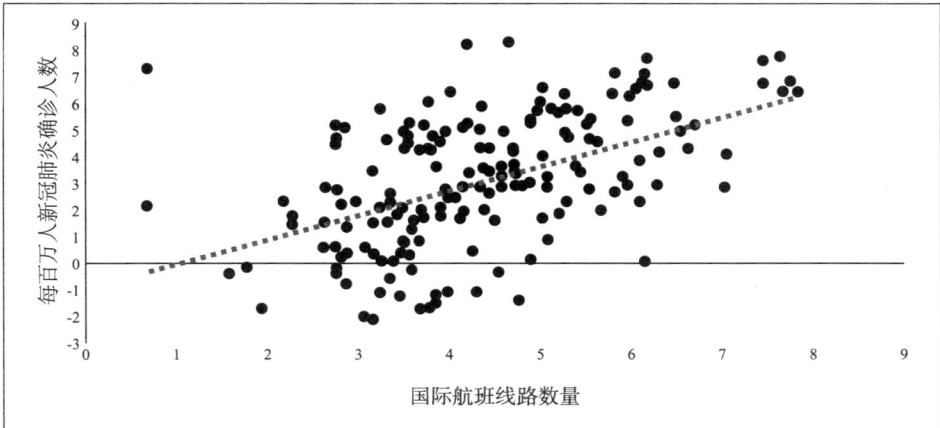

图 1-1 国际航班加快新冠肺炎的传播

资料来源：作者基于里奇的报告（Ritchie，2012）和开放航班（2019）的数据进行计算。

　　即便如此，事实仍然是：即使像新冠肺炎疫情这样破坏性极强且前所未有的危机也没有导致贸易和经济一体化的全面瓦解，更不用说许多人最初预测和担心的全面系统性崩溃问题（《外交政策》，2020）。事实上，虽然疫情初期各国纷纷通过管控、关闭边境和旅行禁令来遏制病毒的传播，但贸易流在急剧收缩之后，已经触底反弹，供应链正在适应调整，世界经济正在开始复苏，尽管各国复苏的速度千差万别且极不均衡（见图1-2）。

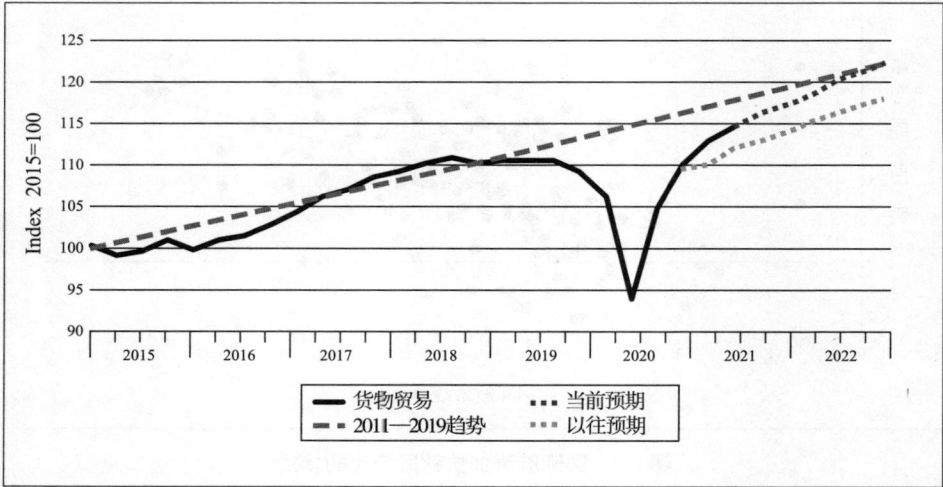

图1-2　2015Q1—2022Q4世界货物贸易总量

资料来源：世贸组织和联合国贸发会议的贸易数据（WTO，2021a）。

　　在被抑制的消费支出以及财政和货币刺激的双重推动下，许多国家贸易需求开始出人意料地急剧反弹。虽然这也许对航运能力和供应链造成了一定压力，但贸易复苏的步伐已迅速加快。货物贸易虽然在2020年下降5.3%，但2021年增长10.8%。也就是说，实际上2021年世界货物贸易量高于疫情之前的水平。即使是受到疫情严重破坏的服务贸易也出现了初步复苏的迹象。在2008—2009年金融危机之后，世界贸易流表现出类似于手风琴般的"繁荣与萧条"模式。这一事实表明，全球贸易体系在面对新冠肺炎疫情时展现出的韧性不仅是一次偶然的好运，并非是不可复制的，这种韧性是当今全球经济一体化的一个固有特征（见图1-3）。

图1-3　新冠肺炎疫情期间的全球贸易更具韧性

注：图1-3显示包括货物贸易和服务贸易在内的非经季节性调整的世界贸易量的演变。

资料来源：作者基于世贸组织的贸易数据计算（http://data.wto.org）。

贸易体系具有韧性的一个原因是：互相联系的经济体比孤立的经济体更有能力汇集资源、分享专门知识和提供多样化的供应渠道。在疫情早期阶段不难看出，许多国家对口罩或呼吸机等关键医疗用品的全球生产商高度依赖，这促使人们广泛呼吁加强供应链的多样化。在随后的几个月里，人们清楚看到，供应渠道多样化的关键，不仅在于供应链的迅速适应和新生产商的快速出现，更在于扩大和便利与其他伙伴的贸易，而不是限制或回流贸易。

对高端行业而言更是如此。即使是最大的经济体也不具备自给自足所需的所有关键部件、尖端材料和技术诀窍。

例如，即使像欧盟这样一个规模庞大、高度多样化的经济联盟，在疫情期间也需要进口40%的检测试剂盒和诊断试剂。同样的，美国的一家新冠病毒疫苗制造商需要从19个国家采购280个组件才能制造最终产品（Pfizer，2021）。

　　这就解释了为什么许多国家在疫情之初为保持国内供应和促进"国产"而采取出口限制后最终转变了政策：这些国家很快意识到，每个国家都实行出口限制将导致所有国家面临进口短缺，实际上会使所有综合生产网络瘫痪。这也解释了为什么大多数国家在疫情期间选择通过降低关税和修订条例，来便利进口、保持开放而不是关闭市场（见图1-4）。

　　根据世贸组织的监测报告，疫情暴发以来，大多数与疫情相关贸易措施都是贸易便利化措施。即使在受到疫情严重冲击的服务部门也是如此。

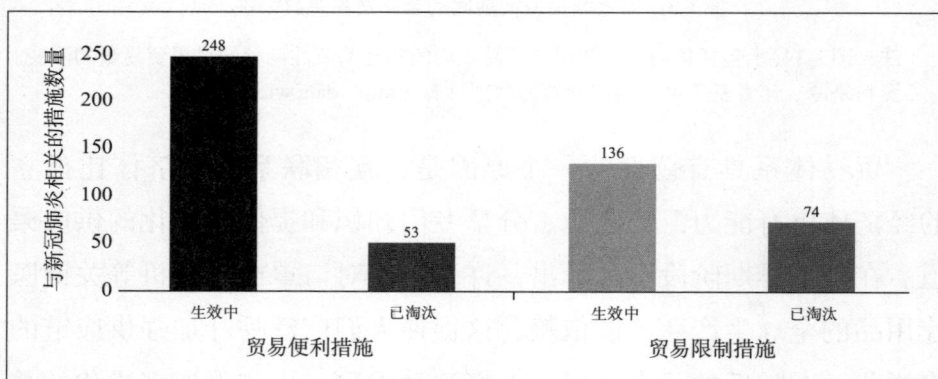

图1-4　越来越多的贸易开放措施被采纳以应对新冠肺炎

注：截至2021年6月中旬与新冠肺炎相关的贸易措施数量。
资料来源：世贸组织（2021b）。

　　全球贸易体系具有韧性的另一个主要原因是开放市场的高度适应性和高效性。面对旧商机的突然消失和新商机的出现，许多行业和它们的供应链已经极具灵活性和创造性，也能适应疫情下新的经济模式（Borino 等，2021）。例如，在疫情蔓延的几个星期内，印度、马来西亚和斯里兰卡的服装制造商利用全球对口罩、橡胶手套和防护服需求激增的机会，将本国转变为个人防护装备制造商（Mezzadri 和 Ruwanpura，2020）。几个月内，主要航空公司将许多客机改装成货机，以应对旅游业和商务旅行的断崖式下降以及在线购物和快递激增的局面（IATA，2020b）。

日益加速的数字化和自动化也会助推熊彼特式的"创造性破坏"进程。在疫情之前，集装箱航运、铁路运输和全球供应链管理已经不断自动化和非接触化。疫情出现以来，自动化和非接触化程度进一步提高。虽然人员无法跨越国界流动，但食品、原材料和消费品继续跨界流通。随着远程工作和电话会议取代了（至少暂时取代）封闭的办公室和瘫痪的商务旅行，技术对于帮助许多服务部门适应变化也至关重要。没有什么比电子商务在疫情期间的爆炸式发展更能说明技术对全球贸易进行多方面的再发明和技术对疫情防控的作用（见图 1-5）。随着商店的关闭，人们留在家里，几乎所有消费者接受了网上购物，这进一步加强和巩固了互联网在现代经济中不可或缺的基础地位。

更为根本的是，全球化和世界贸易体系在使各国更加繁荣、更加先进和更有能力抵御危机方面发挥了关键作用。尤其是科学技术的进步，对于人类应对疫情的能力产生深远影响，这种影响既包括疫苗的成功研发，也包括食品和货物生产的日益机械化、医疗保健和医院服务保障范围的扩大、人工智能和大数据在应对疫情中的应用以及全球经济活动向线上的大规模转移。全球化对于生产力、技术和生活水平的提高是不可或缺的。

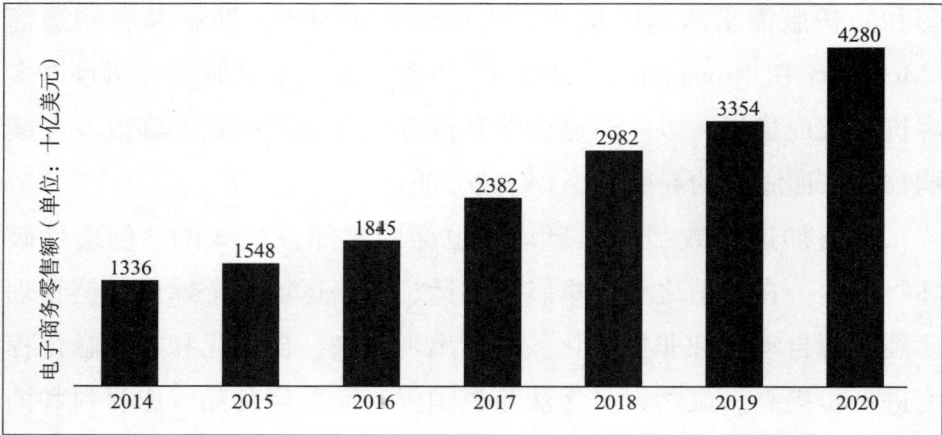

图1-5 新冠肺炎疫情期间的全球电子商务零售额加速增长

注：图1-5显示除旅行和活动门票外全球零售电子商务的发展，包括通过任一设备用互联网订购的所有产品或服务，无论付款或履约方式如何。

资料来源：2021年查询商业数据平台(https://www.statista.com)的数据。

我们现在面临的一个核心问题是：经济全球化的好处没有被足够广泛或平等地分享，这减损了世界经济的韧性。发达成员以大规模财政刺激和广泛的收入支持来应对危机，其规模和覆盖范围远远超过2008—2009年全球金融危机。这些措施在维持国内需求、避免金融危机蔓延和金融体系崩溃以及为许多（当然不是所有）弱势工人和家庭提供关键安全网方面发挥了关键作用。

然而，同样的减震器和安全网对于大多数较贫穷的国家来说根本是不可能的。发达成员自2020年初以来提供的财政和货币支持相当于其GDP的25%左右，但低收入国家提供的支持甚至低于其GDP的3%（IMF，2020b）。没有什么比新冠疫苗接种的严重不均衡更能凸显全球化收益分配的失衡。例如，截至2021年6月，非洲发展中成员每100人仅接种3.2剂疫苗，而发达成员每100人接种75剂疫苗。由于无法获得疫苗，某些成员无法控制新冠肺炎疫情，这反过来又阻碍了它们的经济复苏。因此，发达成员的经济正在反弹，亚洲发展中成员的经济在激增，但很多发展中成员和最不发达国家正在进一步落后（WB，2021e）。

事实上，疫情暴露了两种全球经济体持久性的不同：一种技术更先进，经济更融合，因此在危机来袭时更有抵御能力；另一种技术较不先进，一体化程度较低，因此更易受到伤害。同样的差距似乎也注定会在应对其他危机时出现，例如气候变化，它可能对全球体系造成比新冠肺炎疫情更大、更深远的冲击。在这方面，发达成员似乎更有能力调集必要的财政资源、先进技术和贸易网络，以适应变暖的世界并向低碳经济过渡。而太多的发展中成员和最不发达国家将苦苦挣扎——在某些情况下这种说法毫不夸张——只是为了维持生存。较贫穷的国家显然比较富裕的国家更难对付新冠肺炎疫情，它们从疫情中恢复的速度更慢也更不确定，它们同样更容易受到气候变化和其他危机的影响。这突出表明我们更加需要全球化，更加需要全球化带来的增长、发展和技术机会。

第二节　更强的经济韧性需要更多的国际合作

新冠肺炎疫情刚开始时，随着边境关闭、贸易下降、关键医疗和其他用品短缺，许多人得出结论认为，今天开放、复杂和相互关联的全球经济是造成问题的部分原因，而不是解决办法。他们认为，全球化走得太远了，经济增长过度依赖外国供应商，经济效率的提高是以牺牲经济韧性为代价的，"以防万一"让位于"追求高效"（Lamy 和 Fabry，2020）。为了防止未来的冲击，并使经济更加强劲和有韧性，这些批评者建议，应重新审视并退出全球一体化，供应链应近岸或回流，应重建国内生产能力，尽可能实现自给自足（Shih，2020）。

但新冠肺炎暴发一年后，我们从这场危机中得出的结论似乎有所不同。贸易不是一种经济负担，反而是一条经济生命线，因为它确保了即使在国家因疫情而瘫痪时，关键商品、服务和医疗用品仍能继续流通。相反，限制贸易、囤积国内供应品和加强国家自给自足的措施，非但没有减少经济的不安全性，反而使供应链中断、减缓生产并埋下经济不稳定的隐患，从而加剧了不安全性。事实上，迄今为止，疫情下最大的政策失败是疫苗发放和分配的不均衡，这在一定程度上是由经济上的民族主义泛滥和全球协调行动的匮乏造成的（El-Erian，2021）。同样的，未来全球经济复原力面临的最大威胁将不仅是新的无法预见的冲击，还有主要大国之间地缘政治紧张局势加剧、贸易保护主义抬头和全球经济割裂，后者造成各国政府无法以协调和合作的方式做出反应（The Financial Times，2020；Goldin，2020）。

《世界贸易报告2021》探讨了经济韧性为何已经成为全球议程的首要议题、贸易对经济复原力的作用以及如何改善世界贸易体系。报告的核心结论是：在当今高度相互关联的世界中，没有一个国家是孤立的。全球危机需要全球应对，加强经济韧性需要更多的而不是更少的全球贸易和经济合作。

本书第二章阐述过去的自然灾害、人为灾害以及日益频繁和猛烈的冲击，促使企业和决策者将构建经济韧性视为一项关键战略。这样做不仅可以避免和减小风险，还可以提前做好准备、迅速应对风险和快速恢复经济。预测、评估和管理风险以及在国际贸易背景下抓住经济机遇和迎接挑战的能力，是构建经济韧性的关键。

第三章研究贸易在经济韧性方面的作用。一方面，贸易可能是经济冲击的潜在传播者，比如在疫情下扩散冲击，或者通过贸易成本变动引起冲击。另一方面，贸易可以帮助各国更好地应对冲击并从中恢复经济。在危机期间，贸易对于快速供应基本商品是不可或缺的。贸易可以帮助各国从持续的国际需求中受益，从而更快地从冲击中恢复经济，并提供诸如专业化、规模效应和技术外溢等好处。

第四章探讨更广泛的国际合作如何利用协同效应来增强经济韧性。国际合作可以避免各成员经济变得孤立，使各成员在应对冲击时可以享受到经济全球化的好处，因此至关重要。现有的世贸组织框架致力于通过更加透明和可预测的贸易政策，促进建立更加开放和可预测的国际市场，从而提供有利于增强经济韧性的条件，但世贸组织还应为更强的经济韧性做出更大的贡献。

第二章　为什么经济韧性很重要

在过去的几十年里，自然灾害与人为灾害发生的频率和严重程度都有所增加。这些灾难对社会和经济的影响，以及未来可能会有更大的风险和灾难的预期，包括与气候变化相关的预期，强调了以下因素和战略的重要性：避免、缓和、适应和应对冲击，以及管理风险和脆弱性。"经济韧性"这个说法已经成为描述这些广泛、多元战略的流行术语。

关键事实和发现

· 自然灾害、网络攻击和冲突在最近几十年变得更加频繁，更具破坏性。

· 未来，因气候变化、技术的普及和使用率的提高而产生的风险增加，加剧不平等和地缘政治的紧张局势。

· 冲击对贸易的直接影响取决于冲击的类型、初始条件和政策反应。一些行业或人群面对不同类型的冲击更加脆弱，包括贫困家庭在内的弱势群体受到冲击的影响更大。

· 一些发展中成员更容易受到自然灾害的影响，社会经济危机对国家机构和经济基本面都脆弱的国家来说尤其危险。

· 政府、企业和家庭可以采取有效措施预防、应对冲击并从冲击的不利影响中复苏起来，以构建经济韧性。

· 应对新冠肺炎疫情危机的大多数贸易措施属于促进贸易便

利化措施，冲击后的贸易快速复苏更凸显了贸易自由化政策在构建经济韧性方面的重要作用。

第一节　本章概要

第二章从不同的角度探讨经济韧性很重要的原因。韧性的定义通常与冲击状态有关。本章第二节阐述了风险和冲击的定义，并探讨了与自然灾害、流行病、气候变化相关的冲击，战争，金融和政治危机等冲击类型。

第三节和第四节分别讨论了冲击对经济和贸易的影响，特别是着重讨论了2008—2009年的全球金融危机和当前的新冠肺炎疫情的对比。冲击对经济和贸易的破坏是严重的，但破坏程度不同，这凸显了初始条件和政策响应的重要性。

第五节讨论了为应对冲击所采取的不同政策。第六节总结了经济韧性的定义、构建经济韧性的策略，并分析了衡量经济韧性的主要困难。

第七节是本章小结。

第二节　各国面临的风险和冲击

风险和冲击反复出现于全球各个国家。本节简要概述了风险和冲击的概念，强调了风险是多面性的，分析了风险如何演变成冲击，阐述了冲击如何随着时间的推移而加剧但分布不均衡。

一、风险来源广泛

从概念上讲，风险[1]是危险、暴露程度和脆弱性的综合体（UNDRR, 2019)。危险是指具有潜在破坏性的自然或人为现象、物质、人类活动或条件。暴露程度与位置、属性以及可能受危险影响的资产（典型例子是个人、经济活动、基础设施和环境）的价值有关。脆弱性是指这些资产因暴露于危险之下而受到影响、损害或破坏的可能性。因此，风险往往被简单定义为冲击发生的概率。

风险来自各种各样的危险源。相关部门已经对范围广泛的危害进行分类工作（UNDRR，2020）。如表2-1所示，风险按其来源不同可分为三大类：

（1）自然风险是指包括地质、气象、水文、气候、生物和地外威胁在内的所有生物和环境威胁。

（2）技术和运营风险。例如，与经济活动、技术和基础设施相关的事故或故障，可进一步分为工业事故、运输事故和网络风险。在复杂的技术、工业和运输系统中，一个部件的故障既可能是局部的，也可能扩散到整个系统。

（3）社会经济风险。社会经济风险包括经济主体运行的社会和机构产生的暴力和冲突、政治风险、宏观经济和金融风险。政治风险包括一系列增加政治不确定性和不稳定性的政府行为。宏观经济和金融风险包括对商业活动具有破坏性的经营和社会因素，如价格冲击、贸易战、金融崩溃、供应商破产和贸易的政治障碍（Barry，2004；Martin，2012；OECD，2020e）。

表 2-1　风险的主要类型

风险类型		举例
自然灾害	地质灾害	地震、干物质迁移、火山运动
	气象灾害	极端气温、风暴、雾
	水文灾害	洪水、泥石流、波浪作用（如海啸）
	气候灾害	干旱、野火、冰湖溃决
	生物灾害	细菌/病毒流行病/大流行（如新冠肺炎大流行）、虫害、动物疾病
	地外威胁灾害	小行星撞击、太阳耀斑
技术和运营风险	工业事故	化学或石油泄漏、建筑物坍塌、辐射、爆炸、放毒、火灾
	交通事故	撞击、沉没
	网络破环	网络攻击、信息系统故障、数据泄露
社会经济风险	暴力和冲突	战争、恐怖事件、民众动乱、暴动、海盗
	政治风险	不利的贸易经济政策、社会紧张、机构不稳定、法治退化
	宏观经济和金融风险	商品价格冲击、汇率冲击、恶性通货膨胀、市场崩溃、流动性危机、同步破产

注：本分类主要依据联合国防灾减灾署的灾害分类（参考2020）（https://www.undrr.org）和灾害风险综合研究（参考2021）（https://www.irdrinternational.org）。社会经济风险已涵盖经济和商业文献识别的冲击。

二、风险可能演变成冲击

虽然大多数时候风险只是威胁，但它们有时会演变成冲击。在许多情况下，风险演变成冲击的原因有很多，风险与冲击之间复杂的相互作用将导致难以识别灾难的起源。

尽管风险和冲击经常被分开单独研究，但它们可以相互作用造成连锁风险和冲击(UNDRR, 2020)。例如，2011年的日本福岛核泄漏是一起海啸引发的工业事故，而这种水文灾害又恰恰是地质灾害

（地震）引发的。

　　冲击表现出许多不同的形式，带来复杂的影响。由于冲击具有多面性，我们可以从强度、频率、规模、持续时间和发生区域等不同角度来分析冲击。

　　冲击强度是指冲击产生的物理、社会、环境或经济影响，并可运用不同的方法对此进行衡量。测量方式取决于被研究的冲击类型（Berz 等，2001）。例如，地震的强度可以用物理术语（如在某一特定位置释放的能量或振动的幅度）、造成的破坏程度，或是损害产生的经济成本（在第二章第二节中讨论）来衡量。同样的，地震引发的社会经济影响强度可以有多种测量方法，例如，地震导致的死亡人数、无家可归的人数或国内生产总值的损失数额（Kellenberg 和 Mobarak，2011）。

　　冲击频率是指从历史上看冲击有多么的普遍（或不普遍）。频率是大多数风险预测的依据（见专栏 2-1），通常和强度一起使用。例如，每天都有数百个地震，基本上大多数地震太小未造成伤害。但是，发生高强度地震的频率要低得多。平均而言，世界范围内每年大约有2000次在5级（中级）里氏震级到7级（重级）之间的地震，约有15次震级在7~8级之间的地震，8级以上的地震最多两次（USGS，2021）。

　　冲击的影响也可以用地理范围或经济规模来衡量。例如，桥梁的倒塌可能会扰乱交通并增加运输成本，但其影响局限于本地，且只影响少数公司。然而，一些事故，比如2020年贝鲁特港口爆炸，会对整个地区造成严重和持久的破坏（Andreoni 和 Casado，2021；Oxford Analytica，2020；Veiga，2021）。与此同时，其他事故会以意想不到的方式增加，影响整个经济系统和其他国家。例如，虽然美国雷曼兄弟倒闭经常被认为是引发2008—2009年全球金融危机的关键点，但这场冲击的根源是美国房地产泡沫的破灭之后尾随而来的次贷危机。这种效应通过一系列复杂的相互作用持续影响全球，通过金融市场、贸易关联以及行为变化等渠道传导出第二阶和第三阶效应（Martin，2011b，2012）。

关于冲击的持续时间，举例说，小规模的工业事故，比如工厂的火灾、机械故障、交通事故和网络攻击通常会产生短暂的混乱（Ho等，2015；Worldand，2015）。相反，其他类型的冲击，如流行病，持续时间可能会更长。

专栏2-1　预测冲击的挑战

冲击的不可预测性源于现实的内在复杂性。即使是小事件也可以相互影响并通过复杂的系统放大其不可预测性。因此，即使在完全确定性的系统中，预测的复杂程序也可能令人生畏。这就是所谓的蝴蝶效应，即系统初始状态的任何不确定性通过时间和连锁反应得以放大。尽管技术在进步，这种不确定性意味着仍无法准确预测火山何时爆发并扰乱空中交通。我们也无法预测下一次大流行何时爆发，或者股票市场何时会暴跌导致周期性的破产。这种预测的不确定性使得为应对冲击而做好准备变得更为重要（McKinsey Global Institute，2020）。

尽管单个事件的发生概率和强度存在潜在的不确定性，但有一些趋势可以被识别。趋势预测是基于随机建模技术发展起来的，这种建模技术研究方式而非单个事件(Bier等，1999；Nath，2009；Tixier等，2002)。

通常，这些模型使用过去的冲击记录来推断风险趋势。因此，预测的质量主要取决于历史记录的质量以及过去的冲击对未来冲击的代表性是否准确（Nath，2009；Nordhaus，2012，2014）。在某些情况下，数据的可获得性和质量可能受到限制，进而导致错误的结论。例如，火山和地震的发生频率不断增加，可能只是火山和地震追踪记录工作有所改进的反映（Smithsonian Institution，2013）。

最后，趋势也可能因冲击发生区域而异。冲击的发展趋势可能因国家准备程度的不同而有所差异。冲击的全球趋势可以掩盖国家之间的巨大差异，并不一定必然代表冲击带来的经济影响。

三、冲击正在加剧但分布不均衡

尽管风险的范围在不断扩大，过去几年，某些类型的冲击有所增加且今后还将持续增加。特别是自然灾害、网络攻击和社会经济风险正在增加，气候变化、技术的普及和使用率的提高，加剧不平等和地缘政治的紧张局势，这些风险在未来可能会进一步扩大。

但是，风险仍分布不均衡。某些发展中成员更容易受到自然灾害的影响，而社会经济风险对于机构和经济基本面都脆弱的成员来说尤其危险。

1.许多自然灾害的发生频率正在增加

自然灾害被认为是21世纪人类将面临的最重大威胁之一。自然灾害，特别是与气候变化相关灾害的频率、强度和经济成本在未来几十年里有可能显著增加。各国将不均衡地受到这些灾害的影响。沿海国家、岛屿州以及近赤道和干旱地区的国家是最容易遭受自然灾害的地区。

目前的科学认知显示，全球变暖导致了干旱、台风或洪水等极端天气的出现频率和强度趋于增加（IPCC，2014）。尽管在获取数据上存在限制，现有可得证据表明，水文和气象类型的自然灾害在20世纪初增加显著（见图2-1）。

气候变化和对动物栖息地的侵蚀导致未来动物疾病传播风险的增加（Estrada-Pea等，2014；IPCC，2014）。全球各地不同程度地感受到气候变化带来的后果，扩大了现有的风险，加剧了现有的脆弱性，如小岛屿发展中成员淹没风险增加，干旱的非洲北部和东部地区水资源短缺压力和粮食安全风险均有所上升（IPCC，2014）。

然而，并非所有的自然风险都在增加，某些类型的自然风险，比如火山、陨石或地震等，其发展趋势预计在下个世纪仍保持稳定（NASA，2021；Smithsonian Institution，2013；USGS，2021）。

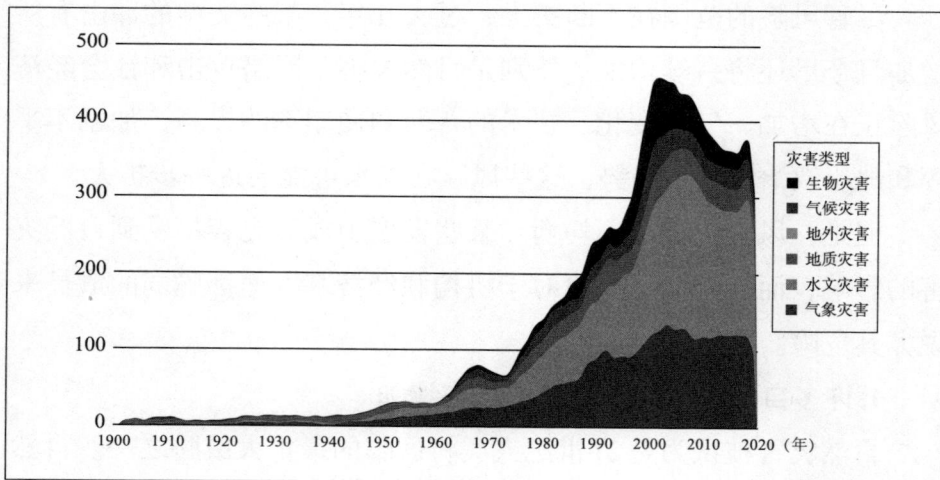

图2-1　自然灾害在过去数十年中增加显著

注：图2-1显示自然事件的5年移动平均值。数据库超过20 000次灾难。然而，数据库对早期事件的追踪不那么可靠。数据库中记录的事件必须至少满足以下一项要求：至少死亡10人，至少影响100人，或必须采取行动宣布紧急状态/呼吁国际援助。

资料来源：作者基于国际灾害数据库（EM-DAT）2020年的数据进行计算。

　　大多技术和运营风险在降低。由于更安全的技术和生产流程的推广传播，过去几十年里全球的技术和产业灾难风险正在减少。尽管如此，网络风险等一些技术风险预计将会在未来几年有所增加。

　　更高的安全要求、经济发展和技术进步已带来主要工业和交通事故风险[2]的降低（见图2-2）。例如，对于每1亿次起飞航班涉及伤亡的平均飞机事故数，美国20世纪80年代为64起，2000年为21起，2010年至2018年只有5起（US Department of Transportation，2018）。工业事故也有所减少。员工致命和非致命工伤的比例也在下降，2000年至2015年，从中低收入国家（占比26%）到高收入国家（占比43%）和中高收入国家（占比53%），风险都在下降（UNSTATS, 2021）。因技术进步以及这些技术在发展中成员的应用，上述下降趋势预计将持续。

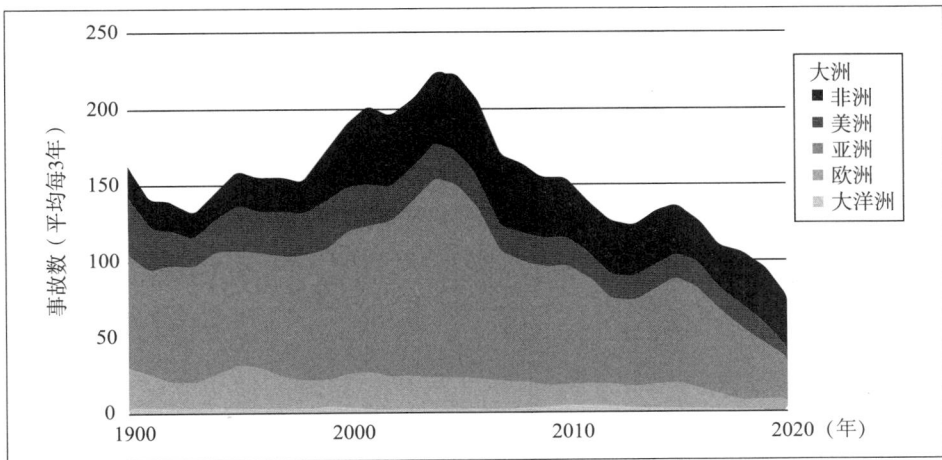

图2-2　大型工业和交通事故数量在全球各大洲间有所下降

　　注：图2-2显示事故数量的三年移动平均值。所统计的事故类型包括航空事故、铁路事故、水路事故、化学物质泄漏、建筑倒塌、爆炸、火灾、气体泄漏、中毒、辐射泄漏以及其他技术事故。数据库记录的事件必须至少满足以下要求之一：至少涉及10人死亡，至少影响了100人，或必须宣布紧急状态/呼吁国际援助。

　　资料来源：作者根据国际灾害数据库（EM-DAT，2020）的数据进行计算。

尽管技术风险一直在下降，由于数字技术越来越融入经济活动的各个方面，近年来网络相关风险有所上升。(Bailey等，2014)。《2019年全球风险报告》将网络攻击和数据欺诈列入未来10年可能面临的前五大风险。人工智能(AI)、云计算、物联网(IoT)和5G越来越多的传播运用可能增加系统性风险（WEF，2019，2020）。

网络攻击的风险增加，特别是在更多推广先进制造业的发达成员中（Deloitte和MAPI, 2016）。先进制造业以使用创新数字技术来处理日常事务并协调生产流程为特征，比起依靠手工和机械化生产技术的传统制造业而言，先进制造业更易遭受网络攻击，从而造成业务中断。总体而言，发达成员的先进制造业面临因停电等基础设施破坏而导致业务中断的风险更大。

2.绝大多数的社会经济风险加剧

近年来，不平等现象有所加剧，经济增长疲软，政治不确定性和地缘政治的紧张形势加剧。这些全球趋势预示社会经济风险加剧。然而，社会经济风险仍保有强烈的国别属性和显著的异质性。

尽管自第二次世界大战结束以来战争造成的死亡人数一直在减少，但战争以及其他形式的暴力冲击却在持续增加（UN, 2021）。例如，恐怖袭击在过去30年里显著增长，从1970年的651起，增加到2014年的峰值16 908起（见图2-3）。20世纪的冲突主要源于民间冲突而非国际冲突，产生了数量空前的难民和国内流离失所者。恐怖主义和武装冲突将呈现巨大的地区差异性，且发展中成员受到的影响更大（UN，2021）。日益增加的冲突风险也反映了地缘政治紧张局势加剧。此外，在战争中运用愈发复杂的技术，包括大规模杀伤性武器，极大地增加了战争的潜在破坏性（Knoema，2019；WEF，2020）。

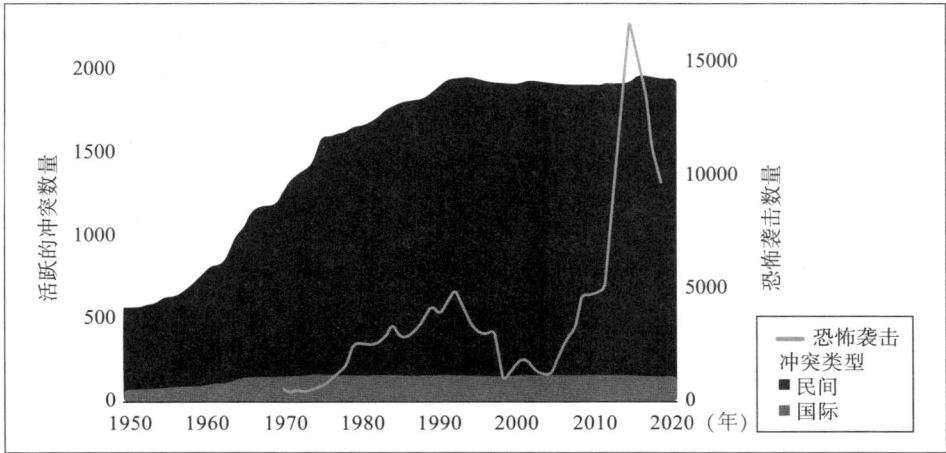

图2-3　冲突和恐怖袭击数量有所上升

注：活跃的冲突是在给定的年份中正在进行的冲突，其中数据库里定义的冲突是"涉及政府或/和领土争端中双方使用武装部队造成至少25人战亡的冲突，这两方中至少有一方是国家的政府"(Gleditsch等，2002)。

资料来源：作者基于乌萨普拉冲突数据项目、奥斯陆和平研究所武装冲突数据库（UCDP/PRIO；Gleditsch等，2002）和全球恐怖主义数据库进行计算。

政治风险、宏观经济和金融风险通常呈现循环模式（见图2-4和图2-5）。由于不同国家间经济系统的相互联系，冲击呈现高度相关性的特点。

一些新出现的全球趋势表明，政治风险、宏观经济和金融风险在未来几年将有所增加（IMF，2020）。例如，新冠肺炎大流行后的复苏程度在不同国家间及国家内部可能是不均衡的（IMF，2021a），且疫情后经济前景的不确定性通常伴随着此前全球经济增长疲软、处于历史低位的利率水平以及处于历史高位的政府债务（IMF，2020a）。这些因素综合显示，政府的财政和货币政策空间相当有限。私人和公共债务水平高企也引发了对未来的偿付能力的担忧(OECD，2020e)。此外，越来越多的国家之间和国家内部的不平等可能进一步激发民粹主义并加剧政策的不确定性（WEF，2020）。

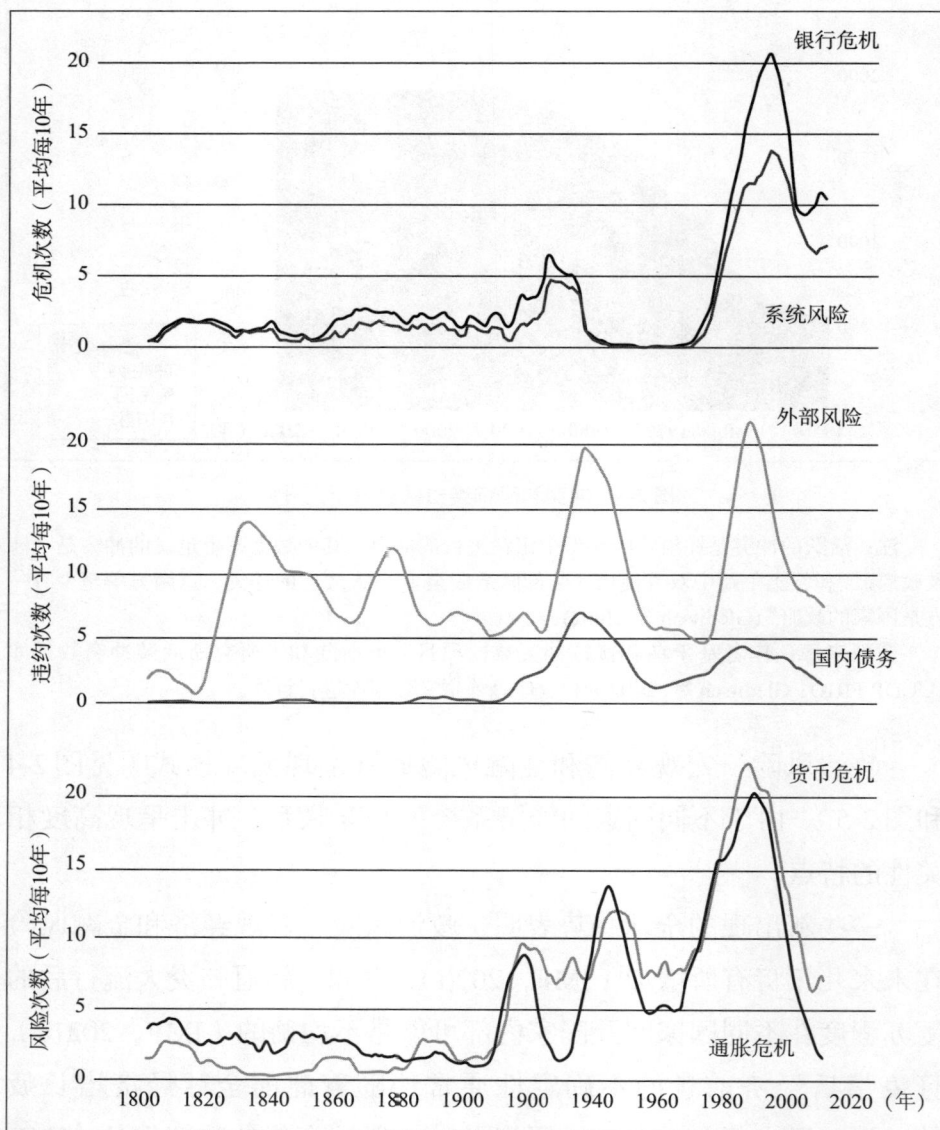

图2-4 宏观经济和金融风险呈现上升趋势

注：图2-4显示了风险数量的10年移动平均值。数据涵盖了70个国家。非洲、中东、中亚国家的样本代表性不足。

资料来源：作者基于莱因哈特（Reinhart等，2021）一文中的数据进行计算。

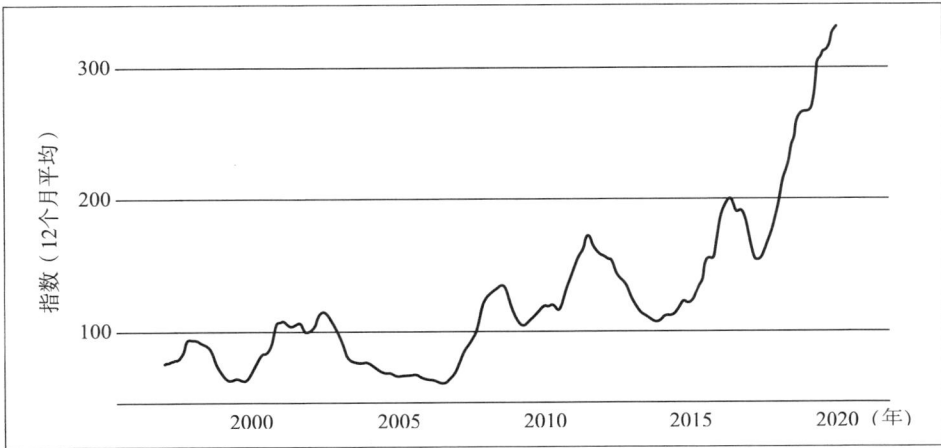

图2-5 全球经济政策的不确定性正在上升

注：图2-5显示12个月滚动平均指数。该指数是根据讨论12个大型发达和发展中成员经济政策不确定性的新闻报道频率编制。

资料来源：作者根据全球经济政策不确定性指数的加权版本中的购买平价指数进行计算（Baker，2021）。

　　发展中成员和最不发达国家受到社会经济风险的影响仍然更大。发展中成员已成为暴力冲突的最大受害者。在过去的70年里，几乎所有活跃的冲突都发生在发展中成员（UN，2021）。全球恐怖主义数据库(GTD)[3]显示，自1970年起，95%的恐怖袭击发生在非洲、中东和南亚。许多发展中成员继续面临贫困问题这一重要的风险因素。据预测，2030年，87%的极端贫困人口生活在撒哈拉以南非洲(WB，2018)。

　　发展中成员经济增长缓慢，平均债务水平更高，国家机构更为脆弱、借贷成本更高且严重依赖商品价格和汇率。与发达成员相比，发展中成员面临的金融和宏观经济风险更大，且在经济下行期间表现得更为脆弱(IMF，2020a)。这使得发展中成员更易发生恶性通货膨胀危机、汇率危机和主权债务违约。

第三节　冲击导致重大生命和经济损失

冲击将对相关个人、社区和国家产生重大影响，包括但不限于人员伤亡、包括牲畜和库存在内的财产损失、人口迁移的减少、经济衰退和经济增长受阻。这些冲击的影响无疑是有害的，但其影响因冲击的类型及其传播渠道而有所不同。本节概述了冲击引发的人员伤亡和经济损失，分析了冲击对经济影响不均衡的表现。

一、冲击影响生命和福祉

冲击带来的破坏，无论是在自然、技术或社会经济方面，可能是毁灭性的，包括对财产、生态系统和生命的损害。例如，从新冠肺炎疫情暴发到2021年6月，约400万人死于新冠肺炎（见图2-6）。与其他冲击或历史上其他流行病引起的死亡人数相比，这是在相对较短的时间内异常高的死亡人数。另一个案例是武装冲突（即社会经济冲击），这是1980—2020年期间最致命的冲击，包括由于缺乏食物、健康服务和基础设施造成的间接死亡。

战争和冲突可导致因流离失所产生的痛苦。截至2019年年底，全球已有7950万被迫流离失所的难民，其中超过一半逃到外国（UNHCR，2020）。虽然经济冲击不会对受影响人群造成身体伤害，但其对人的心理影响可导致死亡。2008—2009年全球金融危机发生后，欧美国家自杀率随之上升（Chang等，2013）。

地震（一种自然灾害）一直是致命的冲击。1980—2020年期间，地震导致超过88.4万人死亡（EM-DAT，2020）。洪水等水文事件是最为频繁的冲击并在每次事件中影响人数最广。

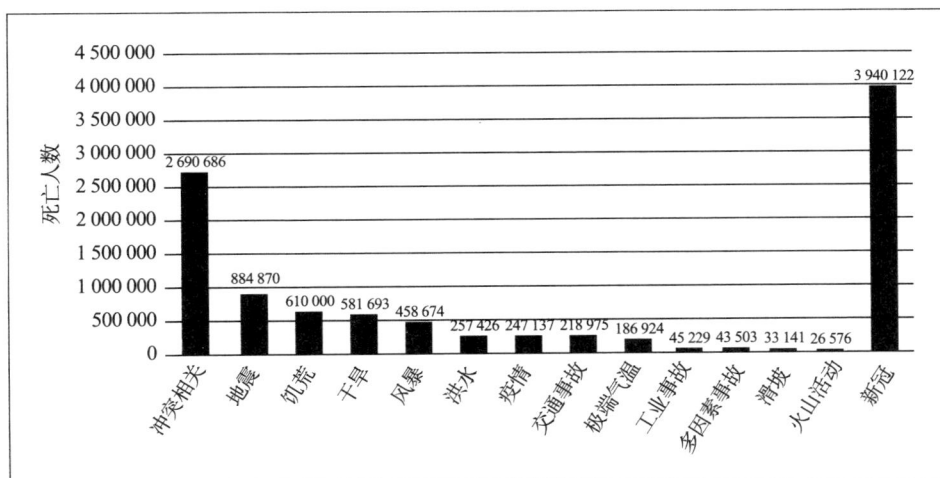

图2-6 1980—2020年冲击造成的死亡人数

注：图2-6显示1980—2020年间按灾害类型划分的死亡人数。对于国际灾害数据库的数据，只有1980—2020年间死亡人数超过2万的灾害才被纳入。根据现有数据，与冲突有关的死亡数据时间跨度为1989—2020年，而由自然灾害、技术和运营风险引发的人员伤亡数据时间跨度为1980—2020年。1980—2020年间的流行病数据不包括新冠肺炎死亡人数。

资料来源：作者基于国际灾害数据库（2020）的数据进行计算。冲突相关的死亡数据来自乌普萨拉冲突数据项目、奥斯陆和平研究所 (UCDP/PRIO) 的武装冲突数据库，以及约翰霍普金斯冠状病毒资源中心 (2021)。

　　1980—2020年，全球发生了逾4800次洪水，影响超过35亿人（EM-DAT，2020）。虽然不像地震那样致命，但这些事件可导致受影响地区的居民流离失所，从而对他们的生活产生重大影响。流行病，尤其是新冠肺炎，也导致大量死亡，大批人群受到影响。

　　最后，工业事故和交通事故也造成了巨大损害。例如，2020年8月，贝鲁特港口爆炸，导致178人丧生，另有6500人受伤，30万人无家可归（Sivaraman 和 Varadharajan，2021）。有些灾害对生命的影响是直接的，有些灾害则随着时间的推移而显现。例如，1986年乌克兰的切尔诺贝利核电站爆炸导致50人死亡，但随着时间的推移，与核电放射性尘埃有关的癌症导致另外4000人死亡。据估计，总共有超过13.5万人受到直接和间接影响（EM-DAT，2020）。

二、冲击显著影响经济发展

所有冲击（自然灾害、技术和运营风险以及社会经济风险）都会导致经济损失，影响特定人口范围内的GDP、失业水平和福利。

在已发生的自然灾害中，我们仅对一部分灾害进行了损失评估。然而，总体经济损失是巨大的。根据自然灾害冲击的子数据库（大约占国际灾害数据库所记录冲击的三分之一），1980—2020年，自然灾害造成的总损失达3.6万亿美元（EM-DAT，2020）。

自然灾害不仅会对有形资产造成经济损失，也导致供应链中断。例如，2011年，东日本地震引发了跨国公司的全球供应链短缺，这些公司依赖日本的供给（Boehm、Flaaen和Pandalai Nayar，2019；McKinsey Global Insititute，2020）。新冠肺炎疫情也显示了由传染病引起的疫情如何影响经济（见专栏2-2）。

技术和运营风险以及工业事故不仅对它们直接影响的公司来说代价高昂，也可形成大范围的溢出负面效应。例如，2002年，"威望"号油轮在西班牙加利西亚海岸附近沉没，造成大西洋大面积的环境污染，并导致公共管理部门用于预防和缓解冲击的费用从3320万增加至1.132亿欧元（Surís-Regueiro、Garza-Gil和Varela-Lafuente，2007）。1986年切尔诺贝利核电站爆炸事故导致乌克兰在1986—2015年每年花费GDP的5%～7%用于清理污染、恢复环境和补偿病人（Danzer和Danzer，2016）。

网络攻击也产生重要的负面影响，而其实际的经济影响并不容易被计算。2013年，美国零售商Target成为一起网络攻击的受害者。该攻击导致其4000万客户的信用卡和借记卡数据被窃（Amir、Levi

和Livne，2018）。

关键基础设施，例如，公用事业公司或卫生服务网络越来越多地成为网络攻击的目标。通过破坏控制物理程序的系统，网络攻击可能使关键基础设施瘫痪或阻塞。比如，第一次由恶意软件引起的停电发生在2015年12月，针对电力公司的网络攻击导致数十万乌克兰家庭停电六个小时（AllianzSE, 2021）。2017年5月，恶意软件"WannaCry"导致逾150个国家的超过25万台计算机瘫痪，影响了英国的国家卫生服务系统(NHS)，同时导致1.9万个看病预约和关键手术被取消（Lis和Mendel，2019）。尽管恶意软件攻击在12小时内被解决了，但由该事件引起的医院停止服务造成的损失高达约590万英镑（760万美元）（Ghafur等，2019）。

专栏2-2　新冠肺炎疫情的经济影响

新冠肺炎疫情和随后的应对措施造成了重大经济损失。2020年，全球GDP下降3.3%，全球人均GDP下降6.2%，是第二次世界大战以来最严重的衰退。相比之下，全球GDP在2008—2009年的经济衰退中下降了约0.6%。全球经济增长将在2021年恢复至5.3%，2022年恢复至4.1%——这一增长得益于疫苗和一些大型经济体的额外政策支持（IMF，2021a）。

宏观经济刺激以及劳动力市场支持政策已发挥作用，防止新冠肺炎疫情带来更糟糕的结果。2020年和2021年年初，财政和货币刺激政策累计达到全球GDP的15%以上的空前水平；各国政府启动了广泛的就业维持计划，例如短期工作计划或工资补贴，平均约达GDP的1.8%。不过，这种政策支持需要足够的财政能力、财政空间和劳动力市场项目。发达成员和低收入成员之间的支持差异很大，而且往往未触及非正规就业工作者（IMF，2021a）。

如第一章所述，根据国际货币基金组织相关资料，发达成员采取了相当于其GDP25%左右的财政和货币支持政策（如果将流动性、贷款和担保考虑在内，则超过GDP的25%。译者注：英文原文是15%，可能写错了）。在低收入成员，占比低于3%，这些成员的GDP也更低。因此，各国之间在危机方面的差异，包括前债务水平、劳动力市场结构和获得疫苗速度等，可能导致各国的复苏动态不均衡。考虑到潜在的病毒新浪潮和变种，对未来经济发展的预测是高度不确定的，仍需要进一步的政策调整。

社会经济风险，例如战争、恐怖袭击和经济危机，其经济影响也是巨大的。在1961—1995年期间超过84个国家的数据样本中，一场内战往往会在长期内使一国的增长率减少31%，在短期内减少85%，并对邻国产生负面影响（Glick和Taylor，2010；Murdoch和Sandler，2004）。1989—2019年间发生冲突的撒哈拉以南国家年增长率平均下降2.5个百分点，税收收入下降约占GDP的2%，生产能力持续下降（Fang等，2020）。

恐怖袭击也带来相当大的负面经济影响。2001年9月11日，美国世贸中心遇袭引起的企业业务中断和企业与家庭的行为变化，导致损失超过1000亿美元（几乎占美国GDP的1%，Rose等，2009）。此外，增加的保险费率和运费费率、旅游和观光收入的损失、股市市值的崩盘以及增加的安全和国防开支，估计已让美国付出了逾5000亿美元的代价（Looney，2002）。

冲击影响经济的一个重要因素是冲击的传播渠道——即冲击是影响需求还是供给，或是通过影响一国的不确定性水平来影响该国的经济。

2008—2009年全球金融危机和当前的新冠肺炎疫情危机的对比提供了一个有趣的例子，这例子说明需求侧冲击、供给侧冲击的不同（见专栏2-3）。表2-2概述了冲击影响经济的主要渠道和关键事实案例。

三、冲击对经济的影响不均衡

尽管灾害的频率和严重性在上升，并可能产生重大的经济影响，其仍对经济主体产生不同影响，具体取决于危险的类型、暴露程度和脆弱性，以及在经济体内的传播渠道。包括地理、宏观经济基本面和政策反应在内的广泛因素，决定了暴露程度和面对危害的脆弱性。在这种情况下，以下小节突出显示了灾害产生的冲击对家庭、性别、产业和地区造成的不同影响。

1.冲击对贫困家庭福利的影响

除了冲击造成的金钱损失外，家庭在教育、健康、消费以及总体上的贫困和不平等方面的福利受到不同程度的影响。福利所受到的影响不仅是由实际层面的资产损失和身体受伤造成的，也与家庭收入损失有关，引发包括教育和健康在内投资的减少。

> **专栏2-3　2008—2009年全球金融危机和新冠肺炎疫情中的需求侧冲击和供给侧冲击**
>
> 　　2008—2009年全球金融危机和新冠肺炎疫情的区别在于对供给侧和需求侧的冲击不同。2008年全球金融危机在很大程度上被认为是对需求侧的负面冲击，由企业投资大幅下滑以及耐用品消费收缩约30%引起（Bems、Johnson和Yi，2013；Bussière等，2013）。全球金融危机期间，国内服务业消费得以维持，因此全球GDP的损失不超过0.6%（Borchert和Mattoo，2009；IMF，

2010）。相关文献中提及的影响因素也包括贸易融资困难（Ahn、Amiti和Weinstein，2011；Chor和Manova，2012）和保护主义加剧（Evenett，2020）。但在2008年全球金融危机期间，供给侧因素对于全球贸易崩溃的负面影响较小。

与2008年全球金融危机相比，由新冠肺炎疫情引起的全球衰退被描述为对需求侧和供给侧两方面的冲击（Brinca、Duarte和Faria-e-Castro; Del Rio-Chanona等，2020）。在供给侧方面，政府旨在遏制病毒传播的应对措施，例如严格的封锁、边境关闭和社交距离措施，意味着贸易成本飞涨、劳动力流动减少、工厂关闭或生产严重下降。这些反过来又沿着全球价值链造成了商品和服务的国内和国际供应中断（Baldwin和Tomiura，2020；Bekaert、Engstrom和Ermolov，2020；Berthou和Stumpner，2021；Ossa和Le Moigne，2021）。在需求侧方面，收入不确定、社交距离和失业影响了总需求，并最终影响GDP，尤其影响服务业。服务供需在大多数国家占GDP的50%～80%，其崩溃导致2020年全球GDP大幅收缩3.3%（IMF，2021a；WB，2021d）。

表2-2　冲击的主要渠道与关键事实案例

冲击类型	冲击影响经济的主要渠道	关键事实和案例
自然灾害	需求冲击指快速而出人意料的需求激增或下降。它们在大规模自然灾害发生后很常见，特别是对于医疗产品、食物和住所 物理损害和基础设施中断也可以通过企业业务中断导致供给侧冲击	关键事实 1980—2020年间，全球发生了21 665起大规模灾害事件，其中自然灾害在不同灾害类型中的发生次数最多（EM-DAT，2020） 1980—2020年间，自然灾害造成的总损失超过3.6万亿美元，平均年损失超过2031.3万美元，损失中位数为7820万美元（EM-DAT，2020） 例子 2011年，日本地震造成跨国界的跨国公司供应瓶颈（Boehm、Flaaen和Pandalai Nayar，2019）

冲击类型	冲击影响经济的主要渠道	关键事实和案例
		2020年，新冠肺炎疫情的暴发引发了对医疗用品的需求激增，同时导致对服务的需求下降（见专栏2-2）
技术和运营冲击	技术和运营冲击带来的供给方面的影响涉及公司的产能。业务中断可以造成具有全球影响的区域性冲击 这个类别中的某些大规模冲击可以产生显著的环境影响，影响人们在该区域的居住条件，然后传递到需求侧，导致该区域的总体经济衰退	关键事实 1980—2020年间，全球发生了8200多起技术灾难；关键类型包括运输、工业和各种事故 在此期间，此类冲击造成的全球总损失加起来平均每年达到910亿美元。损失中位数为7000万美元，但平均损失超过7.915亿美元 虽然这种冲击直接打击了一小部分实体，但它们可以引发巨大的负外部性 案例 2002年"威望"号油轮在西班牙附近沉没造成环境污染，导致损失1.132亿欧元，包括渔业补偿（Suris-Regueiro、Garza-Gil和Varela-Lafuente，2007） 1986年的切尔诺贝利核事故引发了乌克兰年度GDP 5%~7%的损失，用于1986—2015年期间的清理、恢复和补偿（Danzer和Danzer，2016）。灾难还导致33.5万人搬迁（Waddington等，2017） 对企业和关键基础设施的网络攻击导致2015年乌克兰的停电事故、2017年英国国家卫生系统的部分网络故障（Allianz SE，2021；Lis和Mendel，2019）
社会经济冲击	本类别中不同类型的冲突、危机和灾难有不同而且通常有复杂的起源。在这种情况下，社会政治不稳定和不确定性可以成为经济个体的可感知的风险来源。不确定性的经济成本可能很大，并且后果是持续的	关键事实 自1825年以来，世界各地发生了442次重大政治冲突[4] 1970—2017年间，全球发生了151次银行危机、236次货币危机和74次主权危机（Laeven和Valencia，2018） 虽然经济危机一般不会导致人员伤亡，但政治冲突一般会，而且经常对社会保障和商业信心产生不利影响

冲击类型	冲击影响经济的主要渠道	关键事实和案例
		案例 1989—2019年间，发生冲突的撒哈拉以南的国家年增长率平均下降2.5个百分点，税收收入约占GDP的2%，对人均GDP的负面累积影响随着时间的推移而增加（Fang等，2020） "9·11"恐怖袭击导致了与业务中断和行为改变相关的1000亿美元损失，并造成与不确定性有关的5000亿美元额外间接损失（Looney，2002；Rose等，2009）

在教育方面，灾害可能降低学校教育质量和出勤率，导致完成学业的学生人数减少，这在贫困家庭中尤其明显。有证据表明，遭受冲击后，为减轻灾害造成的家庭收入损失，儿童开始工作或增加工作时间，牺牲在校时间。例如，2010年的热带风暴"阿加莎"导致危地马拉城市教育相关支出削减了13%（Baez等，2016）。与此类似，2005—2009年，遭受暴雨冲击后，印度农村地区的儿童离开学校去工作，导致当地的考试成绩和学校教育质量恶化（Shah和Steinberg，2017）。

灾害和对公共卫生的较低投资，都可以直接对身心健康产生负面影响。例如，1998年飓风"米奇"袭击尼加拉瓜后，受灾地区儿童的营养不良概率增加了9%，就医概率下降了30%（Baez和Santos，2007）。再如，2009年意大利拉奎拉地震后，超过30%的高中生报告遭受部分或完全的创伤后应激障碍（PTSD）（Dell'Osso等，2011）。2020年调查表明，在感染新冠肺炎并接受治疗出院后，甚至是出院60天后，大约87%的人仍然有某些症状（Carfì等，2020）。

由于被迫出售生产性资产、降低消费、减少与教育和健康相关的投资，灾害造成的收入损失将降低贫困家庭的生活水平（Hill、Skoufias 和 Maher，2019）。由于自然灾害（主要是洪水和干旱），每年大约有 2600 万人陷入贫困。贫困家庭在降低消费层面受到更大影响：20% 的最贫困人群仅损失 11% 的总资产，但消费减少了 47%（Hallegatte 等，2017）。

重要的是，冲击可造成长期的负面影响，特别是对于贫困家庭而言。通过对教育、健康、储蓄和投资产生负面影响，冲击可能导致收入增长率的持续下降和贫困程度的增加（Hallegatte 等，2016）。负面影响既可能由灾难的实际发生触发，也可能由于投资受到抑制，在存在风险的情况下发生。

2. 冲击对于不同性别的影响

灾害会对男性和女性产生不同影响，原因是男性和女性大多根据社会预期角色而选择劳动力市场上的特定职业（Erman 等，2021）。男性在具有风险的救援工作以及林业和建筑等户外作业中占比更高，男性在自然灾害造成的伤亡方面占比更大，特别是在发达成员（Badoux 等，2016；Doocy 等，2013；Erman 等，2021）。一些行业在典型的商业周期冲击下不稳定，例如建筑、自然资源和采矿业，男性就业率往往高于女性（Wall，2009）。

相应的，估计短期内新冠肺炎疫情将在就业率和工作时间等方面加剧性别不平等（Alon 等，2021；Bluedorn 等，2021）。原因是：与男性相比，女性倾向于从事面对面、接触密集型工作（例如旅游业和酒店业工作）。与同龄男性的工作相比，这些工作更难以通过远程方式完成，因而女性受到封锁措施的影响更严重（Alon 等，2021；WTO，2020d)。2020 年下半年，女性就业率回升快于男性，可能是因为相关行业重新开放（Bluedorn等，2021）。

另外，一些对女性的负面影响还取决于这样一个事实，即女性拥有的企业往往主要是中小微企业。这类企业自新冠肺炎疫情暴发以来一直遭受现金流短缺的困扰（IFC，2014；ILO，2020）。在一些国家，绝大多数女性从事非正式雇佣关系工作，无法获得失业救济金，负面影响更加严重（Ghoshal，2020）。

女性更容易受到新冠肺炎疫情的影响，还因为她们经常在料理家务、照顾孩子和生病家庭成员等方面承担更多的责任。例如，《美国当前人口调查》的调查结果显示，2020年4—5月，为了承担育儿和家务方面的责任，有低龄幼儿的母亲减少的工作时间比父亲多4~5倍，父亲和母亲之间工作时长差距增加20%~50%（Collins等，2021）。

3.冲击对不同行业的影响

冲击通过各种渠道影响不同行业。除了资产的物理破坏外，所有类型的灾害都可能通过在不同行业之间和行业内部转移需求以及引发石油等关键原料价格波动，从而影响不同行业。

冲击带来的需求变化是特定的。例如，2004年印度洋海啸后，印度尼西亚的重建工作导致国内建材价格和建筑工人工资飙升，从而损害依赖此类投入的国内产业（Jayasuriya和McCawley，2008）。自新冠肺炎疫情暴发以来，医疗设备、健康服务、家庭娱乐和视频会议软件等产品或服务行业经历了需求激增，而航空旅行、餐饮和旅游等行业受到需求下降的影响（见专栏2-4和专栏2-5）。

行业内部也发生变化。自新冠肺炎疫情暴发以来，分销渠道未受封锁措施影响的公司和零售商从不断增长的需求中受益。例如在葡萄牙，非专业零售部门（即超市和杂货店等商店）的销售未受封锁措施的影响，短期内获得增长，而专业零售商和服务商，例如汽车零售商或旅游业（服务商），业绩下滑最为严重（Carvalho、Peralta和dos Santos，2020）。类似的，在线平台也实现了增长，例如，2020年第四季度亚马逊的净收入与上一年相比增长了43.6%。[5]

无论如何，旨在遏制新冠肺炎疫情的封锁措施对中小微企业产生了不利影响。因为中小微企业在受疫情影响最严重的行业中的占比非常高，例如批发和零售贸易、航空、住宿和餐饮服务、房地产、专业服务和其他个人服务（OECD，2021h）。

冲击后关键原料价格波动也对行业造成影响。例如，受20世纪80年代和90年代中东的社会经济冲击影响，石油价格分别上涨了25%和70%（Hamilton，2009）。目前，石油广泛用于交通、能源、塑料和化学品生产，因此油价震荡将降低经济绩效指标，例如股市回报率（Sakaki，2019）。所以，基于各行业对石油依赖程度不同，冲突等社会经济危机引起的油价冲击将扭曲相关行业的业绩。

4.冲击对不同地区的影响

冲击是否以及在多大程度上影响全球的不同区域，取决于一定程度上相互关联的多种因素，包括地理、宏观经济基本面、政府应对政策等。

世界上某些地区沿海或位于大型河流沿岸，其地理位置更容易受到暴风雨和洪水等自然灾害的袭击，造成严重的负面后果。例如，1980—2020年，大型热带风暴袭击加勒比海和美国东海岸，造成了平均每年59亿美元的损失（EM-DAT，2020）。

2008年全球金融危机期间，新兴成员中相对较富裕的成员和高收入成员中相对较贫穷的国家往往遭遇了最严重的经济下滑（Didier、Hevia和Schmukler，2012）。在这种情况下，成员的经常账户赤字被确认为一项关键宏观经济变量，导致一些成员比其他成员更易受到金融冲击（Lane 和 Milesi-Ferretti，2011；Nier 和 Merrouche，2010）。

新冠肺炎疫情暴发后，2020年上半年，各成员出现了不同幅度的就业率下降。例如，同年美国失业率从3月份的10.3%增至4月份的14.7%，这是美国历史上最高的失业率月度增幅（Shrestha等，2020）。图2-7显示了2020年第一波新冠肺炎疫情期间选定经济体的就业率，以及每10万居民中的新冠肺炎疫情病例月度数据。

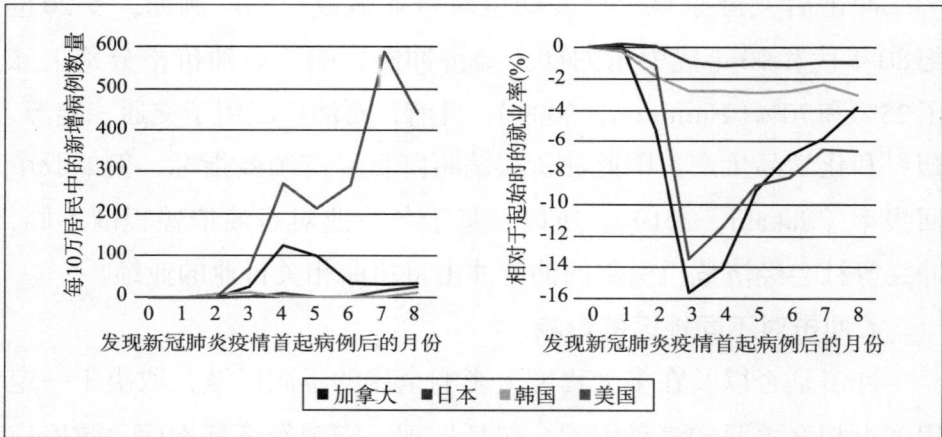

图2-7　新冠肺炎疫情形势恶化时的失业率

注：图2-7显示选定国家的新增新冠肺炎病例数量和就业率的变化。时间跨度是2020年发现首例新冠肺炎病例后接下来的几个月。

资料来源：作者基于圣路易斯联邦储备银行（FRED）2021年数据（见 https://fred.stlouisfed.org）、世界发展指标2019年人口数据以及约翰霍普金斯大学冠状病毒资源中心2021年的新冠肺炎病例数据进行计算。

很多原因能够解释这些不同的趋势，包括劳动力市场状况、政府针对劳动力市场的支持措施以及旨在控制疫情的封锁措施的严格程度。图2-7显示了确诊新冠肺炎疫情病例数量增长率和失业率变化之间的潜在相关性。例如，亚洲的日本和韩国等某些成员在此期间控制住了疫情传播，其劳动力市场同期受到的影响也似乎较小。

第四节 冲击严重影响国际贸易

冲击通过不同渠道产生影响，因此总结冲击对货物贸易和服务贸易的影响具有挑战性。尽管如此，本节重点分析了冲击对出口、进口和贸易成本的不同影响。

一、冲击对出口、进口和贸易成本的不同影响

自然灾害、技术和运营意外事故以及冲突和暴力引发的负面冲击会增加贸易成本，影响进口需求和出口供应，从而影响贸易。

所有类型的灾害都可能造成贸易成本的增加，因为冲击将损害有形资产，如商品、基础设施、人力和实体资产等，或者可能导致运输中断。2021年3月苏伊士运河的航道堵塞（12%的全球贸易通过此处）预计每天延迟100亿美元的贸易，且每关闭一周，当年的贸易增长率减少0.2%~0.4%（Allianz SE，2021）。2005年，卡特里娜飓风破坏和摧毁了主要港口，导致国际贸易短期中断（Friedt，2021）。2019年，新冠肺炎疫情对贸易成本有重大影响（见专栏2-4）。恐怖袭击（社会经济冲击）后，安全措施的增加，如更严格的边境管控，也会增加国际贸易成本，如延长交货时间（Nitsch和Schumacher, 2004）。

自然灾害还可通过改变进口需求和出口供应来影响国际贸易。例如，关于自然灾害的经验性证据一贯表明受影响国家的出口将减少，但对进口的影响并不明确（Da Silva和Cernat，2012；

Gassebner、Keck 和 Teh，2010；Oh 和 Reuveny，2010）。

在进口需求方面，贸易成本的增加、失业和对商业的破坏对需求造成的负面冲击可能会对进口造成负面压力。另外，满足国内需求，如食品和药品等基本商品以及用于重建的材料，可能会使一个国家增加进口（WTO，2019b）。因此，进口是减少还是增加取决于一系列因素（见第二章第四节第二部分）。

大多数冲击是局部性的，对其他国家的影响可能有限。然而，由于全球关联性的增强，一些冲击可能具有全球性，并导致严重的全球经济衰退。2008—2009年全球金融危机和2019年新冠肺炎疫情都是这方面的显著例子。专栏2-5对这两次全球冲击进行了比较，并简要讨论了影响贸易衰退和复苏的因素。

专栏2-4　全球新冠肺炎大流行时期的贸易成本

限制旅行和关闭边境是应对疫情的早期政策的重要组成部分。根据所涉行业的不同，运输和旅行成本占贸易成本的20%~31%（Rubínová 和 Sebti，2021）。因此，只要旅行限制仍然存在，贸易成本就会大幅增加。

货运服务的运行情况对制造业的贸易成本至关重要。自从新冠肺炎疫情暴发以来，海上和陆地运输有时会出现相当大的延误，但其运转基本正常。海上运输的问题主要与港口物流有关，因为许多国家改变了港口运转规定，包括关闭港口、限制船员更换、额外的文件要求以及对船舶和船员的检查等，这些都扰乱了航运服务（Heiland 和 Ulltveit Moe，2020）。

此外，为了防止因需求下降导致的运价降低，海运业减少了船期供应。因此，虽然2020年1月和2月的集装箱运输成本与前一年同期相当，但中国经济在2020年3月中旬的重启开始推高运价，美国消费者需求的反弹导致了2020年5月的运价大幅上涨（见图2-8）。

国际陆路运输受到边境管控、卫生措施（如测量司机体温）和特殊安排（如关闭某些边境口岸）的影响。前往疫区的潜在风险也可能导致司机紧缺。这些因素导致公路货运延误。为了缓解这些问题，一些出口商试图将货物从公路转移到铁路上，因为后者运输每批货物所需的司机数量和相关管理要少得多（如参见Knowler，2020，关于"2020年3月铁路成为意大利最安全的货运选择"的文章）。

旅行限制导致客运航班大幅减少，旅行占航空货运量的一半左右。因此，2020年3月，全球航空货运能力下降了24.6%，2020年4月的航空货运收益率（即客户在一货运收入英里内运输一吨货物和邮件所支付的平均费用）几乎是2019年4月的两倍（IATA，2020a）。（见图2-9）一些航空公司在没有乘客的情况下，开始使用客机运货，而这样做的原因正是高运价。因此，只有客运量反弹，这种成本冲击才可能消退。

依赖供应商和消费者之间物理接触的可贸易类服务，如旅游、客运、维护和维修服务等，受到旅行限制和安全距离的严重影响，贸易成本大幅增加。商务旅行的中断也对商业和专业服务贸易产生了影响，尽管这取决于在每个特定环境下采用非面对面方式交流的可能性。

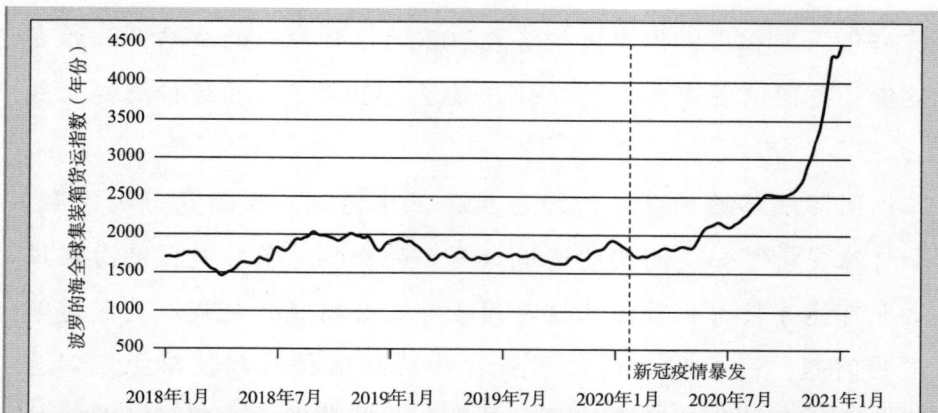

图2-8 2018—2021年的运价行情（2020年3月运价开始上升，5月大幅上涨）

资料来源：弗雷戈斯（Freightcs，2021）。

高度的不确定性也增加了贸易成本。2020年第一季度，全球的不确定性水平比2003年伊拉克战争和重症急性呼吸系统综合征（SARS）暴发导致的不确定性水平高出60%（WTO，2020e）。这可能导致贸易融资供应减少，给新兴和发展中成员造成特别严重的损失。

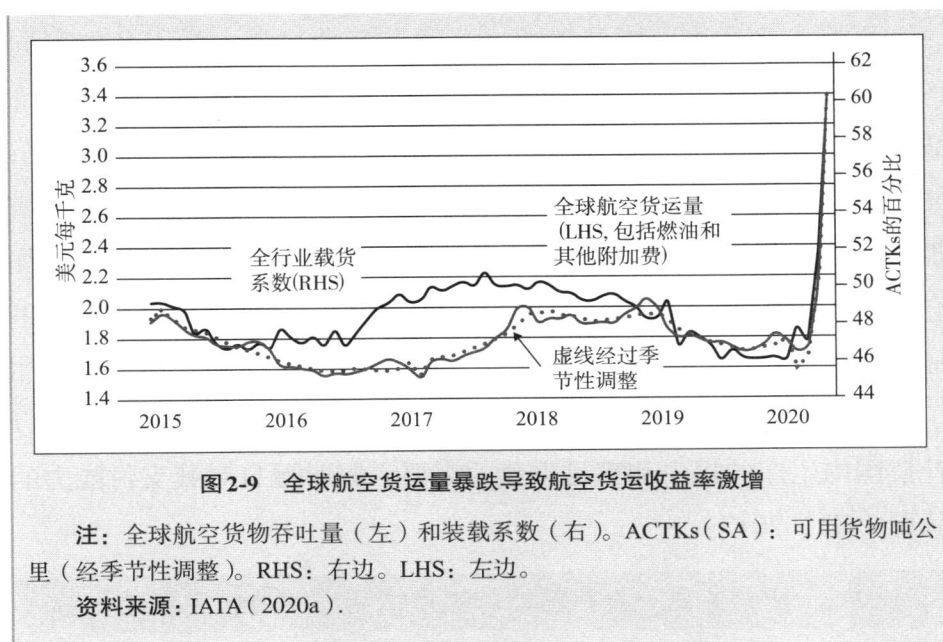

图2-9　全球航空货运量暴跌导致航空货运收益率激增

注：全球航空货物吞吐量（左）和装载系数（右）。ACTKs（SA）：可用货物吨公里（经季节性调整）。RHS：右边。LHS：左边。

资料来源：IATA（2020a）.

二、冲击往往会对（小型）发展中成员产生更大的负面影响

与发达成员相比，经济破坏对发展中成员，尤其是贫穷小国的影响往往更大。受自然灾害影响的重债穷国、最不发达国家和内陆发展中成员的进口在短期内下降了20%[6]，因为这些成员进入金融市场的机会有限（Felbermayr、Gröschl 和 Heid，2020）。相比之下，自然灾害对处于不同发展水平的国家的进口平均值的影响或较正面（Felbermayr 和 Gröschl，2013），或较负面（Gassebner、Keck 和 Teh，2010）。同样的，据估计，受自然灾害影响的国家的出口平均值仅下降0.1%，但受自然灾害影响的发展中成员的出口下降约9%，小型发展中成员的出口下降约22%，这种影响可持续三年（Da Silva 和 Cernat，2012；Gassebner、Keck 和 Teh，2010；Jones 和 Olken，2010）。

恐怖主义袭击，以及工业、运输和其他事故，会因各国不同的收入水平，对各国造成不同的贸易影响。例如，根据经验，恐怖袭击会导致双边贸易平均下降4%~5%（Blomberg和Hess，2006；Nitsch和Schumacher，2004）。然而，由于从其他发达成员进口的增加和经济复苏的加快，发达成员之间的双边贸易在恐怖袭击后往往会增加（平均增加5.6%，Oh，2017）。此外，工业、运输和其他事故等带来的科技和运营方面的冲击使发达成员之间的双边贸易增加了约2.2%。发达成员之间贸易的增长归因于对进口的更高需求，以补偿国内生产的损失和满足重建的需要，同时源自对其支付能力的认可（Oh，2017）。

专栏2-5　货物贸易一直在新冠肺炎疫情期间助力稳定全球贸易

全球金融危机与新冠肺炎疫情危机之间的关键差异在于经济活动收缩时，全球货物贸易流动的反应。如图2-10所示，全球金融危机的特点是"贸易大崩溃"，2009年，全球贸易的绝对值下

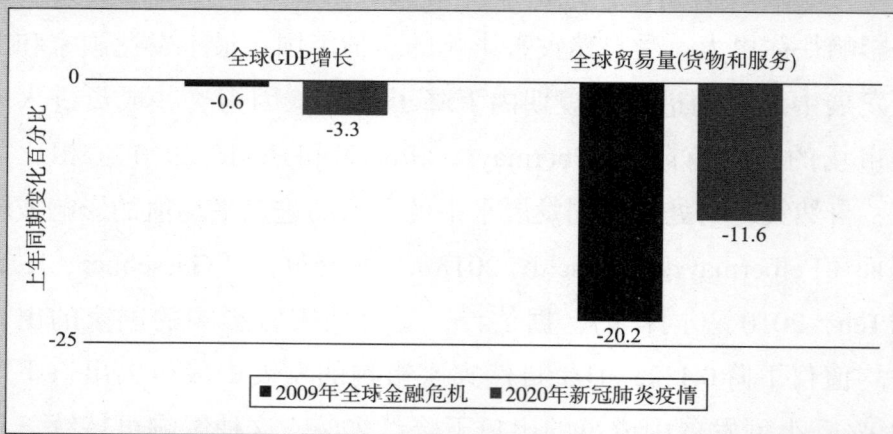

图 2-10　全球贸易在新冠肺炎疫情期间比全球金融危机期间下降幅度小

资料来源：国际货币基金组织（IMF, 2010, 2021a）。

降了10.4%（其中，货物贸易下降了12.6%），而全球国内生产总值下降了0.6%。2020年，全球贸易的绝对值也大幅下降（货物贸易和服务贸易下降9.6%）；但全球国内生产总值下降幅度较小，下降3.3%。

根据WTO估算，2019年底至2020年底，中间投入物的贸易份额保持在50%左右，这表明新冠肺炎疫情期间相关冲击总体上通过全球价值链的传播有限（Berthou和Stutpnne，2021）。此外，在2020年和2021年初，大量的宏观经济刺激政策帮助贸易复苏，因为对家庭的财政支持有力地增加了支出，特别是在可贸易商品上（Chetty等，2017；IMF 2020a，2021a）。

重要的是，在新冠肺炎疫情时期，数字技术通过帮助企业维持和加速前期已形成的消费者在线购物趋势（OECD，2020c），缓解了供需双方的贸易冲击。虽然并非所有在线订单都涉及跨境贸易，但通过邮购或互联网进行的零售贸易的增长导致了整个2020年该行业的异常增长（见图2-11）。UPS和PayPal等公司分别报告了跨境发货量和金额的大幅增长（Fitzpatrick等，2020）。

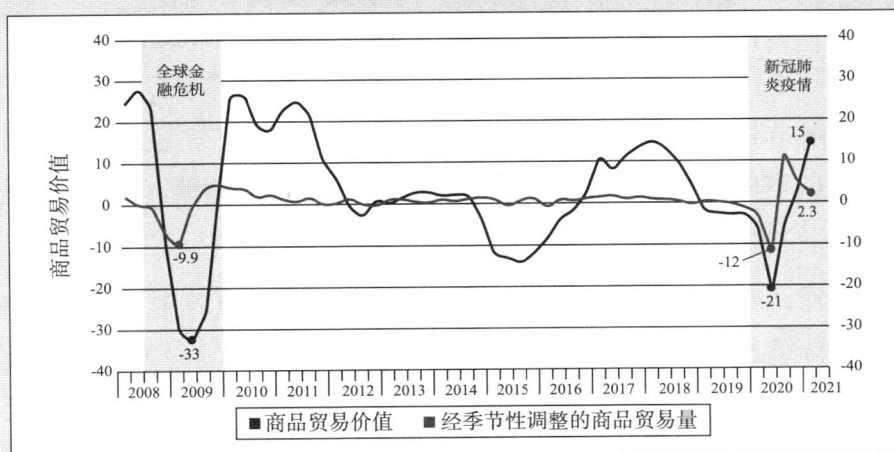

图2-11　商品贸易下降幅度较小且恢复较快

图2-12显示了2020年整个欧元区在线和总零售贸易的动态。虽然与上一年相比，2020年4月，欧元区零售贸易总额下降了19%，但邮购和网购的零售额在2020年有所增加，在2020年5月和11月欧洲封锁的两个主要时段，同比增长率达到峰值，分别为37%和36%。

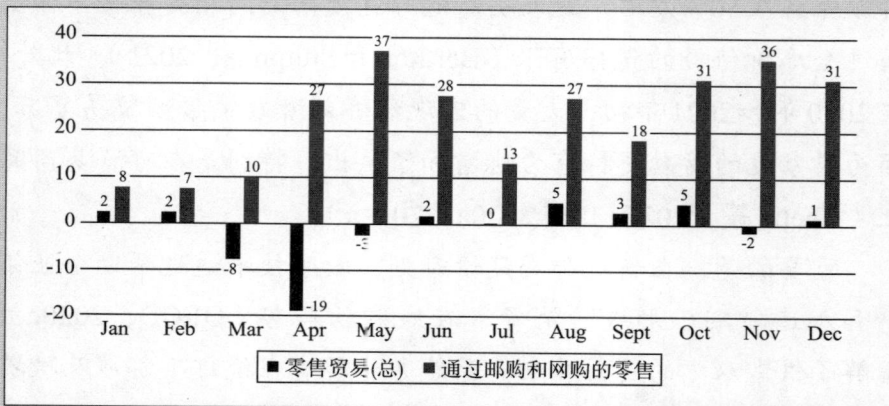

图2-12 2020年通过邮购和网购实现的欧元区零售额

注：零售额不包括机动车和摩托车。欧元区包括奥地利、比利时、塞浦路斯、爱沙尼亚、芬兰、法国、德国、希腊、爱尔兰、意大利、拉脱维亚、立陶宛、卢森堡、马耳他、荷兰、葡萄牙、斯洛伐克、斯洛文尼亚和西班牙。

资料来源：作者基于欧盟统计局（参考2021）（https://ec.europu.eu/eurostat）计算得出。

金融危机对发展中成员的影响更大。金融危机过后，发展中成员的进口下降速度几乎是发达成员进口下降速度的两倍（Benguria 和Taylor，2020）。

此外，发达成员的进口在三年内恢复，但对发展中成员的影响可能会持续五年以上。

三、冲击对不同部门的贸易影响明显不同

某些部门的国际贸易往往更容易受到某些类型冲击的影响。在

这些行业中，包括农业部门、服务业和制造业的全球价值链。

1.农业部门更易受到自然灾害和技术冲击的影响

农业部门高度依赖天气和气候，往往更易受到不利自然现象和技术冲击的影响。例如，热带风暴对初级农产品的影响不成比例。气象灾害导致入侵性害虫的传播，如2019年东非暴发蝗虫灾害，可进一步损害未来农产品出口（Mohan，2017；WTO，2019c）。

同样的，越来越多的跨国界疾病暴发正在破坏粮食安全和畜牧业的贸易安全（FAO，2018）。此外，过去的技术和运营冲击案例表明，在环境相关事故中，农业相关部门和渔业部门的贸易会受到影响。例如，1989年在阿拉斯加发生的埃克森·瓦尔迪兹漏油事件对商业渔业生产产生了长期影响，受影响的渔业产品大部分用于出口（Owen等，1995）。2011年福岛核泄漏造成的食品污染，以及贸易伙伴随后实施的进口限制，导致日本农产品出口减少，2011年最后一个季度，日本农产品出口下降了11%。当年，同一类产品的进口增加，以弥补当地生产的损失（Bachev和Ito，2014）。

2.服务贸易，尤其是旅游业，可能会受到冲击的严重影响

旅游业受到多类冲击的影响。个人出行决策受到各种外部因素的影响，如收入、汇率、政治和环境条件（Pforr，2009；Ritchie等，2014）。因此，任何类型的灾害都会破坏相关资产、减少收入或增加目的地政治和环境安全的不确定性，从而引发国际旅游需求的下降。

自然灾害会破坏旅游住宿和与旅游相关的基础设施，也会对消费者的认知产生负面影响。例如，加勒比海地区的飓风过后，游客前往该地区的次数减少，因为潜在游客认为该事件已经摧毁了整个地区（WTTC，2018）。

工业事故，如1989年阿拉斯加埃克森·瓦尔迪兹漏油事件或2010年墨西哥湾深水地平线钻井漏油事件，可能会在清理过程中中断与旅游相关的业务，并打乱游客参观该地区的计划（Cirer Costa，2015；Ritchie等，2014）。在阿拉斯加，石油泄漏导致旅游相关收入下降了35%，给旅游业造成了约24亿美元的损失（Lyon和Weiss，2010；Robinson，2020）。

由于安全方面的不确定性以及与加强安全措施相关的成本增加，恐怖袭击可能会减少对旅游的需求。例如，2001年9月11日恐怖袭击发生后，美国的客流量和酒店入住率立即下降了50%以上（Goodrich，2002）。

其他社会经济冲击，如经济衰退和金融危机，可能会因人们收入减少而损害旅游业。在一项对200个国家（Khalid、Okafor和Shafiullah，2020）的研究中，研究员发现游客来源国或旅行目的地国发生的通货膨胀危机、股市动荡和银行危机会减少旅游需求，而目的地国的货币贬值与主权债务危机有关，有利于服务出口，并最终吸引更多的国际游客。

无论如何，如图2-14所示，从1995年到2020年，旅游业在应对冲击方面具有韧性，并能迅速从冲击中恢复起来。例如，2001年9月11日恐怖袭击后，旅游业没有出现重大下降，但增长放缓至1%，而整个期间（不包括2020年）的年均增长率为4.3%。在2003年重症急性呼吸系统综合征（SARS）疫情期间，亚洲及太平洋地区的全球游客人数下降了9.3%，但随后在2004年增加了约27.3%。同样，2008年全球金融危机后，2009年全球游客人数下降了3.75%，但随后在2010年恢复，并超过危机前的7.7%。

新冠肺炎疫情的暴发导致2020年国际游客数量下降74%，是近几十年来对国际旅游业最严重的冲击。为遏制病毒传播而采取的广泛的旅行禁令和有限的面对面交流，限制了国际跨境流动和旅游相关服务贸易（见专栏2-6）。

如图2-15所示，与前一年相比，2020年第二季度，运输和国际旅行者支出（"旅行"）等服务贸易分别下降了30%和81%，而其他服务仅下降了8%。运输服务贸易的减少主要是由于对旅客旅行的限制。其中许多最不发达国家特别依赖旅游/旅行出口，据估计，其2020年服务出口下降了39%，而世界其他地区则下降了20%。

专栏2-6　新冠肺炎疫情对毛里求斯旅游业和经济的影响

Boopen Seetanah　毛里求斯大学教授和世贸组织教席项目负责人
Verena Tandrayen Ragoobur　毛里求斯大学教授
Jaime De Melo　日内瓦大学教授

毛里求斯新冠肺炎疫情的暴发，使旅游业陷入停滞。2020年3月，第一轮新冠肺炎疫情暴发，该岛于2020年3—6月进行第一次封锁。2021年3月，第二轮疫情暴发，该岛进行了第二次封锁。毛里求斯在发现第一例新冠病毒病例时关闭了边境，并于2020年10月1日重新开放；然而，对所有进入毛里求斯的旅客实行了为期两周的强制隔离期。这一强制隔离期是毛里求斯对游客流量的主要限制，因为游客的平均停留时间为10至12天。

毛里求斯于2020年10月推出了新的一年签证，并有可能进一步延长签证期限，以抵消疫情对旅游业造成的损害。该类高级签证的目标是游客、寻求病毒避风港的退休人员以及希望与家人一起留在毛里求斯的专业人士（即远程工作者）。这些游客不允许进入劳动力市场。然而，随着新冠肺炎病毒新毒株的出现，毛里求斯禁止所有旅行者进入。

2019年，占GDP18.8%、占总就业19.1%的旅游业的增长率严重放缓。与前一年相比，2020年的游客人数下降了77.7%，旅游收入下降了72%。2021的第一季度与2020同期（Government of Mauritius，2021）相比，入境人数进一步下降了99.1%（见图2-13）。

在新冠肺炎疫情的影响下，毛里求斯当局通过了工资援助计划和自雇援助计划来缓解社会经济影响。前者以企业为目标，允许员工每月领取高达1250美元的基本工资。自雇援助计划帮助因封锁而遭受收入损失的个体经营者。2020—2021年，这两项财政援助计划支付了约240亿毛里求斯卢比。近16700名雇主申请了工资援助计划，258079名自雇职业者从中受益。

在旅游业方面，截至2020年7月，已根据工资援助计划向39000多名员工支付了约20亿毛里求斯卢比，同时通过自雇援助计划已向约1500名自雇工人支付了2600万毛里求斯卢比。只要边境仍然关闭，当局将一直维持这两项针对旅游业从业人员的计划。此外，国家恢复基金提供了约90亿毛里求斯卢比，以支持毛里求斯国家航空公司。

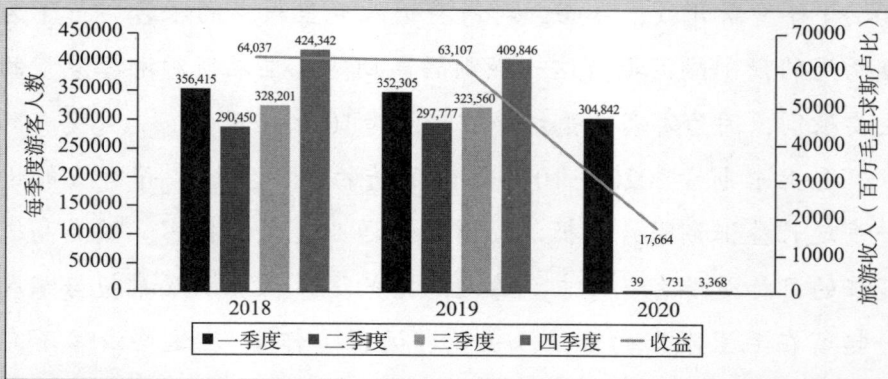

图2-13　2020年毛里求斯的入境游客人数和旅游收入

资料来源：作者基于毛里求斯政府（2021）的数据进行计算。

毛里求斯当局已将60%的接种疫苗率作为重新启动旅游业的先决条件。接种疫苗的优先对象是一线工作者，包括旅游业的雇员。

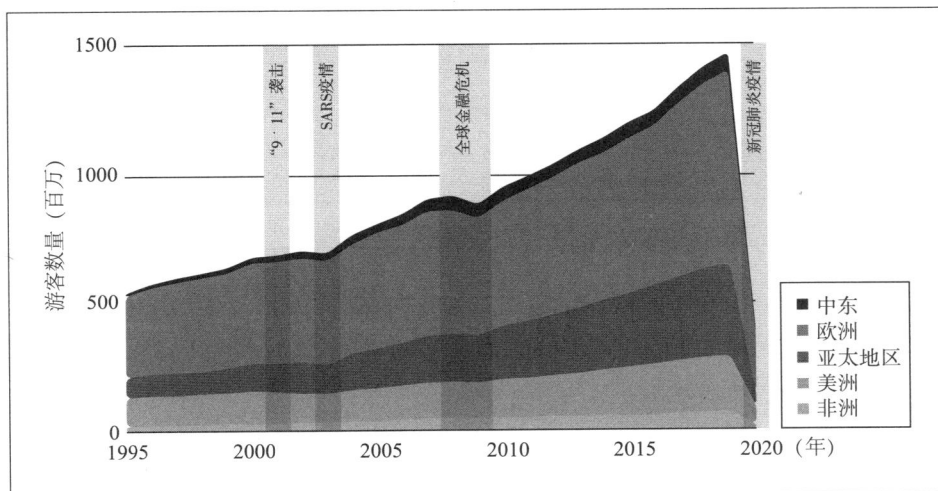

图2-14 新冠肺炎疫情初期的国际旅游者数量
资料来源：联合国世界旅游组织世界旅游晴雨表（UNWTO，2021）。

2020年第三季度，旅游业出现了一些复苏迹象，这与国际航空运输协会（IATA）的分析一致。该协会强调，只要放宽限制，国内和国际航空旅行就会释放大量的前期被压抑的需求（IATA，2020b）。旅游和旅行业的未来走向将与旅行限制、疫苗接种计划的有效性以及健康和安全管控措施的成功协调密切相关（见图2-14、图2-15）。

其他商业服务部门受疫情影响的程度参差不齐（见图2-16）。虽然建筑、艺术和娱乐服务等需物理上近距离接触的服务业的出口大幅下降，但由于对云计算、虚拟平台和工作场所的需求不断增长（疫情加速了这一趋势），金融和计算机服务等其他服务业的出口只出现了小幅下降，甚至有所增长。

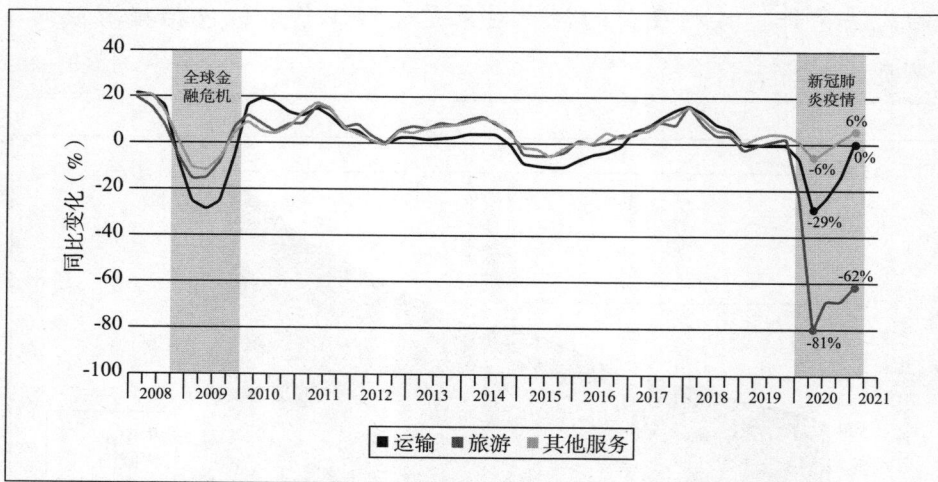

图2-15 新冠肺炎疫情时期和全球金融危机时期商业服务贸易遭受的冲击比较

资料来源：作者基于世贸组织-联合国贸发会议-国际贸易中心的数据（https://data.wto.org）时行计算。

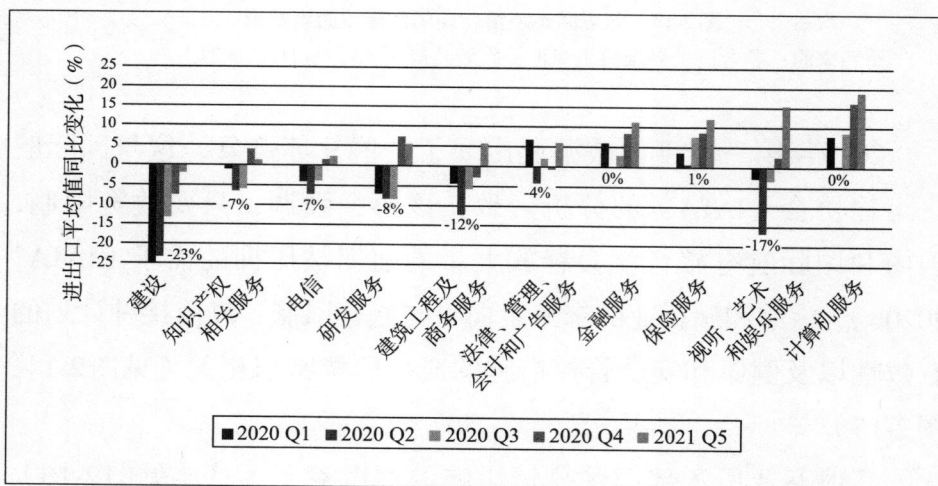

图2-16 商业服务各部门遭受疫情的影响情况

资料来源：作者基于世贸组织-联合国贸发会议-国际贸易中心的数据（https://data.wto.org）进行计算。

3.制造业受到全球价值链供需动态的影响

灾难造成的冲击可能通过不同渠道影响制造商。2020年新冠肺炎疫情的暴发引发了对于制造商而言不同以往的供需波动。封锁造成的供应中断破坏了某些类别的商品贸易（见图2-17）。在出口国中，对于可远程完成的工作比例较低的部门，其贸易流量下降更为严重（Espitia等，2021）。与前一年相比，2020年第二季度的供需中断使汽车产品贸易减少了51%。

需求下降也导致了贸易的下降。进口国的限制措施减少了对奢侈品、服装、皮革和鞋类等消费品的需求，而食品和农产品等部门则相对具有韧性（Berthou和Stumpner，2021）。

其他行业也从需求增加中受益。例如，计算机和电子元件的贸易——与居家办公相关——在第一季度后分别取得了4%和12%的增长，并在2021季度取得了大幅增长。抗击疫情所需的医药产品在第二季度增长最快，为11%，但在第三季度有所放缓，表明储备工作可能已完成。2020年，抗击疫情所需的医疗用品贸易激增。就2020年上半年而言，医疗产品同比增长15.8%，与2019年2.4%的温和增长形成对比（见图2-18）。个人防护装备（PPE）贸易增长了50.3%，为2020年医疗用品第二大贸易类别。按价值计算，药品贸易仍然是最大贸易类别，增长了11.6%。其次是医疗用品（9.6%）和医疗设备（5.5%）。与2019年同期相比，呼吸机和呼吸器等呼吸设备的贸易增长了56%，而口罩的贸易增长了87%。

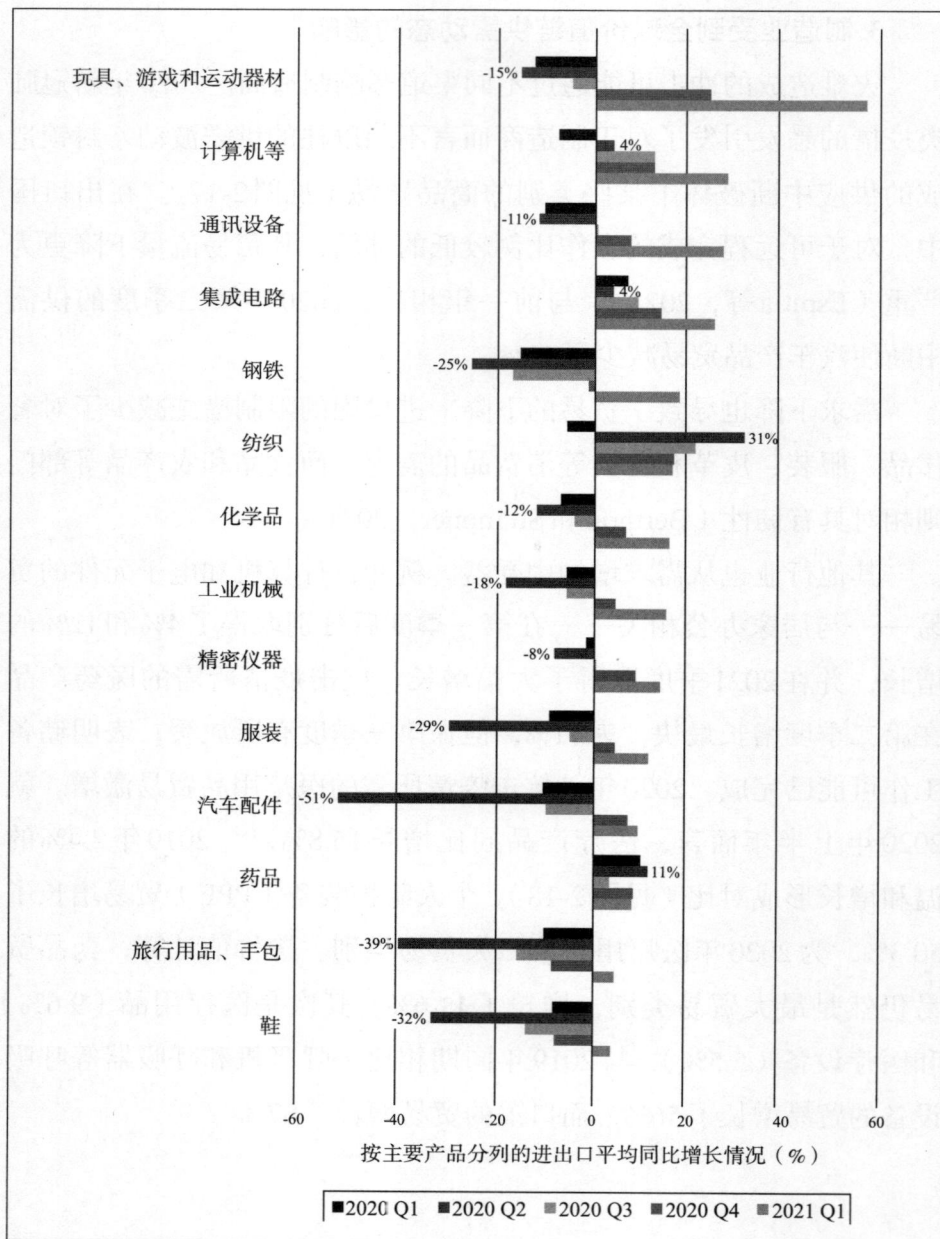

图中数值标注：

玩具、游戏和运动器材	-15%
计算机等	4%
通讯设备	-11%
集成电路	4%
钢铁	-25%
纺织	31%
化学品	-12%
工业机械	-18%
精密仪器	-8%
服装	-29%
汽车配件	-51%
药品	11%
旅行用品、手包	-39%
鞋	-32%

按主要产品分列的进出口平均同比增长情况（%）

■ 2020 Q1　■ 2020 Q2　■ 2020 Q3　■ 2020 Q4　■ 2021 Q1

图2-17　货物贸易在新冠肺炎疫情期间受到不均等的影响（美元价值的百分比变动）

资料来源：作者基于世贸组织-联合国贸发会议-国际贸易中心的数据（https://data.wto.org）进行计算。

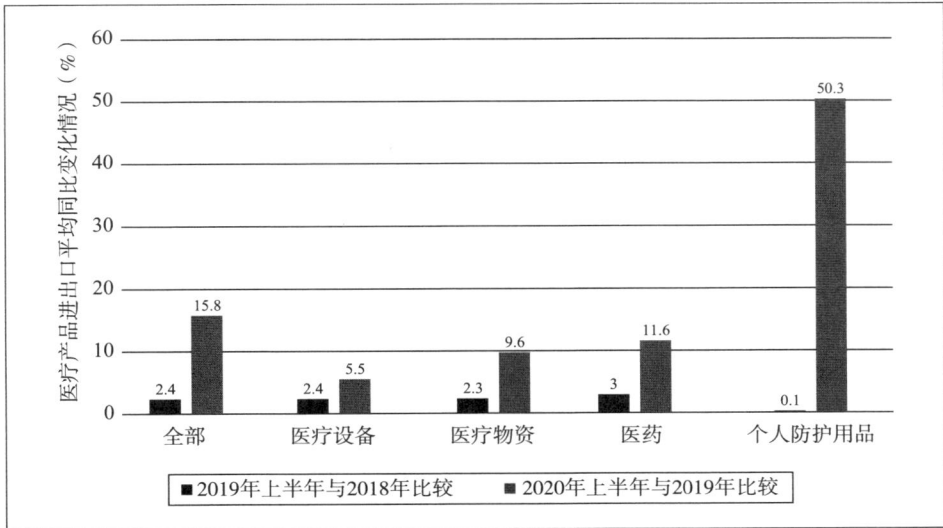

图2-18　2020年上半年医疗产品贸易得到了增长

资料来源：作者基于世贸组织-联合国贸发会议-国际贸易中心的数据（https://data.wto.org）进行计算。

2020年初，随着世界卫生组织和国家卫生机构越来越多地建议使用口罩，卫生工作者对外科口罩和其他个人防护用品的需求激增，导致口罩和防护用品全球短缺，单靠一个国家无法提供。例如，2020年1月，中国产能约覆盖8%的国内日均需求，用于提供卫生、制造业和运输工人，但在疫情开始阶段，即使在提高产量之后，中国仍需要进口20多亿个口罩和另外4亿件个人防护用品（Bradsher，2020；OECD，2020a）。

冲击对制造业贸易动态的影响与全球价值链密切相关，这在第三节中进行讨论。

第五节　应对冲击的经济和贸易政策

灾害发生后，世界各国实施经济政策以缓解冲击对经济的影响。根据冲击影响的是需求侧还是供给侧，政策反应形式可能有所不同。前文已介绍了应对冲击的一般经济政策，本节重点阐述在发生某些冲击后，尽管也会采取开放贸易的措施，但贸易限制措施往往会增加。

一、经济政策反应

在宏观经济理论中，对冲击的政策反应通常由其对经济系统的影响类型来决定。正如第二章第三节第二部分所讨论的，扰乱经济的影响可分为：(1)需求侧冲击；(2)供给侧冲击；(3)不确定性增加。

1. 需求侧冲击

对需求侧冲击的标准政策反应通常是逆周期的。换句话说，其目的是同时减轻正面的和负面的需求侧冲击以稳定价格和就业水平（Friedman, 1995; Mundell, 1962; Tinbergen, 1952）。为此，大量政策工具被使用，其中许多措施属于自动稳定器类型（Égert，2012；ECB，2010）。例如，累进税制根据收入变化自动减少或增加个人税负，失业救济金可能在经济压力增大时自动增加，在经济增长时自动减少。

此外，政府通常会采取非常规措施来应对重大冲击（Combes、Minea和Sow, 2017; ECB, 2010）。例如，在应对负面需求侧冲击的情况下，通常倾向于采取扩张性财政和货币政策，如增加政府开支、降低利率、减税或发放额外的消费和失业补贴。又如，对全球金融危机最常见的政策反应是采取扩张性财政政策。在77个国家中，有65个国家在危机发生后采取了扩张性的财政政策（见表2-3）。平均而言，各国实施的财政刺激措施总量约为国内生产总值的2%（WTO，2014）。其他常见的需求侧应对措施明确指向就业领域，包括增加公共部门招聘（47个国家），减少某些与就业有关的税收和负担（52个国家），以及与就业条件有关的措施（54个国家）。

　　相反，当遇到正向需求侧冲击时，通常的反应是收缩财政和货币政策，以免经济系统"过热"和价格飙升（Mundell, 1962）。此外，贸易政策在应对正向需求侧冲击方面发挥着重要作用（见第二章第五节第二部分）。

表 2-3　2008—2009 年全球经济危机后的政策

政策领域	政策措施	国家数量
积极的劳动力市场政策	在岗员工培训	45
	失业者培训	49
	额外招聘公共就业服务人员和行政管理人员	47
	一般性的青年培训措施	34
	针对失业人员和弱势青年的措施	26
宏观经济政策	财政政策——扩张	65
	财政政策——收缩	13
增加对劳动力需求的措施	信贷安排，获得信贷担保	49
	包括减少工作时长、工资补贴、对雇主给予补贴以维持现有工作数量的激励措施等	39
	降低非工资劳动力成本和减少税收	52
	其他针对中小微企业及合作社的特别措施	40
	支付措施	21
	公共领域创造就业、补贴等激励措施	36
	降低工资	5
	为可持续发展的企业提供有利的监管环境	43

续 表

政策领域	政策措施	国家数量
社会对话	基于与社会伙伴的共识在工作时间、工资、工作条件、就业保障方面采取的行动	48
	社会伙伴通过社会契约在工作时间、工资、工作条件、就业保障方面采取的行动	54
	在就业领域通过社会对话实施的减少性别不平等的措施	24
	在保障工作权利领域通过社会对话实施的减少性别不平等的措施	13
	在社会保护领域通过社会对话实施的减少性别不平等的措施	15
	其他在社会对话领域实施的措施	20
	强化劳动力监管举措	47
特定领域的政策	农业和渔业	6
	房地产业	8
	交通、仓储与通信	9
	建筑业	16
	酒店和餐厅	9
	批发和零售，修理汽车、摩托车、个人和家居用品	5
	公共管理和国防	7
	各种措施	4
	制造业	26
	不可分类的产业	18
	金融中介服务业	15
	采矿和采石业	3
	教育	5
	供电、供气和供水	7
	健康和社交网络	5
	出口	38

2.供给侧冲击

供给侧遭受影响在各类冲击中都很常见，但在自然灾害和技术冲击中尤为突出。供给侧冲击的一个案例是2011年日本福岛核泄漏事故，造成了超过150种汽车零部件的供应短缺，导致丰田公司的北美生产线以30%的产能利用率运行了几个星期（Canis，2011）。面对供给侧冲击，可能需要政府干预来减少潜在的经济损失。对供给侧冲击的政策反应有不同的形式，如赠款和贷款、生产补贴、基础设施投资、放松管制、减税、降息或增加培训资金。

表2-4概述了最近四次自然灾害发生后政府的政策反应：2004年印度洋海啸、2010年海地地震、2011年日本地震和海啸以及2020年澳大利亚丛林大火。这些政策中许多是供给侧干预措施，旨在恢复经济和物流能力。所采取的供给侧政策包括基础设施重建、紧急赠款、优惠贷款、对小企业和工业部门的支持、对重新购买机器和设备的补贴，以及旅游景点的重新开放。自然灾害发生后的常见政策措施包括更便捷可得的信贷、提供保险及对企业和农民进行补贴（WTO，2019b）。

表 2-4　应对自然灾害采取的政策

目标	政策措施
财政冲击	请求国际援助
	请求国际社会的参与和支持
	多边借款、赠款、优惠性贷款
	债务减免
	国际援助、赠款、恢复性援助
商业复苏与增长	通过恢复性赠款、财政救济、优惠贷款等为小企业和初级生产者提供支持
	对制造环节提供支持，推动提升国内技术产出

目标	政策措施
商业复苏与增长	工业支持
	技术领域内的国际伙伴
	政府对工业部门的补贴、公司补助金
	鼓励重新购买机器设备
	创造就业
人力开发	教育和培训，水资源与卫生
	帮助和心理支持以减轻创伤和痛苦
	儿童保育补贴
	提高健康领域预算
	基础设施恢复与重建
	土地使用规划
	房屋重建，改变房屋规划以提升基础设施韧性
	灾后能源基础设施恢复，包括更清洁和可再生的能源
移民和流离失所者	流离失所者的长期住房供给
	搜救
	保护、照顾失散的无人陪伴的儿童
	治疗和医疗援助
	对流离失所者的紧急援助/补偿，财政支持，现金补助
灾后应对课程	设置疏散设施
	灾难意识、教育和模拟演习
	海岸保护计划，海堤、防波堤
	海啸预警系统
	减灾计划
	开发机器人以确保为将来的灾难提供帮助和救援
	聚焦开发创新药和环保技术
	灾后影响调查以实现对未来灾害的管理和建模
救济与恢复	疏散
	建设关键基础设施、交通和物流运营设施

续　表

目标	政策措施
救济与恢复	临近国家捐助救济物资、个人援助
野生动物与环境破坏	野生动物救助、关怀、保护和栖息地保护
	重塑植被和还林
	农业工程，采用广泛的生物测试数据，帮助确保更高的生产率和生存能力
	关注农业和农村发展

注：基于对2004年印度洋海啸、2010年海地地震、2011年日本地震和海啸以及2020年澳大利亚丛林大火所做的回顾。

资料来源：作者的阐述基于马吉森和塔夫特-莫拉莱斯（Margesson 和 Taft-Morales，2010）、苏帕斯里（Suppasri 等，2015）、越村 和 首藤（Koshimura 和 Shuto，2015）、张（Zhang 等，2019）。

3.不确定性增加

最后，冲击可能会以增加整个系统不确定性的方式影响经济，例如，"9·11"恐怖袭击之后，安全和防御支出增加（Baker、Bloom 和 Davis, 2019; Looney, 2002）。政府以不同的政策反应来降低不确定性。例如，遭受自然灾害或技术冲击后，可能会进行提高认识的宣传，制订培训计划、减灾规划，增加对基础设施和预警系统的投资、调查和建模等。另外，在遭受恶性通货膨胀或债务违约危机等社会经济冲击的前提下，降低不确定性的典型反应可能包括制定提升货币和财政政策信用度的法规、进行结构性改革和债务重组（Franco，1990；Mishkin，2011；Reinhart 和 Rogoff，2013）。

二、贸易政策反应

在应对冲击的背景下，贸易政策具有双重含义：一方面，采取保护主义政策被视为优先服务国内经济的一种方式；而另一方面，贸易开放政策往往对应对突发的供需不匹配和紧急状况发挥着关键作用。接下来将分别从贸易政策对冲击的反应等角度讨论这两方面。

1.限制性措施在一些冲击发生后往往会增加

限制性贸易措施往往与经济冲击有关。贸易限制的平均水平在经济衰退或商业低谷期往往会上升，从而表明商业周期和贸易限制之间存在反周期关系（Bagwell和Staiger，2002；Crowley，2010）。大量文献提供了这种反周期关系的经验证据，例如，奥雷、德维鲁和埃奎姆（Auray、Devereux和Eyquem，2020），博哈拉和卡恩普尔（Bohara和Kaempfer，1991），伯恩和克劳利（Bown和Crowley，2014），克劳利（Crowley，2011），格里利（Grilli，1988），格伦德克和莫塞尔（Grundke和Moser，2019），以及克莱特和普鲁士（Knetter和Prusa，2003）。限制性贸易措施通常在对生产力产生负面冲击或经济衰退后会有所增加。同样，检验强度、拒绝进口的数量和其他贸易壁垒在经济下滑期间也会增加（Auray、Devereux 和Eyquem, 2020; Grundke 和 Moser, 2019）。然而，鉴于保护主义将对经济产生负面影响已形成广泛共识，限制性贸易措施和国内生产总值（GDP）之间的反周期关系近年来可能已经减弱（Rose和Wei，2013）。

对于这种反周期关系，人们做出了不同的解释。例如，有人认为，政府面临着日益增大的压力来帮国内企业赢得国内市场。在此情况下，衰退期间的贸易政策取决于进口竞争和出口行业的相对政治力量（Cassing、McKeown和Ochs, 1986）。另外，在经济衰退期实施限制性措施的成本较低，因限制性措施（如增加进口关税）而带来的损失在经济扩张期大于经济收缩期（Bagwell和Staiger，2002）。最后，国家有动力采取进口限制措施，以抵制因外部市场需求萎缩而导致的倾销行为（Crowley，2010）。

　　在最近几次危机中，包括全球金融危机和新冠肺炎疫情危机，对出口的限制性贸易措施引发了特别关注。在新冠肺炎疫情大流行的早期阶段，一些成员/国家对关键产品实施了临时出口禁令，以解决这些产品的国内供应短缺问题（WTO，2020f）[7]。截至2020年4月底，80个成员/国家和关税区实施了出口限制（见图2-19）。截至2020年11月，这一数字增加到86个（Bacchetta等，2021）。这些措施主要针对医疗用品（如面罩和防护罩）、药品和医疗设备（如呼吸机），但也有少数措施针对其他消费品，如食品和卫生纸（WTO，2020f）。

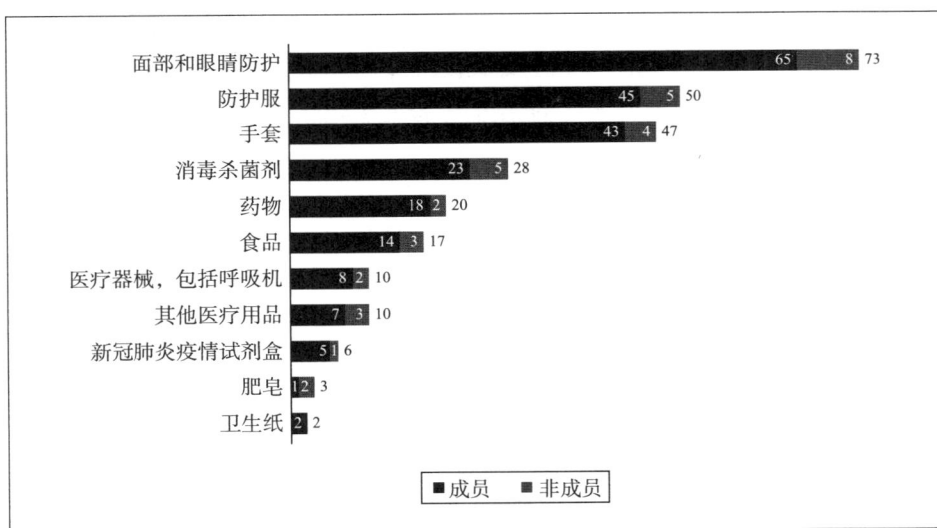

图2-19　出台与新冠肺炎疫情相关的出口限制措施的经济体的数量

资料来源：世贸组织（2020a）。

　　有些成员至少对一种疫苗原料的出口进行了限制，其中21个成员实施了出口禁令，11个成员采用了出口许可制度。一些措施已被撤销，其他措施仍在实施或延期实施。大量生产疫苗所需的原料有可能受到潜在影响。由于不同疫苗制造商使用不同的原料，它们受限制措施的影响也各不相同。出口限制性贸易措施也被用于应对其他类型的冲击。例如，在2006—2008年，为应对商品价格飙升，有些成员实施出口禁令（Evenett和Fritz，2020）。应对自然灾害的限制性措施也很常见，而且往往集中于农业部门（Bastos、Straume和Urrego，2013；Klomp和Hoogezand，2018）。这些政策往往是不明智的。根据冲击影响模型，实施贸易限制性措施会削弱经济体在遭受冲击期间获得关键产品的能力，并增加与复苏有关的效率成本（OECD，2021f）。

最后，限制性贸易政策也可能是缓解某些冲击的直接策略（见专栏2-7）。例如，在现代医学发展之前，旅行限制、缩减贸易以及货物和人员检疫是战胜流行病的最有效措施（Conti，2008；Peaks等，2017；Tognotti，2013）。对检疫措施的首次记录可以追溯到1348年，当时威尼斯共和国对入境的船只和旅客实行40天隔离，以遏制14世纪中期在欧洲和亚洲蔓延的鼠疫（Gensini、Yacoub和Conti，2004）。从历史上看，对外国人完全关闭城市和港口是遏制流行病暴发的另一常见应对政策。例如，当1644年鼠疫蔓延至俄罗斯时，负责检疫政策的卫生官员禁止外国旅行者进入莫斯科（Conti，2008）。边境卫生检查和许可证制度也被引入。例如，在16世纪，开始发放健康证，以证明船只最后到港的港口没有感染鼠疫（Conti，2020；Tognotti，2013）。新冠肺炎疫情危机表明，今天这些措施与意大利文艺复兴时期一样具有遏制传染的作用（Conti，2020）。

专栏2-7 对2008—2009年全球金融危机的贸易政策反应

在2008—2009年全球金融危机时期，人们担心类似于20世纪30年代大萧条后的引发保护主义破坏性螺旋上升的限制性贸易政策会卷土重来（Baldwin和Evenett，2009b）。

与普遍担忧的相反，许多成员在应对危机时只适度采取了限制性贸易政策（Bown和Crowley，2014；Gawande、Hoekman和Cui，2015；Kee、Neagu和Nicita，2013；Ruddy，2010）。虽然这可归功于世贸组织及其监管职能，但在许多成员，出口商施加的贸易开放力量抵消了贸易保护需求（Gawande、Hoekman和Cui，2015）。更具体地说，纵向一体化企业需要以低价获得中间品的经济利益有助于在危机期间限制保护主义。

进出口限制性措施的数量增加。随着宏观经济状况的恶化，通过采取反倾销、仅保障措施和反补贴税等措施，建立临时贸易壁垒以限制进口变得更加普遍（Bown和Crowley，2014）。此外，出口配额和关税等出口限制措施，在危机发生后也有所增加（见图2-20）。发展中成员比发达成员更密集地使用限制性措施，同时也是这些措施主要针对的目标（Bown，2009；WTO，2014）。

尽管限制性措施有所增加，但涉及的贸易进口量仅占危机前的贸易进口量的0.2%~0.8%（见图2-21）。贸易救济措施是最常见的贸易措施，但海关程序、关税、配额和税收对发展中成员的经济影响要显著得多。

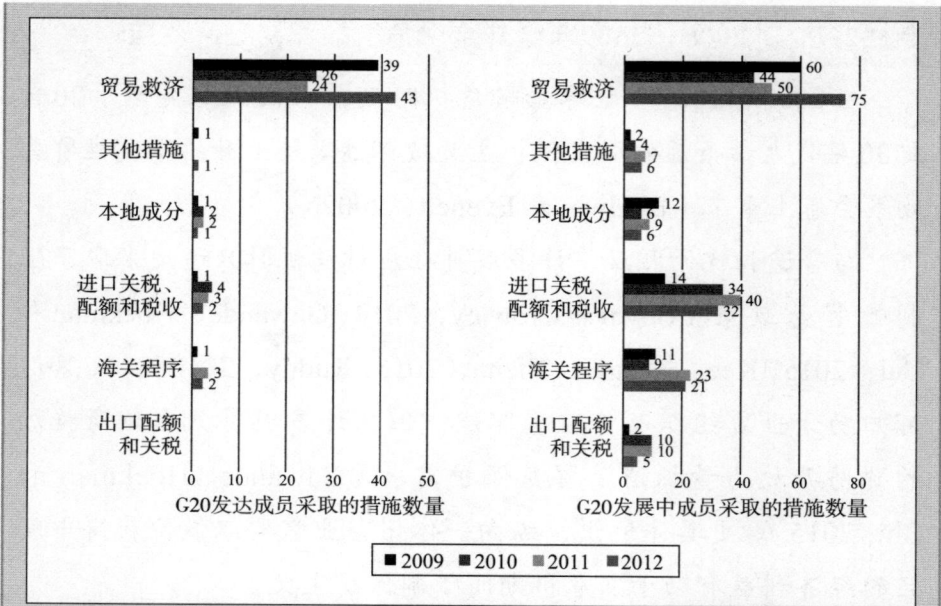

图2-20 贸易救济成为普遍的贸易措施

资料来源：世贸组织（2014）贸易监测数据库。图中仅包含被归为限制类的措施，且相关措施未在当年度内被取消。

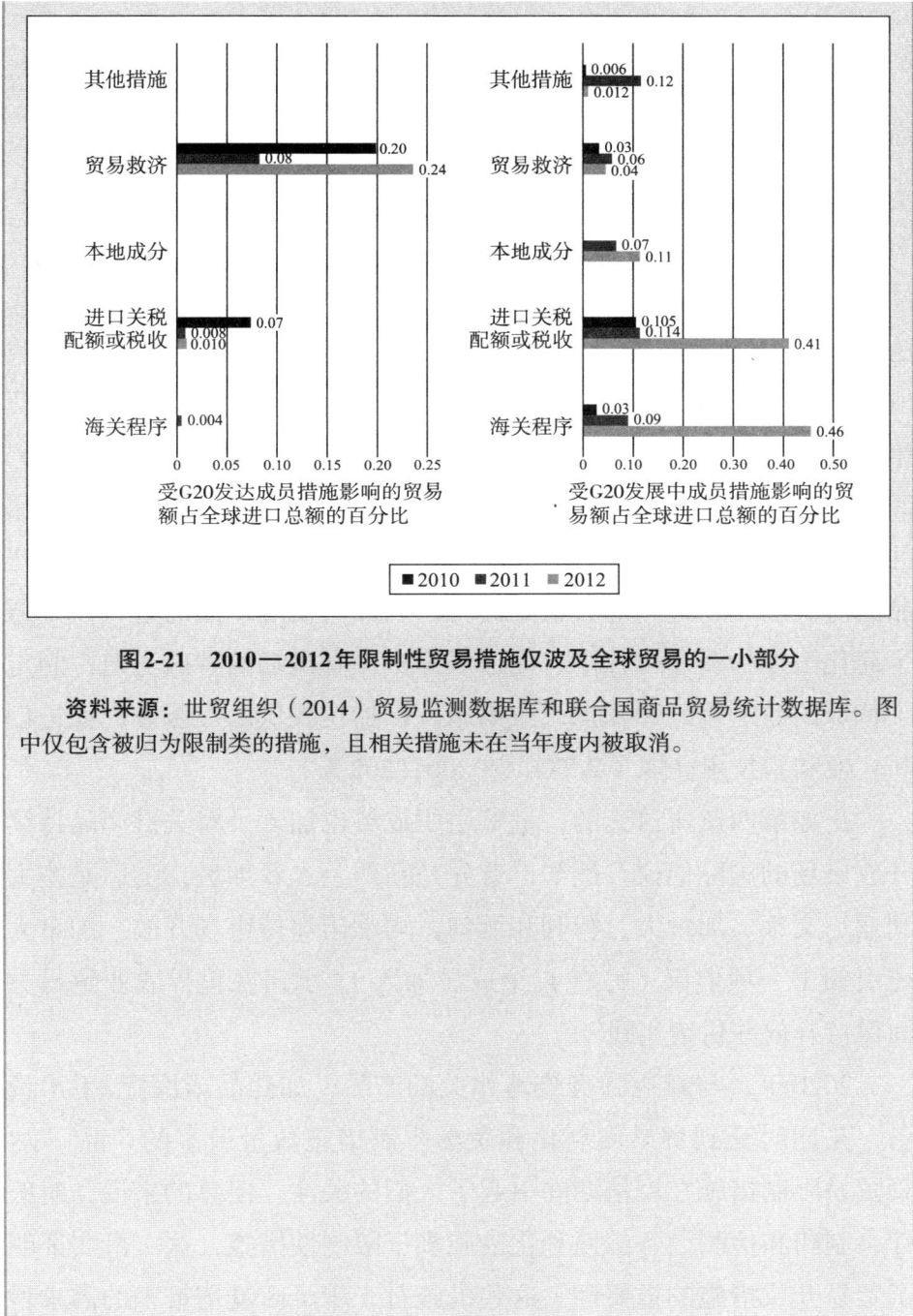

图2-21 2010—2012年限制性贸易措施仅波及全球贸易的一小部分

资料来源：世贸组织（2014）贸易监测数据库和联合国商品贸易统计数据库。图中仅包含被归为限制类的措施，且相关措施未在当年度内被取消。

2.应对冲击的措施包括贸易开放

贸易开放的措施也可以用来应对冲击，以保障关键产品的供应。自新冠肺炎疫情暴发至2020年11月，世贸组织成员和观察员采取了335项有记录可查的新冠肺炎疫情应对措施。其中，58%是贸易便利性的，42%是贸易限制性的（WTO，2020g）。此外，虽然个人防护用品的短缺导致个人防护用品生产国在疫情流行早期实施了出口禁令（WTO，2020a，2020f），但其中许多措施后来已被取消，关键产品的关税也有所降低。到2020年7月底，40个世贸组织成员已暂停征收对关键医疗产品的关税、税收或收费（WTO，2020b）。到2020年10月中旬，大约39%的新冠肺炎疫情关联产品的限制性措施已被取消（WTO，2020g）。在大多数成员，医疗产品的海关手续和边境清关得到简化，以加快关键产品的进口；开通了简化医疗物资进口程序、促进医疗工作者流动的特殊通道；制定了特殊的政府采购和知识产权措施，以加快提供医疗服务，促进创新，便利新技术获取（WTO，2020b，2020c）。

正如第四章所讨论的，世贸组织成员也加入了对关键产品持续开放市场的国际倡议。例如，首先是新西兰、新加坡，随后是澳大利亚、文莱、加拿大、智利和缅甸，均承诺保持市场开放。加拿大还引领了一项倡议（另有47个成员加入），承诺在世界农业贸易方面保持开放并付诸实践。

2020年，与新冠肺炎疫情相关的产品，如药品或医疗/手术设备，是同时受到贸易便利化和贸易限制措施数量最多的产品[8]。尽管贸易限制措施在疫情期间引起了人们的关注，但总的来说，对医疗、制药和检测设备的便利化措施多于限制性措施，这一事实证明了贸易开放措施的重要性。这些措施对于满足由疫情带来的需求增加至关重要。因为在成本和时间上均不合算，许多国家并没有增加这些产品的国内生产，而是增加了进口（OECD，2021f）。疫情期间，这些关键产品的国际贸易急剧增加。例如，纺织口罩的贸易量增加了六倍，防护面罩的贸易量增长了90%，中国医疗产品的出口量增加了两倍（WTO，2020f）。这对低收入国家至关重要，因为它们完全依赖国外生产的新冠肺炎疫情相关产品，并借此获得更广泛的医疗产品选择（OECD，2021f）。

服务部门受到疫情的严重影响，影响程度因部门和服务提供方式而不同（WTO，2020g）。截至2020年10月中旬，各成员已采取了124项影响服务贸易的措施来应对疫情。这些措施大多似乎是促进贸易的，包括便利电信服务的提供与获取，以及便利提供在线健康服务的措施。在少数情况下，政府的反应是取消现有贸易限制，如放宽对网络电话（VoIP）服务（即允许用户通过互联网而不是通过普通电话线进行语音通话的技术）的供应限制。然而，政府采取的另一些措施似乎是贸易限制性的，包括收紧对外投资制度等。

在应对自然灾害方面，贸易限制措施被认定是负面的（WTO，2019c），贸易政策自由化措施被用来应对自然灾害及复苏经济。自然灾害发生后，值得注意的开放和促进贸易措施包括：免除装运前检验、对灾后进口的某些货物建立紧急清关机制、免除增值税（VAT）、在特殊情况下对被认为具有公共利益的货物返还和暂停征收关税（WTO，2019b）。这些贸易措施主要侧重于促进国内外救灾物资、设备、服务和人员的供应，以及简化用于重建基础设施（如建筑材料）和提供关键服务（如工程服务）的产品的进口。

　　总而言之，贸易政策在政府应对冲击的过程中总是发挥重要作用。应对的贸易政策几乎并非绝对的贸易限制或贸易开放，两者交织混合才是常态。一方面，贸易便利化和开放贸易政策在利用贸易的韧性潜力方面发挥着关键作用，如保障关键产品的供应，缓和紧急措施带来的冲击，助力经济复苏等。另一方面，贸易限制政策也对减轻某些类型的冲击发挥着重要作用（例如，在流行病期间对货物和人员进行检疫），有时也作为释放优先考虑国内情况的政治信号（例如，禁止出口医疗产品或在经济衰退期征收进口关税以优待本地生产商）。贸易政策干预的负面溢出效应使得贸易措施的国际协调必不可少。

第六节　构建经济韧性已成为恢复经济和减少经济损失的关键战略

　　"经济韧性"一词已成为一个流行的术语，用来概括避免和减轻冲击以及从冲击中恢复经济所需的广泛和多样的因素和战略。在新冠肺炎疫情期间，经济韧性的概念重新获得了极大的关注，在2008—2009年的全球金融危机期间，其亦受到高度关注（见图2-22）。

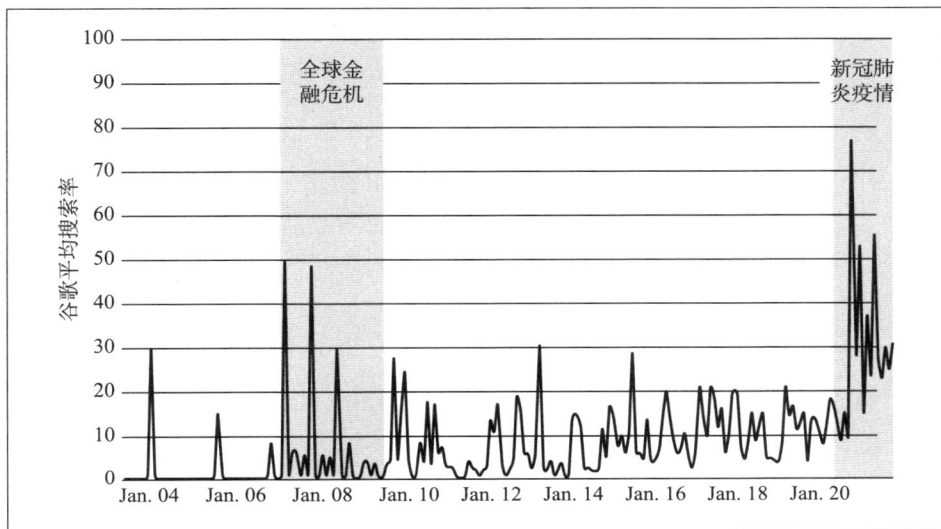

图2-22 "经济韧性"的平均搜索率

注：图2-22中的数字代表"经济韧性"在谷歌的平均搜索率。100是这个术语的最高流行程度，50意味着这个术语的流程度减半，0意味着没有关于这个术语的足够数据。

资料来源：作者基于谷歌趋势数据进行计算。

然而，对于"经济韧性"的定义和概念，以及如何衡量经济韧性，学界还没有达成共识。在一定程度上，这是由于这个术语被用于不同学科。即使在经济学文献中，"经济韧性"这个术语有时也没有定义、定义不明确或定义宽泛。为了避免混淆，本节提供了"经济韧性"的定义和概念框架，用于整个报告。本报告还讨论了可用于构建经济韧性的广泛行动和战略。然而，构建经济韧性并不是没有代价的，涉及成本/收益评估。鉴于经济韧性的复杂性和多面性，如何衡量经济韧性非常具有挑战性。

一、经济韧性是一个复杂且多层的概念

本报告中，"经济韧性"的定义是：一个系统（包括家庭、公

司和政府）预防、应对冲击和从冲击中恢复经济的能力[9]。因此，经济韧性可以被视为一个进程，在进程中部署不同的行动和战略，尽可能地预防、减少和管理冲击的风险，尽量减少冲击的经济成本，并加快恢复经济，防止未来的风险和冲击。虽然经济韧性侧重于经济成本，但如果没有环境和社会韧性，就无法实现可持续的经济韧性。

构建经济韧性的能力需要了解经济挑战和机遇，以及预测、评估和管理风险的能力（Anbumozhi、Kimura和Thangavelu，2020）。经济韧性取决于预测性风险的减少和预防性措施的实施，为永远无法完全消除的风险做好准备也至关重要。

当冲击来袭时，经济韧性在两个相互关联的时间维度上运行（Miroudot，2020；Rose，2004，2017）。静态经济韧性，有时也被称为稳健性，是指系统在受到冲击时，利用现有的可能是稀缺的资源继续运行的能力[10]。动态经济韧性是指系统在经济冲击过去或得到控制后，通过有效分配和利用可能是稀缺的资源，加快经济复苏速度的能力，以及修复、重建受冲击影响的部分经济部门的能力，包括适应变化的能力。

正如图2-23所示，根据初始条件、战略和现有行动，家庭、企业和政府，以及更广泛的经济体，一旦受到冲击，可能会留下不同的应对和复苏轨迹。有些冲击可能会导致短期内的趋势路径，但从长远来看会被吸收（C线）。其他冲击可能会使经济永久性地转向一个新的较低路径（D线或E线）。休克效应持续存在，也被称为滞后性或休克记忆，可能会对竞争力、效率和福利形成重要的挑战。相反，经济行为主体可以通过适当的策略和行动，承受冲击并加速复苏，最终取得长期的优异成果（A线或B线）。

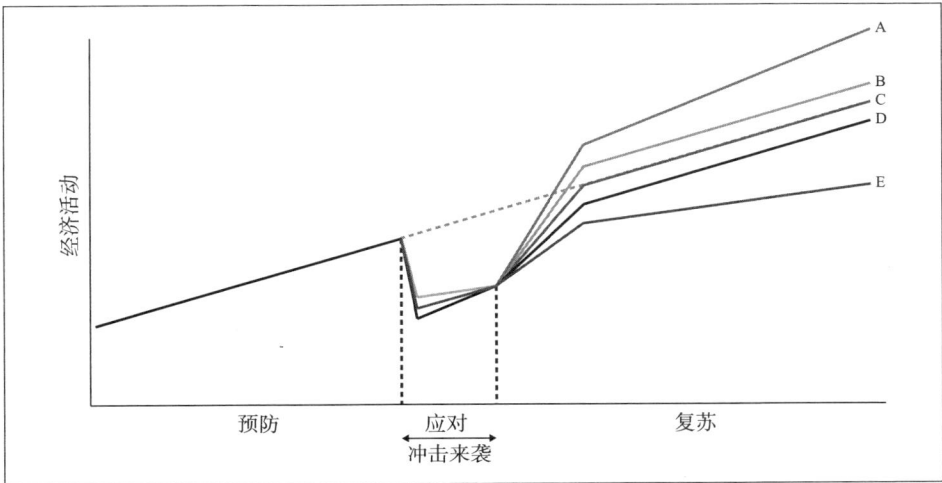

图2-23　"经济韧性"是一个多维度进程

资料来源：世贸组织秘书处。

二、采取不同的策略来构建经济韧性

构建经济韧性是一个复杂、多面的进程，涉及不同的经济、社会和机构行为者，横跨冲击前和冲击后的战略和行动。这些战略和行动可以应用于投入（包括资本、劳动力、基础设施服务和材料）、最终产品和服务。

鉴于灾害频率的急剧增加和许多灾害造成的经济损失，风险预防、减少损失越来越被视为应对冲击和恢复经济的关键战略（UNDRR，2019）。预防风险和减少损失可以通过相关性的精心设计的基础设施、货币、贸易、社会、卫生、能源和环境政策来实现。这些政策的范围可以很广，取决于危险的类型、暴露程度和脆弱性。将风险管理明确纳入商业决策，包括对风险进行财务评估，提高利用风险信息调整商业战略的能力，有助于预防风险和减少损失（UNDRR，2014，2021a）。

准备工作包括旨在有效预测、应对可能的即将发生的或当前的冲击的战略和行动。商业准备包括制定灾害应对措施和应急策略，确定优先事项，对员工进行应急培训，并审核保险的覆盖范围。

一旦受到冲击，可以继续进行企业经营的业务，方法是使用关键投入物的应急储备，改变生产流程以减少投入物的使用或替代稀缺的投入物，更换受损的设备，加班工作，或提高企业运营效率（如在家工作，见专栏2-8）。

专栏2-8　信息与通信技术在经济韧性方面的作用

新冠肺炎疫情揭示了公共卫生危机如何迅速演变为严重的经济危机，疫情摧毁就业，使许多公司，特别是中小微企业破产（另见专栏2-2）。然而，与此同时，由疫情引发的经济危机为基于数字技术的替代和创新解决方案创造了机会，以应对疫情并从疫情中恢复经济（Aghion、Antonin和Bunel，2021）。

数字技术在应对疫情方面发挥了作用，部分原因是其灵活性和贸易成本的降低。数字技术极大地促进了对疫情的监测和追踪（Yang等，2020）。从事非正式行业工作的边缘化群体和社区在获得公共援助方面通常面临更大的困难，信息与通信技术有助于向它们提供与疫情有关的信息和财政援助（Nurse和Cabral，2020）。

封锁、隔离和保持社交距离措施也导致企业和消费者开始以数字方式开展其大部分业务，而不需要进行实际的面对面互动。越来越多的人进行远程工作，更广泛地使用电子商务，包括使用数字医疗服务，使企业能够维持生产和消费（OECD，2020d；Strusani和Houngbonon，2020）。因此，自疫情开始以来，包括在低收入国家，在线企业对消费者和B2B服务的活动一直在增长（Banga和te Velde，2020；Tuthill、Carzaniga和Roy，2020）。　例如，电子商务活动的占比在2019年和2020年之间从14%上升到17%（UNCTAD，2021d）。

数字技术提供了大量的机会，以更快和更包容的方式使经济从疫情中恢复过来。然而，目前的数字基础设施模式仍然存在缺陷，阻碍了在包容性复苏和加强备灾工作上的充分准备。数字鸿沟仍然显著，2019年全球只有略高于51%的人可以使用互联网（ITU，2021）。许多中小微企业，特别是发展中成员的中小微企业，在采用、获取和使用信息与通信技术工具方面仍然面临重大障碍（Callo-Müller，2020）。同样，尽管妇女的数字化参与度有所提高，但在许多发展中成员中仍然有限（WTO和WB，2020）。　因此，缩小数字鸿沟，改善信息与通信技术基础设施、设备、服务的质量和获取途径，是构建经济韧性的关键（WTO，2018）。

总量之外：定义和衡量家庭的韧性

斯蒂芬·哈勒加特（Stephane Hallegatte）
世界银行气候变化小组首席经济学家

自然灾害的严重程度通常是根据其带来的直接损失来衡量的。这些直接损失包括财产损失（例如飓风或地震之后）和农业生产损失（特别是在干旱的情况下）。在大多数情况下，直接损失为修理或更换损坏资产所需开支的估算，比如修建道路、修理屋顶和更换丢失的电器和汽车。有时，自然灾害期间因经济活动中断造成的损失也被会考虑在内。

根据提供再保险、原保险和保险相关风险解决方案的全球供应商慕尼黑再保险公司的数据，2009年至2018年，自然灾害造成的经济损失为平均每年1870亿美元，比30年前平均每年410亿美元增长了近4.5倍（Munich Re，2019）。但是，直接损失的增加并不能完全说明这些灾害的实际影响。灾害对健康、教育或生活质量等其他方面的影响通常没有纳入灾害损失的估算，尽管它们往往是自然灾害造成全面影响的主要原因。

这不仅仅是一个数据估算上的问题。使用总经济损失作为衡量灾害影响的唯一标准的一个结果是，灾害风险管理策略倾向于使富人受益。穷人在灾害面前本就没有多少资产和收入，针对穷人的干预措施无法在避免经济损失方面发挥重大的作用，因此这些措施不受鼓励。同样，避免的损失无法衡量普惠金融或社会保障这种"软性解决方案"带来的好处，往往更能体现基础设施投资等"硬性解决方案"的作用。

因此，这一衡量指标不太可能优先考虑旨在帮助穷人变得更有韧性的解决方案，即更有能力应对并从灾害和其他冲击中恢复经济（Hallegatte等，2017）。此外，风险管理措施没有给予一些小型干预措施充分重视，比如减少那些导致儿童发育迟缓、疾病传播、旷工和旷课、工资损失的措施及其他对健康生活产生影响导致经济韧性降低的措施。

如果仅以避免的资产损失或经济损失来衡量利益，利用贸易增强风险抵抗能力的干预措施也被低估了。人们没有关注到用进口产品代替国内无法生产的关键产品所带来的好处，比如食品和药品。与受自然灾害影响地区以外的客户和供应商进行贸易的公司往往比仅在受影响地区内进行贸易的公司恢复得更快，这一事实往往没有被考虑到（Todo等，2015）。必需商品和服务依赖进口，因依赖主要港口或机场（Hallegatte等，2019）而导致的经济脆弱性也没有得到量化。

风险管理解决方案应当来源于更好的评估指标。这样的指标应当能够更好地反应灾害对健康幸福生活的影响，考虑通过供应链、贸易和金融工具等方式应对灾害的能力。社会经济韧性和社会福祉损失的概念（即通过衡量灾害影响，衡量贫困人口特定的脆弱性）就是为了体现上述影响。把这些指标应用于贸易政策评估，就有可能平衡贸易在经济韧性方面带来的好处及风险。

一些战略侧重于物流配送，如扩大批发和零售贸易网络并使之多样化，与运输公司商谈应急合同，以及开展灾害应对计划演习。正如在第三章中详细讨论的那样，一些为构建经济韧性而采取的行动，例如供应链的多样化、寻找新的出口市场或迁移工厂，都直接与国际贸易相关。实现供应链多样化的途径包括进口所需的投入物，因为其供应短缺或通常无法从本地或本区域供应商处获得。同样，拓展新的外国出口市场也可以加强经济的韧性。将部分或全部经济活动转移到新的或其他的不受或不易受冲击影响的地方，也是具有潜在贸易影响的战略之一。

企业实施上述战略可能受到各种障碍的限制，包括缺乏资金或基础设施（包括信息与通信技术网络）老旧，以及缺乏关于风险管理的信息和指导。这对中小微企业来说尤其具有挑战性，其更易遭遇以上障碍，同时更易受到风险的影响（UNDRR，2021b）。

在产业层面，经济韧性战略通常旨在汇集不同的资源，制定和实施共享机制。可以利用定价和议价机制来重新商谈供应合同。同样，企业之间可以通过谈判达成短期协议，共享生产和销售设施，以便在发生冲击时提供特定的投入物或服务。企业间的信息和专业知识共享也可以增强行业层面的经济韧性。行业层面的经济韧性也被称为中观经济韧性（Rose，2017）。

尽管经济韧性通常含蓄地侧重于企业，但在某些情况下，许多相同的经济韧性战略也可以被家庭采用（事实上，许多微型和小型企业往往是家庭企业）。例如，在某些情况下，家庭可以通过改变其消费习惯或采用新技术来保障投入物。

个别家庭可采用的经济韧性战略取决于他们在冲击前的可用收入，以及他们利用个人储蓄、贷款、保险和社会安全网在一段时间内平稳抵抗冲击的能力。正如上文所讨论的，冲击在福利方面对贫困家庭产生的负面影响更大，由于他们的资源和选择有限，因而其提高韧性的战略成本往往很高。

在国家层面，经济韧性不仅取决于包括家庭、企业、工业和政府在内的个别经济决策者的行为，而且还取决于它们之间直接和间接的相互作用。国家层面的经济韧性也被称为宏观经济韧性（Rose，2017）。许多与企业、家庭和行业相关的经济韧性战略也适用于地方和国家政府。

如第二章第四节所述，在经济受到冲击之后，政府往往会采取各种措施来缓冲冲击的初期影响，然后再支持经济复苏。其中一些政策可能会对经济韧性产生相互冲突的影响。例如，严格的就业保护立法可能会在短期内减少企业为应对负面冲击而解雇工人的程度，从而支持就业和私人消费。同时，这种立法可能会减缓工资调整过程以及工人向其他生产性工作的重新分配，从而延迟劳动力和产出调整以适应新的经济状况（Duval 和 Vogel，2008）。第三章讨论了贸易政策与经济韧性之间的关系，第四章讨论了建立公众对机构的信任对个人、国家和国际社会维持经济韧性的重要性。

三、衡量经济韧性具有挑战性

对构建经济韧性的战略和活动进行成本/收益评估，可以确定企业、家庭和政府需要为经济韧性的发展投入多少资金。然而，鉴于这些战略和活动的复杂性和多面性，这是一项具有挑战性的任务。人们提出了不同的方法来评估经济韧性。

经济韧性的衡量单位通常用货币形式表示[12]，如国内生产总值（GDP），或以就业（或失业）形式表示（Martin，2012）。然而，使用 GDP 等总量单位衡量，可能会掩盖冲击的巨大异质性影响（Stephane Hallegatte）。

衡量经济韧性，可以体现出在冲击前和/或冲击后是否采取经济韧性行动的差异。在可计算的一般均衡研究中，这种评估方法被用来估计可避免的损失占潜在损失的比例（Rose，2009；Rose 和 Liao，2005）。虽然这种方法可以在事件发生之前和之后使用，但仍然很复杂并且需要大量的数据。另一种隐性衡量经济韧性的方法是将受冲击影响的实际产出水平与假设在没有发生冲击的情况下会普遍存在的实际产出水平进行比较（Ralph Ossa）。

联合国防灾减灾署（UNDRR）采用的方法是确定各种指标来衡量减少风险和损失的全球趋势，如灾害造成的直接经济损失与全球国内生产总值的关系，以及灾害对关键基础设施造成的损害。

另一种方法是确定和监测已经发现或预计将促进或阻碍经济韧性的因素（Briguglio等，2009；Cutter等，2008）。这些因素涉及广泛的问题，包括社会经济、财政决定因素、基础设施和体制能力，其中许多因素决定了冲击发生前的初始条件。

社会经济和财政决定因素包括高度的经济多样化、人均收入、劳动力规模和保险覆盖率，以及低贫困率、财政赤字、通货膨胀、外债和进出口集中度。

基础设施，如交通网络、宽带服务和住房，与较高的经济韧性有关。

体制能力也可以通过善治，包括公正和独立的法院，在经济韧性方面发挥关键作用。如第三章所述，贸易政策在运输、物流服务以及数字化服务等方面发挥着重要作用（WTO，2020a）。雄厚的社会资本和强大的社区能力，包括高质量的生活水平和低比例的弱势人群，可以加强家庭的经济韧性。同样，包括环境在内的自然资源禀赋可以成为经济韧性的一个重要决定因素。

由于需要大量的变量来反映经济韧性的不同维度，研究人员有时会使用综合指数来帮助分析，如瑞士再保险研究院的宏观经济韧性指数、普拉萨德（Prasad）和福达（Foda）的全球经济复苏跟踪指数以及布里格利奥（Briguglio）等人的经济韧性指数。[13]

专家观点

经济韧性的简单衡量方法

拉尔夫·奥萨（Ralph Ossa）

苏黎世大学和欧洲经济政策研究中心教授

　　我们应该如何衡量经济韧性？这个问题相当重要，因为加强经济韧性现在是许多国家的一项优先政策。只有理解经济韧性的决定因素，我们才能增强经济韧性；只有知道如何衡量经济韧性，我们才能理解经济韧性的决定因素。

　　接下来，我将根据勒莫因、奥萨和瑞特尔（Le Moigne、Ossa和Ritel，2021）正在进行的研究，讨论一种简单的经济韧性衡量方法。它建立在将韧性视为与趋势的累积偏差的想法上，这在文献中已经出现（例如，Ringwood、Watson和Lewin，2018）。我将该方法用于国际贸易流动，但它实际上可以应用于任何利益变量。

　　任何合理的对韧性的衡量都必须从对韧性的明确定义开始，我将采用一个相对狭窄的定义：应对冲击并从冲击中恢复经济的能力（而不是为冲击做准备的能力）。

　　我的出发点是将韧性衡量为与趋势的累积偏差，如图2-24中的灰色区域所示。灰色区域越小，韧性越高，因为它意味着累积偏差越小。这种方法的主要优点是：它直观地结合了中断深度和持续时间的信息，本质上是试图计算因冲击而造成的国际贸易的累积损失。

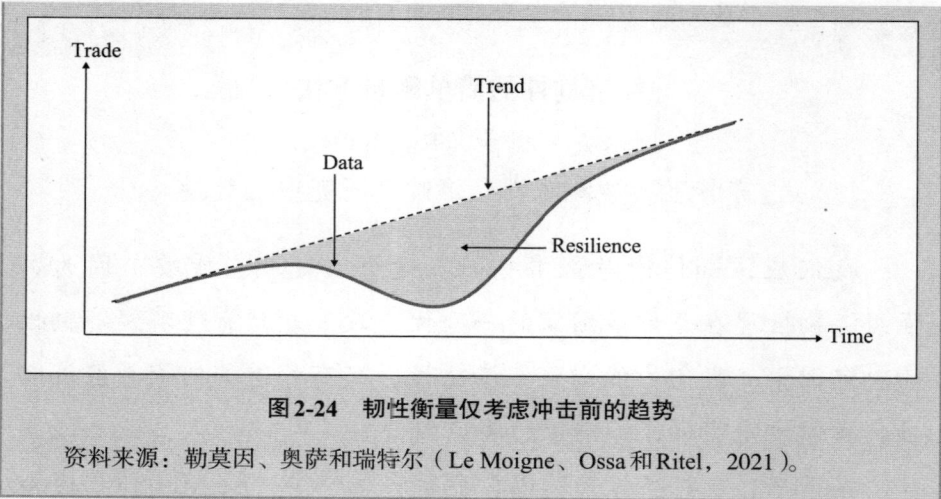

图2-24 韧性衡量仅考虑冲击前的趋势

资料来源：勒莫因、奥萨和瑞特尔（Le Moigne、Ossa和Ritel，2021）。

在勒莫因、奥萨和瑞特尔（Le Moigne、Ossa和Ritel，2021）的研究中，我们强调了这个想法的三个问题：第一，它将冲击的规模与应对冲击的韧性混为一谈。第二，它没有考虑到冲击通常包含永久性的部分。例如，新冠肺炎疫情的流行可能会给我们的工作方式带来永久性改变。第三，它依赖于一个很强的假设，即如果没有冲击，贸易将会像预测的趋势那样表现，而偏离趋势的唯一原因是遭受冲击。

前两个问题可以直接处理，如图2-25所示。为了单独计算经济韧性，一个简单的选择是表示出与冲击相对的量级。例如，在研究国际贸易应对重大经济衰退的韧性时，有意义的方法是考虑贸易与国内生产总值的比率而不是只看贸易额本身。为了顾及持久性，一个简单的选择是允许原预测趋势走向一个新预测趋势。

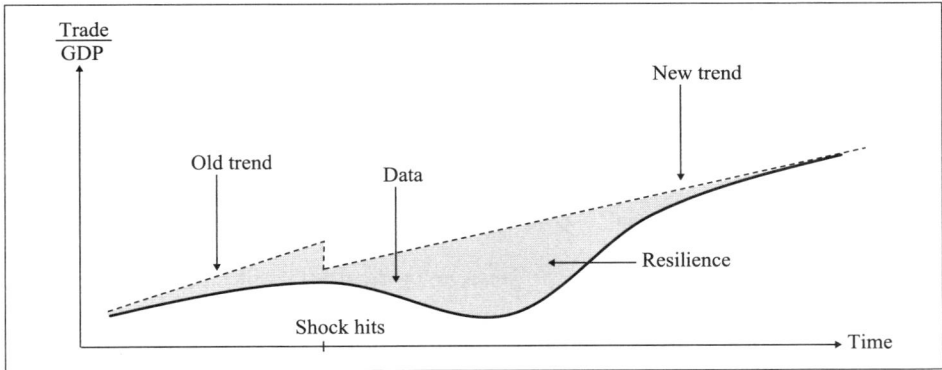

图2-25 韧性衡量可考虑冲击后的趋势

资料来源：勒莫因、奥萨和瑞特尔（Le Moigne、Ossa和Ritel，2021）。

然而，第三个问题不能在没有模型的情况下得以解决。模型允许我们估算导致市场混乱的冲击并模拟出图2-25中更可靠的"趋势"和"数据"。因此，在勒莫因、奥萨和瑞特尔（2021）的研究中，我们使用了一个详细的动态一般均衡模型。该模型允许我们将国际贸易行为与一些潜在的冲击联系起来，包括对贸易商品供应、贸易商品需求和贸易成本的冲击。自然的替代方法是应用时间序列计量经济学工具中的简化统计模型。

第七节　本章小结

本章强调了过去的冲击，如自然灾害、流行病、工业事故、金融危机、网络和恐怖主义袭击，以及未来不断增加的破坏风险，如何促使企业和政策制定者考虑将经济韧性作为减少商业中断和经济损失的战略。对冲击所造成的大规模破坏的回顾，强调了需要制定有效的战略来应对灾害并从灾害中恢复经济。

本节有四个关键要点：第一，对冲击的频率和破坏程度的分析表明，在过去几十年里，冲击不仅变得更加频繁，而且对经济的影响也更加巨大，包括国际贸易的中断。这越来越证明了经济韧性的重要性。

第二，冲击对各国、各区域、各行业、各家庭和各性别群体产生的不同影响表明，当下的初始条件和冲击通过何种渠道影响经济（需求、供应或增加的不确定性和贸易成本）是影响韧性的相关因素。

第三，对冲击的经济反应与韧性有很大关系。例如，反周期的财政和货币政策，向企业和农民支付失业津贴和补贴以应对供需的冲击，以及实施预警系统和法规以减少不确定性，都可以成为提高经济韧性和在冲击后稳定经济的有效工具。个别经济行为主体可以采取防止和减小冲击不利影响的经济韧性战略。例如，家庭可以将储蓄作为缓和收入波动的手段，公司可以加强数字化和多样化，政府可以精心设计基础设施、财政、货币、社会和贸易政策。

第四，贸易政策也很重要。应对灾害的贸易政策既不是完全的贸易限制，也不是完全的自由化，混合的政策立场是常态。虽然限制性措施在新冠肺炎疫情危机开始时得到了更多的关注，但大多数相关措施都是促进贸易的——与2008年全球金融危机形成对比，当时贸易限制变得更加普遍。2020年上半年，贸易在最初的下降之后迅速恢复，这一事实突出表明了贸易自由化政策在利用贸易韧性方面的潜力。

第二章重点讨论了经济和贸易是否能够抵御冲击或者是否受到严重的破坏，以及能够使经济或贸易更具韧性的政策，第三章讨论贸易在经济韧性中的作用。

注释：

1. "risk" 这个词的起源可以追溯到古希腊的航海术语 rhizikon，rhiza——指避开海岩的困难（Abdel-Basset et al., 2019）。在其目前的含义中，"风险"这个词已经失去了航海的意义，但它在词源上保留了"危险"这个词的所有原始内涵。

2. 据载，全球道路事故的数量正在增加，但相对而言（即相对于人口而言），交通已经变得更加安全，道路事故的死亡率一直在下降。

3. 全球恐怖主义数据库是一个开源的数据库，由国家恐怖主义和反恐对策研究联合会管理，包含20多万次恐怖袭击的信息，最早可以追溯到1970年（https://www.start.umd.edu/gtd）。

4. 根据海德堡国际冲突研究所2021年的数据（https://hiik.de/hiik/organization/?lang=en）。

5. 数据来源于Statista（https://www.statista.com）。

6. 这项研究涵盖了自然灾害，如地震、火山爆发、风暴、干旱、过量降水和气温异常（Felbermayr、Gröschl和Heid，2020）。

7. 尽管政府实行出口限制的目的是为了避免必需品的严重短缺，并保持国内价格的低水平，但在短缺的情况下，出口限制可能会适得其反。出口限制会降低国内必需品的产量，并招致报复行为。出口限制的管理缺乏可预测性，使企业难以计划关键投入的采购和执行这些计划，导致供应链决策不理想。从政治角度来看，也存在这样的风险，即在疫情之后，各成员可能会从开放和透明的贸易政策转向由战略政治考虑驱动的政策。这将进一步增加供应链的运营成本，从而使生产处于次优状态。

8. 基于全球贸易预警数据库估算（https://www.globaltradealert.org）。

9. 这一宽泛的定义与当前国家和国际决策者的讨论相一致。然而，它背离了经济学文献中提到的经济韧性的其他主要方法，后者只关注冲击后的动态，特别是应对冲击和从冲击中恢复的能力（Hallegatte 等，2017；Rose，2017）。

10. 关于社会生态韧性的文献将稳健性定义为一个系统在发生一个或多个不利事件后保持其特性并不越过一个不理想的（可能是不可逆的）阈值的概率（Brand and Jax，2007）。

11. https://www.itu.int/itu-d/sites/statistics.

12. 财产损失是一个不完美的衡量单位，因为资本存量并不直接有助于经济福祉。对经济福祉做出实际贡献的是源于资本存量的商品和服务的流动。

13. 其他编制的韧性指数，包括疫情韧性指数、法特瑞互助保险公司全球韧性指数和全球劳动力韧性指数。

第三章 贸易在经济复苏中的作用

构建经济韧性不仅需要对经济挑战和机遇有一定的理解，也需要具备预测、评估和管理风险的能力。尽管贸易可能传播和放大冲击，但是其也能帮助各国做好准备、应对冲击，并从冲击中恢复经济。初始条件、冲击的性质和政策选择，包括多元化程度，对于明确贸易将发挥何种作用非常重要。

部分事实和发现

· 贸易及相关流动性能够传播疾病，通过价值链放大经济混乱，并增加导致气候变化的气体排放，进而增强冲击的影响。

· 然而，贸易也能够便利货物和服务的获取，帮助各国做好准备和应对冲击，促进从冲击的影响中复苏，提升生产力，促进经济增长，增强经济韧性。

· 贸易可加速经济复苏，例如，当持续的国外需求有助于弥补萎缩的国内需求的时候。

· 贸易政策对发挥贸易的积极作用至关重要，如通过减少贸易管控支持紧急物资的流动以及通过限制使用出口限制措施促进全球重要物资的供应。

· 多元化的贸易和生产结构使贸易更能够在应对冲击中发挥积极作用。

第一节　本章概要

本章将从以下几个方面分析贸易和韧性的关系。

第三章第二节聚焦贸易作为冲击传播者的角色，其中既有直接的（如在疫情情况下），也有间接的（如在气候变化情况下），还有贸易与技术冲击（如网络攻击）、社会经济冲击（如暴力冲突和政治动荡）的关系。此外，本节还考虑了贸易成本变化成为冲击来源的可能性以及全球价值链如何传播冲击。

第三章第三节讨论了贸易对于应对冲击的积极作用。贸易可促进经济增长，提升生产力，进而帮助各国建立复苏能力并便利关键物资和服务的获取。贸易有助于在供应侧遭到破坏的情况下解决短缺问题，在衰退期间解决国际销售渠道问题。如果贸易复苏快于总体经济复苏，贸易也能够加速复苏，比如在新冠肺炎疫情的情况下。与此同时，在复苏时，改革可帮助各国建立更有韧性的贸易系统。

第三章第四节表明，如果贸易模式更多元化，贸易在减轻冲击（尤其是在全球价值链方面）和应对冲击方面将发挥更有益的作用。多元化降低价格波动导致的出口额起伏，可以减少整体波动。第三章第四节阐述了随着时间的推移贸易多元化发生的变化以及提升多元化可采取的政策。

第三章第五节进行了总结。

第二节　贸易成为冲击的传播者

本节分析了贸易作为冲击传播者的潜在作用，并参考了第二章第二节冲击分类中的三个类别，即自然灾害冲击、技术与运营冲击以及社会经济冲击。

第三章第二节第一部分探讨了贸易在自然灾害冲击中的作用，包括贸易对疾病传播的影响和贸易对气候变化的间接影响。第三章第二节第二部分探讨了贸易在技术冲击（如网络攻击）中的作用。第三章第二节第三部分探讨了贸易在社会经济冲击中的作用。第三章第二节第四部分分析了不同类型的冲击对贸易成本的影响，这些冲击有可能使贸易本身成为冲击的传播者，并影响贸易的韧性。第三章第二节第五部分讨论了贸易通过全球价值链传播冲击的程度以及决定这种传播的因素。

一、贸易在自然灾害冲击中的作用

1. 与贸易有关的人员和动物流动可能影响疫情的传播

与贸易有关的流动可以促进流行病的传播。人员流动的原因与这种流动可以传播疾病的事实无关。例如，国际移民（即从原籍国到目的地国改变居住地的人的流动）可以促进传染病的跨国界传播，正如李等（Lee等，2021）发表的对新冠肺炎疫情的文章所显示的那样。这也适用于物流部门工人的流动，如卡车司机，如奥斯特（Oster，2012）文章所示。

在人类历史上，有数个贸易有关人员流动导致传染病传播的案例。例如，1347年10月，来自黑海的12艘商船在意大利墨西拿（Messina）港停靠后，鼠疫来到了欧洲（Antràs、Redding和Rossi-

Hansberg，2020），导致了1347—1351年的"黑死病"大流行。鼠疫在欧洲最后一次大规模暴发发生在1720年，当时一艘来自黎巴嫩运送纺织品的货船的船员将鼠疫传播到法国的马赛市（Voth，2020）。据认为，新冠肺炎病毒在欧洲的首次人际感染可能发生在2020年1月的德国斯塔恩贝格（Antràs、Redding 和 Rossi-Hansberg，2020）。在新冠肺炎疫情期间，参与国际交流较多的国家出现首例新冠感染者的时间明显早于交流较少的国家（Keita，2020）。

然而，贸易有关的人员流动和传染病传播之间的关系是不明确的。通过各种机制，国际流动较少的国家可能在疫情期间遭受更大的损害（Clemens 和 Ginn，2020）。其原因如下：第一，较孤立的国家较少接触各种病原体，可能由此产生的抵御病毒侵害的交叉免疫力较弱。第二，一个国家的孤立可能导致全球疫情监控系统的复杂化。第三，参与国际流动可能使国家取得更高的收入、建立更强大的卫生系统和拥有更大的创新能力（Dollar，2001；Owen 和 Wu，2007）。这些反过来可以减少与疫情有关的损害。[1]

在新冠肺炎疫情暴发后，几乎所有国家都对国际和国内流动实施了紧急限制。[2]虽然关于流感、埃博拉病毒以及艾滋病毒（HIV）的流行病研究得出的多数结论是，这些紧急限制措施对上述流行病暴发时间影响很小，对其造成的总体损害可以忽略不计[3]，但新冠肺炎疫情现有有关证据（Eckardt、Kappner 和 Wolf，2020；Linka 等，2020；Wells 等，2020）表明，边境采取的紧急措施有助于控制病毒的传播。[4]然而，根据奇那兹等（Chinazzi 等，2020）的说法，仅靠旅行限制并不能减轻疫情影响，只有与边境内措施相结合才有效，如减少面对面交流、自我隔离和检疫要求。[5]

在新冠肺炎疫情暴发后实施的国际旅行限制，影响了货运、商务旅行和旅游业等人员跨境的服务供应。由于运输和旅行成本占贸易成本的15%～31%（取决于部门），旅行限制可能导致贸易成本的大幅上涨（WTO，2020a）。奔驰、冈萨雷斯和穆鲁甘（Benz、Gonzales和Mourougane，2020）估计，在所有国家禁止旅客流动但开放货运贸易的情况下，禁止旅客入境措施会将各国和各部门服务贸易成本推高12%。经合组织（2021b）估计，2021年，G7国家单方面取消国际旅行限制会推动服务出口增长约5%，进口增长约3%。而国际协调取消对国际旅行的限制会使其效果实际增强至两倍。

与贸易有关的活体动物流动是生物安全风险暴露的另一个潜在渠道，例如动物传染病的传播。[6]根据粮农组织数据[7]，2017年有近20亿头（只）活猪、鸡、牛、绵羊和山羊运往世界各地。在2007年这一数字仅为10亿头（只）。21世纪初，用于宠物贸易的全球活体动物流动量估计约有3.5亿只（Karesh等，2005）。[8]

鉴于动物流动有关风险，牲畜贸易受到严格管制。世贸组织成员须遵守世贸组织《实施卫生与植物卫生措施协定》（SPS协定）的约束，该协定涉及食品安全和动植物健康规定，这将在第四章中进一步阐述。鼓励各成员根据现有的国际标准制定卫生与植物卫生措施。世界动物卫生组织（OIE）在《水生动物卫生法典》和《陆生动物卫生法典》[9]中，制定了动物健康和人畜共患病有关的国际标准，详细规定了兽医主管部门为确保动物及其产品的卫生安全应采取的卫生措施（Chomel、Belotto 和 Meslin，2007；Fèvre等，2006）。

在拥有良好的兽医基础设施的情况下，有理由认为合法（即合法的、正规的，因此是受管制的）牲畜贸易很大程度上与疾病传播无关。[10]相反，非法（即非法/非正规的，因此是不受管制的）牲畜贸易，通常会规避筛查和检疫，已被证明与疾病有关（Fèvre等，2006）并对人类产生影响（Beverelli和Ticku，2020）[11]。

关于动物贸易影响的诸多讨论集中在野生动物贸易之上。虽然规模明显少于牲畜贸易〔至少记录部分如此），但是跨境野生动物贸易不仅可导致人类疾病暴发，还可威胁到牲畜、农村生计、本地野生动物种群和生态系统（Chomel、Belotto 和Meslin，2007）。外来物种，即使是合法进口的，也可能在自然系统中立足并形成危害，包括引入病毒和细菌，感染没有足够抵抗力的本地种群（Schloenhardt，2020）。[12]

如同牲畜贸易，野生动物贸易也受到严格监管。《濒危野生动植物种国际贸易公约》（CITES）对野生动物贸易进行了规定，这将在第四章进一步讨论。目前，CITES禁止附录I所列的约900种动植物的国际贸易（包括老虎、海龟、犀牛和穿山甲），并限制附录II所列的另外33000种动植物贸易（如多个种类的鹦鹉和爬行动物）。尽管CITES的执行受到严重的资源限制，但其促使贸易要求更加严格（通过出口国将一物种列入CITES附录I），推动了动物贸易数量的缩减，降低了人畜共患疾病传播风险（Borsky等，2020）。

由于管控和执法困难[13]，即使在没有贸易限制或直接禁令的情况下，大量野生动物被走私或非法进口（Beltran-Alcrudo等，2019），因此未进行检验或检测。野生动物不仅可用于药物及保健、食品、收藏、服装及配件、化妆品和香水，也可成为外来宠物，因此野生动物贸易有利可图（Schloenhardt，2020；Van Uhm，2016）。由于规避了筛查和检疫程序，现已证明野生动物非法贸易是传播禽流感、新城疫和逆转录病毒感染等病原体的途径（Gomez

和 Aguirre，2008）。此外，大量证据表明，在新出现的传染病中，人畜共患病的流行与动物贩运和走私数量的增加有关（Aguirre 等，2020；Fisman 和 Laupland，2010）。

2. 贸易可能与森林砍伐、城市化、密集农作及相关风险有关

毁林，主要是由农业扩张、养牛、木材开采、采矿、石油开采、水坝建设和基础设施建设等人类活动造成的，可造成以下几种风险：

第一，土壤侵蚀，可能导致水道堵塞和其他问题。

第二，水循环中断，可能导致荒漠化和栖息地丧失。

第三，温室气体排放和从大气中清除二氧化碳的能力下降，会导致全球气候变化。

第四，生物多样性受损，可能导致物种灭绝和自然景观破坏。

第五，疾病的暴发和传播。

在雨林边缘等"热点地区"，更容易从动物向人类传播疾病（Hook，2020）。森林砍伐改变了森林和非森林之间的边缘长度，影响了疾病出现的可能性（Dobson 等，2020）。例如，2001—2014年，人类与动物共患的埃博拉病毒在中非和西非雨林边缘暴发，目前发现其与暴发前两年内发生的森林减少有很大关系（Olivero 等，2017）。

贸易是否会导致毁林，从而间接导致包括疾病的暴发和传播在内的上述风险？[14]最近一些实证研究（Abman 和 Lundberg，2019；Faria 和 Almeida，2016）发现，贸易开放与森林砍伐的增长相关。然而，一个国家的制度框架可以调节贸易和森林砍伐之间的关系（Ferreira，2004）。根据贝罗拉等（Bellora 等，2020）的研究，如果存在有效的集体资源管理政策，比如森林土地登记，即便贸易开放引起的相对价格变化可以促进投资和出口，但不会导致开放资源的过度开发。

此外，在主管机构力量薄弱的情况下，贸易限制措施可能会导致平行的非法市场的产生，进而造成相反的效果。例如，奇梅利和苏亚雷斯（Chimeli和Soares，2017）研究了巴西亚马孙地区对桃花心木的贸易限制措施及其影响，发现此政策导致了黑市的产生。出产桃花心木地区的暴力行为出现了相对增长。

人口密度是导致传染病传播的另一个潜在风险因素。理论上，人口稠密的地区居民面对面交流更多，是人与人之间疾病传播的潜在聚集点（Tarwater和Martin，2001）。同时，这也会增加动物与人之间疾病传播的风险。吉布等（Gibb等，2020）在对全球6801个生态组合和376个宿主物科的研究中发现，在人类聚集地（包括城市生态系统）出现的可传染给人类疾病的已知宿主，与在附近的未受人类影响的栖息地相比，数量出现增加。上述宿主包括143种哺乳动物，如蝙蝠、啮齿动物和各种灵长类动物。

另外，人口稠密地区，实行社交距离的政策和做法可能性更高。因此，人口密度越高是否会导致更多的疾病传播是一个实证问题。一些关于新冠肺炎病毒传播的初步证据表明，在不同国家，人口密度都加速了病毒感染，这些国家包括阿尔及利亚（Kadi和Khelfaoui，2020）、孟加拉国（Alam，2021）、巴西（Pequeno等，2020）、印度（Bhadra、Mukherjee和Sarkar，2020）和美国（Hamidi、Sabouri和Ewing，2020；Sy、White和Nichols，2021）。然而，由于卫生系统更优质，人口密度（至少在美国）可能与新冠肺炎相关死亡率呈负相关（Hamidi、Sabouri和Ewing，2020）。

正如世贸组织（2013）所讨论的，城市化是重要的全球人口趋势之一。联合国经济和社会事务部人口司《2018年版世界城市化展望》显示，居住在城市地区的世界人口比例从1950年的29.6%上升到2018年的55.3%，预计到2050年将进一步上升到68.4%。数据显示，世界城市人口的百分比居住在拥有至少50万居民的城市的比例从1950年的33%上升到2015年的51%，而世界城市人口的百分比居住在拥有至少100万居民的城市的比例从1950年的24%上升到2015年的43%。

城市化受到若干经济和非经济因素的影响，包括国际贸易。一个核心问题是，贸易开放是否促进了一个国家经济活动的集中或分散。理论上，这种影响是模糊的，因为它取决于集聚和分散力量的相对重要性。[15]最近的直接实证证据表明，贸易对城市化有积极影响（Chhabra、Giri 和 Kumar，2021；Nagy 和 Thia，2016）。根据上文论述的城市化和疾病传播之间的关系可以得出结论，贸易促进了全球城市化，间接影响了疾病传播。

评论员们普遍认为集约化养殖（即大规模工业化养殖供人食用的动物）与传染病的出现有关（Wiebers 和 Feigin，2020）。在拥有大规模工业化家禽养殖的国家几乎都出现了包括H5N1在内的禽流感病毒的暴发，这被作为集约化养殖的负面案例（Gregor，2006）。集约化养殖意味着大规模圈养动物，原则上可以减少或增加疾病的传播（Espinosa、Tago 和 Treich，2020）。

从小规模到大规模耕作方法的结构性变化的主要原因是技术上的规模经济（MacDonald 和 McBride，2009）。[16]因此，在专业化生产和出口活体动物及其产品的国家，贸易开放可使企业利用规模经济效益（Krugman，1979），创造激励措施以进一步增加集约化养殖。

虽然贸易能够促进生产规模的扩大，但以牺牲小农经济为代价发展集约化农业，而其对集约化农业所带来的健康危害可能取决于专业化程度。集约化耕作是资本密集型的。在其他条件相同的情况下，资本相对充裕的国家在集约化养殖方面应该具有比较优势。[17]同时，集约化养殖的成本可能取决于标准和法规的严格程度，如有关使用亚治疗剂量抗生素的标准和法规。在其他条件相同的情况下，标准和法规不太严格的国家应该以较低的成本生产养殖的动物。借用迈凯伦（McLaren，2012，第 13 章）的理论框架，会出现以下两种相反结果中的一个。

一方面，在标准和法规不太严格的国家，即使资本相对稀缺，集约化耕作成本可能更低。因此，贸易成本的降低可能导致集约化农业在标准和法规不太严格的国家扩张，而在标准和法规比较严格的国家收缩，从而加剧了集约化农业相关的健康问题。

另一方面，在资本相对充裕的国家，集约化耕作可能更便宜，即使这些国家的标准和法规更严格。在这种情况下，贸易成本的降低会导致集约化农业在标准和法规更严格的国家扩张，而在标准和法规不那么严格的国家收缩，从而缓解与集约化农业有关的健康问题。

3. 贸易可以通过影响气候变化来影响自然灾害的发生

气候变化会增加自然灾害的频率和强度，如极端天气、洪水、风暴、海平面上升以及中长期传染病传播（Hoegh-Guldberg等，2018）。通过改变大气二氧化碳（CO_2）和其他温室气体（GHG）的排放量，贸易也可以影响气候变化，从而影响气候变化引起的一系列自然灾害。

贸易开放导致包括运输在内的经济活动增多，从而导致温室气体排放的增加。据估计，国际海运和国际航空运输每年产生的温室气体排放量占总排放量的3.5%（Cristea等，2013）。然而，这并不意味着国际贸易一定会导致温室气体排放的增加。如果进口产品和国内产品带来的排放量之差足以抵消运输排放量，贸易甚至可减少排放。克里斯蒂亚等（Cristea等，2013）估计，按价值计算，约34%的贸易会导致温室气体总排放量的减少。与贸易相关的温室气体排放总量与没有贸易的情况相比，夏皮罗（Shapiro，2016）估计，国际贸易使全球排放量增加了5%，即每年增加1.7千兆吨二氧化碳，而且这种影响几乎是由生产和运输共同驱动的。

贸易开放也可以改变国家的生产结构，对温室气体排放产生消极或积极的影响，这取决于一个国家是否在排放密集型部门具有比较优势。总体来说，研究发现贸易对经合组织（OECD）国家的环境有利，但对非经合组织国家的二氧化碳排放不利（Managi、Hibiki 和 Tsurumi，2009）。此外，气候变化政策的国际差异会增加"碳泄漏"的可能性，在这种情况下，一些国家为限制其温室气体排放而采取的措施导致碳密集型产业转移到碳排放标准较低的国家，从而导致全球温室气体排放的整体增加。

另外，贸易可以使绿色技术融入生产过程。研究表明，在过去十年，太阳能光伏技术成本下降的很大一部分归功于全球价值链，它使发展中国家能够获得太阳能光伏生产技术和知识（Carvalho、Dechezleprêtre 和 Glachant，2017）。相反，对国际贸易和外国直接投资的限制减少了气候友好型技术的传播（Dechezleprêtre、Glachant 和 Ménière，2013）。此外，贸易可以促进温室气体排放的减少（Cherniwchan、Copeland 和 Taylor，2017；Kreickemeier 和

Richter，2014）。最近的各种研究表明，大规模生产使出口企业能够降低发达国家和发展中国家的单位减排成本（Forslid、Okubo 和 Ulltveit-Moe，2018；Martin，2011a）。

考虑到不同的影响，贸易对温室气体排放的总体影响可能是最小的，应对气候变化的关键是促进环境友好型商品和服务贸易，同时降低贸易和贸易壁垒的负面影响。在这方面，夏皮罗（Shapiro，2021）表示，在大多数国家，单位产出二氧化碳量比清洁行业要高得多的"肮脏"行业的进口关税和非关税壁垒要比清洁行业低。这种贸易政策的差异造成了对碳排放的隐性补贴，并导致了气候变化。各国政府和国际组织正努力减少运输过程中的碳排放，以确保向可持续运输的过渡（ITF，2021）。据估计，环境产品和服务贸易的进一步开放将有助于减少温室气体的排放（De Melo 和 Solleder，2020；EU，2016）。

缓解气候变化需要政府的政策措施，如碳定价计划，将气候变化的社会成本转移到造成温室气体排放的私人机构（碳价格高级别委员会，2017）。碳定价计划可以采取不同形式，如允许各行业交易其碳排放配额的上限和使用交易排放贸易系统（ETS），或采用由温室气体排放税率组成的碳税（WB，2020b）。其他补充政策，如土地和森林管理、排放法规和标准、绿色技术的研发投资以及激励采用低碳技术的金融手段，都可帮助各国更快缓解气候变化（Acemoglu 和 Aghion 等，2012；Cohn 等，2014；Dechezleprêtre、Martin 和 Bassi，2019）。鉴于温室气体排放的全球化，迫切需要国际合作来长期应对气候变化，并建立统一的全球碳价格，以避免"碳泄漏"（见第四章）。

二、贸易在网络攻击中的作用

虽然贸易提供了以更有竞争力的价格获得新的和更高质量技术的机会，但贸易可以在传播技术冲击方面发挥作用，如石油泄漏、运输事故（如2021年苏伊士运河堵塞）和网络攻击。其中，网络攻击值得特别关注，正如第二章第二节所述，网络攻击的频率和规模都在上升。特别是信息与通信技术（ICT）部门的贸易，如果进口的电信设备和软件含有恶意部件、隐藏的病毒或间谍软件，会使经济面临网络风险。

可能由贸易引起的、以窃取信息和间谍活动为目的的网络攻击会削弱国家的军事能力，破坏国家的政治和经济稳定，损害"国家安全"（Huang、Madnick和Johnson，2018；Meltzer，2020）。为了防范这种潜在威胁，多个国家对信息与通信技术的进口采取了限制措施，例如，要求供应商事先申请批准并接受彻底的检查，或禁止与外国政府可能有联系的网络供应商（CCDCCOE，2019）向本国出口货物。然而，有些人认为，上述预防措施是变相的贸易限制措施（Huang、Madnick和Johnson，2018；Moran，2013）。

贸易在通过全球供应链传播网络攻击的不利影响方面也起着与其他类型的冲击相同的作用，这一点将在第三章第二节第五部分中进一步探讨。例如，2017年6月，直接针对乌克兰企业的网络攻击"NotPetya"，间接影响了其国际贸易伙伴，导致乌克兰企业的利润率、收入和贸易信贷减少（Crosignani、Macchiavelli和Silva，2020）。虽然此次只攻击了位于乌克兰的企业，但冲击的间接不利影响通过国际贸易，沿着全球供应链进一步向下延伸，并在国际上传播。

然而，通过不同的政策措施，如知识产权（IP）保护，可以部分缓解贸易引发的网络攻击风险，而不能仅仅聚焦强化针对罪犯的防御机制和提高网络安全。知识产权保护与降低网络攻击风险是相关的，因为拥有商业秘密的企业更有可能成为数据泄露相关的网络攻击的目标（Ettredge、Guo和Li，2018）。根据安德里奇和霍洛维茨（Andrijcic和Horowitz，2006）的研究，美国网络攻击中的知识产权盗窃，间接对经济造成了巨大且长期的损失，相当于攻击本身带来的直接和短期损失的数倍。

三、贸易在社会经济冲击中的作用

贸易可以作为社会经济冲击的潜在放大器。贸易条件的变化可以对商业周期和产出的可变性产生重大影响，特别是发展中经济体，也可以对实际汇率的波动产生影响（Mendoza，1995）。贸易也可以通过调整社会决策的机会成本来影响社会冲击，如冲突和政治不稳定。在过去五年中，公众对贸易在冲突和政治不稳定中的作用这一主题的兴趣有所上升（Google Trends，2021），因此本部分将特别聚焦该主题。

虽然传统的经济理论指出贸易在促进国际和平方面有积极作用，但其也可能增加冲突产生的可能性，这取决于各种因素。首先，双边贸易开放可以通过提高参与冲突的机会成本降低冲突的概率。与之相反，多边开放，即向所有贸易伙伴的开放，可以增加冲突（Martin、Mayer和Thoenig，2008b）。此外，尽管贸易可能会因贸易收益损失而有助于阻止国内冲突，但当国内生产因内战爆发而中断时，国际贸易的可用性可以提供一个有希望的替代方案，从而提高国内冲突的风险。由于这两种相反机制的同时作用，贸易开放降低了全面内战的可能性，但增加了小规模冲突的可能性（Martin、Mayer、Martin、Mayer 和 Thoenig，2008a）。

贸易也可以影响政治稳定。从长远来看，通过其产生的额外财富，贸易可以稳定一个国家的政治、经济环境。然而，贸易收益的不平等再分配可能会加剧社会和经济的不平等，催生不平衡增长，削弱治理和机构，破坏社会诚信，增加政治不稳定，提高政治风险（Krause 和 Suzuki，2005）。例如，最近，美国民族主义、民粹主义和社会动荡增加，其部分原因是经济全球化，包括贸易以及与之相关的经济不平等和其他因素（Rodrik，2021）。此外，贸易诱发了更多基础设施投资和对企业收取的重税，可间接造成更广泛的裙带关系和制度的进一步恶化（Hochman、Tabakis 和 Zilberman，2013）。

有助于减少冲突和不稳定风险的一项政策战略是贸易多元化，特别是在收入来源方面。那些收入依赖于自然资源或少数出口商品的经济体可能特别容易受到贸易条件的冲击和波动的影响（Humphreys，2005）。这种脆弱性引起国家内部的不稳定和不满，有可能导致政治和社会动荡，最终可能进一步发展为冲突。通过使收入来源多样化，减少对单一商品或自然资源的依赖，经济可以发展到不易受冲突等社会经济冲击影响的水平。

四、贸易成本的波动会影响贸易的韧性

广义上讲，商品和服务的交易条件或贸易成本的变化会影响贸易，如第二章第四节所述，这反过来又会影响到经济的其他方面。虽然如下文所述，贸易可以作为冲击的减震器，但如果贸易成本不稳定，它也可以成为冲击的来源，造成宏观经济的波动，从而阻碍经济的复苏（在第三章第三节进一步讨论）。

世贸组织贸易成本指数（http://tradecosts.wto.org）跟踪贸易成本的演变，并将其分解成五个主要部分：运输和旅行成本、信息和交易成本、信息与通信技术的连通性、贸易政策和监管差异以及治理质量（WTO，2021）。根据2016年的数据，运输和旅行成本占贸易成本变量最大（约27%），其次分别是信息和交易成本（17%）、贸易政策和监管差异（12%）、治理质量（9%）和信息与通信技术的连通性（6%）；其他因素占贸易成本变量的29%，但其份额一直在稳步下降，凸显出五个主要部分的重要性在上升。2000年至2016年期间，运输和旅行成本保持相对稳定，而治理质量、贸易政策和监管差异一直在稳步上升。图3-1显示了包括五个组成部分的贸易成本及其随时间的变化。

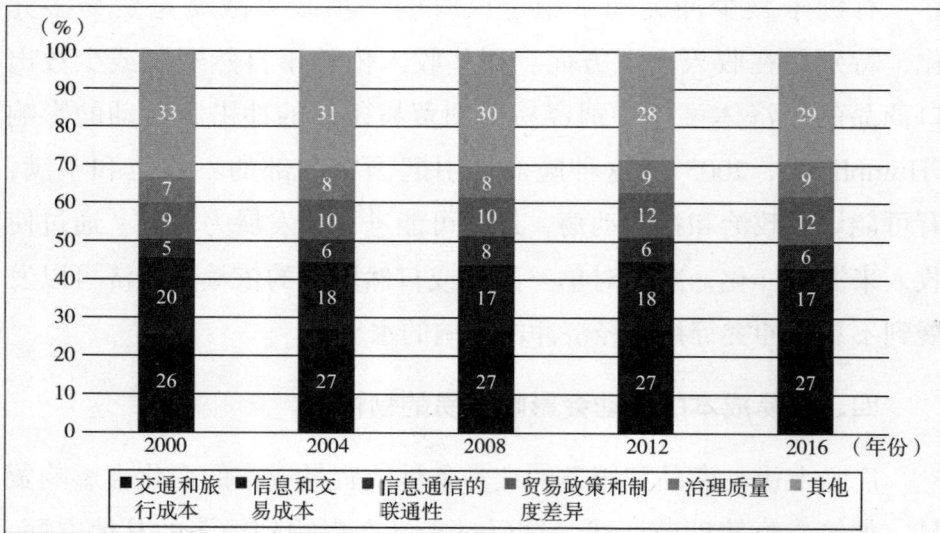

图3-1　政策框关因素占贸易成本的很大一部分

注：基本回归分析不包括服务贸易限制指数（STRI）变量，在撰写本报告时，该变量无法提供整个期间的数据。此外，它们是基于一个平衡的观察小组。因此，2016年的结果不能直接与前几年的结果相比较。

资料来源：鲁比诺瓦和森蒂（Rubínová and Sebti，2021）。

　　基于贸易成本的这五个主要组成部分，下面将探讨不同类型的冲击如何通过其对贸易成本的影响来影响经济。讨论的目的是全面介绍冲击如何影响贸易成本的波动，以及（如果适用）政府可以实施哪些政策来防止贸易成本变动的冲击，特别是与贸易政策相关的措施。

1. 对运输和旅行成本的冲击

　　由于运输技术和基础设施的改善，贸易中的运输成本自20世纪80年代中期以来一直在稳步下降（Combes 和 Lafourcade，2005；Glaeser 和 Kohlhase，2004；Lundgren，1996）。尽管有这种下降趋势，但运输成本也会受到冲击的严重影响。尽管技术与运营冲击（如2021年苏伊士运河的阻塞或道路事故）也会产生影响，经济研究主要集中在确定自然和社会经济冲击如何影响贸易和运输成本方面。

　　越来越多的替代供应来源和路线的出现，抑制了外部冲击对贸易和运输成本的影响（Lundgren，1996），这与多元化在加强贸易韧性方面的作用是一致的（如第三章第三节所述）。然而，考虑到改道也会带来额外的费用，即便有替代办法，自然灾害仍然会增加运输成本。此外，一些国家，如小岛屿国家，由于其运输基础设施有限，对少数运输服务商的依赖程度较高，因此无法使用替代贸易路线。这些国家往往更容易受到较高的运输成本波动的影响，因此更容易受到冲击（Briguglio，1995；Wilmsmei 和 Hoffmann，2008）。

　　自然灾害会对港口、公路或铁路等交通基础设施造成重大破坏，甚至暂时中断，从而增加运输成本（Colon、Hallegatte 和 Rozenberg，2019；Oh，2017；Osberghaus，2019；Rozenberg 等，2019）；Volpe、Martincus 和 Blyde，2013）。例如，在坦桑尼亚，频繁的洪水，导致了道路系统中断，运输成本大幅上升（Colon、Hallegatte和Rozenberg，2019）。气候变化导致的未来极端天气事件，如热浪、暴雨、大风和极端海浪，可能会增加对运输基础设施的干扰（UNECE，2020）。例如，更加频繁的洪水和不可预测的冬季天气预计将使欧洲的铁路运输成本在未来40年内增加80%（Doll、Klug和Enei，2014）。

疫情通过暂时降低运输效率影响运输成本。例如，在新冠肺炎疫情期间，国际陆路运输因边境管制和卫生措施而延误增多；因为客运航班减少导致客机腹舱容量不足，航空运输成本上升；因为旅行限制影响海事人员以及不同地区之间的不相称的复苏情况，海运成本增加。2020年3月，全球航空货运量与前一年相比减少了24.6%，而2020年4月的航空货运收益率相对于2019年4月翻了一番。根据FBX全球集装箱货运指数，航运费在2020年5月开始激增，导致到2020年7月的航运费比前一年高出30%（WTO，2020a）。

暴力和冲突可以通过破坏基础设施增加运输成本。例如，在莫桑比克的内战期间，附近的港口被破坏，马拉维国际贸易的运输成本增加了一倍（Milner和Zgovu，2006）。此外，仅仅是对暴力事件的预期就会增加运输成本，因为企业可能不得不购买保险以保护自己免受财产损失的风险（Long，2008）。

2.对贸易政策的冲击

近年来，正如每年的世贸组织贸易监督报告所示，越来越多的贸易限制措施被实施。例如，2019年的贸易监督报告指出，各国实施了102项新的贸易限制措施，如增加关税、数量限制、更严格的海关程序、进口税和出口税（WTO，2019）。[18]贸易政策的不确定性自2018年以来也急剧增加，在之前的20年里，贸易政策的不确定性保持相对较低和稳定（见图3-2）。[19]图3-2中的峰值大致与美国

和中国之间的贸易摩擦期间推出的新保护主义措施相吻合。虽然自
2020年第二季度以来，世界贸易不确定性指数似乎已恢复到较低水
平，但潜在的突然变化突出了在贸易政策讨论中考虑不确定性的重
要性。

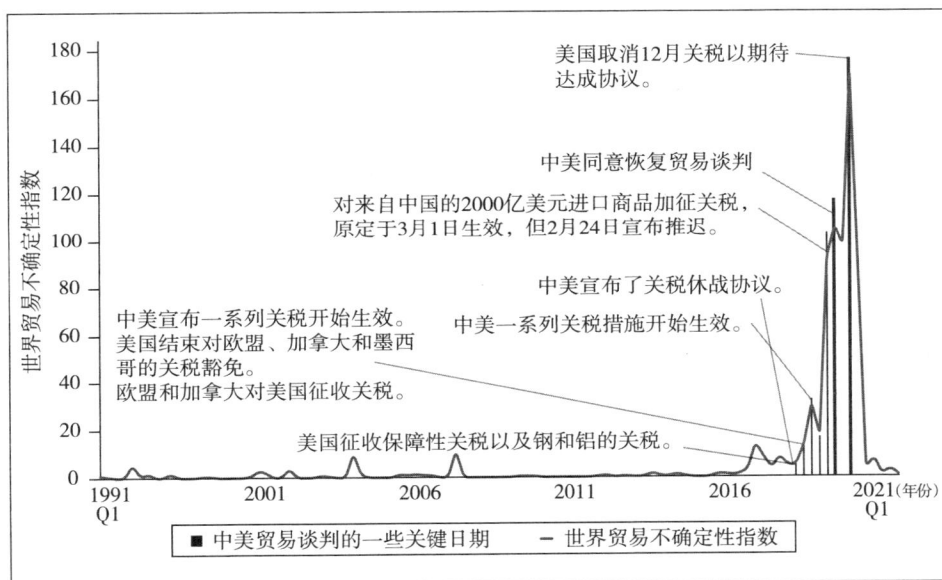

图3-2　贸易紧张局势加剧世界贸易不确定性

注：图3-2显示1991年（第一季度）至2021年（第一季度）世界贸易不确定性指数。
资料来源：阿希尔、布鲁和富尔森里（Ahir、Bloom and Furceri，2018）。

　　较高的贸易政策不确定性会使企业进入出口市场变得更难，因
为它们必须等待支付沉没的进入成本（即进入市场的一次性成本）。
例如，中国加入世贸组织后，中国对美国的出口增长有三分之一归
因于美国对中国商品的进口关税水平的不确定性下降（Handley 和
Limao，2018）。约束关税和适用关税之间的较大差异，增加了未
来关税增长范围的不确定性，抑制了全球样本国家的贸易（Osnago
等，2018）。同样，《服务贸易总协定》（GATS）和《自由贸易协

定》（FTAs）中适用的市场准入和市场准入承诺之间的较大差异会减少服务贸易，因为它们增加了贸易政策的不确定性（Ciuriak、Dadkhah 和 Lysenko，2020）。

貿易政策的不确定性也会对投资产生负面影响，因为投资于出口部门与进口竞争部门的决定会在关税变化之前被推迟（Krugman，2019）。例如，据估计，在中美贸易摩擦期间，贸易政策的不确定性使2018年美国的投资减少了1%~2%（Caldara等，2020）。[20]

这一分析强调了贸易政策的变化有可能阻碍经济韧性。为了防止贸易政策波动导致贸易成为冲击的来源，贸易政策必须是稳定和可预测的，这一点将在第四章进一步讨论。

一个有趣的政策问题是，临时贸易壁垒（TTBs）是否能够起到稳定的作用。一方面，在2008—2009年全球金融危机期间，频繁使用临时贸易壁垒可能防止了诉诸更严厉的保护主义政策（Bown，2011）。在新兴经济体中，随着1988年至2010年期间受世贸组织协议限制使用进口关税的进口产品数量增加，临时贸易壁垒被更积极地用于应对冲击（Bown 和 Crowley，2014）。另一方面，根据巴拉蒂耶里、卡恰托雷和盖尔尼（Barattieri、Cacciatore 和 Ghironi，2021）收集的加拿大1994年至2015年的数据，使用临时贸易壁垒的增加通过减少投资、降低劳动生产率和活跃的雇主企业数量，对宏观经济产生了负面影响，部分原因是贸易政策的不确定性增加。因此，必须考虑到，虽然临时贸易壁垒有可能提高不确定性，成为不稳定的来源，但它们也是保护主义要求的安全阀。

3.对治理质量的冲击

不能保证有效交易和合同执行的低质量机构会阻碍贸易（Anderson 和 Marcouiller，2002；Beverelli等，2018；Yu，2010），因此导致治理和制度变化的冲击，特别是社会经济冲击，增加了与合同执行有关的不确定性，从而增加了贸易成本的波动性。

特别是暴力和冲突可以摧毁社会和政府机构，或至少使其暂时瘫痪（Blattman 和 Miguel，2010；Van Raemdonck 和 Diehl，1989），并可以改变构成正式机构基本原则的社会偏好和规范（O'Reilly，2021）。内战也会带来制度质量的恶化。在对 1960 年至 2010 年的大量国家样本进行的实证研究中，一些（但不是所有）经历过内战的国家的制度质量明显下降（O'Reilly，2021）。鉴于这些发现，由暴力和冲突引起的制度不稳定，以及这些事件的异质性结果，可能会增加贸易成本的波动性和贸易的不确定性[21]。

4. 对信息与通信技术连通性的冲击

在整个历史上，与信息与通信技术的连通性相关的贸易成本一直在下降。电信技术的不断进步使得世界各地的连通性增强，通信成本降低，促进了国际贸易在 20 世纪最后几十年的快速增长（Fink、Mattoo 和 Neagu，2005）。然而，这些成本仍然会受到冲击，这些成本的波动会增加经济的波动性，成为贸易弹性的障碍。

电信基础设施的可用性、质量和信息与通信技术（ICT）成本密切相关（Abeliansky 和 Hilbert，2017；Fernandes 等，2019；Malgouyres、Mayer 和 Mazet-Sonilhac，2021），自然和社会经济冲击会影响物理电信基础设施，特别是跨洋光缆、数据中心和手机塔等地面设施（Chang，2016）。此外，关键基础设施系统的相互依赖会加剧中断信息与通信技术基础设施冲击的影响。由于大多数电信设备严重依赖电力，信息与通信技术相关成本也会受到电力网络干扰的极大影响（Chang，2016；Laugé、Hernantes 和 Sarriegi，2013）。

除了自然灾害和社会经济冲击外，技术与运营冲击也会引发信息与通信技术成本的变化。随着贸易迅速采用新的数字技术，它也面临更易受到网络攻击的风险（Huang、Madnick 和 Johnson，2018）。为了处理网络攻击的后果，受损的硬件和软件需要修复，时间和人员是必要的，所有这些都会产生大量的额外成本（Lis 和 Mendel，2019）。此外，为了准备应对网络攻击带来的不确定性，企业不得不投入更多的资源来强化其网络安全系统和维护这些系统，从而产生更多的信息与通信技术成本（Bojanc 和 Jerman-Blažič，2008）。

五、贸易作为价值链中的冲击传播者

国际生产越来越多地在全球价值链内组织开展，生产过程的不同阶段分布在不同国家。

这种类型的生产结构虽然往往能够提高生产效率，但也可能造成脆弱性，因为相对较小的冲击可能导致重大的供应链中断（Acemoglu 和 Tahbaz-Salehi，2020）。本部分将首先讨论价值链在传播冲击中的作用，然后介绍决定全球价值链中冲击传播的因素。

1. 价值链在传播冲击中的作用

国际贸易作为一个渠道、一个部门或一个地区的冲击可以影响全球经济。因此，贸易可以通过货物、服务的跨境流动和资金流动在各国之间传播不确定性（Röhn 等，2015）。例如，国外的负面需求冲击会减少对一个国家的出口需求，而负面的外部供应冲击往往会提高进口价格。

供应链特有的多阶段加工和中间投入之间的互补性会导致冲击的放大，这一点已被成熟的文献所证明。克雷默（Kremer，1993）将这一现象称为 O 型环理论，其名称来源于1986年的一次事件，当时挑战者号航天飞机由于一个简单的垫圈或 O 型环未能正常工作而完全毁坏。[22]正如一个链条只有在其最薄弱的环节才会强大一样，如果投入以互补的方式进入生产，生产链中任何一点的问题都会大大减少产出（Jones，2011）。

价值链断裂会加剧断裂的直接影响，并通过几个渠道间接影响整体波动（OECD，2020d）。

①间接的供给影响，当一个地方的生产需要另一个地方的投入时，这个地方会受到冲击的直接影响；

②间接的需求影响，即全球价值链通过需求渠道在经济冲击的传递中发挥作用；以及

③国际运输网络的中断，在这种情况下，灾害并不影响投入品的生产，而是影响中间的运输工具。

因此，一个冲击不仅可以对一个企业、一个行业或一个地区产生直接影响，还可以通过与冲击点上下游部门的投入—产出联系间接影响整个经济。虽然这种传播效应在国内和全球供应链中都存在，但各国生产过程的分散导致了冲击的国际传播。值得注意的是，供给方冲击（如生产力冲击）可以更有力地传播到下游，而需求冲击（如通过进口或政府支出）更可能传播到上游（Acemoglu、Akcigit 和 Kerr，2016）。

除了冲击的类型（即供给或需求），价值链中的位置也很重要。例如，中小微企业（MSMEs）鉴于其在价值链中的地位，不太可能抵御不利的冲击——因为发展中经济体的贸易型中小微企业往往是专门的中间投入品的供应商——所以更有可能促成冲击的传播。中小微企业提供的产品在危机引起的中断中可能尤为难以替代，从而造成潜在的供应链缺陷（Baghdadi 和 Medini，2021；OECD，

2008；WTO，2016）（见专栏3-1）。

专栏3-1　新冠肺炎疫情对突尼斯进口的影响

利拉·巴格达迪（Leila Baghdadi）

突尼斯大学教授和世贸组织教席项目负责人

新冠肺炎疫情最初严重打击了国际货物贸易，引起了对供应链严重中断的担忧。它的后果对参与全球价值链的低收入和中等收入国家，如突尼斯，影响特别大。突尼斯一些部门的进口下降了20%至60%（见图3-3）。

在这种情况下，确定哪些产品最容易受到外部冲击，有助于建立经济复原力战略。根据在发生冲击时获得替代品的难度，进口产品可分为高风险产品（最容易受到供应链冲击的产品）和低风险产品。可以用不同的脆弱性标准来划分进口产品对供应链冲击的风险：

①进口国合作伙伴的市场集中度（即进口国找到另一个供应商的难度）。

②进口强度，用进口的显性比较优势来衡量（即进口国用另一种进口产品来替代一种进口产品有多容易）。

③考虑到进口国现有的生产要素，在该国生产进口产品的可能性（Medini和Baghdadi，2021）。

对突尼斯的分析显示，突尼斯进口的产品总数［在4778种协调制度六位数（HS-6）产品中］，只有不到20%可以被认定为是中风险或者高风险的。然而这些风险产品中的71%是中间产品（见图3-4），这表明进口的大幅下降可能对该国最终产品的生产和最终出口产生重大影响。

　　进口到突尼斯的风险产品大多与采掘业（占风险产品总价值的51%）和机械业（21%）有关。许多与新冠肺炎疫情有关的基本产品也被发现高度暴露在突尼斯的供应链中断中。

　　一项计量经济学分析进一步证实，突尼斯在2019年和2020年之间的进口下降部分是由于突尼斯的风险产品进口的变化（Baghdadi和Medini，2021）。因此，识别和解决供应链的脆弱性是构建贸易复原力的重要战略。

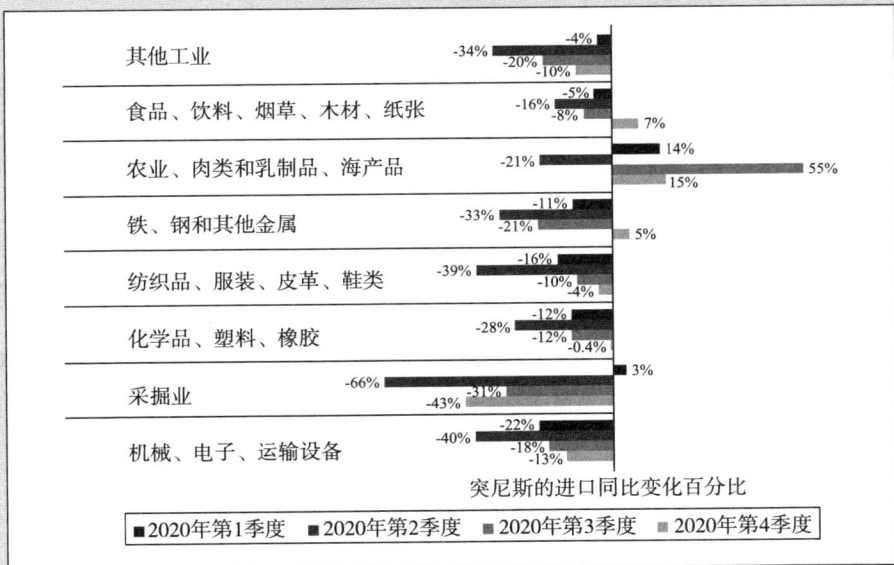

图3-3　2020年从突尼斯进口的大多数产品急剧下降

　　资料来源：巴格达迪和梅迪尼（Baghdadi和Medini，2021），基于突尼斯海关的数据。

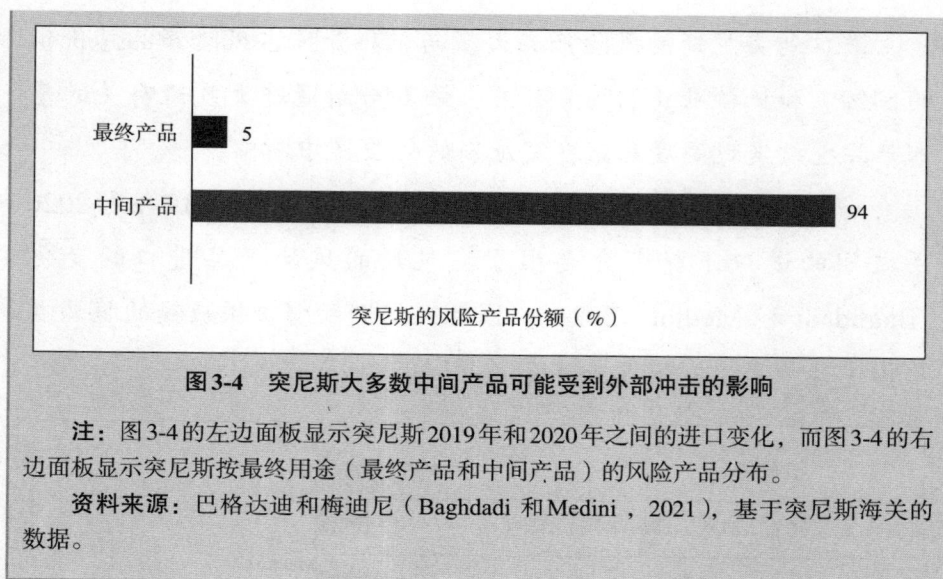

最终产品 5

中间产品 94

突尼斯的风险产品份额（％）

图3-4 突尼斯大多数中间产品可能受到外部冲击的影响

注：图3-4的左边面板显示突尼斯2019年和2020年之间的进口变化，而图3-4的右边面板显示突尼斯按最终用途（最终产品和中间产品）的风险产品分布。

资料来源：巴格达迪和梅迪尼（Baghdadi 和 Medini ，2021），基于突尼斯海关的数据。

2011年的日本地震是一个很好的例子，说明了外源性冲击通过供应链的中断对生产的影响。据估计，地震导致的供应链中断造成的生产损失至少占日本国内生产总值（GDP）的0.35%（Tokui、Kawasaki 和 Miyagawa，2017）。根据微观企业层面的数据，地震估计使受灾供应商的企业增长率下降了3.6个百分点，而受灾客户的企业增长率下降了2.9个百分点（Carvalho等，2021）。这表明，地震既造成了影响下游企业的供给方中断，也造成了影响上游企业的需求效应。基于一般均衡模型，卡瓦略等（Carvalho等，2021）还估计其对灾后一年GDP的影响为0.47个百分点。

新冠肺炎疫情危机的暴发助长了关于全球价值链风险的讨论，因为实证研究将GDP总收缩的约四分之一归因于通过全球价值链的冲击传播，特别是与封锁措施造成的中断有关（Bonadio等，2020；Espitia等，2021）。在新冠肺炎疫情大流行之后，封锁措施通过投入－产出联系减少了GDP。在中国、欧盟和美国两个月的封锁期

间，对运输和劳动力供给的限制可能使世界GDP减少13%（Guan
等，2020）。东京的严格封锁持续一个月，可通过供应链的传播间
接减少了日本的GDP总量（基于应用于160万家日本公司供应链的
模拟框架），导致27万亿日元的总损失，或GDP的5.2%（Inoue和
Todo，2019，2020）。

另外，部门的全球价值链整合也是抵御过去冲击的一个因素。
例如，在2011年日本地震后，拥有更多元化的供应商的受影响企
业恢复得更快，所以随后企业增加了制造活动的离岸外包，并扩
大了外国供应商网络（Matous和Todo，2017；Todo、Nakajima和
Matous，2015；Zhu、Ito和Tomiura，2016）。在与新冠肺炎疫情有
关的危机中，在关键行业的中间投入品短缺的初始阶段过后，企
业就能将其销售重新分配到其他国家，每当关键合作伙伴进入封
锁状态，企业可以从其他市场获得投入品（Berthou和Stumpner，
2021）。因此，融入全球价值链的制造商能够通过从封锁不那么
严格的外国市场采购它们的投入品，从而更好地抵御国内疫情的
冲击，所以这些部门贸易下降的幅度要比整合程度较低的部门小
（Bellora、Bois和Jean，2020；Hyun、Kim和Shin，2020）。目前与
新冠肺炎疫情有关的危机在多大程度上会导致制造商的空间生产组
织架构在长期内发生变化，还有待确定。

2.决定全球价值链中冲击传播的因素

有几个因素可以解释贸易和供应链作为冲击传播者的程度。

第一，这取决于不同部门投入的可替代性或互补性的程度。例
如，受自然灾害影响的美国供应商给它们的客户带来了巨大的产出
损失，特别是当它们生产特定的投入品，拥有高水平的研发，或
拥有自己的专利，这使得它们的产品似乎更难被替代（Barrot和

Sauvagnat，2016）。

虽然通常很难或花费很高成本在中断后能够立即找到替代供应商，但随着时间的推移，替代会变得更容易获得。在2011年日本地震后的几个月里，日本企业的美国子公司进口的中间投入品减少了一个单位，导致出口下降了一个单位（Boehm、Flaaen 和 PandalaiNayar，2019），也就是短期内不同材料投入品的替代弹性很小。贸易弹性，衡量贸易成本变化所影响的贸易量，在贸易成本受到冲击后，一个季度后估计约为1，一年后约为5，五年后约为7（Yilmazkuday，2019）。长期贸易弹性高于短期贸易弹性表明，企业需要时间来适应贸易成本的变化；一般需要7~10年才能收敛到贸易弹性的长期值（Boehm、Levchenko 和 Pandalai-Nayar，2020）。

此外，随着企业将某些生产步骤转移到本土或接近本土，可能会产生更大的长期后果（Altomonte等，2013）。2008—2009年全球金融危机后，全球价值链的扩张停止了，因此供应链变得更本土化，位于国外的生产阶段减少了（Miroudot 和 Nordström，2019；OECD，2020d）。相比之下，在2011年日本地震之后，企业增加了制造活动的离岸外包，并扩大了它们的外国供应商网络（Matous 和 Todo，2017；Zhu、Ito 和 Tomiura，2016）。然而，地震并没有导致依赖日本进口的汽车和电子行业的企业重新进行离岸外包或多元化，这可能是由于转换供应商的成本，特别是对于关系特定化的中间产品（Freund等，2021）。

第二，供应网络的结构也决定了特异性冲击可以通过投入产出联系传播的程度，从而导致总体波动。如果经济由许多不相互影响的部门组成，微观经济的特异性冲击会被平均化。但在存在投入–产出联系的情况下，部门冲击会传播到经济的其他部分，并影响总体结果（Acemoglu、Carvalho等，2012）。而生产网络的结构是决定微观经济冲击能否以及如何在整个经济中传播的关键（Carvalho，2014）。当经济中的联系结构由少数为许多不同企业或部门提供投入的枢纽单位主导时，可能会出现总体波动。这是因为这些枢纽型生产单位的波动可以在整个经济中传播，并缩短经济中原本不同的部分之间的距离。换句话说，枢纽型生产单位可以起到"扼制点"的作用，一个部门受到的冲击可能会在整个经济中传播。

冲击的跨境传播也取决于一个经济体的颗粒度，因此可以通过大型跨国公司等方式发生。公司层面的波动可以与总体经济波动相联系（Gabaix，2011；Herskovic等，2020）。企业层面的贸易联系与单个企业和与之贸易的国家之间的国际商业周期联动的增加有很大关系（Di Giovanni、Levchenko 和 Méjean，2018）。下游的间接联系，即一企业从特定国家进口的企业那里购买中间投入品，也被证实与企业层面和国外市场的联动有很大关系。由于相对较少的企业在国际贸易中占主导地位，企业特征的微小差异会产生放大的影响（Bernard等，2018）。冲击传导的程度也取决于企业之间的交易类型，即通过公平交易（即独立方之间的贸易）或集团内部贸易（即垂直联系的企业之间的贸易）。在2008—2009年全球金融危机期间发生的贸易崩盘中，集团内中间产品的贸易特点是比正常贸易更快地下降，然后更快地恢复（Altomonte等，2013）。

鉴于价值链在传递冲击方面的重要性，确定全球供应链中可能在整个经济中传播的阻塞点至关重要。图3-5提供了一个世界投入－产出联系的网络，反映了各经济体之间的增值贸易量。在总体水平上，全球生产网络似乎是相对分散的，美国、中国和德国似乎是连接其他经济体的较大枢纽。然而，图3-5并没有反映出具体部门的相互联系程度。

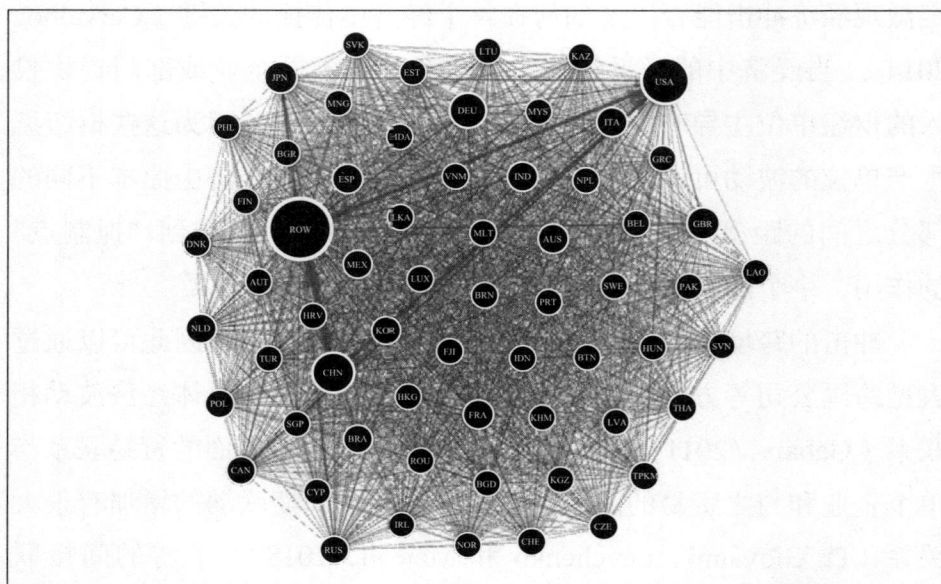

图3-5　全球生产网络的特点是几个较大的枢纽与其他经济体相连接

注：图3-5显示2018年各经济体之间的世界投入-产出联系。它反映一个经济体的直接增值和间接波及效应，由矩阵的里昂惕夫（Leontief）逆矩阵来体现。[23] Leontief逆矩阵显示系数（经济乘数），衡量一项经济活动的初始变化对经济的连续影响。它包括生产中的直接和间接投入。网络中的每个节点都对应着一个经济体。每条线连接着增值的原产地和最终目的地。更粗的线代表更大的增值贸易量。每个节点的圆圈大小与连接和增值贸易的强度相对应。[24]

资料来源：作者基于亚洲开发银行2018年多区域投入产出表进行计算。

　　第三，冲击的大小和性质也可以决定贸易对经济韧性的影响程度。如果一冲击是一个地区或一个国家所特有的（例如，自然灾害），对国际贸易的开放可以减少暴露于国内冲击的风险，并使得各国可以将需求和供应来源多样化（Caselli等，2020）。此外，贸易开放可能使经济更容易受到特定部门的冲击，因为贸易往往导致专业化程度的提高（Di Giovanni和Levchenko，2009）。如果各地区专注于某些行业，影响当地劳动力市场的进口竞争可能会导致对该地区的重大经济冲击，特别是在缺乏跨区域劳动力流动的情况下（Autor、Dorn 和 Hanson，2016）。正如第三章第四节所述，一定程度的多元化可能是可取的，可以缓冲冲击的影响。

第三节　贸易帮助各国提前做好准备以应对冲击及恢复经济

本节讨论贸易在帮助各国做好准备以应对冲击及恢复经济方面扮演的角色。

一、贸易可为预防动荡做好准备

如第二章所述，可以采取广泛的战略、策略来构建经济韧性。提前计划有助于为预防动荡做好准备，而不是等待冲击发生后才采取行动。

当冲击来袭时，关键商品和服务的可用性至关重要，而贸易在保障及时提供这些商品和服务方面可以发挥关键作用。天气预报、保险、电信、运输、物流和医疗等服务对于减轻冲击的影响和促进复苏至关重要，清关、过境程序以及公共采购流程的效率也是如此。贸易也可以通过在冲击发生之前最小化管理风险来为冲击做好准备。例如，做出以风险为依据的决策（即合并和评估风险）需要可以跨境交易的数据和服务。

1.服务贸易

服务贸易，包括天气预报、保险、电信、运输、物流和医疗服务，可以在帮助企业、公民和政府为应对冲击做好准备方面发挥关键作用。一些服务可能与管理特定风险相关（例如，天气预报服务对于应对与天气相关的灾害很重要），而其他服务则与更广泛的风险相关（例如，电信和物流）。

可以提前采取行动以确保为国内市场提供相关服务，或者在有需要的时候随时提供国外供应以满足相关需求。尽管这些行动通常独立于经济韧性战略，但仍可以支持韧性。此类行动可以包括建立全面的机制来认证外国有关资格（如医疗资格），以便在需要外国人员提供所需服务时，可以方便其入境（WTO，2019a）。当这些部门的国内市场不够发达时，向外国服务和服务供应商开放服务市场可能会对这些部门的外来投资产生积极影响，鼓励私营部门的增长。总体而言，提高国内提供服务的能力对于提高经济韧性能力和降低受冲击的脆弱性至关重要（Thangavelu、Ing 和 Urata，2015；WTO，2019a；WTO，2019b）。

（1）天气预报服务

各种研究证实了有效的天气预报服务、预警系统在抗灾和减灾方面可以发挥的关键作用（Rogers and Tsirkunov，2013；WTO，2019c）。提供预警服务使社区能够为龙卷风、风暴、飓风、热浪、野火、洪水和干旱做好预防准备，并将其影响降至最低（WMO、WB、GFDRR and USAID，2015）。然而，在获得商业天气预报服务方面，存在着巨大的区域差异和与发展相关的差异（Georgeson、Maslin 和 Poessinow，2017）。

此类服务依赖于建造和维护天气观测基础设施所需的技术设备和服务的进口（WTO，2019a），世界银行的经验表明，发展中成员尤其缺乏设备和专业知识（Rogers 和 Tsirkunov，2013）。据世界气象组织（WMO）估计，由国家气象、水文服务机构维护和运营的全球水文及气象基础设施的价值超过100亿美元（WMO、WB、GFDRR and USAID，2015），私营部门如今也在不断增加对其自身观测网络的投资。

进口政策可以在决定购买此类设备的成本方面发挥重要作用，尤其是在私营部门可能无法享受与公共部门相同的关税和税费（例如销售税）或费用减免的情况下。

由于许多发展中成员缺乏开发、运行模型以及为其公民提供风险信息的技能，培训就至关重要。罗杰斯和齐尔库诺夫（Rogers 和 Tsirkunov，2013）指出，发展中成员存在的一个重要问题就是，关注气象站的基础设施，而不是培训以确保高质量的输出。

专家观点

在快速数字化的全球经济中，非洲面临多重经济韧性挑战

艾莉森·吉尔瓦尔德（Alison Gillwald）

信息与通信技术非洲研究所和开普顿大学研究主任

要使《非洲大陆自由贸易协定》（AfCFTA）生效，目前缺位的数字基础设施需要到位。数字基础设施迫切需要被优先考虑，既要支持模拟商品的金融和物流贸易，又要支持可交易的数字服务。

然而，非洲需要克服多重数字准备挑战，才能从数字化进程中获益，提高非洲大陆在全球市场和全球价值链中的知名度。这些都是AfCFTA广泛目标的一部分。尽管之前电子商务和数字服务不是协议的具体组成部分，但它们现在已被列入第三轮AfCFTA谈判的议程。数字贸易的重要性已经在非洲政策中得到承认，比如非洲联盟数字转型战略，目前正在根据该战略制定一

些实用的指导框架，包括数据政策框架。

通过非联于2014年最终确定的《非联网络安全和个人数据保护公约》（马拉博公约），非洲大陆已经认识到为数字市场和电子贸易繁荣创造一个安全可靠的网络环境的重要性。然而，问题是，大多数非洲国家都不是此类授权协议的签署国，这不仅妨碍了它们利用单一数字市场，也妨碍了单一数字市场运作所需的可信跨境数据流动。

尽管非洲国家在其数字市场尚不发达或数据未来仍不可预测的情况下，对加入全球自由贸易协定持怀疑态度是可以理解的，但通过数据主权或本地化的狭隘概念采取保护主义措施将无法使它们具有竞争力，因为数字和数据经济本质上是一种全球经济。

互联网普及率相对较低，数字服务有限，即使是非洲人口或经济规模较大的国家，也无法产生足够的数据，形成内部数据经济。此外，数据本身几乎没有什么价值，而且很少有人能从数据中受益，因为数据的价值必须通过规模效应创造。

随着数据成为支撑全球经济的关键资产，确保跨境流动成为创建单一非洲数字市场并使该数字市场具有全球竞争力的先决条件。

如果各国关心其公民隐私和数据保护，它们可以在数据经济体系结构这一更高层次上控制数据的使用，同时实现数据的物理流动，数据经济的效率和有效性都依赖于此。

在全球数据流中，有大量数据不是个人数据，没有内在价值，而且在任何方面都不敏感。基础设施层面任何实质性中断——最极端的形式是互联网关闭——不仅会限制政治自由，而且会立即阻碍贸易，从而阻碍经济增长和相关的消费者福利成果。非洲国家的数据保护法律应该承认（而且在某些情况下已经承认了），存在各种不同敏感度的数据，并允许任何需要保护的数据在法律保护程度相当的司法管辖区之间流动。

除非非洲国家协调其监管框架，并充分致力于打造一个一体化市场，否则非洲大陆将继续在充满活力的全球市场中处于边缘地位，并将在内部更公平地分配利益方面继续遇到困难。

（2）保险服务

保险服务通过向受影响方提供必要的财政支持，在减轻中断特别是减轻自然灾害的影响方面发挥着关键作用。因此，保险系统的发展可以极大地支持准备工作（IMF，2019；WTO，2019a）。然而，一些冲击可能被排除在私人保险合同之外，尤其是在可能造成巨大损失的情况下，比如地震。2003年，非典（SARS）暴发后，许多保险公司增加了条款，以排除传染病造成的损害赔偿。在实践中，商业中断政策只有在存在实体损害的情况下才会获得支付，因此由新冠肺炎疫情引起的商业中断可能不会被保险所覆盖（Hay，2020）。

尽管如此，保险服务也可以在预防风险方面发挥有益的作用。2019年11月，国际合作与互助保险联合会（ICMIF）和联合国防灾减灾署（UNDRR）宣布了一项多年的合作。其通过实现保险业内部的转变，从侧重于提供风险转移产品和服务作为保护被保险人免受灾害风险的手段，到侧重于通过减少灾害风险的激励措施、意识、能力和融资进行预防（ICMIF和UNDRR，2021），以帮助应对减少灾害风险的紧迫挑战。在这方面，使用分析方法可以更好地洞察风险发挥的重要作用（IDF，2020）。

　　然而，保险保障缺口，即保险损失和经济损失之间的差异，非常普遍，尤其是在发展中国家。[25]特别是在自然灾害保护水平方面的差距仍然巨大，全球只有约30%的灾难损失得到了保险。虽然高收入和中高收入国家在缩小这一差距方面取得了一些进展，但中低收入和低收入国家几乎没有任何进展，保护水平差距持续超过95%（Schanz，2018）。2017年和2018年，未投保自然灾害损失的估计价值总计2800亿美元（Bevere，2019）。例如，尼泊尔提供的保险产品种类有限，保险公司的总资产/负债与国内生产总值的比率仅为7%，再保险公司为0.3%。这意味着债务最终由政府或家庭成员通过汇款作为最终担保人（WTO，2019c）。实证研究表明，未投保的灾害相关损失会导致较高的宏观经济成本，家庭和企业在财务上做好应对灾难、应对准备的国家会恢复得更快（Von Peter、Von Dahlen 和 Saxena，2012）。

　　另一个重大的保险缺口涉及网络保护。量化网络风险保护缺口的尝试估计出网络事故造成的损失约为90%（Schanz，2018）。

　　经验表明（瑞士再保险集团，2019），通过保险应对冲击的方式可以通过多种措施提高，包括保险产品的多样化（见第三章第四节）和引入专门针对潜在买家风险的定制保险产品，就覆盖特定风险的可用保险产品进行适当沟通，引入购买风险保险的公共激励措施（例如，意大利政府在2010年意大利中部地震后批准的保费税收减免政策）。

　　对于金融市场不成熟的国家，向外国供应商开放国内市场，特别是跨境或通过商业存在向保险和再保险服务供应商开放国内市场，有助于克服国内市场的一些缺陷，增加保险服务的总体供应，强化防灾准备。

贸易开放可以提高包括保险在内的金融服务效率，为经济带来潜在的巨大回报。埃申巴赫和弗朗索瓦（Eschenbach 和 Francois，2002）发现，金融部门的开放会带来更大的增长动力，并导致金融部门的竞争。马图和苏布拉曼尼安（Mattoo 和 Subramanian，2006）估计，随着金融服务的全面自由化，发达成员的增长速度可能会加快1.2%，发展中成员的增长速度可能会加快2.3%。研究还发现，限制较少的经济体的寿险和非寿险市场发展更为成熟，这是通过总毛保费相对于GDP的规模来衡量的，这表明这些经济体的家庭和企业更有能力应对共同风险并参与长期规划（Kyvik-Nordås 和 Rouzet，2016）。

（3）电信

电信在中断时期发挥着关键作用，因此促进高效电信服务的发展对任何应急战略来说都是一个关键要素。

传统电信服务（即移动电信服务、互联网电信服务和数据传输服务）以及新的服务技术（AI、大数据、云能力、物联网）可能在灾难管理中发挥关键作用，因为它们可以让外界与受灾地区进行通信，并收集关于实际损失和受灾人口需求的信息（ITU，2019）。例如，2015年印度金奈发生洪水后，几个组织使用推特（Twitter）分享信息，帮助规划救援行动，并向洪水灾区的居民提供最新信息（ITU，2019）。

一些电信服务还可能支持在中断时期内同样重要的其他远程跨境供应服务，如远程医疗或工程服务。

与保险服务的情况一样，电信贸易自由化可以提高其效率，并能够提供更廉价、更高质量和更多样化的电信服务，从而助力准备工作。各种研究发现，在电信行业具有更强实际和预期竞争的经济体往往具有更低的价格和更好的服务质量（Boylaud 和Nicoletti，2000；Eschenbach 和Hoekman，2006；Lestage 等，2013；Mattoo、Nielsen 和 Kyvik Nordås，2006）。

（4）交通和物流

交通和物流对商务出行或休闲旅行至关重要，也使其他服务和商品能够进行国际贸易。2017年，全球运输服务贸易的三分之一，即5290亿美元，直接与跨境货物运输成本有关，主要是海运或空运。配套性运输服务，如货物装卸、储存和仓储，占全球运输服务贸易的另外16%（WTO，2019b）。

当冲击发生时，运输和物流系统的缺陷可能会产生可怕的后果，这突出了投资物流和运输准备的重要性。2015年，尼泊尔发生地震后，贸易连通性方面暴露出的缺陷，尤其是机场和道路容量方面的缺陷，对政府的救灾能力构成了严重挑战。（Logistics Cluster，2015；WTO，2019c）。因此，高效的运输和物流系统对于让急救人员进入一个国家、快速顺利地进口和配送货物至关重要。它们也有助于降低风险和建立韧性。转向低碳和气候适应性强的运输、物流系统是缓解风险的关键部分（Mehndiratta，2020）。

与其他服务部门一样，经验证明，运输部门的贸易开放在效率和价格方面能够产生效益。例如，根据芬克、马图和尼古（Fink、Mattoo 和 Neagu，2002）的数据，海运贸易开放将使运输价格降低9%，并节省8.5亿美元。鉴于运输和差旅成本占商品贸易成本的很大一部分——2016年平均为28%（WTO，2019b）——并且可以作为贸易的非关税壁垒（Nordas 和 Piermartini，2004），开放这些部门的贸易可以提高运输服务的效率，帮助应对冲击。

（5）卫生服务

贸易在紧急情况中扮演着至关重要的角色，通过向受影响人口提供医疗服务和医疗援助，包括外国医务人员的入境（WTO，2019c，2020d）、允许从其他未受影响的地方进口产品来弥补一个地区因冲击而造成的服务短缺。就专业资格相互认证达成协议可能是一项有用的预期措施（WTO，2019a），因为缺乏这种认证可能会阻碍国际急救医疗队的效率（IFRC，2014；WHO，2017）。例如，在2015年地震后，希望在短时间内进入尼泊尔提供医疗服务的医生或医疗专业人员，因缺乏特殊的相互认证规定而无法及时进入尼泊尔。这是一个值得关注的核心问题（WTO，2019a）。

同样，厘清公共卫生和其他部门之间的相互依赖关系并确定其优先顺序，以及通过伙伴关系制定长期预防性卫生措施，可以帮助降低风险。

在侦查、监控和应对危机时，放宽电子健康和跨境服务的准入也可以促进知识和经验的共享（WTO，2020d）。然而，实施电子健康需要适当的规划、管理和良好的电信服务（Li等，2012）。

（6）其他服务

其他服务部门也可以在建立韧性和应对中断方面发挥重要作用。例如，扩大水力和地热能等可再生发电资源，可以减少对液体燃料进口的依赖，而液体燃料可能是灾害多发国家国际收支的主要消耗项（WTO，2019c）。同样，扩大提供世贸组织《农业协定》附件2中所列的"一般服务"（即与向农业或农村社区提供服务或福利的项目有关的"支出（或收入损失）"，构成不扭曲贸易的"绿箱（补贴）"，例如，研究、农村基建、病虫害控制以及为农民提供推广、咨询服务等，有助于预防风险并帮助经济行为者为冲击做好准备（包括通过提高生产力和提高农村收入）。

2.贸易便利化

贸易便利化措施在建立抵御冲击的能力方面发挥着根本性作用。贸易便利化改革，包括执行世贸组织《贸易便利化协定》（见第四章），可以在确保粮食、医疗用品和应急设备等关键商品的顺利进口方面发挥重要作用，这些商品在受到冲击的国家可能供不应求。

世贸组织最近对遭受自然灾害的国家进行的一项研究（WTO，2019c）强调了备灾和预先将具体措施纳入海关程序、流程至关重要。在被调查国家观察到的一个关键问题是，在全额支付关税或其他费用之前，海关不会放行货物，这导致人道主义救济物资抵达时，集装箱在海关堆积。允许货物在不等待关税支付的情况下放行的程序将在危机刚发生时缓解压力。另一个关键问题是，在就哪些货物应免除关税做出决定时，货物清关迟滞。这种决定通常需要几天时间，而事先就批准免税的关键货物清单达成协议可以避免这种情况。

一个困难是清关程序，尤其是表格必须手工填写。简化进口单证要求的预期措施，并建立简化的海关检查和货物清关放行程序，例如，授权经济运营商、到达前处理工具、数字化和建立单一窗口（即通过单一端口以数字方式提交文件）可以大大促进关键商品的进口。还有一个问题是，电子商务的发展导致小包裹在海关堆积，而小包裹通常是提供援助的媒介。这种堆积延迟了救援物资的及时清关，并给应对系统带来了额外的压力。一些利益相关者指出，使用最低条款（即对低于货物估价上限的商品不收取关税或税款，清关程序最简化）并引入简化的海关程序，将减轻海关的行政负担并减少海关设施的拥堵。

这些研究中强调的韧性的一个关键因素是过境安全（WTO，2019c）。过境国的海关法律和程序可能会降低易受灾国家，特别是内陆经济体，获得救济援助的速度和可能性。例如，2015年地震后，运输问题扰乱了基本物资的运送，延缓了尼泊尔的恢复（WTO，2019a）。

确保关键货物能在没有非必要成本和延误的情况下运输是发生冲击时的一个基本条件。应对冲击的方法之一是与邻国发展稳定的关系，例如签署与贸易或过境手续有关的协议。此外，人们经常强调改善边境机构之间信息共享和协调的重要性。所有这些问题最好通过建立弹性的预案来解决，包括实施世贸组织《贸易便利化协定》（WTO，2019a）。对新型冠状病毒（COVID-19）的研究也说明了同样的问题，即重在为以后可能发生的流行病做好准备（UNCTAD，2020C，2020D）。

3.政府采购

政府采购准备是另一种寻求经济韧性并为未来动荡做准备的方式（IMF，2019；OECD，2020c；WB，2015；WTO，2019c）。应急响应在满足受影响人口的紧迫性和走上恢复重建道路方面的有效性，直接取决于政府采购流程的有效性。当冲击来袭，政府必须紧急购买关键产品和服务，包括从国外购买，同时确保生效中的合同能顺利进行并对其实施负责任的管理，以保障关键公共服务的供应。政府采购电子化在极端紧急时期尤其实用，既可以在紧急情况下提供透明度，从而有助于防止腐败；也可以让政府加快采购程序，从而降低供应商的成本。

美洲政府采购网络（Inter American Network on Government

Procurement）对18个拉丁美洲政府管理新冠肺炎疫情相关采购的准备水平开展了一项调查（INGP，2020），该调查强调了在危机发生之前建立强有力框架的重要性（见第三章第三节第二部分第四点）。调查发现，那些更新了监管框架、制定了明确的政府采购应急程序和长期协议的国家能更好地处理紧急供应请求。这些国家包括哥斯达黎加、厄瓜多尔、巴拉圭、秘鲁和乌拉圭。

二、贸易可以使各国更有效地应对冲击

第三章第二节描述了贸易加速冲击传播的机制。然而，贸易通过允许各国从其他地区进口基本商品和服务，在帮助各国更有效地应对冲击方面往往发挥着更突出的作用。贸易还可以通过引导外国需求和寻找替代的外国供应商来帮助企业应对冲击。为了让贸易在抵御冲击方面发挥有利作用，充分和协调的政策至关重要。特别是某些战略对于增强供应链的韧性非常重要。

1.贸易在解决供应短缺中的作用

对国际贸易的开放使国家或地区能够在经受冲击性打击后应对商品和服务的短缺，从而能够减轻冲击的影响。本部分讨论了贸易在应对不同类型冲击中发挥的作用，包括自然灾害冲击和区域冲突等社会经济冲击。

国际贸易将商品和服务从盈余地区带到缺乏这些商品和服务的地区，从而缩小产出和消费之间的差距。如第二章所述，自然灾害造成的经济损失较低通常与贸易开放程度较高有关，尽管教育、机构质量和金融状况等其他因素也很重要（Felbermayr 和 Gröschl，2014；Noy，2009；Toya 和 Skidmore，2007）。

当自然灾害引发国内生产中断时，贸易可以通过进口提供替

代的供应来源并稳定市场。当供应方生产中断后，预计受影响商品的价格会飙升；然而，贸易使得市场能通过进口外国替代品满足过度需求，并防止价格突然飙升。例如，孟加拉国1998年遭受洪水袭击，在灾难发生前，贸易开放政策促使孟加拉国从印度进口了大量的大米，并帮助稳定了市场。否则，孟加拉国的大米价格将上涨19%（Del Ninno、Dorosh 和 Smith，2003）。

贸易在适应气候模式的长期变化方面也发挥着重要作用。例如，气候变化导致的区域温度和降水量变化增加可能会降低农业生产率，从而损害粮食安全，尤其是对生活在以农业为主要经济活动形式的农村地区的人口而言（Hertel 和 Rosch，2010）。据估计，传统上温度较低、生长季节较短的北方国家可能会从某些作物的较高产量中受益，但热带国家可能会因为极端温度而减产。由于气候变化和天气变化对不同地区的影响是不同的，贸易往往可以弥补不同地区之间的供需差异。例如，1861年至1930年间，印度各地区之间的铁路扩张被认为减轻了降雨波动对饥荒造成的农业生产力的冲击影响，因为铁路运输带来的较低贸易成本允许盈余地区向赤字地区出售粮食（Burgess 和 Donaldson，2010）。

生产和贸易模式的调整可以显著减轻气候变化的不利后果。由于气候变化对国家内部和国家之间的作物产量都有不同影响，一些负面影响可以通过改变生产模式（使作物更耐高温）和允许国际贸易来缓解（Costinot、Donaldson 和 Smith，2016）。[26]

科斯蒂诺特、唐纳森和史密斯（Costinot、Donaldson 和 Smith，2016）发现贸易在缓解气候变化负面影响方面的作用相对较小。古尔和拉伯德（Goue 和 Laborde，2018）发现，国际贸易通过允许在粮食生产上受到负面影响的国家进口农产品，在缓解气候变化的后果方面发挥着重要作用。这两项研究的结果不同可能因为是古尔和拉伯德使用了低替代弹性和在不同农业用途之间转换土地的机会成本。同样，到2200年，气温上升预计将使实际人均GDP下降6%，福利下降15%。

然而，降低贸易成本将导致加拿大、俄罗斯和中亚等北部地区的农业地理集中度增加，气候导致的移民减少。因此，贸易可以成为适应气温上升的强大机制（Conte等，2020）。

在全球冲击的情况下，基本商品往往变得稀缺，各国往往为之竞争，而贸易有助于确保它们的供应。基本物品可以被定义为不能被其他货物替代且不能被延迟的货物（Bacchetta等，2021；Leibovici和Santacreu，2020）。新冠肺炎疫情引起了对医药产品贸易的关注，特别是在预防、检测和治疗疾病方面的产品贸易。2020年，医疗产品的进出口总值为23430亿美元，与上一年相比增长了16%（WTO，2020c）。

随着制造商们寻找方法以满足对新冠疫苗的需求，生产、分销和管理疫苗所需的各种原料和商品出现大规模的短缺。疫苗供应链具有很强的国际相互依存性，贸易在确保疫苗能够到达人群方面发挥着重要作用（OECD，2021e）。专栏3-2进一步详细地讨论了贸易和贸易政策在新冠疫苗生产和分配中的作用。

一些政府呼吁在遭遇像新冠肺炎疫情这样的全球危机期间，国内应生产基本商品以避免短缺。然而，这将带来三个重要的缺点，将导致不理想的结果。

第一，保障国内基本商品生产的政策需要将补贴和进口保护相结合，这可能会导致政府支出和消费者价格上涨。

专栏3-2　贸易和贸易政策在疫苗生产和分配中的作用

甲型流感（H1N1）和新冠肺炎疫情凸显了开放型贸易制度在快速的疫苗生产和分配中发挥的关键作用。

疫苗生产依赖于复杂的上游原材料和零部件价值链。根据国际制药制造商和协会联合会（International Federation of Pharmaceutical Manufacturers and Associations）的估计，一个典型的疫苗生产厂使用约9000种不同的材料，这些材料来自约30个不同国家的约300家供应商。制药公司越来越依赖第三方及时供应货物，如医疗设备组件（如小瓶子、注射器、塞子）、原材料（如活性药物成分）、机械与设备、处方药、包装材料、关键产品组件和服务。鉴于上游原材料和零部件价值链的复杂性，确保进口原材料的清关和过境手续顺利进行至关重要。

贸易在疫苗分销中也起着关键作用（WTO，2020）。疫苗是一种生物制品，会因高温、低温、过度光照等条件而失效，通常仅在室温条件下的有限时间内有效。因此，不当运输或不当储存都会降低其有效性，功能性的端到端供应链和物流系统至关重要。

供应链的作用是确保有效的疫苗研发、制造、储存、交付和库存管理，严格控制供应链中的温度，并维护充足的物流管理信息系统。

由于时间对全球疫苗分配至关重要，航空运输的速度和覆盖范围是迅速分配疫苗的关键因素。另一个要考虑的因素是过境。货物在到达最终目的地之前可能会在多个不同的航班之间流转，托运可能会受到各种程序和文件要求的制约。[27]

第二，自给自足和依赖国内生产能力并不总能保证更安全，因为消除对外国生产和进口的依赖意味着增加对国内生产的依赖，而国内生产也同样受到不利冲击的影响。在疫情背景下，如果不知道哪些疫苗将被证明是有效的，那么提前订购多种疫苗可能是一种有效的风险分散策略。然而，这样的政策只能在开放型贸易政策下发挥作用，以便订购外国疫苗（Ahuja等，2021）。

第三，小型和低收入经济体很难建设制造能力并获得专门的机器来建立国内生产能力并寻求自给自足。生产能力不太先进或中间投入有限的国家，很难完全依靠国内生产。

因此，从效率和公平的角度来看，国内生产并不是最佳决策。第四章讨论了防止这种次优结果的政策合作。

除了国内生产外，至少有三个政府可以考虑其他政策选择，以保证危机期间基本商品的供应（Bacchetta等，2021）。第一，原材料、中间投入品和制成品库存的增加，以及生产中的冗余，能够快速提高基本商品的生产，帮助解决生产瓶颈问题。第二，在价值链的各个生产步骤中，供应商的多样化可以提高稳健性和韧性，因为一个地方的负面冲击可以被来自其他地方的替代供应所抵消。第三，探索创新解决方案，以便在需要时迅速将生产线从非必需品转向必需品。自新冠肺炎疫情暴发以来，许多公司将生产工厂和闲置的制造能力重新用于生产个人防护设备和医疗用品，并已开始使用3D打印技术来扩大口罩和呼吸机的生产（Fiorini、Hoekman和Yildirim，2020；Statt，2020）。

2.贸易在引导外国需求方面的作用

贸易还可以缓解社会经济冲击的潜在有害影响，如暴力和冲突、政治冲击和经济危机。参与贸易的企业更有可能在经济低迷时期生存下来，尤其是出口企业，尽管基本机制可能不同（Amendola 等，2012；Costa、Pappalardo 和 Vicarelli，2014；Eppinger 等，2018；Görg 和 Spaliara，2014；Narjoko 和 Hill，2007）。

出口企业能更好地抵御宏观经济冲击的原因之一是，它们往往展现出更高的生产率和更好的韧性来抵御负面外部事件，因为贸易淘汰了生产率较低的企业，并产生了有利于幸存企业的资源重新分配（Melitz，2003）。出口企业比非出口企业效率更高，在面临汇率变动、关税削减（Baldwin 和 Yan，2011）以及 2008—2009 年全球金融危机（Amendola 等，2012）冲击时失败的可能性更小。同样，国际化公司在应对新冠肺炎疫情时似乎比那些只在国内市场运作的公司表现得更好（Giovannetti 等，2020）。

虽然在 2008—2009 年全球金融危机期间，已经参与出口市场的企业的贸易额下降了，但出口企业的数量没有下降，因为出口企业往往能挺过危机。例如，在全球金融危机期间，英国出口商在就业和销售增长方面的表现优于非出口商，且面临失败的风险较小（Görg 和 Spaliara，2014）。在西班牙，尽管所有公司都经历了经济萎缩，但与非出口商相比，在危机之前和危机期间持续出口的企业在保持员工数量和生产率方面都更为成功（Eppinger 等，2018）。另一项使用了包含 133 个国家或地区的 4433 家企业数据集的研究表明，在新冠肺炎疫情期间，从事国际贸易的企业比仅在国内经营的企业采取了更具韧性的行动。这些结果强调了全球互联性和国际贸易对于提高应对经济冲击的韧性的重要性。

通过使供应商和客户网络多样化，贸易还可以增强经济体承受干扰的能力。如第三章第二节所述，自然灾害冲击可以通过经济体内的投入–产出联系传播（Barrot 和 Sauvagnat，2016；Carvalho 等，

2021），但是，除了与受灾国有直接和紧密贸易联系的企业之外，几乎没有证据支持自然灾害冲击的跨境传播。例如，与美国供应商有紧密贸易联系的中国加工制造商在2005年飓风季节后减少了从美国进口中间投入品，但没有证据表明全球价值链沿线的供应冲击会在国际上传播。研究结果还表明，供应商更多样化的企业受飓风季节的影响较小（Längle、Xu和Tian，2020）。类似的，2012年飓风桑迪过后，企业间的交易地图显示，这场冲击几乎没有在国际上传播。作者将其归因于这样一个事实，即嵌入国际生产网络的企业可以更容易地替换那些运营受到灾难影响的合作伙伴（Kashiwagi、Todo和Matous，2018）。

当企业面临经济衰退时，贸易也提供了分散风险的可能性，因为经济衰退期间国内销售额的下降可以通过贸易被国外销售额所替代（Amendola等，2012；Costa、Pappalardo和Vicarelli，2014；Eppinger等，2018）。例如，西班牙出口制造企业通过向国外市场扩张，弥补了2008—2009年全球金融危机期间在国内市场的损失（Eppinger等，2018）。出口使企业能够利用国外市场更好的经济条件，市场和产品的高度多样化有助于企业生存（Costa、Pappalardo和Vicarelli，2014）。

在区域冲击的情况下，出口到国外市场的好处会很大，因为受影响地区下降的需求可以通过其他地区增加的需求得以补偿。在20世纪90年代末的亚洲金融危机期间，印度尼西亚制造企业的出口倾向与更高的生存机会有关，因为该地区实际汇率贬值导致相对价格竞争力上升（Narjoko和Hill，2007）。此外，如果负面经济冲击席卷全球或在外国经济体中相对更严重，则可能会产生相反的效果。在德国，由于全球金融危机期间出口需求减少，出口企业面临的风险相对更大，而进口企业则从中获益，因此更有可能在危机中生存（Wagner 和 Gelübcke，2014）。

3.应对冲击的贸易政策

为了让贸易在应对不利冲击方面发挥积极作用，支持性政策往往是必要的。特别是贸易便利化措施可以加快商品和服务的进出口，从而在冲击发生后立即弥补供需差距。一些政府还采取暂停征收关税或其他税收的措施，以便利货物进口，帮助受灾地区抵御冲击。一些政府在面临冲击时也会实施出口限制，尽管这些措施往往会对其他国家产生不利影响。政府采购通常用于在紧急情况下提供基本物资。

（1）贸易便利化措施

贸易便利化措施可以显著提高贸易效率，降低贸易成本，从而提高贸易量和贸易流量。贸易便利化措施在应对冲击方面的好处尤为明显。在紧急情况下，确保海关和其他边境清关程序高效、迅速地运作，对于为遭受冲击的国家提供可能短缺的食品、医疗用品和应急设备等货物至关重要。

自新冠肺炎疫情暴发以来，一些国家采取了贸易便利化措施，以更好地应对危机。根据世界银行（2020）的数据，一些国家已将重点放在关键物资的清关上以便利进口和促进机构间合作，从而使这些货物的贸易流程更加顺畅。例如，加拿大在政府和企业之间建立了一个特殊的沟通渠道，以尽量减少对修改后法规的混淆。此外，为了抵消额外的卫生法规（例如人员保持社交距离）造成的效率损失，一些国家通过临时扩大设施或延长其营业时间来增加其贸易基础设施能力（Sela、Yang 和 Zawacki，2020；Vassilevskaya，2020）。

海关程序和文件要求的数字化也有助于遏制冲击的负面影响，因为众所周知，这可以提高贸易流程的效率，进而降低贸易成本（WTO，2021）。除此之外，在疫情期间，保存电子贸易记录有助于减少人与人之间的接触，从而降低由传染引起的中断风险，并促进业务发展（Vassilevskaya，2020）。自新冠肺炎疫情暴发以来，贸易运营商一直在使用依靠数字化的临时/替代方案。在封锁期间，原始文件的流动受到严重干扰，因为它们受到延误或根本无法传输；然而，许多国家的法律仍然需要原始文件进行审核。因此，没有文件，就无法处理交易，也就无法进行交付。

国际商会（ICC）于2020年4月发布了一份指导说明，允许在一定程度上放宽对信用证的程序要求，即进口商银行承诺在执行合同时向出口商银行付款。《指导说明》包括一些建议，如提交合规文件有五天截止日期，以及要求各国政府和中央银行避免禁用电子文件（ICC，2020）。在可能的情况下，与特定交易有关的各方已经找到了临时解决方案，尽管立法仍要求提供实物文件和签名。

（2）暂停征收关税和其他税费

关税等进口限制的暂时中止通常是为了应对冲击，以确保食品或医疗设备等必需品能够继续进口和供应。为了应对新冠肺炎疫情导致的进口医疗用品需求上升，106个政府实施了240项改革措施，这些措施在疫情暴发之初有效缓解了商品的进口压力（全球贸易预警报告，2021）。一些国家还对食品实施了类似措施，并免除进口货物的增值税或销售税，以此来畅通进口。

暂停进口关税也可以由贸易伙伴发起以帮助受灾国。例如，2010年洪灾后，欧盟对巴基斯坦主要出口行业的货物临时减免关税，这对巴基斯坦向欧盟的出口产生了重大积极影响，并有助于促进巴基斯坦相关行业的就业（Cheong、Won Kwak 和 Yuan，2017）。进一步的调查结果表明，这些措施并未对欧盟与该行业竞争国家的贸易产生负面影响。

尽管暂时取消进口关税在应对冲击方面发挥了有益的作用，但在特定情况下，可能会对其他国家产生不利影响。例如，布埃和拉伯德（Bouët 和 Laborde，2012）使用全球可计算一般均衡模型进行的分析表明，如果大型粮食净出口国实施了出口限制，而粮食净进口国在2007—2008年粮食危机后放松了进口关税，这可能会进一步推高世界粮食价格，对小型粮食净进口国造成灾难性影响。

（3）出口限制

可以实施出口限制，以确保在危机时期有足够的国内必需品供应并缓解通胀压力（Abbott，2012）。这种趋势在农业部门表现得尤其明显。在2007—2008年粮食危机期间，许多国家因担心粮价飞涨而收紧了出口限制。包括几个主要的谷物和大米出口国，它们禁止农产品出口或对出口农产品征税（Abbott，2012），希望通过这些出口限制措施实现国内市场稳定和潜在的再分配福利效应，使消费者受益。然而，出口限制可能对贸易伙伴产生负面影响。出口限制通过减少一种产品的世界供应推高了世界价格，限制了进口国，特别是生产能力有限的贫穷国家，获得必需品的能力。

在全球危机中，出口限制对进口国的负面影响被放大。由于一些基本药物和医疗设备的出口能力集中在少数国家，大型供应商的出口限制实际上使不生产这些基本商品的国家的人民无法获得这些基本商品（Piermartini，2004）。在新冠肺炎疫情期间，对医疗产品出口限制的增加暴露了供应链生产的脆弱性，并且一直是引发关于是否需要重新生产必需品辩论的主要因素之一。世贸组织数据库跟踪新冠肺炎疫情相关措施发现，58个生效的限制性出口措施影响了2020年第二季度的货物贸易，尽管这些出口限制中的一些已经被取消（见图3-6）。同样，新冠肺炎疫情的初始影响是通过限制食品出口，导致食品出口供应平均减少40%，世界粮食价格平均上涨18%（Espitia、Rocha和Ruta，2020）。

危机期间的出口限制可能导致适得其反，至少有三个原因。

第一，基本商品的生产过程可能很复杂，需要从国外部分进口许多中间投入品。如果实施出口限制会导致贸易伙伴采取针锋相对的报复措施，价值链的生产过程可能会受到损害，实施限制措施的国家可能最终导致基本商品供应减少。

第二，通过降低国内价格，出口限制降低了国内企业增加产量和投资新产能的动力。这种限制也会助长走私（Fisman和Wei，2004；McDonald，1985）。类似的，如果企业预计它们可能会面临出口限制，从而在危机期间（当他们的商品需求旺盛时）降低价格，它们将减少对此类商品生产的投资。因此，印度为应对2007年和2008年世界粮食价格的急剧上涨而实施出口限制，随后国内市场效率下降，国内价格波动加剧（Baylis、Jolejole-Foreman和Mallory，2014）。

第三，基本商品的净进口国将对出口限制做出响应，试图在未来的危机中建立基本商品的国内生产能力。

图3-6　大多数新冠肺炎疫情期间的贸易和贸易相关措施具有贸易便利化性质

注：该数字基于世贸组织成员确认的影响货物贸易的措施。

资料来源：作者基于世贸组织关于新冠肺炎疫情期间的贸易和贸易相关措施的数据（https://www.wto.org/english/tratop_e/covid19_e/covid19_e.htm）进行计算。

（4）政府采购

正如第三章第三节第一部分中强调的，政府采购商品和服务对于各国应对负面冲击也很重要。在新冠肺炎疫情期间，政府引入了个人防护用品（PPE）的政府采购措施。2020年1月，中国暴发新冠肺炎疫情后不久，中国大部分口罩供应都被中国政府订购，导致出口短缺。2020年3月，中国恢复口罩出口，许多医疗物资短缺的国家展开"竞购战"，将PPE货物转移到本国（Hoekman、Fiorini和Yildirim，2020；OECD，2020；Ye等，2021）。

除了需要确保PPE的有效供应外，获得新冠疫苗是全球抗击疫情的重要一步。从疫苗的开发研究到将制成品提供给民众，政府采购的作用都不可低估。如第四章所述，确保公平获得包括疫苗在内的基本商品也很重要，这突出了在全球危机期间对于公共采购计划的国际合作和协调的重要作用。

4.供应链重组以增强韧性

如第三章第二节所述，国内和全球价值链在传播冲击方面发挥了一定作用。建立供应链韧性对许多企业来说至关重要。政府也可以发挥作用，鼓励企业投资供应链重组。本部分讨论增强供应链韧性的企业战略和政府政策。

（1）增强供应链韧性的企业战略

企业的风险点存在于五大关键领域：需求计划与库存管理、供应商网络结构、运输与物流网络、财务风险和产品投资组合复杂性（McKinsey，2020）。供应链中断会带来巨大损失。一项长期的、仅影响生产的冲击即可令企业蒙受30%~50%的利润损失，加上分销渠道中断，一些企业的损失更为严重（McKinsey，2020）。

因此，建立经济韧性对企业的生存至关重要。企业的复原力战略可以包括保持冗余（高安全性或缓冲库存、备用生产设施）、灵活性（采购供应商备选、运输备选）以及现金流和资产负债表缓冲区（Chowdhury 和 Quaddus，2017；Dolgui、Ivanov 和 Sokolov，2018；Katsaliaki、Galetsi 和 Kumar，2021）。易于替换的标准化输入、韧性监控（即评估每类供应商从冲击中恢复的时间）和价值链设计（即确定风险较小的地点和供应商）也可在为应对冲击必须转换生产时发挥作用（Miroudot，2020）。表3-1总结了各类企业增强韧性的战略及其优缺点。

表 3-1 企业复原战略选项的比较

分类选项	优点	缺点
多样化	应对供应中断时更容易转换供应商 下游客户多元化也可以减少企业应对需求中断的风险 贸易路径多样化可将运输中断降至最低 供应商间的竞争可鼓励其进行有利于恢复的投资	一般而言，从多个供应商处采购，可减少单笔交易购买量，从而削弱买方杠杆 买家在识别管理更好、遭受冲击可能性较小且能更快地从混乱中恢复的交易对象时所需成本更高 中断后完全恢复运营所需时间更长
长期合作	推动可促进从中断中恢复的专项性投资、信息共享和合作行为 支持对备选供应商能力的投资	可能导致自满并减少投资解决方案的动力，这些方案本可促进恢复
增加库存	在供应短缺的情况下提供缓冲	维护和管理库存的成本增加 在维护易腐货物（如药品和食品）库存时不可行
提升供应链透明度	可识别潜在的供应链漏洞 可在中断时快速重新分配资源和库存 数字化可促进供应链排布	个体企业通常没有二级和三级供应商和客户的信息 供应链排布和实时监控系统需要时间、资源和计划
多点灵活生产	在供应短缺情况下可迅速转换生产	需要灵活生产设施的初始投资，单位产量的生产成本可能更高
从具有高效和低成本物流的地点采购	高质量物流基础设施和更少的行政障碍可促进中断后更快的恢复	精简、低成本的物流往往不会与应对中断所需容量冗余相关（特别是需求激增）

资料来源：作者根据于然、吉罗巧、勒特塞（Jain、Girotra 和 Netessine，2021)的相关资料进行整理。

专家观点

半导体和疫情复原力

查德·P.波恩（Chad P. Bown）

彼得森国际经济研究所高级研究员

强大的半导体是疫情时代的一个无名英雄。我们中的数百万人很幸运地突然能在家工作、上学及获得医疗保健。所有这些新的笔记本电脑、智能手机、医疗设备和数据服务器都需要芯片。人们不能旅行，但开放贸易意味着半导体可以。结果是，父母继续工作，孩子继续接受教育，许多人的安全得到保证。半导体帮助我们中的许多人更能抵御危机。

对于这个小小的芯片来说，情况本可能大不相同。大约10%的半导体卖给汽车制造商。有些汽车需要3000多种芯片。通勤者消失后，来自汽车企业的订单枯竭。但新的居家者产生了需求，半导体行业本可能遭遇其他许多行业一样的破产、裁员并需要政府援助。

全世界都在生产半导体。它们的"投入"也往往来自遥远的地方——最终产出的芯片来自高度分散的全球生产过程。有些企业只设计半导体。有些只负责生产。有些为制造商生产设备。有些则为设计师开发软件。一些企业负责包装。但每一步都至关重要。如果它的供应链不是这么多样化和充满韧性，半导体的流动可能很容易就凝滞了。

在疫情暴发前，该行业几乎没有达到巅峰状态。各国政府突然发现可以利用芯片做武器。从2019年开始，该行业发现自己陷入了日本和韩国之间的争端，受到中美贸易摩擦关税冲击，并受到由电信行业对网络安全的担忧而引发的出口管制影响。

最后——也就是疫情暴发一年多后——世界半导体短缺。但即便如此，这也与脆弱的供应链关系不大。原因是需求增长太大，太快。曾经离开的汽车企业带着大量订单回到芯片市场……却发现整个行业正在全速赶工。

产能过剩的反面是短缺。这需要时间——以及数百亿美元的投资——但半导体企业正在建设新工厂，通常能得到政策制定者的慷慨财政"帮助"（Busvine 和 Rosemain，2021）。不幸的是，众所周知，政府也对芯片表示出了太多的爱。

纵观历史，半导体行业经历了繁荣、萧条和贸易不开放几个阶段。芯片是20世纪80年代美日贸易战的主战场。在21世纪初期，政府经常实施贸易救济，划分市场。过去15年政策相对平静，可能会被称为行业的恢复高峰期。

今天的半导体供应链也进入了贸易主角名人录。事实上，在地缘政治紧张局势升级时，这种相互依存可能有助于保持和平。但将供应链与地理因素拆分以减少相互依赖可能会引发新的问题。异常的冬季风暴、干旱、洪水和火灾会发生，疫情会发生。也别忘了技术变革的步伐。（此外，在少数行业中，政府会押注在一家企业身上，这会带来更大的风险。）

半导体行业和供应链的韧性使我们数百万人能够更好地应对新冠肺炎疫情带来的危机。但下一次情况可能会有所不同。

然而，维系备选供应商会给企业带来额外的成本，因为它们需要投资多个供应商来定制其投资并确保来自不同制造商的零部件能兼容。由于大量生产上的前期投资限制了供应商的数量，某些行业（如半导体制造）高度集中于少数几个国家和供应商

（Leering、Spakman 和 Konings，2020）。自新冠肺炎疫情暴发以来，半导体短缺已导致汽车和智能手机制造等一些下游行业停产（King、Wu 和 Pogkas，2021）。

除了供应商多元化之外，下游客户多元化也可以减少企业面对需求冲击的风险（Esposito，2016）。企业的波动性与其客户组成多元化不足直接相关，这种风险会导致总体波动（Kramarz、Martin 和 Méjean，2020）。研究发现，大企业的波动性低于小企业，因为它们有更多客户，从而增加了多元性。若客户规模分散性较小，则供应商的客户网络会更多样化，意即若客户规模差距不大，则最大客户受到的冲击不会对供应商产生过大影响，也不会导致供应商波动性提高（Herskovic 等，2020）。

尽管供应链多元化具有潜在益处，但大部分贸易源自或以顶级贸易伙伴为目的地，因此多元化水平仍然较低。平均而言，三大头部进口供应商占进口总额的51%，前五大供应商占63%，前十大供应商占79%（见图3-7）。各国的进口多元化程度不同，加拿大、墨西哥和尼泊尔的进口集中度较高。同样，前三大出口目的地平均占总出口的64%，前五大供应商占74%，前十大供应商占86%。

由于多元化在某些行业并不可行，全球价值链的组织依赖于买卖双方之间的长期关系（Liker和Choi，2004；Martin、Méjean 和Parenti，2020）。在全球价值链中，与供应商建立关系需要固定成本，尤其是在专属投资方面，且在发生冲击的情况下，更换供应商可能成本高昂且效率低下。供应商多样化有可能与恢复缓慢相关，而使用稳定供应商则可能恢复较快（Jain、Girotra 和Netessine，2016）。然而，尽管全球价值链内的长期供应关系能增加供应链韧性，但贸易政策的不确定性会导致这类关系减少（Schott 等，2017）。

运输和物流的备选方案也有助于将贸易路线方面的冲击风险降至最低（Katsalaki、Galetsi 和 Kumar，2021；McKinsey，2020；Rose，2017）。2021 年 3 月，苏伊士运河因一艘大型集装箱船被困航道而发生堵塞，凸显出全球贸易路线缺乏多元化可能导致的严重供应链瓶颈。一些国际货运不得不绕道南非好望角（Veiga，2021），同时，为避免船运延误，亚洲和欧洲之间的铁路货运量出现增长。拥有更多元化贸易路线的企业在冲击后遭遇中断的可能性较小（Huang，2019），且在原有贸易路线遭受自然灾害后，贸易常转至备选港口和贸易路线（Friedt，2021；Hamano 和 Vermeulen，2020）。与多家运输和物流服务企业签订合同并事先确定后备供应商有助于让企业在冲击发生时重新安排关键货运路线。

增加库存也有助于解决短期供应链中断问题。库存使企业能在短期内继续生产，也能应对贸易伙伴实施出口限制时可能出现的价格变化（Glauber 等，2020）。随着冲击的蔓延，每家企业的库存水平也会影响同一供应链的合作伙伴，尤其是作为中心向生产网络传递冲击的大企业。对于正在处理供应链延迟的企业而言，库存是缓解冲击的一种方式（OECD，2020d）。

在企业层面，确定最佳库存水平是一个更棘手的问题。储存药品和食品等易腐商品可能导致浪费，而有限的库存会使供应链在面对长期冲击时更为脆弱。在这方面，运输中断造成的经济损失随中断时间的持续呈非线性增长，因为一些企业在面临长期中断的情况下库存即将耗尽并被迫延迟交付（Colon、Hallegatte 和

Rozenberg，2021）。在即时供应链中，生产取决于下游需求信号，该信号由供应商和客户实时共享（Pisch，2020）。在价值链方面的频繁信息共享和协调将使管理这些额外库存更便宜有效。

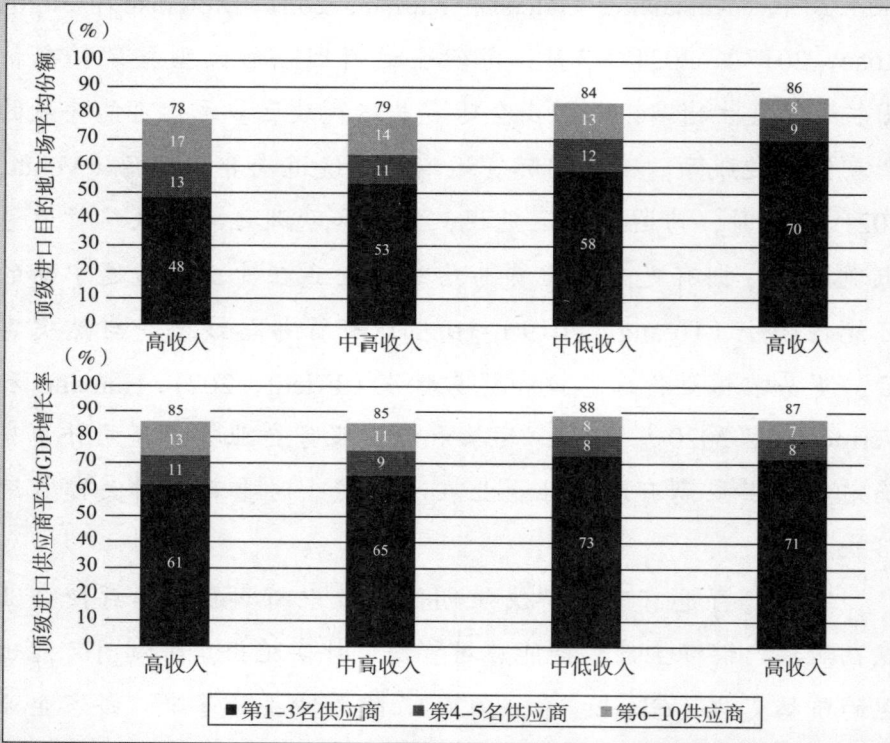

图3-7　供应商和下游客户的多样化仍然有限

注：图3-7显示2008年制造业和服务业的顶级供应商和目的地市场的平均份额。条形图依次显示前三名、第四五名和第六至第十名进口供应商和/或出口目的地市场的外国附加值百分比。

资料来源：作者根据亚洲开发银行2018年多区域投入产出表计算得出。

为更好地应对冲击，提高供应链透明度非常重要。全面布局供应链可以确定潜在漏洞。遗憾的是，企业在其供应链中的视野通常仅延伸到其上一层和下一层（McKinsey，2020；Scheibe和

Blackhurst，2018）。数字技术可以在提高供应链透明度和实现实时调整这一新功能方面发挥关键作用（Rose，2017）。大数据分析、人工智能、物联网、先进机器人、分布式账本和数字平台等技术使企业能够预演场景、评估权衡、提高透明度和响应能力，并确保贸易合规 (George、Ramaswamy 和 Rassey，2014；Goering、Kelly 和 Mellors，2018；Katsalaki、Galetsi 和 Kumar，2021；Viswanadham，2018）。

虽然大多数企业仍处于开发此类系统的初级阶段，一些大型跨国企业已经开发了跨地域和产品的"控制塔"，从库存水平到道路延误，它们可提供生产网络的实时信息，以支持高效的风险控制（Mckinsey，2020；Miroudot，2020）。当问题发生时，系统会预演场景以确定最佳解决方案（Cosgrove，2019）。然而，此类系统的开发需要时间和资源，因此需要规划。

数字化在加强企业抵御冲击能力方面也发挥着重要作用。有证据表明，拥有线上能力的企业可以更好地抵御混乱，例如通过电子商务进行销售（McKinsey，2019）。新冠肺炎疫情促进了人工智能和其他形式自动化的应用。的确，投资自动化有助于确保在危机中保证生产连续性，防止供应链中断。

这对于在中断中资源有限的小企业维持运营尤其重要。在新冠疫情暴发初期开展的一项调查显示，20%的小企业有在三个月内永久关闭的风险（ITC，2020）。反观已经准备好备选应急预案并具有线上业务的小企业，通过转向自己的或其他已建立的平台，如亚马逊、阿里巴巴、Shopify 和其他类似平台开展网上营销而取得了更大市场份额或者遭受更少损失（Etemad ，2020)。同样的，加拿大独立商业联合会（CIBC，2020）的一项调查发现，26%的企业主拥有线上业务，其中30%确实有销售额增长，25%表示其与新冠肺炎疫情前的水平相比保持不变。

（2）增强供应链韧性的政府政策

市场失灵可能会导致个人或企业无法充分预见或消化供应链中断的风险（Bacchetta、Bekkers、Piermartini和Rubínová等，2021）。因此，政府和政策制定者可以在明确供应链弱点方面发挥作用。

新冠肺炎疫情凸显了与价值链组织相关的若干潜在市场失灵。第一，带有偏见的风险评估。如新冠肺炎疫情这样的极端事件一代人都不见得遇到一次，因此个人和企业容易低估此类事件的发生概率，从而在缓冲策略上投资不足。行为文献显示，与罕见但影响大的事件相关的风险认识可能存在偏差。例如，洪、王和杨（Hong、Wang和Yang，2020）认为，当此类事件发生时，经济主体在更新其认知时会"反应过度"并变得悲观，高估风险，从而反应过于谨慎。然而，随着时间的流逝，预期事件没有发生，他们的想法会变得日趋乐观，并开始低估风险。

相应的，当企业低估风险时，在正常情况下，其对缓冲战略的投资也会不足。对缓冲战略的投资可以减少总体风险，从而使经济中的所有主体受益，并形成私营部门无法提供的公共产品。

根据这种观点，政府可在刺激对降低价值链中断风险的战略投资方面发挥潜在作用（Mehran、Morrison和Shapiro，2011）。在这方面，激励企业投资降低风险战略的政策工具（如对最低库存做出监管要求或税收抵免等），可能有助于应对冲击。

第二，价值链信息不完善。企业很难理解其所处价值链复杂性的影响和经济冲击的成本。有效缓冲战略的先决条件是获取有关价值链结构的完整信息。当企业通过一级供应商或客户了解到面临的风险时，它可能并不清楚通过二级、三级供应商或客户间接面临的灾害风险。此外，企业可能通过转向后备供应商（在非专属投入的情况下）来减轻影响，但为此它们必须清楚可行的选项。由于寻找供应商的成本很高，很少有企业会预先在全面布局中投资备选供应商（Bernard、Moxnes 和 Saito，2019）。

与信息不完善相关的市场失灵可以通过提高透明度来解决，通过提供价值链组成和后备供应商相关信息来帮助企业。例如，自新冠肺炎疫情暴发以来，加拿大政府制定了指数来确定哪些行业（供给端和需求端）更容易受供应链中断影响。该指数包括对直接和间接中间投入或出口的依赖程度、进出口地域集中度等因素（Boileau 和 Sydor，2020）。美国政府也建议提高追踪供需中断的能力，并改善联邦机构和私营部门之间的信息共享，从而更有效地识别近期风险和漏洞。

政府还可以帮助确定经济中的关键因素，例如重要矿产和半导体，并提出增强这些产业供应韧性的政策建议（White House，2021）。特别是识别供应链瓶颈对于保障必需品供应至关重要。例如，亚洲开发银行为应对流行病必需的产品开发了供应链地图，并允许投资者、政府和医疗专业人员访问这些信息，以便其与上述商品供应链中的企业取得联系。

第三，潜在市场失灵是价值链中的溢出效应。在决定多元化和库存水平时，企业可能没有充分考虑其决策对上下游企业的影响。虽然企业可能有意愿投资缓解风险，但私人措施可能与社会最优方案并不完全一致（Grossman、Helpman 和 Lhuillier，2020）。对处于生产网络中心的大企业而言，企业层面的特殊冲击可能导致总体经济表现的波动（Gabaix，2011），从而对整个经济产生负面溢出效应。尽管此类风险存在于任何供应链，无论其是否国际化，但在分布多个生产地点的序列供应链中，中断的风险确实会更大。

由于潜在市场失灵的存在，许多政府已采取措施，通过鼓励多元化、企业回流或近岸外包等增强供应链韧性。一些研究评估了不同的供应链重组政策相关的效率和风险。在 Bonadio 等（2020）的研究中，实际GDP下降的四分之一是新冠肺炎疫情引起的劳动力供应冲击通过全球供应链传递造成的。然而，全球供应链的"重国有化"总体上没有使国家对新冠肺炎疫情引起的劳动力供应收缩更具韧性。这是因为减少对外国投入的依赖会增加对国内投入的依赖，后者也可能因全国范围内的封锁而中断。总体而言，若全球没有投入品和最终产品贸易，平均GDP降幅将稍大一些。

在经济活动较少通过全球价值链相联通的本地化机制中，其经济活动水平和收入明显更低（Arriola等，2020；OECD，2021a）。这种本地化机制交易活动更少，供应链中生产阶段的地域多样化情况也较少。相应的，本地化机制面对冲击产生的波动性更大（而不是更小），因为虽然源自国外的冲击在本地化机制内传播的贸易渠道更少且更窄，但该机制中调整冲击的机会也更少。缺乏调整渠道导致贸易、收入、价格以及最终家庭收支的不稳定性增加。英格兰银行（D'Aguanno等，2021）的研究和Eppinger等（2021）的研究得出了类似的结论表明，损失大量福利为代价来降低总体波动性的回流措施可能会适得其反。而多样化可以通过更多利用世界其他地区的投入来降低波动性。

这些研究没有考虑国际贸易在鼓励创新和在国家间传播技术方面的长期动态影响（Buera和Oberfield，2020；Cai、Li和Santacreu，即将出版）。特别是通过加强主导企业和供应商之间的联系，促进高效生产所需的专有知识和技术转让，全球价值链可以成为知识外溢的强大渠道（Piermartini 和 Rubínová，2021）。因此，将全球价值链重新国有化的政策可能会大大削弱贸易在促进创新和传播知识方面的好处。

三、贸易可使各国加速经济复苏

冲击和破坏过后，贸易可以加速经济复苏。特别是贸易允许需求和供应的国际多元化，在这一环境中，经济衰退后的贸易流量能够以不同于国内流量的速度恢复。换句话说，贸易的快速复苏可以促进经济复苏。重要的是，冲击后的经济复苏也可推动以更公平和可持续的方式重建贸易体系。

贸易复苏是否能快于国内经济部分取决于多种因素，包括重要贸易伙伴的复苏速度、冲击的性质、政策反应等，尤其是全球价值链的相关方面。本部分讨论了这些因素。此外，本部分还将讨论贸易对弱势群体复苏的作用，并研究如何利用经济复苏建立更具韧性的贸易系统。

除了上述贸易与经济复苏间的联系外，贸易还可以通过对GDP水平和增长的影响来支持经济复苏。贸易增长通常会提高生产力和创新，从而助力经济增长。危机过后，这种影响可能尤为强烈，因为更少的劳动力和资本被束缚在低生产率企业中。此外，保险、运输、物流等服务贸易可以决定国际贸易和国内贸易的复苏速度。例如，在新冠肺炎疫情期间需求剧烈波动之后，运输成本的飙升可能减缓了贸易和经济复苏。贸易增长和服务贸易的关系已在第三章第三节进行了讨论。

1.贸易复苏如何支持经济复苏

出口是构成GDP的一部分，因此，更快的出口复苏自然能促使GDP更快复苏。此外，在国内经济仍在应对冲击时，进口回升可为其提供必要的资源。在大批国家样本中，几乎所有国家在2020年第二季度的低谷之后，贸易增速都高于GDP增速，如图3-8所示，横轴为贸易增长，而大多数点都位于45度线以下。虽然这部分归因于2020年第二季度的贸易量急剧下降，但仍显示出新冠肺炎疫情期间贸易加速了经济复苏。

为理解贸易如何更广泛地促进经济复苏，明确贸易复苏的决定因素十分重要。国际贸易复苏速度可能与国内经济不同的原因有很多。首先，贸易可以受益于国外有利的供需条件。其次，冲击会对经济中的贸易部门和非贸易部门产生不同的影响，进而影响复苏速度。再次，贸易和与贸易相关的政策会导致贸易和内销之间的复苏速度差异。最后，全球价值链中企业间关系的性质可能不同于国内企业间关系，而这种关系可以决定贸易恢复的速度。

（1）国际供需驱动贸易复苏

国外供需条件对贸易的重要影响，可能导致贸易部门与非贸易部门从中断中恢复的速度出现差异。在纯国内冲击或冲击在国内市场持续时间长于其他地方的情况下，与别国的贸易联系可以成为供需的重要来源。这些联系甚至可以在应对期结束之前启动复苏进程。反之，当国内冲击不如国外严重时，贸易会延缓经济复苏。

在新冠肺炎疫情的背景下，从2020年第三季度贸易开始的相对强劲的反弹中可以看出外国供需的有利影响。上述反弹主要由当时疫情控制较好的国家主导（见第二章第五节，Ossa和Le Moigne，2021；WTO，2021）。

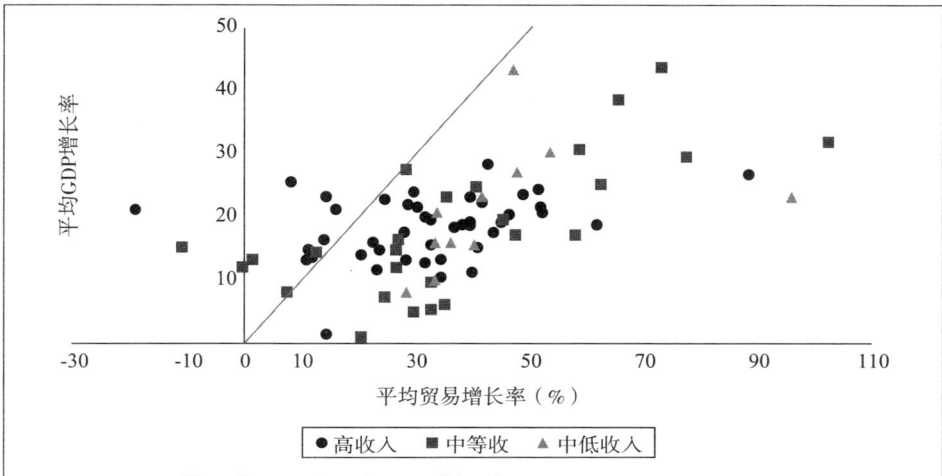

图3-8　新冠肺炎期间经济复苏与贸易复苏相关联

（2020年第二至第四季度）

注：GDP增长率和贸易复苏率为 2020 年第二季度至第四季度的百分比。贸易水平在2020年4月和5月处于最低点。

资料来源：作者基于世界银行 GDP 数据（https://data.worldbank.org）（季度 GDP）和WTO贸易数据（https://data.wto.org）计算得出。

　　例如，奥萨和勒莫伊涅（Ossa 和 Le Moigne，2021）认为，中国经济在2020 年第二、三季度迅速恢复生产，稳定了全球商品供应。2020 年下半年，与当时新冠肺炎病例很少的国家有密切贸易联系的国家，GDP 恢复得更快（见图3-9）。图3-9注释中的国家列表表明，这种影响部分源于中国，因为它是迄今为止新冠肺炎低感染率的国家中最大的贸易方。埃斯皮蒂亚（Espitia等，2021）使用2020年1月至2020年6月的数据证明，与主要依赖国内投入供应的国家相比，供应链一体化国家的持续进口投入会使出口恢复更快。

　　从普遍意义上说，冲击过后，进口和离岸外包量在一定条件下往往会增长，这可以促进国内生产和出口的恢复，缓解国内供应链的压力（Gassebner、Keck 和 Teh，2010；Osberghaus，2019；Zhu、

Ito 和Tomiura，2016）。贸易复苏可能受益于优惠条件的改变，这种变化以整体效应的形式将需求转向受影响国家的出口：当外国进口国在文化上与受冲击影响的国家接近或拥有相关侨民时，它们从受影响国家的进口会增加直至抵消冲击的负面影响（El Hadri、Mirza和Rabaud，2018）。

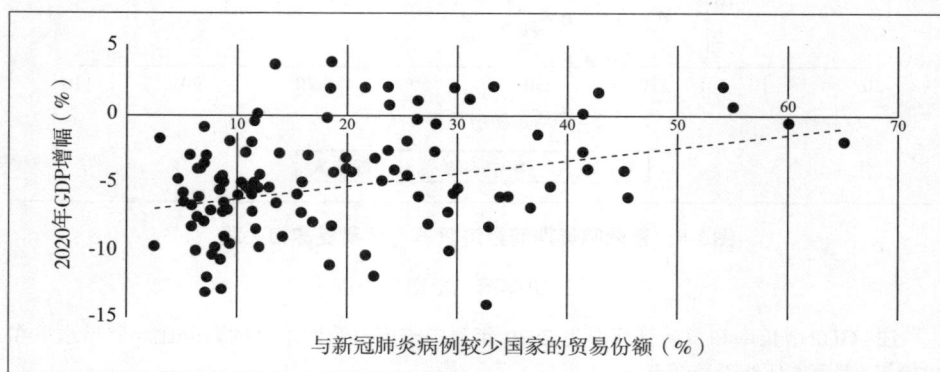

图3-9　新冠肺炎疫情第一年的贸易联系可加速GDP增长

注：根据牛津集团数据库，新冠肺炎感染人数较少的国家是指2020年下半年平均每天新增确诊病例数低于5例（滚动7天平均值）的国家，即阿富汗、安哥拉、澳大利亚、贝宁、布基纳法索、布隆迪、柬埔寨、喀麦隆、中国、埃及、厄立特里亚、几内亚比绍、利比里亚、马达加斯加、马拉维、马里、蒙古、莫桑比克、新西兰、尼加拉瓜、尼日尔、尼日利亚、卢旺达、塞内加尔、苏丹、坦桑尼亚、泰国、东帝汶、多哥、乌干达、越南和津巴布韦。贸易份额根据2019年的贸易流量（进出口平均值）计算得出。

资料来源：作者基于牛津集团数据库"新冠肺炎数据浏览器"（病例数）、IMF世界经济展望数据库（2020年GDP增长）和IMF贸易数据计算得出。

　　贸易网络多元化可以塑造外国供需对贸易复苏的积极影响。如上所述，国外供需能否加速复苏取决于相对国外经济而言，冲击对国内经济的影响程度。在供应商、客户的数量及空间分布方面，多元化网络可减少对特定地点或企业的依赖，从而增加从国外获得稳定供需的可能性。实现贸易多元化可以帮助国家从冲击中恢复，这一事实已得到贸易和波动性相关文献的支持，主要证明了贸易多元化背景下贸易波动性降低效应（Burgess 和 Donaldson，2012；Caselli 等，2020；Haddad 等，2013）。第三章第四节详细地讨论了贸易多元化对于打造经济韧性的作用。

（2）冲击的性质及其对贸易复苏的影响

不同的冲击对不同的部门和地域有不同的效果，这会对贸易复苏产生影响。受新冠肺炎疫情影响，国际贸易量在2020年第二季度急剧下降，但在接下来几个月中迅速恢复（见第二章第五节）。新冠肺炎疫情暴发一年后，虽然服务贸易仍然低迷，货物贸易已几乎恢复至暴发前水平（WTO，2021）。相比之下，2008—2009年全球金融危机后的贸易复苏耗费了更长时间，并且在很长一段时间内仍无法完善（Ossa 和 Le Moigne，2021）。

对比新冠肺炎疫情和2008—2009年全球金融危机，可以表明冲击的性质如何影响贸易复苏的速度。

首先，与2009年相比，2020年供需受到的影响是不同的。2009年，对国内服务的需求部分缓解了货物需求的急剧下降，这在发达国家尤为显著。次贷危机导致许多负债累累的私营经济代理人出现金融违约，导致发达国家耐用品消费突然收缩（Eaton 等，2016）。耐用品，如汽车或机械，在商品贸易中占有很大份额，同时高价值制成品也推动了生产过程所需的中间零部件的贸易趋势。2008—2009年全球金融危机也使企业投资陷入瘫痪，因为总需求要素占进口量最大（Auboin 和 Borino，2017）。投资和耐用制成品需求的崩溃是贸易崩溃的原因（Bussière 等，2013）。

相比之下，2020年的卫生危机和相关封锁主要通过服务部门影响了总供需。在发达国家，服务业产出占GDP的80%，在发展中国家占50%~60%，这一比例甚至高于2009年时制造业所占比例，制造业在GDP中所占比例持续下降（世贸组织，2019b）。2020年第二季度全球经济活动崩溃的主要原因是国内和国际服务业的供需急剧下降（WB，2021c）。国内零售与批发贸易、旅游业与旅行、酒店、娱乐与文化活动，以及许多一般而言需要面对面交流的活动都受到了封锁的严重影响。

因为远程工作、家庭教育和对居家娱乐的依赖推动了电子设备需求增长，新冠肺炎疫情对耐用品贸易的影响与以往的衰退不同（Espitia等，2021；Ossa和Le Moigne，2021）。由于消费者可以在网上观察和比较这些商品的特点，封锁并没有对这类商品购买带来太多限制；电子商务在全球零售贸易中的份额从2019年的14%上升到2020年的17%，预计这一趋势将在整个疫情复苏过程中持续（UNCTAD，2021）。此外，自新冠肺炎疫情暴发以来，医疗产品的高需求量支持了贸易流动（Ossa和Le Moigne，2021）。所有这些变化都可促进商品贸易的快速复苏。

其次，2008—2009年全球金融危机与现在的新冠肺炎疫情间的比较显示，不同行业层面受冲击情况决定了贸易复苏是延缓还是加速更广泛的经济复苏。全球金融危机首先冲击了房地产和金融部门；随后冲击了交易量巨大的耐用品和投资品部门。再加上其他因素（如贸易融资的收缩），导致贸易复苏缓慢，从而阻碍了经济复苏。相比之下，除旅游业外，新冠肺炎疫情对贸易密集度较低部门的经济活动带来的限制最严重，同时也增加了对贸易密集型商品的需求。这使得贸易更快复苏，从而支持经济复苏。有趣的是，过去，服务贸易比货物贸易更能抵御冲击，如在全球金融危机之后（Loungani等，2017），也许是因为对服务的需求往往周期性较低，其生产也不那么依赖外部融资（Borchert和Mattoo，2009）。虽然这仍然有效，但在新冠肺炎疫情期间，限制面对面交流对服务贸易的影响大于对货物贸易。

相比全球性冲击，在地区性冲击下贸易复苏得更快。若冲击仅限于一个国家，那么该国国际贸易复苏速度快于国内贸易的可能性很高，因为来自海外的供需可以保持稳定。相比之下，如果国内经济受到的冲击小于其贸易伙伴，那么贸易复苏可能会更慢。但是，如果国外需求通过财政刺激等政策措施得以维持，国内供应不受冲击影响的情况甚至可能带来出口增加，因此，即使在这种环境下，贸易也会更快复苏。2020年下半年中国出口的大幅增长就证明了这一点。

冲击的性质也很重要。与健康或金融冲击相比，大型自然灾害和冲突可能对海港、机场及其他交通基础设施造成严重破坏（见第二章第三节）。这会严重减缓贸易复苏。有鉴于此，在港口间进行灵活替代的能力大大加快了2011年日本出口从地震中复苏的速度，尤其是在易腐和受即时供应链需求影响的货物方面（Hamano和Vermeulen，2020）。

这与以下发现一致，即通常国内备选较少的小国往往比大国更容易受到自然灾害的影响（European Commission，2012；Gassebner、Keck和Teh，2010）。科尔等(2017)还证明，拥有备选交通安排可以提高恢复速度，细谷（Hosoya，2016）和Taghizadeh-Hesary等（2019）提供了进一步的证据，表明基础设施的质量可以大大加快复苏。

最后，冲击的性质可引导采取能使贸易更具备韧性并在未来危机中恢复更快的行动。通过增加私营和公共部门对数字基础设施的投资，新冠肺炎疫情促进了企业灵活性的提高。例如，美洲开发银行（2020）报告，新冠肺炎疫情头几个月，拉丁美洲和加勒比地区的企业在数字化领域取得了比过去多年来都大的进步。相关法规使居家工作更普遍、高效，这些投入也与之相关。随之而来的企业灵活性的提升不仅增强了经济体的应对能力，也加快了复苏，由于数字投资降低了贸易成本，企业能从参与国际供应链中获益更多。

（3）政策推动贸易复苏

财政和货币政策是贸易复苏的主要决定因素。事实上，它们对贸易的影响可能比贸易政策本身更大（见第二章第六节第二部分关于贸易政策在贸易复苏中的作用）。重要的是，应对冲击的政策可能会对贸易复苏产生重大的长远影响，而不仅是直接影响，例如通过影响贸易平衡和与之相关的政治经济。

若干国家为应对新冠肺炎疫情而实施的财政刺激措施被认为是贸易从低谷如此迅速复苏的主要原因之一（WTO，2021）。发达国家的慷慨财政不仅刺激并缓解了国内经济的萎缩，也提振了其他先进、新兴和发展中市场的需求。联合国贸发会议（2021c）提供了定量证据证实，美国2020年财政刺激计划产生了积极的溢出效应，尤其是通过贸易联系对其邻国产生的作用。经合组织（2021c）估算，通过加速这些地区的贸易复苏，美国2020年的大规模财政计划使加拿大和墨西哥的GDP增加了0.5%~1%，使中国和欧元区GDP增加了0.25%~0.5%。楚迪克、莫哈德德斯和赖西（Chudik、Mohaddes和Raissi，2021）认为，发达国家的宽松宏观政策可以降低全球金融市场的波动性并缓解新兴国家的资本外流压力。根据这些估算，在新冠肺炎疫情期间，发达国家的财政刺激措施引起进口大幅增加，有利于出口国。

　　然而，财政刺激的负面影响是经常账户赤字扩大，这可能对贸易复苏产生中长期影响。据估计，美国的财政刺激措施实施第一年，经常账户赤字扩大额达到GDP的0.75%（OECD，2021c），而自2009年以来，双边和多边贸易失衡都是关税将增加的强烈信号（Delpeuch、Fize和Martin，2021）。由于财政态势是这种失衡的驱动因素之一（IMF，2020），经济体之间对新冠肺炎疫情不同的财政反应可能会加剧贸易紧张局势，并引发贸易限制措施。此外，正如勒恩等（Röhn等，2015）所论证的那样，经济危机后不断增加的经常账户赤字使国家容易受到外国投资趋势变化的影响，导致国家金融状况突然恶化。这会显著延缓贸易复苏。

　　与财政刺激一样，扩张性货币政策可以通过确保稳定的融资条件和促使货币贬值来加速贸易复苏，这反过来至少可以暂时性地提高国家竞争力（Dornbusch，1979；Inoue和Rossi，2019）。然而，当其他国家也采取类似策略时，货币贬值可能成为零和游戏，从而阻碍全球复苏。有趣的是，贝蒂（Beattie，2021）认为，在新冠肺炎疫情的背景下，美元疲软和随之而来的货币战争不太可能发生。相反，美国广泛的财政刺激方案可能导致美联储收紧货币政策，引起美元升值。这表明，货币政策和财政刺激之间的适当平衡对于危机后预防汇率扭曲至关重要（见图3-10）。米什拉和拉赞（Mishra和Rajan，2016）呼吁各国在实施宏观经济政策方面开展国际合作，以避免汇率扭曲等不利的溢出效应。

　　（4）全球价值链的关联特性

　　由于价值链的关联特性，链内贸易可能比其他方面的贸易更具韧性（见第三章第四节第二部分）。最近的估算表明，三分之二以上的全球贸易发生在价值链中（WTO，2019）。全球价值链中企业间的部分关系以长期、及时的做法为特点，这需要企业间的联系比简单的一次性交易更为紧密。这些企业还可以进行高度差异化的投资交易，从而形成高度依赖。根据法国的一项调研结果发现，约60%的国际贸易量来源于依存即时供应链的企业，这些企业雇用了约三分之二的制造业工人（Pisch，2020）。

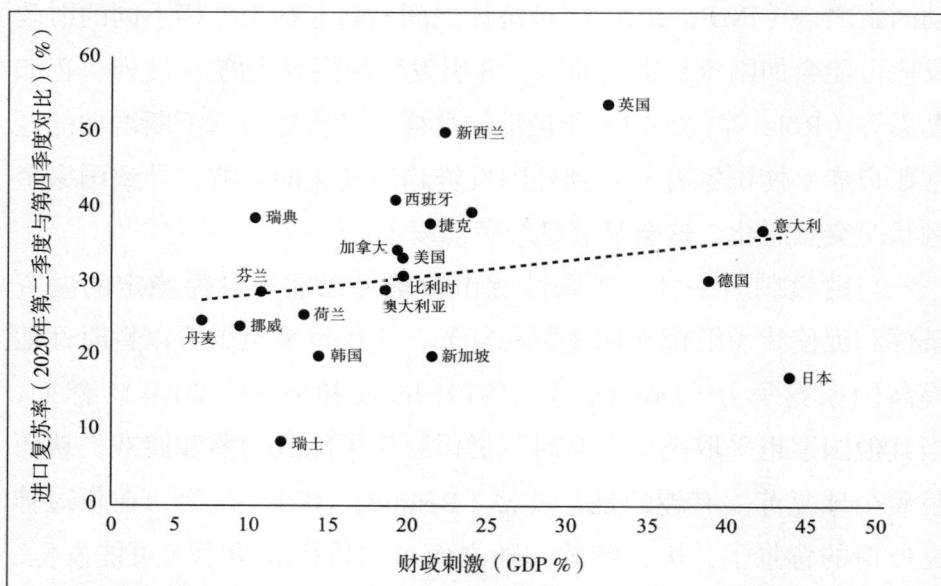

图3-10　新冠肺炎疫情第一年的财政刺激激发进口迅速恢复

注：进口复苏率为2020年第四季度总进口量与2020年第二季度的百分比。

资料来源：作者基于国际货币基金组织新冠肺炎疫情对财政响应政策贸易的数据（世界进口）计算得出。

长期供应链关系在复苏上的优势可以是多方面的，因为它们可以在危机期间和非危机时期以技术或资本支持方式创造跨企业激励。由于重复交易可以提升供应商确保质量的动力，供应链中的长期关系可以通过减少库存需求和高成本的质量检查来提高盈利能力（Schott等，2017）。庞巴迪尼等（2020）发现，在长期供应链关系中，份额较高的企业可受益于规模和生产力效应；例如，卡哈勒-格罗西和马基亚韦洛等（Cajal-Grossi 和 Macchiavello 等，2019）报告称，在孟加拉国的服装行业，国际买家会向与它们建立更长期关系的供应商支付更高的加价。同样，米内蒂和穆罗等（Minetti 和 Murro 等，2019）发现，部分意大利中小企业，在受到银行信贷配给影响且与银行关系较弱的情况下，受益于与大型国际贸易伙伴的长期贸易关系，解决了流动性短缺问题。此外，Pisch（2020）认为，由于协调性要求较高，即时供应链中的信息流和透明度更高。

长期关系可以提高企业贸易联系在危机中的幸存率，这反过来又可以促进其更快恢复。如果长期供应链关系在冲击中提供额外的调整余地，它们可以使企业更具韧性并让企业更快恢复。例如，与供应网络多元化和临时交易更多的企业相比，美国上市企业依靠长期关系从供应冲击中恢复得更快（Jain、Girotra 和 Netessine，2021）。

然而，由于建立成本很高，且涉及大量沉没成本，供应链中的长期关系也会减缓复苏（Antràs，2020；Beverelli 等，2019）。这意味着当这种关系被中断时，替代方案可能耗时较长。在不确定性加剧的时期，如在冲击期间或之后，新形成的供应链关系较少，这会影响一般而言更具长期性的产品（Martin、Méjean 和 Parenti，2020）。对长期关系的依赖还意味着供应商网络多样化可能性较低，这可能会在冲击集中时导致瓶颈出现。因此，拥有更多元化供应网络的企业从 2011 年日本东北部地震和海啸中恢复得更快（Cole 等，2017；Todo、Nakajima 和 Matous，2015），而长期供应链关系的实施者之一，丰田和其他汽车制造商，为应对地震而转向了更多元化的供应网络（Matous 和 Todo，2017）。

这些乍看之下自相矛盾的证据表明，企业间关系能否经受住冲击及供应链支持能否减轻冲击影响，对确定供应链关联属性会支持还是减缓经济复苏至关重要。自然灾害或冲突具有地理集中特点，即便领军企业能在冲击期间缓和供应商的流动性限制，也可能面临严重的生产中断。相比之下，宏观经济、金融冲击或技术及运营冲击的影响可以通过供应链内的支持得到显著缓解。这一理论得到了智利的实证支持，即企业间的供应链联结在较小的冲击中具有韧性，但可能被相对较大的冲击切断（Huneeus，2018）。

鉴于此，我们可以从两个方面解读上述实证。

首先，它表明全球价值链的关联特性确实可以促进贸易复苏。然而，这种积极联系要求企业间的联系能经受得住巨大冲击的考验。企业可以通过监督其供应商（包括一级供应商和其他战略）来提高供应链联结的韧性（见第三章第四节第二部分和Miroudot，2020），但也有必要为此制定政策。在2008—2009年全球金融危机和新冠肺炎疫情期间，一些国家制订了短期工作计划，让企业即便在需求低迷或封锁期间仍可留住员工（OECD，2020a），而非将其解雇。这可以保留员工积累的专业经验，减少需求再度回升或封锁解除后昂贵费时的招工需求，从而加速复苏。供应链中的企业联结可能需要类似的方法。虽然许多针对企业生存的现有政策有助于联结存续，但考虑全球供应关键瓶颈、更具针对性的政策也可能被制定。

其次，有证据表明，在更易发生冲突的地区或更频繁受自然灾害影响的地区，多元化的供应网络可能更利于供应链贸易的快速恢复，而对于大多数其他地区而言，长期关系更为可取。最优供应链组成需要考虑区域特征和风险状况，以提高供应链从冲击中快速恢复的能力。

2.弱势群体的贸易和经济复苏

在讨论经济韧性和国际贸易的作用时，关注社会弱势群体的韧性至关重要。第三章第二节中已指出，危机对特定人口群体或企业类型（如中小微企业）的影响通常比其他群体更为严重，而它们的恢复对于整个社会的韧性又至关重要（ITC，2020）。同样，最不发达国家可用于抑制危机影响的资源较少，且依赖外国市场进行复苏。

不幸的是，弱势群体通常对危机事件准备不足，这通常是由资源不足和信息不平等引起的。这意味着危机对这些群体的影响可能相对更严重，其韧性的恢复会更费力，且平均而言需要更多时间才能恢复至危机前的水平。国际贸易对进口供应、创造商品及服务的出口需求至关重要，可在这些群体的复苏中直接或间接发挥作用。

贸易中断通常会对女性和中小微企业产生间接的负面影响。妇女通常受雇于从事低水平跨境贸易的服务部门，如教育、卫生和社会服务，且在某些发展中国家，妇女从事跨境非正规贸易的比例过高（Bouët、Odjo和Zaki，2020；WTO，2018）。同样，许多中小微企业直接参与贸易程度相对较低，更多地依赖国内需求（The Economist，2014；WTO，2016）。因此，研究显示对这些人群造成的贸易损失相对较小（Hallegatte，2014；The Economist，2014；Wheatley，2021年；WB，2021b；WTO，2016）。然而，一些发展中经济体的大量贸易发生在边境口岸，由中小微企业和非正规企业开展，这意味着边境关闭会严重扰乱这些小规模贸易商（UNCTAD，2021a；WB和WTO，2020a）。

即使它们不是直接贸易商，这些群体仍可以成为全球供应链中的重要环节，并间接依赖于国际贸易（The Economist，2020）。根据亚太经合组织（APEC）最新的调研，大多数参与调研的中小微企业至少与一家大型企业关联（McAuley，2020），而服装、鞋类和电子产品等与全球价值链密切相关的制造企业通常主要雇用女性，这一点在发展中经济体中尤为明显（WB和WTO，2020）。

本报告其他章节探讨的许多问题对最不发达国家尤为重要。例如，最不发达国家没有资源来维持大规模国内刺激政策，这些经济体不可避免地要转向国外寻求对其产品和服务的需求并刺激经济增长（Razzaque和Ehsan，2019）。在基础设施方面，在发生灾难，尤其是风暴或飓风等自然事件后，外部援助——无论是物资，还是紧急救援人员——必须通过与常规贸易相同的渠道到达，而当大量灾后救援抵达时，最不发达国家可能会面临挑战，除非其已拥有一个强大的交易系统能够弥补共享基础设施渠道的必要（Jackson和Roberts，2015）。为支持最不发达国家贸易，建议通过机构性能力建设改善贸易便利化（包括贸易流程的数字化）、交通基础设施和海关变动，从而鼓励小额货物跨境贸易（UNCTAD，2021a）。

对许多弱势群体而言，任何形式的信贷获取都可能意味着巨大的挑战。这些群体的资源更少，在寻求资金方面也更困难，尤其是贸易融资，要么是因为它们缺乏所需的文件和专业知识，要么是因为它们所需的资金太少无法引起商业贷款者的兴趣。这意味着这些群体往往不得不依赖内部资金或来自朋友和家人的资金，而这些渠道的稳定程度相对较低（AAB，2013；WB，2021b）。

而获得融资的中小微企业则高度依赖银行贷款，但银行的业务收入并不依赖中小微企业，这造成了不平等的权力关系（Gourinchas等，2020；The Economist，2009）。以2008—2009年经济危机为例，当融资渠道全面稀缺时，由于银行会远离中小微企业等风险较大的主体，没有其他融资选择的企业可能面对重大问题（The Economist，2009）。尽管基于宏观经济发展水平，企业在获得融资方面存在显著差异，但整体而言较小的企业受到的限制更大（Apedo-Amah 等，2020 ）。事实上，杠尔松德-涅夫和绍德尔鲍尔（Dursun-de Neef 和 Schandlbauer，2020）发现，虽然在新冠肺炎疫情刚开始时所有企业的融资渠道都减少了，但小企业的贸易信贷下降幅度更大。难以保障贸易融资意味着出口型中小微企业在应对冲击和从冲击中恢复都更为困难。

由于抵押要求及性别歧视性的银行要求存在，某些经济体和人口群体中的女性在获得融资方面也可能遇到重大困难，在这种情况下，女性创办的企业在复苏和贸易方面都可能会受到限制（UNCTAD，2021b；WB，2021a）。

贸易便利化政策，尤其是那些支持全球供应链的政策，通过帮助中小微企业以出口商或进口商身份参与贸易，或提升已参与其中的中小微企业的贸易量，可能是加速复苏的有效方式之一。边境流程自动化、简化费用与非关税壁垒、简化程序以及将中小微企业纳入监管咨询等措施，将是帮助这些企业从当前冲击中恢复并在将来变得更具韧性的最有效方法（OECD、WTO 和 UNCTAD，2021）。充分利用数字解决方案的贸易便利化措施也可能对小型跨境贸易商特别有利，在某些经济体中，这类贸易商中许多都是女性（Sun 和 Larouche Maltais，2020）

3.经济复苏作为建立更可持续贸易体系的手段

本报告着重探讨了贸易如何影响经济韧性，而经济复苏也可提供机会，以更可持续、更有韧性和更公平的方式重建贸易体系。本部分着眼于经济韧性，特别是经济复苏可以如何带来更好的贸易体系。

危机造成的失业和供应商与客户之间的关系中断会导致巨大的福利损失，但也可能使供应链和更普遍的贸易在重建中得到改善。在危机期间被占用的资源大大减少，因此资源可以更容易地被转移到可持续用途。从供应链瓶颈到分配不公，危机还可以揭示贸易系统中现有问题的重要信息，指出需要改进的地方。与前述弱势群体部分相关，最新研究强调，贸易收益在工人间或地区间没有被平等分享（WTO，2017；WTO，2019），且贸易体系中的壁垒会阻碍女性或中小微企业等群体全面参与贸易（WTO，2020；WTO，2016）。此外，从供应链中的气候变化到体面劳动，贸易体系可以在应对全球挑战方面发挥更大作用，（UN Global Compact，2018；UNEP，2018年）。建立一个更可持续的贸易体系还可以提高生产力、增加透明度、激励创新并释放对可持续商品的需求。

政策激励可以在建立更可持续的贸易体系时做出重要贡献。在这方面，为应对新冠肺炎疫情采取的大量财政和货币措施可能是激励企业解决社会和环境问题的重要工具。经合组织（2020b）进行的一项调查研究表明，许多经合组织成员要么已经评估了所实施的援助措施和一揽子计划的生态与社会影响，要么正计划为即将开展的项目进行评估。同样的，许多发展中国家正将绿色生产和包容性目标纳入其应对疫情的财政措施中。

首先，欧盟的新贸易政策战略是围绕可持续发展支柱建立的，其中包括将有关气候变化的《巴黎协定》纳入未来所有贸易协定的强烈意愿，经常评估已实施措施的有效性，并将在未来谈判中使用获得的信息（Eurpean Commission，2021a）。其财政刺激计划旨在推动建立一个更绿色、更数字化和更具韧性的欧洲。

其次，美国贸易代表凯瑟琳·戴（Katherine Tai）在2021年4

月担任该职位的第一次演讲中，重点关注将贸易政策作为保护环境和应对气候变化的工具。她强调贸易协议应包括面向未来的环境条款（Office of united States Trade Representative，2021）。

再次，哥伦比亚政府围绕五个支柱实施了复苏计划，包括清洁、可持续增长及对弱势社区、农村社区的支持（Gobierno de Colombia，2020）。

最后，韩国的一揽子刺激计划旨在将其从碳依存的经济转变为绿色经济（IMF，2021）。

政策还可以帮助企业建立供应链联结，确保贸易在环境和社会方面具有可持续性。英国和法国已立法要求企业对其供应链进行尽职调查，而德国和欧盟正在立法过程中。尽职调查法的一个重要附带好处是，它可以提高供应链的透明度，从而提高韧性。这还可以使企业确保实现其他政策目标，例如，女性创办的企业在供应链中得到更好的利益保护，或减少二氧化碳排放以及加强劳工、生态标准（Granskog 等，2020；McKinsey Global Institute，2020）。

其中一些政策基于联合国商业与人权指导原则，致力于尽职调查法的各国可将其作为基石。在起草供应链尽职调查法时，主管部门必须考虑随之而来的潜在困难，例如，透明度要求、企业的合规和贸易成本的增加。制定合适的法律，辅以能力建设，可以保证稳定的出口，特别是对发展中国家及其中小微企业而言。鉴于供应链在危机后自然会重组，危机后的复苏过程可能是实施此类法律的最佳时间点。

尽管相对有限，性别不平等也得到了更多的关注，特别是在新冠肺炎疫情导致已有性别差距扩大的情况下（见第二章第三节第三部分）。冰岛在评估了其首个新冠肺炎疫情性别平等援助投资计划的影响后，承诺调整随后的一揽子财政计划，以便为妇女提供更强有力的支持（OECD，2020b）。加拿大政府已拨款1亿加元至其女性主义响应和复苏基金（加拿大政府，2021）。欧委会也将性别平等作为其财政刺激计划的考虑因素（欧委会，2021b）。2021年，美国救助计划法案包括对从事贸易的妇女尤其为利的措施，如帮助学校和日托机构保持开放，为有孩子的家庭提供经济支持等（American Rescue Plan Act of 2021，2021）。

尝试强调数字化的政策也有助于解决贸易—性别不平等以及贸易—区域不平等情况。它们还通过降低信息摩擦和市场准入成本帮助中小微企业连接国外市场，这些市场对较小的企业而言往往更难以进入（WTO，2016）。

例如，马来西亚政府实施了旨在提高零工经济（即比起全职员工，企业倾向于雇用独立承包商和自由职业者）中工作保障的措施，加速数字技术转型并教授和提升马来西亚人居家为国际客户提供服务的新技能（Said，2020）。秘鲁政府已采取措施，让超过320万的农村地区人口连接互联网（Gobierno de Peru，2021）。欧委会宣布，其财政刺激计划的五分之一将用于数字化转型（欧委会，2021b）。爱尔兰政府计划通过建立一个由400个远程工作中心组成的网络，并利用税收减免支持居家工作的员工，解决地域性不公平问题（爱尔兰政府，2021），以帮助受家庭职责束缚而流动性较低或者时间有限的员工。这种情况尤其容易影响女性，并可能导致贸易体系中的不平等（Bøler、Javorcik 和 Ulltveit-Moe，2018；Orkoh 和 Stolzenburg，2020；WB 和 WTO，2020）。

这些案例突出表明，建立一个更强大公平的贸易体系的目标会影响一系列国家的财政应对，从新冠肺炎疫情暴发到2021年初，世界上50个国家的政府已投资3410亿美元用于绿色复苏。然而，尽管这是一个很大的数字，但对比这些国家同期用于从疫情中长期恢复的总支出，它仅占18%（O'Callaghan和Murdock，2021），且疫情相关资金中很大一部分已指定用于碳密集型行业。

相应的措施包括航空企业救助、扩大煤炭开采以及对石油、天然气生产的投资。G20成员政府已公布的对化石燃料行业的支持大大超过清洁能源的预算总额（SEI等，2020）。此外，联合国贸发会议（2020b）指出，对照联合国可持续发展目标以及疫情对可持续发展目标造成的倒退性影响，最近的一揽子刺激计划不仅在环境方面存在不足，性别平等、粮食安全和农业问题也没有得到充分解决。因此，财政应对措施可能无法解决贸易体系的不公平和脆弱性。

此外，支持供应链重新国有化的财政应对措施不太可能增加韧性，且可能仅适用于非常精细的产品。本报告强调了一个事实，即国际贸易与合作是在效率和复苏间实现最佳权衡的最有效工具。同时，本报告还强调了多元化对贸易和经济复苏的重要性。因此，支持供应商地域多元化而不是回流的政策似乎更利于解决供应链瓶颈。一些国家已经实施了财政激励措施来支持供应链重组。例如，日本已拨款约50亿美元用于加强亚洲国内制造业或使供应链多元化。然而，目前为止，大部分资金都用于国内回流（Nohara，2021）。

尽管如此，研究人员一致认为，更可持续的复苏仍是可实现的。正如奥卡拉汉和默多克（O'Callaghan和Murdock，2021）所指出的那样，2020年，措施主要集中在疫情紧急控制，与之相比，2021年，政府更容易致力于可持续投资。随着用于长期复苏政策的资金规模不断扩大，与健康危机刚暴发时观察到的情况相比，政府现在有机会进行更可持续的投资。联合国贸发会议（2020b）建议将联合国可持续发展目标作为这方面行动的蓝图。

可以采取的具体措施包括促进绿色能源与交通运输、支持能源效率、提高国家气候平衡的透明度、对工人开展再培训并致力于全球合作（Geddes等，2020；O'Callaghan和Murdock，2021；OECD，2021d；SEI，2020）。研究人员强调，致力于绿色全球复苏不仅对地球的未来至关重要，在经济上也很有利，因为它可以支持更强劲的增长，抵消结构性不平等，并产生可创造数百万面向未来的就业机会的潜力（Harvey，2020；O'Callaghan 和 Murdock，2021；Goodall，2020）。

第四节　贸易多元化提高经济的抗冲击能力

前文讨论得出一个重要的结论：生产和出口结构的多元化是各国应对经济冲击的重要决定性因素。如果生产和出口仅围绕少数产品，价格波动可能导致出口收入的大幅波动，增加总体不稳定性。如果一经济体的出口目标市场过少，与目标市场相关的需求冲击也会造成出口收入的波动，经济恢复期间利用外国进口正面溢出效应的能力也会受到限制。如果一经济体缺乏进口地域多元化，进口来源地相关的供给冲击或将在该经济体中传播开来，增加总体波动性。

本节深入讨论贸易多元化在应对经济冲击方面的作用。本节第一部分在于说明，进出口多元化可抑制经济波动，经济波动即意味着缺乏抗冲击能力。因此，贸易多元化可以提高经济的抗冲击能力。

同时，证据显示，近几十年来，国家层面的多元化仅实现适度增长，可能是以下两方面原因所致：首先，多元化程度不一的各类企业进入和退出市场所产生的微观层面多元化变动，未进入宏观观测视野。其次，在进入外国市场存在固定成本的情况下，跨国公司难以做到进出口结构的多元化，各类交易成本也让其难以聚集大量中间产品/服务供应商，限制了贸易多元化总体水平。

基于贸易多元化在助力应对经济冲击方面的分析，本节还讨论哪种经济政策有助于提高贸易结构多元化。首先，有必要重点指出，本章第三节的讨论说明，跨国公司多元化可以从多方面提高贸易多元化总体水平，而跨国公司多元化在以上方面的实现取决于如何组织供应链。其次，作为第三节的补充，本节聚焦总体贸易多元化提高各国应对经济冲击能力的渠道，讨论提高多元化的政策选择。

一、贸易多元化可减少波动以增强韧性

国家层面的波动抑制经济增长。据世贸组织《世界贸易报告2014》，经济波动使人力、有形资本的投资回报更加不确定，抑制了资本积累，这是其抑制增长的主要渠道。消费难以趋稳也会导致福利损失。此外，波动往往会加剧收入不平等。

图3-11描绘了宏观经济波动和进出口多元化之间的负相关性。其中，宏观经济波动用GDP周期性成分的波动来表示，即围绕GDP趋势增长（trend growth）的波动。进出口多元化包括本部分出现的出口产品多元化、出口地域多元化、进口地域多元化。[28]

图3-11显示了贸易多元化与总体波动性之间的实证性负相关关系，证明贸易多元化能够提高韧性。[29]这种关系的出现可能与卡塞利（Caselli）等于2020年提出的"基于贸易的多元化"机制有

关。贸易能使一国的供给和需求来源多元，从而减少其对特定国家供给和需求冲击的敞口。在拥有众多贸易伙伴的情况下，本国或任一贸易伙伴的经济衰退给本国生产商带来的需求冲击，小于贸易受到更多限制的情况（WTO，2014）。开放的贸易通过其多元化机制降低波动性，具体在于它减少了本国对特定类型贸易伙伴的风险敞口——体量过大、经济过于不稳定的贸易伙伴或者其可能的经济冲击与本国高度相关的贸易伙伴。[30]

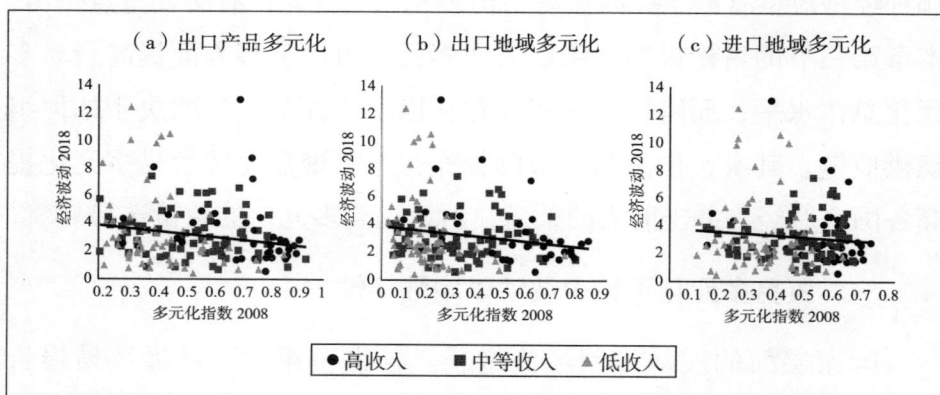

图3-11 贸易多元化减少经济波动

注：波动性以2007—2017年十年间年度经济增长率标准差表示。每个坐标图中的多元化指数用1-HH表示，HH为各自的赫芬达尔-赫希曼指数。图3-11（a）中使用出口产品集中度HH指数。对于每个出口国i，该值是所有该国与所有进口国双边HH指数的平均值。以进口国j为例，i和j双边HH指数 $HH_{ij} = \sum_{k=1}^{K} \left(\frac{M_{ijk}}{M_{ij}} \right)^2$，其中的 $\frac{M_{ijk}}{M_{ij}}$ 为每一种出口产品K在i向j总出口中的占比。图3-11（b）中使用出口地域集中度HH指数。对每个出口国i，该值是所有产品出口HH指数的平均值。以出口产品K为例，该产品的出口HH指数 $HH_{ik} = \sum_{j=1}^{I} \left(\frac{M_{ijk}}{M_{ij}} \right)^2$，其中 $\frac{M_{ijk}}{M_{ij}}$ 为i向j出口产品K占i对外出口K总额的比例。图3-11（c）中使用进口地域集中度HH指数。对每个进口国j，该值是所有进口产品进口HH指数的平均值。以进口产品K为例，该产品的进口HH指数 $HH_{jk} = \sum_{i=1}^{I} \left(\frac{M_{ijk}}{M_{ij}} \right)^2$，其中 $\frac{M_{ijk}}{M_{ij}}$ 为j自i国进口产品K占j产品K进口总额的比例。集中度HH指数的取值范围为0到1，多元化指数（1-HH）取值范围也是0（无多元度）到1（完全多元化）。

资料来源：作者根据国际货币基金组织世界经济展望数据库和BACI数据库计算得出。

卡塞利等估计，如果自1970年以来贸易成本并未下降，其分析所涉及的24个国家，除中国外，都会出现更大规模的经济波动。换言之，贸易成本的降低减少了经济波动。具体而言，受益于多元化机制，24个国家中的17个呈现波动性下降，平均降幅为41%。

一国进出口的产品范围和地域范围多元化水平越高，多元化机制自然也就越能发挥其作用。一个包含77个处于不同经济发展阶段经济体的样本分析（1976—2005年）表明，产品多元化缓冲了贸易开放性和宏观经济波动性之间的关系，至少是部分证明了以上观点。对于样本中半数贸易已经充分多元化的国家，开放贸易降低了产出波动（Haddad等，2013）。

二、贸易多元化的演变

贸易多元化发展较为缓慢，发展到一定阶段的国家倾向于重新集中其生产和出口结构（Cadot、Carrère和Strauss-Kahn，2011；Imbs和Wacziarg，2003）。然而，科伦（Koren）和坦雷罗（Tenreyro）于2007年指出，再集中往往出现在本质上波动较小的行业，对宏观波动性影响较小，经济韧性不会因此下降。

除以上要点，本部分指出，近年来，贸易多元化程度总体是增长的。大多数观察值位于45度线以上，说明出口多元化在增长，尤其是地理范围方面。图3-12所示为出口多元化的综合措施，与个体企业在该方面的演变趋势未必一致。个体企业的出口多元化程度与总体波动相关，因此十分重要。由于缺乏个体企业层面的足够数据，因而难以对此进行时间演变分析。然而，据分析，大多数出口企业的多元化程度普遍较低。

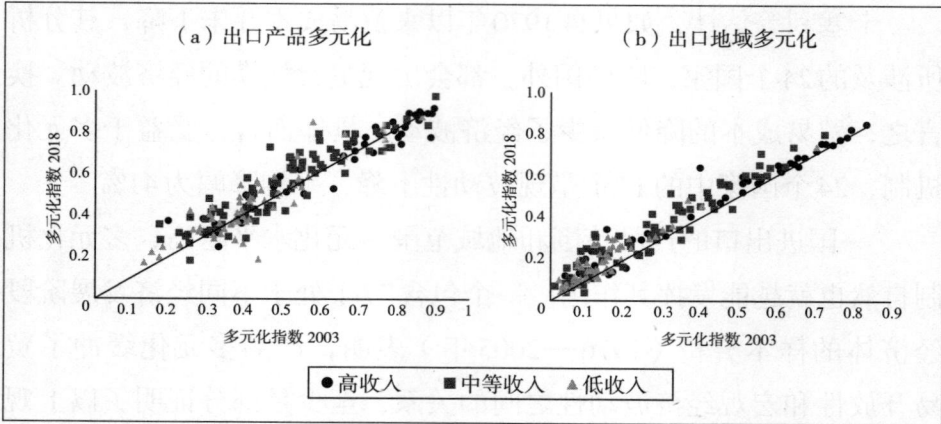

图3-12　出口产品多元化（左）和出口地域多元化（右）指数上升

注：图3-12对比2003年和2018年出口产品多元化和出口地域多元化水平。有关定义参见图3-11注释。图3-12中直线为∠5度线。出口产品多元化水平在136个国家实现增长，在85个国家出现下降。174个国家的出口地域多元化水平增长，47个国家下降。

资料来源：作者根据BACI数据库计算。

　　2007年，法国的大型出口企业往往比小型出口企业有更多出口目的地，在每一出口目标市场有更多买家：具有6个以上欧盟内出口目标市场的企业占比为20%，贡献了约70%的出口值；单个出口目标市场内有10个以上买家的出口企业占比为12%，贡献了40%的出口值（Kramarz、Martin和Méjean，2020）。然而，即使是大型出口企业，多元化水平也较低：60%的法国出口企业将九成以上出口业务集中于单一的出口目标市场，一半以上出口业务集中于单一出口目标市场的出口企业占比更是高达90%。上述占比为12%的单个出口目标市场内有10个以上买家的出口企业中，有许多在与小型进口企业做交易，交易额不足这些出口企业出口额的10%。

　　总体上，对绝大多数法国出口商而言，至少一半以上的出口去往某一市场的单一买家（Kramarz、Martin和Méjean，2020）。这些出口企业在很大程度上容易受到与买家和商品匹配程度相关的冲击，该类冲击在原则上可以通过出口企业合理化其出口组合予以多元化对冲。大型出口企业也是经济中最大的企业，大型企业面临的特有冲击会提高总体波动，所以大型出口企业有限的多元化水平使总体经济面临更大的宏观经济波动。

2000—2006年，中国的大型出口商呈现出口波动性与出口多元化的负相关，小型出口商则正好相反（Vannoorenberghe、Wang和Yu，2016）。对于小型出口商出口波动性与出口多元化正相关的解释是，对这类出口商而言，出口目的地越多，对其中一些目的市场的出口就越具有偶然性，从而也就增加了波动。与克拉玛兹、马丁和梅让（Kramarz、Martin和Méjean，2020）的结论一致，中国的出口多元化程度有限：同一时期，中国出口企业平均有7个出口市场，但70%的出口流向第一市场。[31]

与出口多元化相比，进口多元化并未获得政策制定者同样的重视（Cadot、Carrère和Strauss-Kahn，2014）。进口多元化可能通过两个渠道影响生产效率和经济福利（Jaimovich，2012）。首先，来自不同国家的同类产品可能并非可以彼此完全替代。由于购买者对产品多样性的热爱，进口多元化能够增加福利，中间品和最终产品皆是如此。其次，进口多元化可减少受到与某一国家有关的需求和供给冲击的风险，因为进口国可选择从其他国家的供应商来对冲这种风险。另外，没有进口的多元化，一国更容易面临出口国出口限制等政策风险。[32]

图3-13显示，总体而言，进口多元化程度近年来实现了增长，这与帕特卡和坦贝里（Parteka和Tamberi，2003）的研究结果一致。[33]该图的横轴和纵轴分别为2003年和2018年的进口地域多元化指数，

图中大多数观察值位于45度线以上，体现了进口地域多元化在两个年份之间的跃升。[34]

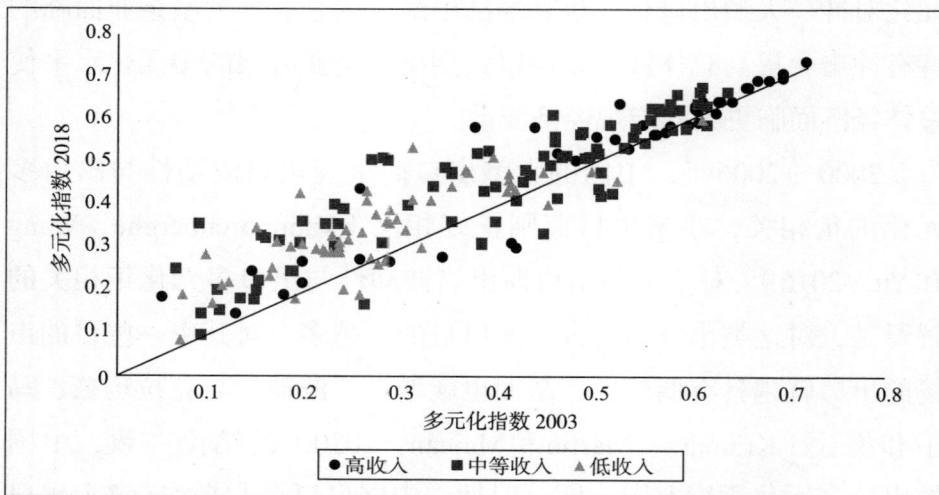

图3-13　进口地域多元化水平近年来呈增长趋势

注：图3-13对比2003年和2018年进口多元化水平。相关定义参见图3-11注释。图3-13中斜线为45度线。

资料来源：作者根据BACI数据车计算。

上一节提到，受新冠肺炎疫情影响，各国更关注扩大进口多元化以避免供给瓶颈，尤其是就关键产品而言。现有数据仅限于不同的进口多元化水平值，未对其如何随时间变化予以关注，也缺乏企业层面的具体信息。尽管如此，目前来看，将进口集中于少数供应商的现象已是少数（Guire和Forsthuber，2020；Jaravel和Méjean，2021）。[35]

三、存在部门相关多元化障碍，政策助力仍可期

跨国公司在建立贸易网时发生的许多成本不仅是固定成本，也是沉没成本，亦即这些成本的大小独立于收益的大小，也无法收回

（Antràs，2020）。固定成本构成了贸易多元化的一个"技术性"障碍，在制定促进多元化的政策时，需要注意这一点。进入国外市场需承担的固定成本减少了贸易广度（出口产品的种类和目标市场的多寡）的差异化程度，进而限制了出口多元化的程度（Helpman、Melitz 和 Rubinstein，2008）。[36] 固定成本的存在，也限制了企业从众多可能的进口来源国与诸多进口商建立关系（Antràs、Fort 和 Tintelnot，2017），进而也限制了进口多元化可能达到的程度。根据巴切塔等（Bacchetta 等，2021）关于价值链中供应商多元化的讨论，对多元化构成限制和阻碍的固定成本是与具体产业部门相关的，主要体现为三方面的经济特征。

第一，一些制造业部门是资本密集型的，具有显著的规模经济效应（McKinsey Global Institute，2020），前期投资大，大额订单带来的成本节约优势明显，这就给供应商多元化带来了天然障碍。图3-14显示，资本密集可对多元化形成制约，具体而言指出了资本密集度与一国进口地域多元化之间的负相关关系。

第二，供应链上买卖双方之间关系是复杂的，需要特定的投资来维持，比如买家需要向卖家购买专门的设备或者定制产品。这意味着，买卖双方通过重复性的互动来塑造生产，维持着特定的关系，尤其是在合同履约水平较低的环境中（Antràs，2020）。寻找新的供应商、适应新的生产过程可能昂贵又耗时，因此就产生了对原有供应链关系的"黏性"（Huneeus，2018；Monarch，2021）。2020年，马丁（Martin）、梅让（Méjean）和帕伦特（Parenti）以法国贸易统计数据中单一买卖合作关系的持续时间为基础，编制了各产业部门供应链关系"黏性"指数。数据显示，供应链关系的特异性和合同的复杂性与"黏性"程度有关。"黏性"阻碍进口多元化，图

3-15显示，一国进口产品中"黏性"产品的比例与进口地域多元化之间存在负相关关系。[37]

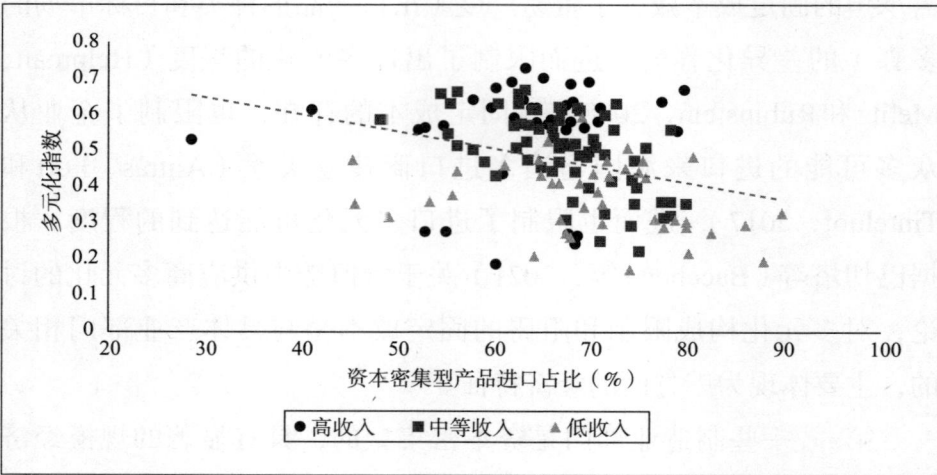

图3-14　资本密集度制约进口地域多元化

注：图3-14呈现资本密集度与进口地域多元化水平的关系（2018年）。多元化指数与图3-11（c）中所用指标相同。资本密集度为一国进口资本密集行业（依据标准行业分SIC）产品的金额占该国总进口金额的比例。在所有SIC行业中，资本密集度大于所有行业平均资本密集度中位数的行业被视为资本密集行业。根据罗马利斯（Romalis，2004，第79页），每个SIC行业的资本密集度计算公式为$1-wLk/VAk$（使用NBER-CES数据），其中wLk为行业总工资，VAk为行业总增加值。

资料来源：作者根据BACI数据库和NBER-CESM数据库计算得出。

　　第三，生产的无形投入。各产业部门在知识产权（EPO和EUIPO，2019）以及一些隐性的、非系统性的生产知识（WTO，2020b）的密集度方面差距较大。在知识产权密集和隐性知识为主的部门，拥有无形资产的企业，可能会出于对知识产权征用和模仿的担心，收紧供应商网络，进行垂直一体化管理，通过收购或控股供应商（Antràs和Yeaple，2014；Bolatto等，2017）。然而，根据图3-16，

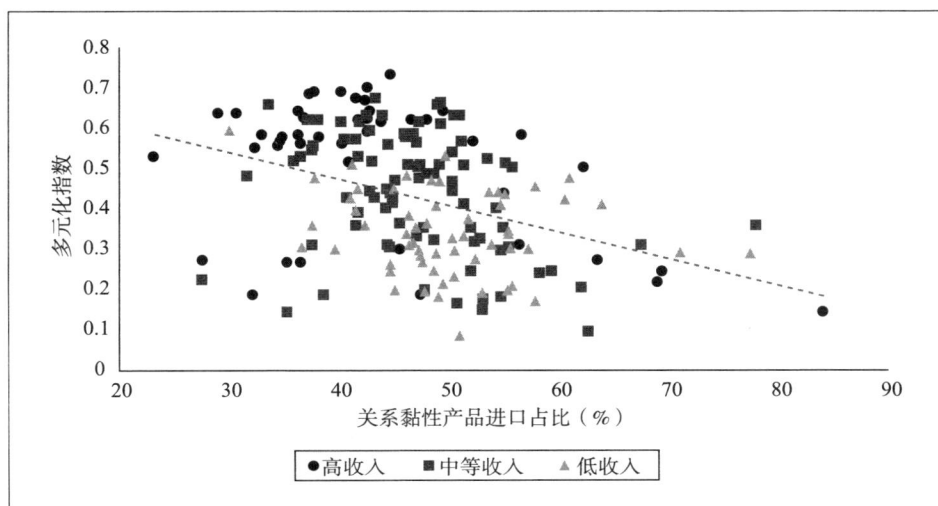

图3-15　关系黏性限制进口地域多元化水平

注：图3-15呈现关系黏性与进口地域多元化水平的关系（2018年）。多元化指数与图3-11（c）中所用指标相同。关系黏性表示为一国进口关系黏性产品的金额占该国总进口金额的比例。在马丁、梅让和帕伦特（Martin、Méjean和Parenti，2020）的行业分类中，关系黏性大于所有产品关系黏性平均值的产品为关系黏性产品。

资料来源：作者根据BACI数据库计算，Martin、Méjean和Parenti，2020。

进口大量专利密集型产品和产权密集型产品的国家往往有一个充分多元化的供应商网络。这种正相关或许是因为，更为多元化的发达国家，往往也是高端产品（知识产权更为密集）最大的进口国。[38]

　　面对诸多部门相关的多元化障碍，政府部门使用较为丰富的政策工具，来应对各种制约企业进/出口新产品或开拓新的进出口市场的因素（见图3-16）。

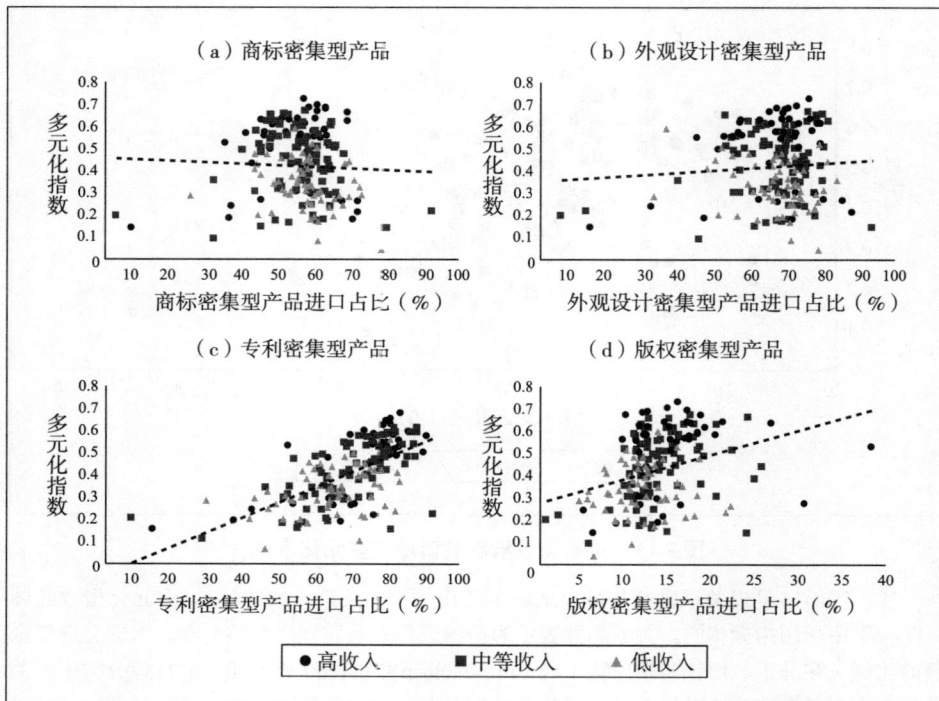

图3-16　多元化程度高的国家倾向于进口更多专利/知识产权密集型产品

注：图3-16呈现不同类型知识产权的密集度与进口地域多元化水平的关系（2018年）。多元化指数与图3-11（c）中所用指标相同。欧洲专利局和欧盟知识产权局按照欧洲产业分类标准（NACE）[39]（修订2）测度353个行业不同类型的知识产权密集度，包括图3-16中所示商标、外观设计、专利和版权密集度。为计算知识产权密集型产品的进口份额，先将BACI数据库中的HS6产品划入国际标准产业分类（ISIC）[40]（修订3），然后与欧洲产业分类标准匹配，具体路径为ISIC（修订3）—ISIC（修订3.1）—ISIC（修订4）—NACE（修订2）。所有同属ISIC（修订3）且知识产权密集的NACE（修订2）产品，设定密集度值为1的假定参照产品。每个ISIC（修订3）行业的知识产权密集度为所有NACE（修订2）产品的平均密集度。知识产权密集型ISIC（修订3）行业的确定标准为其密集度大于ISIC（修订3）所有行业的平均知识产权密集度。知识产权密集型产品的进口份额为一国ISIC（修订3）知识产权密集型行业的进口额在该国进口总额中的占比。

资料来源：作者根据BACI数据库计算、欧洲专利局、欧盟知识产权局（2019，表47）。

有必要首先提出四个方面的应对考虑。

第一，在诸类贸易多元化中，出口多元化处于学术争论和政策关注的前沿。[41]

第二，既然企业的进出口多元化与生产率呈正相关，则任何提高企业生产率的政策也有可能提高多元化水平。

第三，各种市场失灵的存在，证明政府干预以提高贸易多元化是合理的。这些失灵包括：缺乏对目标市场国家的信息；企业对出口新的产品进行营利性分析，给其他企业带来正面溢出效应；模仿者的入市威胁减少了出口目标市场可能的"新发现"[42]；行业间溢出效应，即一个行业的出口新发现带来了另一个行业的出口新发现。

第四，无论是国家间，还是一国内部，都不存在一个通用的方法来促进多元化。在经济发展的初级阶段，如果各执行机构较为弱势，无力实施复杂的政策，那么产业政策，比如补贴，影响力或将有限（OECD 和 WTO，2019）。[43]专栏 3-3 讨论非洲区域经济合作在应对疫情和经济复苏中的作用。

> **专栏3-3　非洲区域经济合作在应对疫情和经济复苏中的作用**
>
> 塔比瑟·基里迪-恩甘加（Tabitha Kiriti-Nganga）
> 内罗毕大学教授　世贸组织教席项目负责人
>
> 受疫情影响，非洲经济增长率从 2019 年的 3.3% 下降为 2020 年的 2.1%（ADB，2021），为近 50 年来非洲遭遇的最大经济衰退。在东非，各行业普遍出现现金流动急剧下降，尤其是以面对面接触为主的服务业，比如旅游和酒店行业（见图 3-17）。

2018年，这些行业为整个非洲贡献了经济总额的8.5%、6.7%的就业、30%的服务出口，是外汇收入的重要来源（Jumia，2019）。非洲各国的多元化程度较低，大多数经济体仅出口部分农业和矿产品，集中于价值链的低端，生产和出口初级未加工品，对外贸易伙伴数量较少，面对外部冲击时较为脆弱。另外，大多数非洲国家需要通过进口来满足疫情期间关键产品的供给。因此，边境封锁、供应链紊乱，加上一些国家实施的出口限制，导致检测试剂、口罩、呼吸机、药品和疫苗等产品的短缺。因此，多元化和发展制造能力对于减少非洲地区的易受冲击性和保证重要产品供给十分重要。

实现多元化的一个路径是鼓励发展非洲区域内贸易。非洲区内贸易额占比从2015年的20%下降为2019年的16%。2020年度的数据目前虽尚未公布，但也有迹可循。2020年上半年，肯尼亚与其他东非共同体(EAC)国家的贸易似乎比该国与东非共同体之外国家的贸易显现更大韧性（联合国非经委、东非商标与非洲经济研究联合会，2021）（见图3-18）。非洲大陆自贸区自2021年1月开始运转，其理念是有必要通过提高工业生产水平来提高非洲在全球价值链中的地位（Attiah, 2019）。通过非洲大陆自贸区，区域价值链可以成型，促进其融入全球价值链。非洲大陆自贸区提高了非洲在全球市场的议价能力。统一的市场、10亿人口之众和超过2.4万亿美元的经济总量，为产品多元化、工业发展、本土解决方案和区域价值链开发提供了机遇。

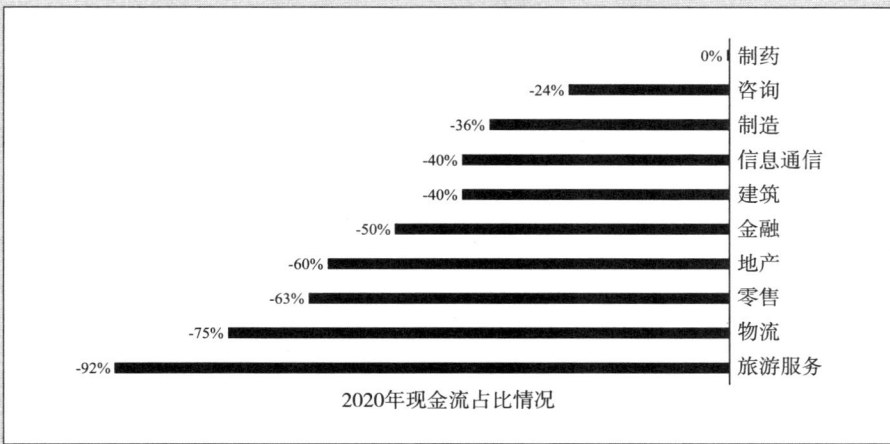

图中各行业2020年现金流占比情况：

- 制药　0%
- 咨询　-24%
- 制造　-36%
- 信息通信　-40%
- 建筑　-40%
- 金融　-50%
- 地产　-60%
- 零售　-63%
- 物流　-75%
- 旅游服务　-92%

2020年现金流占比情况

图3-17　东非多数行业于2020年经历现金流动萎靡

资料来源：东非商业协会（2020）。

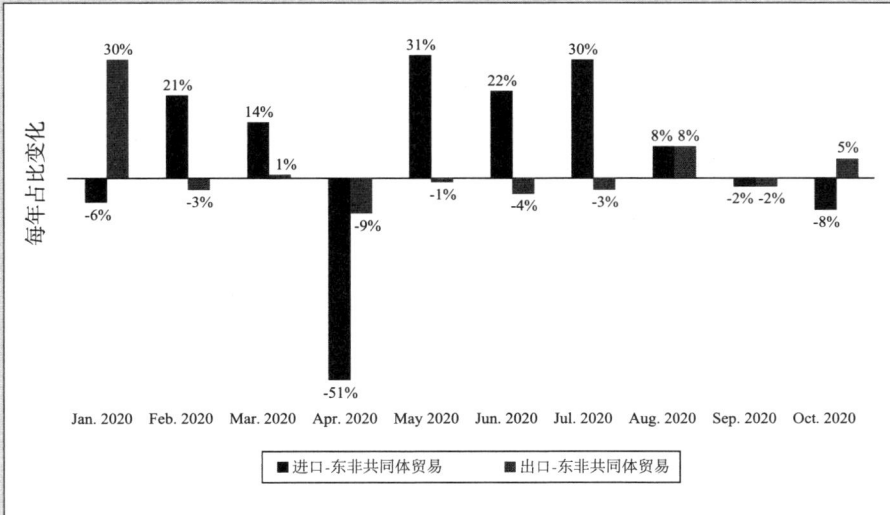

图3-18　肯尼亚与其他东非共同体（EAC）国家之间的贸易韧性

注：2020年1—10月肯尼亚与EAC区域内外国家的贸易数据。

资料来源：肯尼亚国家统计局（2020）。

应对疫情带来的短缺的过程表明，非洲本土产业在应对本土需求方面确有潜力可挖。在缺乏设备和医疗供给的情况下，非洲人民采取创新举措来应对疾病的传播。在肯尼亚，肯雅塔大学的学生们自己造出了呼吸机，内罗毕大学设计了一款本土制氧机。地处埃尔多雷特的Rivatex公司和位于Kitui的一家公司，都是已关闭多年的纺织公司，也重启生产，为东非共同体国家提供口罩等个人防护设备。2018年4月18日，作为区域内社会、经济和政治融合的又一举措，东非共同体国家决定合作发展本土制药产业，包括疫苗生产。这将保障疫苗的稳定供给。非洲开发银行也正支持东部与南部非洲共同市场开发药品、打造价值链。

需要强有力的监管以确保非洲大陆自贸区的出口产品符合国际标准。要加强技术法规，确保实验室获得认可，做好合规和计量标准方面的工作。

国际合作将帮助非洲国家降低风险和易受冲击性。相关举措可能包括：在研发方面建立公私伙伴关系；深化区域一体化，集中财政资源，降低短缺风险；与能够提供技术援助的国际发展伙伴合作。非洲国家还可以利用世贸组织《贸易便利化协定》、世界银行贸易便利化支持计划（WB-TFSP）、贸发会议以及非洲开发银行、欧盟和经合组织等发展伙伴，对标《贸易便利化协定》协调贸易举措，提升多样化、技术可得性和经济韧性。

四种政策倾向于促进贸易多元化（OECD和WTO，2019）。[44]

第一，要有一个合理的激励机制。清晰透明、可预见的商业管理和投资政策可以降低企业开展新的投资活动的成本和风险，给企业多元化带来激励。能够影响企业参与新的市场活动的政策因素还包括税收、信贷、劳工、进入和退出市场、知识产权和投资者保护等方面的规定。

无论是国内，还是国外，合理的贸易政策都能促进多元化。采取进口保护会阻碍出口多元化和出口增值部分的升级，因为进口保护提高了进口相对于出口的价格，起到对出口增税的效果（勒纳对称）。目标市场采取关税升级措施（对加工品征收的关税高于对原材料征收的关税），也会制约出口多元化。证据显示，一些为发展中国家和最不发达国家提供优惠关税和优惠性原产地规则的贸易优惠举措，比如普惠制，扩大了出口商品范围（Persson和Wilhelmsson，2016）。[45]

目标市场的标准和其他非关税措施可以应对关于产品质量和安全的信息不对称问题，从而促进出口（WTO，2012），但此类措施同样也会提高市场准入的固定成本，对出口多元化起到限制作用。[46]根据丹尼斯（Dennis）、谢尔菲德（Shepherd）于2011年发表的对118个发展中国家的研究结论，降低市场准入成本提高了出口产品多元化。服务贸易政策也可以提高多元化水平，尤其是出口的多元化。降低一国内部市场的服务贸易限制，提高服务的质量和可得性，可以促进服务密集型制造业的出口。

鼓励竞争的政策对于建立合理的多元化激励机制很重要。可竞争市场的市场领先者（包括居控制地位的主导者）、挑战者都有创新和抢占未来市场的动机（Federico、Morton和Shapiro，2020）。因此，鼓励市场竞争的政策能够促进创新，最终通过提升企业生产效率提高出口多元化。另外，旨在提高上游投入品市场竞争的政策，比如在基础服务领域（交通、金融、能源、交通），能够对下游企业的生产率带来正面溢出，从而提高出口多元化。

第二，降低贸易成本可促进贸易多元化（经合组织、世贸组织，2019），交通和电信领域的投资都与此相关。同样重要的是采取革新措施来提升物流质量，因为出口的集中往往与物流质量较差相关。[47]根据上述丹尼斯、谢尔菲德开展的研究，对出口产品多元化带来最大推动的是提升贸易便利化。类似的，谢尔菲德在2010年指出，就扩大出口地域多元化来说，降低一国内部的出口成本比国外市场准入和国际交通成本方面的可比变化具有更大潜在效果。此外，如本节第二部分所论证，如果政策能够减少对少数交通服务提供者的依赖，或者能够提高贸易联通，也将有可能实现在众多贸易路径和交通模式方面的多元化。

第三，通过解决市场、政策和机制失灵来支持多元化。信息失灵也可能抑制多元化。比如，如果产品符合目标市场的相关标准，企业就向该市场出口该产品。但如果企业无法充分获悉关于市场相关标准的信息，出口就会止步。出口促进机构，如果是在对出口不歧视的环境下自主运作，且资金来自一般性公共收入而非依靠出口税，能够帮助克服上述问题，尤其是关于异构商品出口的信息不对称问题（Lederman、Olarreaga和Payton，2010）。类似的，投资促进机构能够通过吸引外国直接投资来促进经济的多元化，尤其是以寻求更高生产效率（而非寻找市场）为投资指引的出口导向型外国直接投资。[48]此外，特别经济区也被用来支持多元化目标，但关于特别经济区在该方面作用的实证研究较少（Aggarwal、Hoppe和Walkenhorst，2009）。

第四，支持相应社会调整的政策能够促进贸易多元化（OECD和WTO，2019）。对于多元化目标来说，有必要根据劳动力市场需求，采取政策提高劳动力技术。[49]旨在减少性别不平等的政策（见本章第三节第三部分讨论）也能够通过两个渠道提高贸易多元化（Kazandjian等，2016）。首先，类似女童入学率低于男童这种在机会方面的性别差距，限制了人力资源的构成，危及多元化。其次，就业市场的性别不平等降低了劳动力效率，阻碍新思想的发展。根据卡赞吉（Kazandjian）等人对约100个处于不同经济发展水平的国家1990—2010年间的情况所做的研究，低收入国家和发展中国家均存在以上两种传导机制，性别友好型政策有助于这些国家扩大经济多元化。[50]

第五节　本章小结

国际贸易在提升经济韧性、抵御冲击方面发挥着重要作用。尽管贸易可能传播和放大冲击的影响，但它也可以帮助各国更好地预防、应对冲击并从冲击中恢复经济。生产和贸易多元化有助于促使贸易发挥积极作用。

一方面，如果货物和服务的交易条件受到冲击，贸易可能成为冲击的传播者。运输成本的波动和贸易政策的多变可能使贸易成为不稳定性的来源。这意味着，保障贸易政策稳定的多边贸易体制至关重要，有助于确保贸易能够促进经济韧性，这一点将在第四章讨论。在其他一些情况下，贸易也可能成为冲击的传播者，例如，疫情可能通过活体动物贸易和旅游传播。然而，永久性的限制措施代价高昂，而且似乎在很大程度上无法减少疫情的危害。此外，与非法的牲畜和野生动物贩运贸易不同，受国际标准管制的牲畜贸易往往对动物和人都是安全的。贸易也通过对气候变化的作用，间接对自然灾害冲击产生影响。尽管贸易通过生产和运输增加了排放，但它也促进了绿色技术的传播。国内的气候变化政策也有助于发挥贸易减轻自然灾害冲击的作用，如碳定价机制以及对低碳技术、项目的奖励政策。

另一方面，贸易可以使各国通过各种渠道更好地预防、应对冲击和从冲击中恢复经济。

第一，贸易可以帮助各国更好地应对冲击。首先，服务贸易可以成为一项经济增长来源，并通过增加可用的技术、制度和金融手段，为国际贸易的中断做好准备。其次，服务贸易在提供灾害期间的关键保障方面发挥着至关重要的作用，例如天气预报、保险、通信、物流和医疗服务等。危机期间，贸易对于确保政府采购的有效性也很重要。最后，贸易便利化政策对于确保危机期间的必要货物和服务进口至关重要。

第二，贸易能够帮助各国更好地应对第二章中讨论的不同类型的冲击（自然灾害冲击、技术与运营冲击以及社会经济冲击）。例如，贸易能够帮助各国更好地适应气候变化导致的自然灾害冲击。贸易使得各国在国内商品短缺的情况下可以改变供应来源，在国内需求受到影响的情况下改变商品的销售市场，从而使各国更容易应对冲击。暂免进口相关税收和政府采购等贸易措施也有助于应对冲击。

此外，贸易在提供应对新冠肺炎疫情等危机所必需的商品方面发挥着关键作用。贸易能促进专业化和知识溢出，从而培育应对冲击所需的技术。在发生动荡时，贸易还确保人们能迅速进口必要商品。面对全球冲击，确保贸易自由流动和必要商品以公平的方式分配至关重要。虽然各国有意实行出口限制并增加国内生产，但从长远来看，这将导致生产效率的降低。

第三，贸易可以收获从外国需求持续增长带来的出口利益和中间商品输入带来的进口利益，从而促进经济加速复苏。贸易似乎在帮助各国减轻新冠肺炎疫情带来的不利影响方面发挥了积极作用。2020年，全球贸易的复苏强于GDP的复苏，那些与疫情较轻地区拥有紧密贸易关系的地区GDP增速更快。与此同时，各国为加速复苏出台的财政和货币政策可能加剧贸易失衡，进而引发贸易保护主义政策出台的风险。此外，在复苏期间，各国可以实施贸易政策改革，以改善经济状况。各种改革政策，如供应链尽职调查法、贸易便利化和数字化措施等，可以帮助各国在新冠肺炎疫情恢复过程中建立更具韧性的贸易体系。

贸易多元化能使贸易在促进经济韧性方面发挥更大作用，其效果可以通过对宏观经济波动的减少程度来衡量。在高度专业化的情况下，贸易可能会放大冲击对特定行业的影响，就像采取新冠肺炎疫情防控措施对依赖旅游业地区产生的影响一样。然而，在经济多元化的情况下，贸易在应对冲击方面的优势更加凸显，贸易能使各国在国内短缺时进口商品，在国内需求下降时出口商品。许多政策都可以促进经济多元化，例如，合理的激励框架（可预见的商业监管、合理的贸易政策和竞争促进政策）；减少贸易成本；针对市场、政策和制度失灵的政策；支持调整政策，如技能提升政策和减少性别不平等的政策。

最不发达国家没有资源来维持大规模的国内刺激政策，须在国外寻找对其产品和服务的需求，刺激经济增长。贸易是使收入来源或销售市场多元化，从而成为增强韧性的一种手段。在风暴来临之前，建立一个强有力的贸易体系是获得物理援助或紧急救援人员等外部援助的必要条件，因为这些援助的送达渠道与常规贸易相同。但这对许多发展中经济体来说十分具有挑战性。为了更好地应对冲击，促进数字贸易和服务贸易发展的政策非常重要。

通过全球价值链进行的贸易既可能是冲击的减震器，也可能是冲击的传播器，这主要取决于价值链的结构。在互补的全球价值链中，贸易不仅可能成为冲击的传播器，也可能因为供应来源的多样化成为减震器。瓶颈（对价值链运行至关重要的部门）的存在，会使生产更易受到贸易成本激增的影响。促进供应商、客户和贸易路线多样化的政策有助于使价值链更具韧性。其他增强全球价值链韧性的政策还有供应来源多样化、增加库存和促进各地的灵活生产。

缺乏多元化和可预测的贸易政策会对弱势群体，特别是妇女和中小微企业造成特别严重的影响。然而，由于缺乏必要的贸易统计细节和存在大量的非官方信息，具体影响难以评估。这些弱势群体仰赖大公司的投入或需求，因而严重依赖国际贸易。这些弱势群体还经常参与非正式的跨境贸易，因此特别容易受陆地边界封锁的影响。

第四章讨论了贸易政策协调如何帮助各国更好地预防、应对冲击和从冲击中恢复经济，以限制贸易的冲击传播效应，放大贸易化解冲击的作用。

注释：

1. 安特拉斯、雷丁和罗西-汉斯贝格（Antràs、Redding 和 Rossi-Hansberg，2020）提供了进一步的理论分析。在一个模型中，为了交换货物，经济主体在境内和境外旅行，这表明国际贸易或流动性摩擦可能会增加或减少全球传染病暴发的可能性，这取决于每个国家疾病流行的环境。

2. 见世贸组织（2020a）中的图2，基于牛津新冠肺炎疫情政府追踪数据，OxCGRT（Hale等，2021）。

3. 见克莱门斯和吉恩（Clemens和Ginn，2020）的研究（第47页）。作者指出，一旦疫情到来，从被感染的游客那里被传染的可能性大大低于从被感染的当地人那里感染的可能性。

4. 埃卡特、卡门和沃尔夫（Eckardt、Kappner和Wolf，2020）发现，边境管制对控制18个西欧国家的疫情起到很大作用。琳卡等（Linka等，2020）表示，不受限制的流动会极大加快新冠疫情的传播，特别是在中欧、西班牙和法国。威尔斯（Wells等，2020）发现新冠肺炎疫情向全球扩散的时间与中国大陆的航空连通性之间存在明显相关性。其发现旅行限制使每日输出率平均下降81.3%。

5. 中子（Chinazzi等，2020）表示，自2020年1月23日从中国武汉开始实施旅行禁令起，大多数中国城市已经接收了许多受感染的旅行者。模拟结果表明，持续的90%进出中国大陆的旅行限制对疫情的发展轨迹只有适度的影响，除非与50%或更高的社区传播减少相结合。

6. 这里只考虑跨境贸易，而非国内贸易（包括传统食品市场的活体动物贸易）。传统食品市场是人畜共患病的来源以及人畜共患病暴发或传播的高风险场所，已经受到关注。关于可以减少与传统食品市场中活体野生动物销售相关的公共卫生风险的政策，已经出现（WHO、OIE和UNEP，2021）。此处的重点是人畜共患病，即由病原体（细菌、病毒、寄生虫或朊病毒）引起的、由动物传播给人类的传染病。在一份可影响人类的1415种病原体的名单中，大约60%是人畜共患病（Karesh等，2005）。国际家畜研究所（ILRI，

2012年）估计，约56种人畜共患的疾病导致每年约有25亿人次患病和270万人死亡。

7. http://www.fao.org/faostat/en/#data.

8. 2000年至2006年，仅美国大约有15亿只活野生动物（每年约1.2亿只）被合法进口。其中近90%用于宠物（Smith等，2012）。

9. https://www.oie.int/en/what-we-do/standards/ codes-and-manuals/.

10. 白力和梯库（Beverelli和Ticku）提供了合法贸易和疾病传播之间负相关的经验证据（2020）。然而，这仍需要进行更多研究。

11. 热夜等（Fèvre等，2006年）报告说，在沙特阿拉伯，大多数布鲁氏菌病——一种感染牛羊等动物的人畜共患疾病——的病例都是来自东非进口的未经检疫的产品。白力和梯库（Beverelli和Ticku，2020）提供的证据表明，非法牲畜贸易（通过贸易伙伴国报告的镜像贸易统计数据的差异来衡量），除了威胁动物健康外，还可能因人畜共患疾病的传播对人类健康构成风险。

12. 应该强调的是，活体野生动物的合法（即受管制）跨境流动有很大一部分是通过非商业交易完成的，例如，通过物种生存/复苏为目标的跨境迁地计划框架。热夜（Fèvre等，2006）与肖梅尔、伯罗托和梅兰（Chomel、Belotto和Meslin，2007）列举了（国内和跨境）重新安置野生动物所产生的不良副作用的几个例子。

13. 即使在美国这样一个海关管理先进的国家，在边境申报的野生动物货物中也只有25%的检查率（Williams和Grante，2009）。

14. 罗瓦利诺和埃雷拉（Robalino和Herrera，2010）指出，贸易开放可以增加或降低木材价格或当地农产品价格，从而促进或缓和毁林。例如，在具有粗放型农业比较优势的国家，贸易自由化可能会提高粗放型农业生产的农产品的相对价格，如果其他条件相同，这可能会导致森林砍伐的增多。此外，贸易开放会影响农业投入的价格，如化肥，这也会影响毁林。Robalino和Herrera（2010）进一步认为，运输投资的位置、道路的类型、原来存在的森林数量以及该地区之前的发展都会影响到贸易开放后进行森林砍伐的动机。

15. 见世贸组织（2013）第三章脚注82。

16. 随着包装厂为了利用规模效应而扩张，其要求单个生产者提供更多数量的产品。这就要求扩大生产规模或采取某种形式的联合营销（Duffy，2009）。

17. 关于决定不同类型牲畜（如家禽、猪和反刍动物）比较优势因素的探讨，见厄普顿和奥特（Upton和Otte，2004）的第二节。

18. 使用不同的方法和定义，全球贸易预警（https://www.globaltradealert.org）报告称，在2020年前10个月，各国政府采取了2031项此类政策措施。这些措施据称扭曲了全球货物贸易的13.6%，而贸易改革则涵盖了全球贸易量的8.2%（Evenett和Fritz，2020年）。

19. 与国际货币基金组织（IMF）合作，阿希尔、布鲁姆和菲雪律（Ahir、Bloom和Furceri，2018）构建了一个关于贸易政策或一般贸易的不确定性的每月指数，即所谓的世界贸易不确定性（WTU）指数。该指数的基础是计算"不确定性"一词与"贸易"（或与贸易有关的词，如"保护主义""关税"或"WTO"）在《经济学人》杂志社报告中出现的频率。

20. 卡尔达拉（Caldara等，2020）用三种方式来衡量贸易政策的不确定性。（1）提及贸易政策不确定性的上市公司的盈利电话；

（2）有关贸易政策不确定性的报纸报道；（3）关税的历史波动性。他们根据各部门的公司盈利电话和投资的变化，得出贸易政策不确定性导致投资减少1%的估计。

21. 治理质量不是暴力和冲突影响贸易成本的唯一渠道。正如前面关于运输成本的部分所讨论的，暴力和冲突也会造成运输网络的中断，增加与贸易货物的运输、交付有关的风险和不确定性。例如，在第二次世界大战期间，英国的贸易受到了挑战，因为贸易路线被冲突打乱了，尽管治理和法规仍然相对稳定（Jackson，2011）。

22. 克雷默（Kremer，1993）认为，如果最终产品对用户有任何价值，即使是复杂生产过程中最小的部件也必须正常运行。

23. 里昂惕夫（Leontief）逆向矩阵显示了衡量一项经济活动的初始变化对经济的连续影响的系数（经济乘数）。它包含了生产中的直接和间接投入。

24. 缩写"ROW"是指"世界其他地区"。

25. 世贸组织贸易监测报告（世贸组织，2021f）。

26. 补贴与反补贴措施协议Article 3（b）（"禁止"）。

27. 如上诉机构报告，欧共体–石棉（2001）；上诉机构报告，美国–丁香烟（2012）；上诉机构报告，美国–金枪鱼2（墨西哥）（2012）；上诉机构报告，美国–丁香烟（2012）；上诉机构报告，欧共体–密封产品（2014）；上诉机构报告，俄罗斯–铁路设备（2020）；专家组报告，澳大利亚–烟草平装（2020）。

28. 贸易多元化的不同度量详见图3-11注释。

29. 此处仅聚焦贸易多元化和宏观经济波动（与经济韧性反向对应）。学界对于更为宽泛的经济开放性和经济波动之间的关系给予了较多关注，一个主要观点是：贸易带来的专业化会机械式拉升经济波动水平（可参考 Di Giovanni 和 Levchenko，2009）。卡塞利（Caseli，2020）等质疑该观点，认为只有专业化发生在以下两类部门的情况下，才会增加波动性：一是本身具有内在波动性的部门；二是该类部门容易受到的冲击与国家受到的总体冲击或其他部门受到的冲击相关。科伦和邓罗（Koren 和 Tenreyro，2007）的发现与上述结论一致：处于发展初期的国家（即贫穷国家）的生产往往集中于高波动性部门，也往往会经历更高水平的与特定国家相关的波动。随着发展水平的提高，一国的生产倾向于向内在波动性较低的部门转移。即使这些国家此后再次进行生产集中，也往往是集中在低波动性部门，总体的经济波动性也较低。

30. "与特定国家相关的冲击"在卡塞利（Caselli）"基于贸易的多元化"机制中占据主要位置。作者援引的有关研究指出，在一些工业化国家中，在塑造经济波动模式方面，国家相关的冲击比部门相关的冲击施加了更大影响。作者同时援引了科伦和邓罗（Koren 和 Tenreyro，2007）的论述，对欠发达经济体而言，国家相关的冲击造成的影响更加显著。

31. 即使是大型的出口公司，多元化程度也不是太高，说明花费成本建立密集客户网的重要性。

32. 与此相对称的结论是：缺乏出口多元化，一国更容易面临进口国实施的贸易限制风险（关税和非关税措施等）。

33. 此处仅涉及进口地域多元化，不涉及进口产品的范围。大多数国家进口大部分产品，国家之间的差异和一国内部随着时间产生的变动很小。

34. 165个国家的进口地域多元化上升，56个国家下降。

35. 据几内亚和富仕伯（Guinea 和 Forsthuber，2020）评估，仅

1%的欧盟进口来自单一供应商。Jaravel和Méjean(2021)发现，在法国进口的9334种产品中，仅644种主要来自欧盟以外，且供应国数量较少。这644种产品仅占法国进口总额的4%。

36. 多项研究为此提供了间接证据——希里贡内等（Bricongne等，2012）、贝伦斯、科科斯和锡安（Behrens、Corcos和Mion，2013）以及安特拉斯（Antràs，2020）脚注7中引用的其他研究。根据这些研究的记录，2008—2009年经济危机后发生的贸易大崩溃主要体现在贸易深度（既有贸易关系的交易量），而非贸易广度。

37. 该结果与莫纳级和施密特-艾森格尔（Monarch和Schmidt-Eisenlohr，2020）中的微观层面调研结果一致：美国进口商与出口伙伴的买卖关系较为持久，美国进口量的80%来自既有合作关系。

38. 知识产权密集度和出口地域多元化也呈现类似正相关。出于对进口国模仿的担心，知识产权密集部门的出口多元化可能会减少。然而，如正文关于进口地域多元化的讨论一样，平均而言，富裕国家更为多元化，也是高端产品（知识产权更为密集）的最大出口国，因此专利、版权密集度与出口地域多元化成正相关。

39. NACE表示"欧共体经济活动统计分类"。

40. ISIC 表示所有经济活动的国际标准行业分类(https://unstats.un.org/unsd/classifications/FamilyDetail/2)。

41. 尤其是，长期以来，资源丰富型国家的出口多元化受到提倡。除可以减少波动、增加韧性外，还有另外两个原因：第一，这些部门的典型特征是对其他经济部门的正面溢出，比如"干中学"（learning by doing）和知识溢出；第二，不可再生资源的枯竭性，资源开发对环境的显著影响，以及技术冲击可能导致的资源进口国需求消失或急剧下降。

42. 此处系对豪斯曼和罗德里克（Hausmann 和 Rodrik，2003）国内领创企业家相关研究的应用见（WTO，2020b，专栏3-1）。

43. 原因在于：存在对外部性的认知不完全，有必要对特定部门进行干预，但干预往往导致寻租。外部性认知的不完全和干预带来的寻租都会破坏产业政策的有效性。

44. 仅涉及国内政策。第四章讨论了国际合作和贸易协定框架下的政策，比如促贸援助和世贸组织《贸易便利化协定》。

45. 事实上，贸易优惠的一个主要目标就是帮助发展中国家和最不发达国家提升经济多元化水平，比如在欧盟普惠制条例中［(EU) No.978/2012］有此陈述。

46. 反之亦成立：一国的标准和其他非关税措施可以增加或减少进口多元化，这取决于它们对信息不对称和市场进入成本的相对影响。

47. 出口产品多元化指数、出口地域多元化指数和进口地域多元化指数（见图3-11注释）与世界银行基于约160个国家6个年份（2007年、2010年、2012年、2014年、2016年和2018年）数据编制的物流绩效指数成正相关。尤其是，无论是采用最小二乘法，还是泊松伪最大似然法对每个多元化指数和物流绩效指数进行回归分析，控制国家和年份固定效应（N=912），出口地域多元化指数和进口地域多元化指数的回归系数为正，且具有统计显著性，出口产品多元化指数的回归系数也为正，但统计不显著。

48. 根据鲍莱尔、丹兹曼和格茨（Bauerle、Danzman 和 Gertz，2020）的调研，与其他政府机构充分协作的投资促进机构比独立运作的投资促进机构表现更好，推出了更多项目来促进本国供应商与外国客商合作。

49. 有关数字时代技能发展政策的讨论，参见WTO（2018b）。

50. 特别是卡赞监（Kazandjian等，2016）认为，机会上的性别不平等，比如在教育方面，对多元化产生负面作用，此为第一种渠道的体现（不平等限制了人力资本水平，进而限制了多样化）；性别不平等对产生多元化的负面作用，比如在劳动参与率方面，体现了第二种渠道（资源的无效分配导致无法产生足够多的好思想）。

第四章　国际合作在构建经济韧性中的作用

从2008—2009年全球金融危机和当前新冠肺炎疫情的应对可以看到，如果政府间缺乏合作则容易造成严重紧张局势，阻碍各方获得最优资源配置结果。相反，无论是防范未来扰乱，还是应对现有冲击，抑或是刺激经济复苏，各国政府都可以从合作提升经济韧性的过程中受益。贸易领域的国际合作通过协同效应和对更加开放、多元、包容及可预测的贸易环境的支持，可以在构建抵御各种冲击的经济韧性的过程中发挥重要作用。

主要事实和结论

为应对冲击而采取的贸易限制措施往往具有负面溢出效应，如交叉报复风险、收入和福利损失。

国际合作可以最大限度地减少负面溢出效应，帮助政府防范和应对冲击并从冲击中恢复经济。国际合作可以降低贸易政策不确定性带来的风险，防止贸易政策成为冲击的来源。

世贸组织可通过实现货物和服务在国际上畅通、可预测、开放和更自由的流动，以及实现供应来源和出口的多元化，积极促进贸易合作并提升经济韧性。

在增强全球价值链韧性，并以合理价格获得包括新冠肺炎疫苗在内的必需品和服务方面，国际合作可以发挥重要作用。

世贸组织成员可以在透明度、出口限制和电子商务等多个领域加强合作，为构建经济韧性做出更大贡献。

第一节　本章概述

正如本报告第二章和第三章所讨论的，各国政府会采取不同的策略来防范未来扰乱和提升经济韧性，其中就包括贸易政策战略。此外，各国政府还会采取各种贸易或非贸易措施来应对冲击并刺激复苏。

在扰乱和冲击还没有发生时，各国政府可以加强在避免、减少和预防风险等方面的合作并从中受益。源于一国的冲击可能会通过贸易或其他渠道传播到其他国家。一国减少风险的措施和构建经济韧性的政策会对其他国家产生积极溢出效应，无论这些冲击是地方性、区域性还是全球性的。当这种积极溢出效应出现时，由于非合作国家采取的政策不太可能避免、减少和预防风险，因此不能形成全球最优资源配置结果。国际合作可以帮助经受冲击的这些国家更接近风险减少的最优水平。[1]

为应对冲击和加快复苏进程，各国政府也可能采取对贸易伙伴具有负面溢出效应的政策，例如对必需品的出口限制，或实施对其他国家产生不利影响的补贴。本章解释了国际合作如何有助于限制此类措施的使用。

第一，本章说明为什么国际合作对经济韧性至关重要，并介绍国际合作可以采取的多种形式，例如国际组织之间的合作或区域/诸边贸易协定等贸易安排。第二，本章简要说明非贸易政策国际合作如何减少风险和脆弱性并增强经济韧性。第三，本章更详细地讨论贸易政策国际合作如何有助于提升经济韧性，帮助各国减少风险和脆弱性并预防冲击。第四，本章探讨贸易政策国际合作如何能够帮助政府应对冲击。第五，通过考察与危机相关的最为突出或反复出现的政策问题，本章从复苏角度探讨经济韧性，分析如何利用贸易政策帮助各国在遭受冲击后更强劲、更迅速地反弹，并从经济和法律角度分析如何通过政策合作来处理这些问题。第六，本章探讨在哪些领域加强合作以使国际贸易更能提升经济韧性。

第二节　国际合作对经济韧性至关重要的原因及国际合作的形式

无论是富裕国家还是贫穷国家，都可以通过国际合作在防范风险、应对风险和复苏经济三个阶段受益。此外，如果国际合作导致了资源从富国向穷国的转移，例如，富国向遭受自然灾害的穷国提供援助，或者捐助方和国际组织向低收入国家提供疫苗，那么国际合作就会让各国更加团结。

这说明加强国际合作对提升经济和金融韧性十分重要，可以确保贸易韧性的存在并使贸易的积极作用得以发挥。2008—2009年全球金融危机以来，关于经济和金融韧性的国际合作已经转化为各种形式的"软法"，例如二十国集团发布的不具约束力的宣言或建议，或联合国、经合组织等国际组织的专家组磋商形成的"最佳实践"。这两者都强调了贸易对提升韧性的重要性。

另一个至关重要的合作领域是减少灾害风险。一些国际组织所开展的韧性提升工作并不与贸易直接相关，但贸易可以为其提供重要支持。天气预报（World Meteorological Organization，WMO）、减灾（UNDRR）、救灾（OCHA）、适应和减缓气候变化（UNFCCC）、药物获取（WHO、Gavi，the Vaccine Alliance）和金融韧性（IMF、WB）就是如此。世贸组织关于货物贸易、服务贸易和与贸易有关的知识产权方面的规范有助于这些组织完成使命。

从更广的意义上讲，上述国际组织虽然职责范围各有不同，但通过在国际合作和流程规范的过程中加强协作和包容性，可以提升对冲击的防范、减缓、应对以及从冲击中复苏的能力。

与金融韧性相比，贸易相关事务中的多边合作路径略有不同。1994年的《建立世贸组织的马拉喀什协定》《世贸组织协定》与1947年的《关贸总协定》（GATT）一样，制定了具有约束力的规则和协定，可通过争端解决机制在法律上强制执行。《世贸组织协定》还包含内在的灵活性，允许成员对健康或国家安全等更高的利益做出反应。

多边贸易体制的诞生源于重大危机：20世纪30年代的大萧条，以及当时实行的"以邻为壑"的贸易政策。《关贸总协定》在关税削减方面的成就足以证明，即使在危机时期，多边贸易体制也可以通过降低贸易成本、保持贸易流动来增强经济韧性。

虽然"韧性"一词既没有出现在1947年的《关贸总协定》中，也没有出现在《世贸组织协定》中，只是在最近才被纳入区域贸易协定（见专栏4-1），但可以说，1947年的《关贸总协定》已计划通过建立一个更加稳定和可预测的多边贸易体制来改正20世纪30年代的错误，从而为更有韧性的世界经济做出贡献。在这方面，《世贸组织协定》可以视为1947年《关贸总协定》的延续。

国际合作是在各个不同的层面进行的。除了《世贸组织协定》的多边贸易准则之外，各国还缔结了区域一级的贸易协定（区域贸易协定）。

另一类国际贸易准则是诸边协定，此类协定虽在世贸组织框架内，但在多边进程之外，是由世贸组织的部分成员谈判和缔结的协定。除了《世贸组织协定》附件四所载的《诸边贸易协定》之外，在乌拉圭回合（1986—1994年）期间以及自世贸组织成立以来，各成员集团还就具体的新增承诺进行了谈判，将其纳入减让表，并在最惠国待遇（MFN，即不歧视贸易伙伴的原则）的基础上适用。这类协定包括1994年的《医药产品协定》和1996年的《信息技术协定》，这两个协定后来都扩大了范围或进行了更新。

联合声明倡议也是诸边讨论或谈判。它们不是世贸组织多边进程的一部分，而是由一些成员集团在世贸组织框架内提出和讨论，并通过谈判来明确具体领域的世贸规则。联合声明倡议目前涵盖了电子商务[2、3]、投资便利化[4]、服务国内规制[5]、中小微企业[6]以及贸易和环境可持续性[7]等领域。《医药产品协定》等已纳入成员减让表的协定，已经在预防和应对危机方面体现出相关性，基于联合声明倡议的谈判如果能够在世贸组织框架内创造新的合作形式和新的协定，也可能增强经济韧性。

在各国越来越多的联合行动的支持下，现有的规则和协定正不断得到补充。这些行动由国际组织的负责人决策，目的是加强和构建某些领域的合作，主要通过信息汇集、技术援助和其他形式的能力建设等方式予以实施（WTO，2021e）。其中一些行动采用了各组织相互缔结协议并确定共同工作方案的形式。

诸边协定和谈判可能会与经济韧性相关，因为它们是建立在世贸组织现有协定基础之上的，通常涵盖对贸易和经济韧性至关重要的技术主题，这一点下文将进一步解释。关于世贸组织讨论或谈判的诸边规则，将在下文中与现有的多边规则一起讨论。

在过去几十年里，除了一些例外情况，区域贸易协定从主要侧重于消除"关税和其他限制性商业法规"[8]的简单形式的自由贸易协定（FTAs）或关税同盟（即"浅层"优惠贸易协定）发展成为全面的经济合作协定，其覆盖范围超出了传统的边境措施，扩展到竞争、外国直接投资保护、环境或劳工等政策领域（即"深度"优惠贸易协定[9]）（Mattoo、Rocha和Ruta，2020）。

专栏4-1　区域贸易协定中的韧性

虽然区域贸易协定并不一定都会包含与支持经济韧性战略相关的韧性条款，但确有部分区域贸易协定明确写入了韧性条款，这些条款涵盖了从应对气候变化、自然灾害到网络安全等广泛领域的韧性，如图4-1所示。

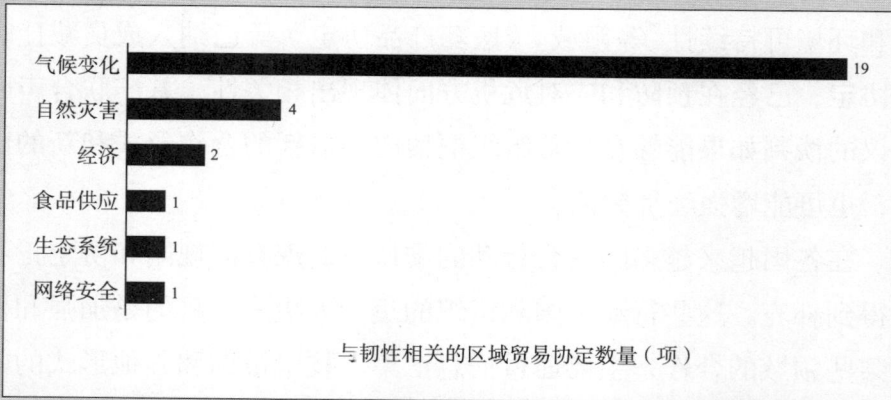

与韧性相关的区域贸易协定数量（项）

图4-1　区域贸易协定中涉及的韧性条款

　　在贸易协定中写入韧性条款的情形虽然并不多见，但也并非新现象。欧洲共同体和非洲、加勒比和太平洋地区国家集团（简称非加太集团）1989年签署的第四个《洛美协定》，就提到了通过结构调整支持和促进非加太集团国家经济多元化发展，并在更大范围进一步推动提升经济整体韧性。同样的，1992年东盟签署的《共同有效普惠关税方案协议》在序言中强调，东盟确认成员间的优惠贸易安排可以增强成员及东盟内部的经济韧性。

　　最近的一些区域贸易协定还特别提及了面对自然灾害时的韧性。例如，阿根廷和智利签署的区域贸易协定要求双方努力推动对电信网络故障恢复计划的共同管理，以减轻自然灾害的影响（Monteiro，2021a）。

　　还有一些区域贸易协定涉及应对气候变化的韧性，这类区域贸易协定的数量正在不断增加（Monteiro，2016b）。包括欧亚经济联盟（EAEU）和新加坡的区域贸易协定在内的多个区域贸易协定，都将提升应对气候变化的韧性列为合作领域。还有一些区域贸易协定，如中国和毛里求斯的区域贸易协定，明确将在促进环境友好型产品技术开发和对自然资源的高效管理方面开展合作，以提升可持续农业和有机农业应对气候变化的韧性。巴西与智利的区域贸易协定等其他协定则提到了具有韧性的水管理合作。此外，一些由欧盟参与的区域贸易协定，包括欧盟与格鲁吉亚的区域贸易协定，同样要求双方在沿海区域综合管理方面开展合作，以加强沿海区域抵御气候变化影响等沿海风险的韧性。

　　其他特定韧性议题目前仅出现在少数协定中。例如，欧盟与新加坡的区域贸易协定提到，新加坡农业食品和兽医局除负责就卫生与植物卫生措施（SPS）开展技术磋商外，还负责保障安全和健康食品的韧性供给。另有少部分区域贸易协定对网络安全有明确规定（Monteiro和Teh，2017），欧盟和英国的区域贸易协定明确要求双方在相关国际机构和论坛中开展合作，加强全球网络韧性，并增强第三国有效打击网络犯罪的能力。

标准的区域贸易协定通常会在内容上扩展或深化世贸组织规则（相关条款称为"WTO+"条款）。区域贸易协定还可能会包含世贸组织未涉及的竞争、投资、电子商务，以及气候变化应对和自然灾害管理等内容（见专栏 4-2）。这些条款不仅强化了区域贸易协定参与方对重大冲击的应对能力，也为加强经济韧性方面的国际合作提供了标准化模型。

专栏4-2　区域贸易协定中的自然灾害及次生灾害

区域贸易协定有时会被视为一个实验室，在其中可以设计新的条款以解决各类挑战，例如对自然灾害特别是气候、地球物理、水文和气象风险的管理。这些条款对应对虫害、流行病、工业和运输事故、国内冲突和恐怖主义等灾害和风险方面的其他明确规定形成了补充。

虽然在区域贸易协定中明确提出应对自然灾害的条款并不是新现象，但近年来，在任何一个特定协议中相关条款数量的逐年递增趋势在很大程度上也说明了多数自然灾害条款存在高度异质性。

这些条款在区域贸易协定中的结构和位置，以及语言措辞和范围方面均有所区别。大多数条款涉及的均为一般意义上的自然灾害，仅有少数条款会明确指向如干旱、地震、洪水、山体滑坡、海啸、火山爆发和森林火灾等特定类型自然灾害。大多数自然灾害条款只适用于一个或数个区域贸易协定，且其中大部分条款为"尽力而为"条款，这表明一旦发生灾害，各方仅需要"尽全力"开展相关工作，而没有责任开展合作或约定以某种方式开展合作。

在区域贸易协定的自然灾害条款中，最常见的条款类型是合作条款。而最常见的合作领域则是防灾、减灾和救灾领域（Monteiro，2016b），如图4-2所示。明确涉及预防、预警系统以及灾后恢复和重建等其他自然灾害管理领域的区域贸易协定不多。

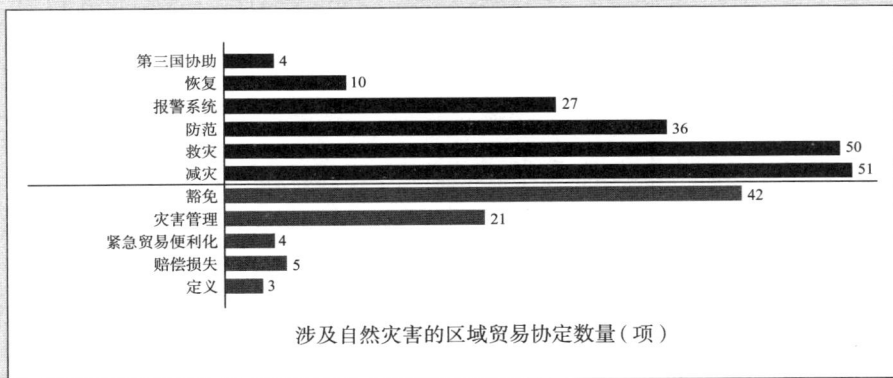

图4-2　区域贸易协定中关于自然灾害的条款（存在异质性）

最详细的合作条款可以在欧盟和格鲁吉亚、摩尔多瓦的区域贸易协定关于民事保护的独立章节中找到。区域贸易协定中大多数合作条款都是关于成员间的合作，仅有一部分条款提到了第三国的参与。

另一种相对常见的条款规定了自然灾害发生时的豁免。在新西兰和新加坡的区域贸易协定等一些协议中，一旦发生自然灾害，成员在实施政府采购时，可以享受货物和相关服务紧急采购方面的豁免。

包括欧盟《里斯本条约》在内的一些区域贸易协定规定，为自然灾害损失提供补助是合规的。还有一些区域贸易协定规定了其他类型的豁免，包括全额返还用于灾害救援的商品进口关税和销售税。

其他类型的自然灾害条款涵盖了更多情形，但仅出现在少数区域贸易协定中。有些区域贸易协定强制各方采取自然灾害管理措施。

例如，建立中部非洲经济与货币共同体（CEMAC）的协定要求成员国元首会议将抗旱等自然灾害议题纳入议程。同样的，加拿大和智利区域贸易协定平行磋商的环境合作协议，要求双方制定和审查环境突发事件的预防措施。最近，中国台北和新西兰签订相关区域贸易文件要求双方取消环境商品清单的所有关税，包括用于监测、测量和协助应对地震、飓风和海啸等自然灾害风险的必要仪器和设备。

除关税豁免外，还有一些关于自然灾害的条款特别涉及了贸易便利化。例如，加拿大和以色列的修订版区域贸易协定要求双方确保在自然灾害等突发情况下，海关可迅速放行货物。

很多区域贸易协定中涉及投资的章节都规定，在出现国家紧急状态或内部冲突的情况下赔偿投资损失。但仅有个别协定，如加拿大和欧盟的区域贸易协定明确规定，在赔偿、补偿或以其他方式弥补由自然灾害产生的投资损失时应遵循非歧视待遇原则。

第三节　非贸易政策国际合作有助于降低风险和脆弱性

就加强韧性的政策开展国际合作，不仅会使各国单独受益而且会带来共同的好处，各成员协调行动更可以发挥协同效应。各国政府针对以往冲击采取的多边倡议为这一结论提供了大量论据，这些倡议建议各国开展合作，并共同帮助那些承受压力的国家遏制危机（OHCHR，2016；UN，2015）。开展合作有助于一些跨境溢出效应的内部化并进而提高韧性。本节讨论了经济和金融政策方面的合作如何对贸易合作发挥补充作用，并描述了贸易合作与减少灾害风险合作之间的协同作用。

一、增强经济和金融韧性

过去二十年来，世界经历五次全球性经济衰退，对各国经济增长、就业和发展均产生了不利影响（Kose、Sugawara 和 Terrones，2020；WB，2021d）。特别是2008—2009年的全球金融危机和始于2020年的新冠肺炎疫情引发的经济危机，对各国社会经济产生了前所未有的负面影响，并清晰地表明各国需要加强国际合作。考虑到国家干预会产生正面和负面两种跨境溢出效应，可知遏制全球金融危机需要各国合作。例如，在2008—2009年全球金融危机之后，通过隐性补贴救助大型金融机构的国家政策产生了负面溢出效应，这表明各国有必要开展合作以确保银行的韧性和全球金融稳定（Agenor 和 Pereira da Silva，2018；Napolitano，2011）。

各种研究都强调，全球金融危机将引发国际金融体系中的摩擦，并使各国暴露于过度波动的风险之中。金融全球化的快速发展导致各国对外资产和负债的增加，并因跨境冲击的传递和放大而引发了新的政策挑战。跨境资产负债表的高风险敞口、利率和资产价格波动、代理商的预期和信息效应，以及贸易联系等都是金融溢出效应的重要传播因素，并会引发对股票、外汇和主权债券市场的冲击（Agénor和Pereira da Silva，2018; IMF，2014; IMF，2016; Pesce，2014）。例如，主要发达经济体的利率波动可以经由改变外部借贷成本和扩大国内杠杆来影响其他国家。当借款国陷入严重困境时，将可能产生巨大的负面影响并引发危机（Agenor和Pereira da Silva，2018）。

促进金融稳定、减少全球金融危机和跨境冲击从本质上来说是一种全球公共产品，需要引入特殊的治理机制和国际合作（Agénor和Pereira da Silva，2018; Currie，1993; Napolitano，2011; Pilbeam，1998; Taylor，2013）。在这方面，科尔(Kaul，2020）指出了对于全球公共产品需要开展国际合作的三个主要原因：问题超越国家范围、各国无法单独解决这些问题、各国处理这些问题的优先顺序和偏好存在差异。因此，当金融危机蔓延到其他国家并超出本国管辖范围时，化解危机和减轻其影响就成为一项全球公共产品，这需要所有（或大多数）受影响或（与之相关）的国家采取协调一致的措施。

正如第三章第三节所述，贸易是促进经济增长和提高生产率的有力工具，可以为各国提供更多的财政空间来应对冲击和建立韧性。2008—2009年全球金融危机发生后，关于经济和金融韧性的国际合作倡议开始聚焦贸易恢复和韧性维持的重要性。2008年11月，《二十国集团金融市场和世界经济峰会宣言》提出了维持开放、有韧性的全球经济的原则和决定。其中，贸易将通过减少贫困和提高生活水平来促进全球经济增长和繁荣（G20，2008）。除了援助因资源短缺而遭受重创的国家之外，二十国集团还在协调更多国家参与全球经济复苏的进程中发挥了重要作用，这是七国集团或八国集团这样的小范围集团所不能比拟的（G20，2009）。

与上述目标类似的是，联合国大会主席在国际货币和金融体系改革专家委员会上讨论了各国就金融、经济和贸易政策开展合作保持一致的重要性，以此确保贸易有助于促进危机后的复苏（Stiglitz，2010；UN，2008）。二十国集团和联合国都强调了世贸组织在维护全球经济开放方面的作用，世贸组织不但可以确保各国贸易措施与多边贸易协定一致，还为各国提供了一个就新协定和合作倡议展开谈判的多边场合。

在2008—2009年的全球金融危机发生近十年后，二十国集团通过了一整套经济韧性原则，强调国际合作有利于设计有效的韧性政策，这些政策可在最大程度上发挥促进金融稳定、恢复市场信心并推动经济增长的跨境正面溢出效应（G20，2017）。由于可为社会民生及全球经济体系创造价值，促进国际贸易和投资已成为二十国集团的经济韧性原则之一（Atteslander和Ramo，2020；G20，2017；OECD，2021d）。

为应对新冠肺炎疫情蔓延，七国集团和二十国集团还认识到，为实现构建经济和金融韧性的目标，应当支持贸易在促进经济繁荣和发展方面发挥多种作用（G7，2020；OECD，2021d；OECD，2021f）。

国际合作在帮助遭受严重打击和/或缺乏资源和能力的国家方面也发挥着作用。《二十国集团金融市场和世界经济峰会宣言》强调，多边合作应帮助贫困和脆弱国家管理因全球金融危机及与之相关的危机应对问题而引发的潜在风险（G20，2008）。2008—

2009年全球金融危机之后，二十国集团倡议成立了金融稳定委员会（FSB），负责监督多边机构向发展中国家提供的援助项目（Carney，2017；FSB，2011；FSB，2014）。由世界银行和国际货币基金组织向发展中国家提供的大量财政援助，有利于促进经济活动，增加储备和流动性，并增强市场信心（世界银行独立评估小组，2012；IMF，2008；IMF，2015）。世贸组织推动各方开展合作，为发达国家和发展中国家提供贸易融资机会及改善市场条件（Auboin，2009；OECD和WTO，2009）。为应对新冠肺炎疫情危机，二十国集团成员实施了《暂停偿债倡议》（DSSI）和《债务处理共同框架》，同意脆弱经济体和新兴经济体暂停偿债（WB，2021b）。与此同时，世贸组织正继续协调有关贸易融资合作的公私合作倡议（Auboin，2021）。

世贸组织以三种具体方式促进国际合作，以增强经济和金融韧性，并加强贸易在促进复苏、增长和发展方面的作用。一是通过债务、贸易和金融工作组和促贸援助倡议（WTO，2005）等方式来增强国际贸易和金融政策的一致性。二是提高各成员为应对危机而出台的贸易和经济支持措施的透明度。例如，世贸组织为应对2008—2009年全球金融危机和新冠肺炎疫情发布了一系列贸易监督报告（WTO，2021f）。三是针对成员出台的经济和金融政策及其所签署的多边贸易协定的一致性问题，提供多边审查框架和平台。

二、减少灾害风险

人们越来越认识到，各国政府需要通过减少脆弱性和灾害风险来增强其抵御自然灾害的能力。要防止损失、减轻危机所造成的影响并加快从危机中复苏的进程，需要有规划地防灾、减灾和备灾，并执行应急计划。国际合作的一个重点是减缓和适应气候变化，这也许是国际社会实现可持续发展面临的最严峻的挑战。上述工作的关键点之一就是利用相关政策与国际贸易间的协同作用（见专栏4-3）。

专栏4-3 减缓和适应气候变化

气候危机的跨界和跨代属性使任何国家都不可能单独应对这一危机。为减轻气候危机的影响而采取单边行动可能不是最佳做法，并可能对其他国家造成负面溢出效应。碳泄漏风险就是例子，无论是直接通过将碳排放外包给碳政策不那么严格的国家（Nielsen等，2021），还是间接通过降低能源价格的方式（REF）进行风险转移，都无法最终减少全球碳排放。一些国家未能采取实质性的气候行动，可能会损害其他国家在这方面的努力成果。例如，一些国家的化石燃料补贴压低了化石燃料的价格并增加其使用，抵消了其他国家的减排成效（Global Subsidies Initiative，2019）。

各种全球对话和谈判，例如《联合国气候变化框架公约》（UNFCCC，1992年通过）、《京都议定书》（1997）和《巴黎协定》（2015）已就监测和减少温室气体排放采取关键行动，并形成了重大的积极影响（Böhringer和Vogt，2003；Kim、Tanaka和Matsuoka，2020；Tulpule等，1998）。然而，根据有区别的责任原则，减少排放的主要责任最初由工业化经济体承担。因此，随着生产和国际贸易从一个地点转移至另一个地点，政策不那么严格的国家的排放量会因此增加，抵消了严格限制排放的国家的减排成效（Aichele和Felbermayr，2015；Jiborn等，2018；Nielsen等，

2021）。气候政策严格性方面的差异也引发了人们对发展中国家排放量不断上升的担忧。目前，发展中国家的温室气体排放量占全球总排放量的一半以上（Mattoo和Subramanian，2013）。

要使气候变化的适应和减缓工作能够有效、韧性和充分，需要采取协调一致的方法，以便在发展中国家的经济增长与环境保护责任之间取得平衡。《巴黎协定》等多边承诺标志着全球应对气候变化的努力向前迈出了重要一步，它约束并跟踪全球所有国家在限制排放和遏制全球变暖方面的进展（联合国气候变化框架公约，2020）。与之前只有发达国家承诺减少碳排放的协议相比，这种广泛的参与可以减少碳泄漏的风险（Nielsen等，2021）。

然而，只有当国内气候政策处理好气候和贸易体系之间的潜在互动关系，并运用国际贸易鼓励和支持低碳可持续经济转型时，这种广泛的参与才会有效（Brandi，2017）。如第二章第二节和第三章第二节所述，气候变化对生产、贸易模式和供应链有负面影响，增加了贸易风险。然而，与此同时，国际贸易中温室气体的排放量约占全球温室气体排放量的25%（Peters等，2011；Wood等，2018）。

这种双边关系凸显了国际贸易和气候变化减缓举措之间协同增效的必要性（WB，2007）。只有通过国际合作才能利用这种协同作用。例如，碳边境调整机制（CBAM）这一气候政策试图通过将碳含量纳入商品进口价格来解决碳泄漏问题，并解决将环境影响转移到政策不太严格的地区的问题。虽然尚未有任何国家采用这一机制，但其潜在的环境、社会和金融影响，以及从中产生的经济效率和可行性问题，包括与世贸组织多边贸易规则的关系问题（WTO，2020i），最终都将取决于这一机制的设计。

国际合作在提高国家韧性的政策效率方面也可以发挥重要作用。国家政策可以产生强大的跨境效应。例如，减少某国发生流行病的风险，就可以减少该流行病蔓延到其他国家的风险。在缺乏合作的情况下，各国政府可能不会充分考虑到其政策措施可能对邻国或贸易伙伴产生的积极影响。某些措施的目标尽管是减少人类或动物疾病引入风险，但却可能对贸易伙伴产生不利影响，而合作可以顾及并减弱这些措施的负面溢出效应。

各国通过了关于减少灾害风险的区域和国际合作框架，以加强协调并提升抵御自然灾害的韧性（Buchholz，2020；Thomas 和 López，2015；UNDRR and CRED，2020；Vision of Humanity，2019）。这些框架有助于各国采取协同性方法，致力于灾害预防、管理以及灾后恢复；还有助于确定各国的行动优先事项和目标，提供审查和报告其进展情况的机制，并为进一步改善国际政策。这些框架的落实创造了基于知识和实践的良性循环（UNDRR，2017）。这些国家层面的努力支持和促进了各方落实更广泛的国际政策目标。

联合国防灾减灾署（UNDRR）是联合国减灾协调中心，成立于1999年。联合国防灾减灾署与各国政府、国际社会、其他联合国机构以及其他国际组织合作，并支持它们实施《2015—2030年仙台减少灾害风险框架》（以下简称《仙台框架》），涵盖执行、监测和分享有效的战略，减少现有风险和防止新风险出现等内容。

2015年，所有联合国成员国通过了《仙台框架》，这一自愿性、不具约束力的减少风险和加强韧性建设的全球性规划，反映了各国的工作重点从灾后应对向加强灾前韧性构建的转变。《仙台框架》体现了全球已经认识到全球对灾害风险也是经济和金融风险，只有更好地将减灾、防灾和韧性统筹纳入政策、法律和监管框架，支持基于风险的经济和金融决策，才能有效应对灾害风险。《仙台框架》概述了以下4个优先事项[10]，以预防新风险和减少现有灾害风险：

（1）了解灾害风险。

（2）加强灾害风险治理以管理灾害风险。

（3）对减灾进行投资以提高韧性。

（4）加强有效应对灾害的备灾能力，以及更好地推动恢复和重建。[11]

需要指出的是，《仙台框架》体现了国际合作在确保全球有效执行减少灾害风险的措施方面的核心作用，各国政府承诺"通过提供充分和持续的支持，大力加强针对发展中国家的国际合作，支持其在2030年之前执行该框架"（另见水鸟真美女士的评论文章）。这对于最贫穷的国家尤其重要，正如第二章所讨论的那样，这些国家往往不仅面临更多的危险，而且遭受的打击也最为严重。然而，全球范围内减少灾害风险工作的进展仍然有限。2010年至2018年期间，每100美元的官方发展援助中只有47美分用于减少灾害风险（Alcayna，2020）。其他紧急人道主义援助或国内资金需求往往优先于灾害风险减少方面的官方发展援助。此外，由于经济损失不断增加以及新冠肺炎疫情和气候变化的影响，各方的关注点似乎正在迅速转向风险预防，但国际金融支持仍主要集中于备灾。

《仙台框架》与国际上的其他致力于减少风险的协议，特别是《2030年可持续发展议程》《巴黎气候协定》和《亚的斯亚贝巴行动议程》密切相关并相互支持。总体上看，这些协议已针对所有危险和不安全情况确定了减少风险的议程，它们之间的紧密联系有助于识别和减少系统性风险，并促进可持续发展（Handmer等，2019）。

与此同时，随着时间的推移，东盟和非洲联盟等区域组织、其他非政府组织也在积极主动履行《仙台框架》的承诺，并建立了降低灾害风险的各自框架。[12] 所有这些均属于"灾害治理"的范畴，这一术语包括公共部门、私营部门和民间组织之间的相互作用，既依赖正式机构，也依赖非正式机构。这里所说的"治理"包括广泛的横向和纵向联系，横跨地方层面、次国家层面、国家层面、区域层面和国际司法管辖区域层面（Enia，2020）。这些举措激励各国政府更好地评估、预防、应对极端天气事件的影响并从中恢复，以及建立韧性来应对意外事件（OECD，2014）。

与此同时，越来越多的新型公私合营（PPP）模式被用于支持韧性构建，以预防和管理灾害。2017年，七国集团启动了全球气候和灾害风险融资及保险合作伙伴关系，将各国政府、民间组织、其他国际组织、私营部门和学界聚集在一起。该伙伴关系的核心目标是利用气候和灾害风险的融资及保险解决方案，促进发展中国家的金融防护，以此作为全面灾害风险管理的一部分（GIZ，2016；InsuReilience Global Partnership，2017）。鉴于经济损失迅速增加以及对各国和各区域保险性质造成的后果，人们日益认识到有必要将融资解决方案纳入更大范畴的灾害和气候风险管理框架（InsuReilience Global Partnership，2020）。

贸易作为冲击的载体，它本身可能对增强抗灾韧性具有一定贡献，但在减少灾害风险的倡议中尚未得到充分重视（旅游部门抗灾方面的一些工作除外，特别是加勒比区域）。然而，这方面的贡献并不是贸易特有的。"抗灾韧性"和"经济韧性"通常被作为独立的问题处理，这在一定程度上反映了这样一个事实：在贸易对增强韧性的贡献问题上，如果仅用被避免的资产损失来衡量的话，那么贸易的价值就被低估了（另见第二章 Stephane Hallegatte 的观点）。

同样的，减少灾害风险和增强韧性的战略可能需要在贸易政策讨论中受到更多重视。如前所述，在不可能消除所有风险的情况下，世贸组织框架有潜力成为受灾成员预防和减少灾害风险的催化剂，便于其在自然灾害发生时做好准备，合理应对灾害并及时开展灾后重建。

然而，人们普遍认为应当更广泛地纳入减少灾害风险的政策。联合国减灾署强调，相关政策的重点必须从基于应对的方法转向基于预防的方法，统筹考虑气候和灾害风险。世贸组织成员正在进行的关于贸易、环境、气候变化和可持续性的许多讨论，有助于从应对转向预防。

我们可以通过这些讨论吸取经验教训并学习实际案例，将灾害风险对贸易的连锁效应、关联效应和系统性影响纳入贸易政策和决策，以建立一个具有韧性和可持续的贸易体系。在这方面，有关文献指出了易受灾成员及其贸易伙伴为增强韧性可采取的与贸易有关的若干备灾措施（WTO，2019b）。这些文献中特别强调了紧急立法、达成专业资格互认协定（即便利有资质人员进入），以及在贸易优惠制度中规定发生灾害时可自动触发的某些特定内容的作用。

评论文章

贸易、风险减少和构建韧性的经济考量

水鸟真美

联合国防灾减灾署主任 联合国秘书长减少灾害风险特别代表

2015年，联合国成员国通过了《仙台框架》，这是减少灾害损失的全球蓝图，它将减少经济损失作为到2030年实现的七项全

球目标之一。

《仙台框架》的另一个全球目标是加强与发展中国家的国际合作，帮助其减少灾害损失。

在这个存在全球性危机和系统性风险的时代，灾后的贸易恢复往往是可持续发展和长期复苏的关键。世贸组织需要考虑从贸易方面应对危机，2015年地震后给予尼泊尔的贸易优惠，以及2010年洪灾后给予巴基斯坦的优惠关税安排就是这方面的例子。

在2017年大西洋飓风季造成巨大破坏之后，多米尼加和其他加勒比国家在世贸组织第十一届部长级会议上发表声明，明确呼吁对弱小经济体给予特别关照和有针对性的援助。这些成员将贸易援助、贸易和技术转让、贸易便利化、贸易融资和发展援助列为需要世贸组织特别考虑的优先事项。

世贸组织最近正在开展大量工作以强调易受灾国家的经济韧性、贸易和国际合作之间的关系，世贸组织成员在处理灾害可能给成员贸易和发展造成的问题方面表现出良好意愿。

这符合联合国可持续发展第十七个目标的精神，该目标强调继续努力建立一个公平、公正、包容、透明、非歧视和以规则为基础的多边贸易体制的重要性。

我们在未来几年做出的金融和贸易政策选择，无论其源于自然、人为、生物、环境或技术危害，都将塑造我们未来几十年抗击灾害的能力。正确的政策和措施可以促进供应和需求，可以在灾后恢复贸易，而错误的政策和措施可能损害复苏，并对实现可持续发展产生灾难性的影响。

令人欣慰的是，一场对话正在展开。在当前新冠肺炎疫情的背景下，面对日益紧张的财政状况，政治领导人在讨论发展融资时已经认识到对减少可预期的灾害风险的项目进行投资的价值。在应对气候变化并确保环境的可持续性时，有必要将眼前的短期需求与长期的韧性建设联系起来。

与此同时，监管环境正迅速发生变化，欧盟分类法和欧盟可持续金融披露条例（SFDR）的生效，以及国际财务报告准则基金会（IFRS）和可持续恍准则会计委员会（SASB）关于气候和可持续性准则的相关工作就是证明。全球标准制定者正在制定有关气候和可持续性的标准，政策和商业领袖正在开拓全球风险数据和分析的新领域。

在上述工作迅速开展的同时，世贸组织成员已承诺：将根据《建立世贸组织的马拉喀什协定》采取行动，并确保相关贸易和经济举措以"提高生活水平，确保充分就业、保证实际收入和有效需求的大幅稳定增长以及扩大货物和服务的生产和贸易为宗旨，同时应依照可持续发展的目标，考虑对世界资源的最佳利用，寻求既保护和维护环境，又以与成员各自在不同经济发展水平下的需要和关注相一致的方式，加强为实现目标所采取的措施。"（《建立世贸组织的马拉喀什协定》序言）

随着世贸组织成员对风险系统性本质理解的不断深入，目前出现了很好的趋势，即从被动反应为主转向预防为主。然而，尽管取得了这些进步，我们仍需付出努力以确保建立一个促进韧性建设和可持续发展的适合未来的贸易体系。

我们必须将可持续性和韧性作为每个贸易和投资决策的基本要求。为此，我们必须改进监控和管理系统性风险的方式。

只有被评估测量过的事物才能被管理。我们需要对纷繁复杂且不断变化的风险格局及其社会经济影响有更深入的了解，并需要更一致的定义、标准和工具来评估和管理风险。

将抗灾韧性建设纳入贸易政策，并将其与减少灾害风险、气候变化、环境保护和长期可持续性联系起来需要国际合作和政治支持。

工作的开展需要果敢的领导者。在这个气候突发事件和流行病盛行的时代，我们没有时间可以浪费。

第四节　贸易政策国际合作有助于降低风险和脆弱性

第三章第三节讨论了各国政府如何通过贸易政策提高经济韧性以应对冲击，以及国际合作如何发挥重要作用。然而，即使没有旨在恢复经济韧性的积极政策协调，世贸组织的现有规则和区域贸易协定已经减少了由于冲击造成的政策波动，以及自身作为冲击来源或作为现有冲击媒介的政策波动。

一、减少贸易政策波动

贸易政策的波动可以通过贸易政策合作来加以限制，这可以确保个别国家对贸易政策的自由调整受到多边框架的约束。确保贸易尽可能顺畅、可预测和自由流动是世贸组织的主要职能，正如本章概述中所回顾的，这一职能是通过对成员导致贸易成本波动和负面跨境溢出效应的自由裁量权进行限制来实现的。

如第三章第二节第四部分所示，如果贸易成本波动，贸易可能成为冲击的来源。截至目前，很少有研究关注世贸组织作为贸易稳定器的作用，但已有相关研究表明，世贸组织的成员身份能通过影响政府行为来减少贸易条件的波动（Cao 和 Flach，2015；Mansfield 和 Reinhardt，2008），并能鼓励当局抵制诉诸保护主义措施的压力（Ruddy，2010）。关税限制减少了其自由裁量权的使用范围（Bacchetta 和 Piermartini，2011）。在世贸组织成员可以任意提高关税的反事实情景中，各国这样做的可能性是当前约束条件下的 4.5 倍（Jakubik 和 Piermartini，2019）。与关贸总协定相比，世贸组织还提供了更深层次的多边贸易合作，构建了许多相辅相成的不同渠道来减少脆弱性。对于新成员来说尤其如此，为了加入世贸组织，它们需要给出承诺，以确保自身的贸易制度完全符合世贸组织的广泛框架。这些承诺通常涵盖广泛的主题，并且可以通过世贸组织争端解决机制强制执行。然而，世贸组织的法律制度也为有限的例外和减损留出了空间。

因此，这种由单独承诺强化的规则体系及其所具有的灵活性，有助于规范世贸组织成员对进口冲击的贸易政策反应，为各方提供一个更加稳定和可预测的贸易环境。此外，考虑到私人贸易商和投资者更喜欢相对价格的稳定，降低出口波动性本身也可以提高出口水平（Mansfield 和 Reinhardt，2008）。

为了使一体化的全球市场有助于增强韧性，政府需要对一体化充满信心（OECD，2021f）。在一些国家，公民认为全球化的好处没有得到足够广泛的分享，全球经济中的竞争是不公平的，并非人人都遵循相同的规则（OECD，2017）。加强公民对多边体系的信任需要展示这一体制对人们日常生活所发挥的积极作用，以及重新激发国际合作的活力。这需要在包括贸易和投资在内的多个领域采取多项行动。

目前各方已经达成了一个相对广泛的共识，即改革可以提高世贸组织主要职能的效率。相关提案侧重于三个方面：规则制定、透明度和监督以及争端解决。人们还期望世贸组织完成一些传统领域的工作，并解决近年来变得越来越重要的新问题，例如数字经济和气候变化。一些传统领域的谈判仍在继续，新领域的讨论也已经开始。新冠肺炎疫情引发了许多新问题，自其发生以来，一些国家已经实施了有关必需品的限制性政策（Evenett等，2020）。

所有这些领域的进展将有助于加强各方对多边体系的信任。当世界面临诸如新冠肺炎疫情之类的危机时，以世贸组织为中心的运作良好的全球贸易体系，可以在确保关键产品的有效供应、协调贸易领域的全球行动、支持全球贸易体系的运行等方面发挥重要作用。

二、赋能进出口多元化

当中间投入品高度细化或经济过于依赖某些部门、公司或产品时，贸易可能成为冲击的来源。正如第三章第四节所解释的，多元化减少了一国对特定国家供需冲击的风险，政府可以采取各种措施来实现经济多元化。在大多数情况下，合作可以尽可能地提高政府多元化政策的有效性，并且不会产生负面的跨境效应。本小节基于开放和可预测的市场能够实现进出口多元化的证据（Giri、Quayyum和Yin，2019），讨论了多边和区域合作如何通过市场开放及可预测的规范和倡议来实现多元化，探讨了国际合作如何帮助产业政策在实现多元化的同时不被用来牺牲贸易伙伴的利益或损害资源的有效分配。

1. 透明、可预测和开放的市场支持多元化

（1）贸易政策的透明度和可预测性

最近的冲击表明，相关贸易政策的透明度的提升，这一在正常情况下对全球贸易体系可预测性十分重要的因素，在危机时期对于维持信任和调整贸易流动变得更为重要。例如，在2008—2009年全球金融危机期间，某些世贸组织成员采取的刺激计划内容不透明并引发误解，导致其他成员采取了低效率并破坏贸易的应对措施（Baldwin和Evenett，2009a）。在新冠肺炎疫情的早期阶段，随着形势的发展，政策频繁发生变化，各国主要通过限制人员的跨境流动来减缓病毒的传播，但有时也限制某些商品的跨境流动，这通常会让贸易商难以确定某个时段所适用的规则。各国共享准确的监管信息，并尽可能在"实时"的基础上进行信息披露，促进供应来源和出口的多元化，能够避免贸易流动的不必要扰乱并增强韧性。

《世贸组织协定》以及许多区域贸易协定都包括提高国内贸易政策透明度的条款。这些条款涵盖了很多方面的问题，例如：

• 及时公布最终的法律和法规，向其他政府和贸易商公开信息，并在某些情况下解释决策的目的和理由，或提供发表评论的机会。

• 建立联络点或"单一窗口"来处理出口商/进口商的信息请求。

•成员有义务将贸易政策或措施通知相关的世贸组织理事会和委员会，或者在区域贸易协定中通知监督机构。

此外，《贸易政策审议机制》（《世贸组织协定》附件三）的目标虽然并非是向贸易商传达实时信息，但其提供了世贸组织各个成员的贸易和贸易相关政策的全面情况，以及这些情况对多边贸易体制的影响。世贸组织定期发布的关于成员贸易政策的报告，使政策制定者和贸易商能够详细了解与这些成员发展贸易的前景，以便实现贸易的多元化。

（2）货物和服务的市场开放

世贸组织规则通过最惠国待遇条款促进进出口的多元化，从广义上讲，该条款规定给予某一成员的任何减让都必须扩展到所有世贸组织成员。这能让所有外国供应商在关税或其他边境措施的适用方面处于平等地位，并使得国内进口商主要基于商业理由选择他们的合作伙伴。《服务贸易总协定》（GATS）要求各成员给予所有其他成员的服务和服务提供者"不低于给予任何其他国家的类似服务和服务提供者的待遇"。

同时，世贸组织可以对部分贸易伙伴，特别是发展中成员在相关规则的执行方面放宽要求，更具体地说为最不发达国家（LDC）提供更有利的市场准入条件，这也可以通过区域贸易协定来实现。虽然这可能导致贸易转移，但这种做法仍然可以促进贸易多元化，特别是当它们有利于发展中成员的新兴产业时。同样的，《服务贸易总协定》也有相关规定。例如，《经济和劳动力市场一体化协定》列出对最惠国义务的豁免，或承认其他成员的标准或服务提供者的授权、许可或认证标准。[13]

世贸组织规则对贸易多元化的另一个贡献是在多边关税谈判的背景下降低关税[14]，自1947年关贸总协定诞生以来，这已大大降低了贸易成本。在此类谈判的背景下，世贸组织成员对有关商品的关税约定最高水平或税率（以从价税计）。成员可以在最高税率水平范围之内自由修改其所适用的税率，只要符合最惠国待遇条款即可。[15]一些成员利用了这种灵活性，在2008—2009年全球金融危机期间提高关税，在新冠肺炎疫情暴发以来降低或暂停关税。最高关税税率的设定与最惠国待遇义务相结合，保护了现有贸易，并提供了开展未来贸易所需的安全性和可预测性（例如竞争条件），从而也促进了贸易的多元化。

一些成员已同意允许某些部门的商品以最惠国待遇免税进口。在已知获得医疗产品能促进经济韧性构建的背景下，1994年的《医药产品协定》取消了针对大量医药产品和用于生产这些产品的物品的关税和其他税费。[16]《医药产品协定》的参与方已同意定期审查该协定，以便及时更新和扩大产品清单。[17]

《服务贸易总协定》也扮演着类似的角色，该协定中的税款减让采取就特定部门市场准入或国民待遇进行谈判给出承诺的形式。市场准入承诺可以受到各种类型的限制。[18]国民待遇同样受制于各个成员的承诺及其减让表中设定的条件。成员可以自由调整其认为合适的此类承诺的部门覆盖范围和实质性内容。给予国民待遇意味着有关成员不能改变竞争条件以支持国内服务或服务提供者。

区域贸易协定通过降低关税，在商品市场准入方面仍然发挥着重要作用（Mattoo、Rocha和Ruta，2020），一国参与多个区域贸易协定可以成为实现进出口多元化的一种方式。此外，当区域贸易协定的范围随着"深度"贸易协定的缔结而扩大，区域贸易协定涵盖的议题已扩展到服务贸易、知识产权（IP）或外国直接投资。关于外国直接投资的国内政策的透明度和可预测性以及知识产权保护，正日益成为投资者和东道国关注的市场准入问题，国有企业问题也是如此。

一些区域贸易协定还涵盖世贸组织未涉及的贸易相关事项，例如竞争政策。事实上，垄断企业的歧视性做法或其他扭曲竞争的行为会严重削弱关税优惠。在区域贸易协定中，市场准入也用于非贸易相关事项。例如通过给予关税减免或其他优惠来换取另一方遵守国际劳工公约或环境标准。

（3）电子商务成为贸易多元化的工具

正如第三章第三节所讨论的，电子商务可以帮助实现贸易多元化，特别是新冠肺炎疫情暴发以来，对人员和货物跨境流动的封锁和限制严重扰乱了传统的商业形式。数字贸易与中小微企业尤其相关，若没有数字贸易，这些企业可能没有资源来开拓新市场和商业伙伴关系。此外，数字贸易还可以提升国际贸易参与度，增强女性赋权，建立一个更密集的潜在贸易伙伴网络并促进多元化。

《服务贸易总协定》适用于以电子方式生产、分销、营销、销售或交付的服务，以及通过电子商务营销、销售和交付商品的服务。因此，成员减让表中有关金融、电信和计算机相关服务以及物流和陆运、空运和海运的具体承诺与电子商务高度相关。

第二届世贸组织部长级会议（1998）之后通过了电子商务工作计划，成员承诺继续实行不对跨境电子传输征收关税的政策（称为"关税暂免"）。工作计划和关税暂免于2019年延长至第十二届部长级会议。在2017年12月举行的第十一届部长级会议上，44个成员（欧盟作为一个成员）的部长在工作计划框架之外发表了电子商务联合声明。到2021年4月，该联合声明框架下的谈判已经敲定了关于垃圾邮件、电子签名和身份验证的"清洁"文本。后者在新冠肺炎疫情等危机情况下尤其重要，因为对旅行和其他服务的限制可能导致合同文件签署复杂化，这也是因为一般情况下传递纸质的原始证书或其他文件比传递电子资料更为复杂。

电子商务的国际监管在区域贸易协定层面更为先进。越来越多向世贸组织通报的区域贸易协定已经包含关于电子商务或个别电子商务条款的特定章节（Monteiro和Teh，2017；WTO，2018a）。区域贸易协定关于电子商务的规定通常是鼓励制定一个连贯的电子商务规则框架，并鼓励非缔约方参与这些区域贸易协定。一些区域贸易协定将其他领域的合作、透明度和非歧视原则扩展至适用于电子商务的范畴，另一些协定则致力于解决与电子商务更相关的议题，例如跨境信息流动。与关税和合作有关的条款是区域贸易协定中最常见的电子商务条款之一。消费者/个人数据保护、世贸组织规则对电子商务的适用性、无纸化交易、数字产品的非歧视性待遇和电子认证也相当频繁地出现。关于国内规制，一些区域贸易协定禁止其缔约方区分纸质文件、电子文件或不同形式的技术。一些区域贸易协定还鼓励其参与方在制定电子商务监管框架时与行业协商。最后，一些区域贸易协定要求在制定法律、法规和方案方面进行合作和经验分享。

信任对贸易至关重要，在电子商务中更是如此。区域贸易协定承认有必要保护消费者免受欺诈和欺骗性商业活动的侵害，并且一些协定鼓励各方采用/维持或承诺采用/维持消费者保护法。越来越多的区域贸易协定要求各方考虑到相关国际组织发布的适用标准、准则、指南和建议，采用保护电子商务用户个人数据的法律框架。目前，区域贸易协定的电子商务章节中经常包含关于无纸贸易的规定。一些区域贸易协定禁止参与方对跨境数据流动施加限制，禁止要求将他国计算机设施本地化作为在本国开展业务的条件。然而，这通常受制于一般和安全例外规定。最后，鉴于电子商务在知识产权领域的影响，最新的区域贸易协定在知识产权章节中也包含了电子商务相关条款（WTO，2018a）。

（4）贸易便利化

正如自新冠肺炎疫情暴发以来所显示的那样，关税并不是贸易多元化的唯一障碍。一些其他因素，例如，疫苗生产所涉及的药品成分的海关分类，以及要求提供原始纸质合规证书或原产地证书的相关规定，可能会延迟必需品的进口，并阻碍分散供应贸易商来源的开发。2017年生效的世贸组织《贸易便利化协定》包含如下内容：加快过境货物等的流动、放行和清关措施，改善海关与其他当局在贸易便利化和海关合规方面的合作，加强在相关领域的技术援助和能力建设。

《贸易便利化协定》的各种条款促进了出口产品和地域的多元化，这表明实施该协定可显著推动发展中国家特别是最不发达国家的出口多元化（WTO，2015）。

区域贸易协定中的贸易便利化条款一直在随着时间的推移而演变，其类型、约束性和可执行度因区域贸易协定一体化水平和需求便利化的实际问题等因素而异。由于贸易便利化也依赖于资源和技术，区域贸易协定缔约方的发展水平会影响到他们参与贸易便利化的程度（Mattoo、Rocha和Ruta，2020；Neufeld，2014；WTO，2014）。

区域贸易协定中最常见的贸易便利化条款与信息交换有关，主要用于执法目的，也常与海关和其他行政决定的上诉或审查程序相关。尽管大多数区域贸易协定的贸易便利化章节在海关收费方面并未超出1994年《关贸总协定》第八条（"与进出口有关的费用和手续"）所要求的范围，但一些区域贸易协定推动了进出口和过境手续国际标准（主要是世界海关组织）的适用。其他合规措施主要是通过在区域贸易协定成员的立法中采用可直接执行的海关代码[19]或规则来推进贸易便利化的。[20]对拥有相关技术的区域贸易协定成员之间的贸易，电子海关具有实现贸易便利化和无纸化贸易的巨大潜力。

区域贸易协定特有的一个贸易便利化特征是实施"优惠"原产地规则，该规则确保只有"原产于"区域贸易协定缔约方的货物才有资格享受优惠待遇。优惠原产地规则可能非常复杂，并且可能因协定而异。对相关货物的管理通常需要提供原产地证书，因而会增加贸易成本，这也是许多区域贸易协定关注的贸易便利化内容（Mattoo、Rocha和Ruta，2020）。[21]最后，大多数国家都选择以非歧视性的方式将区域贸易协定贸易便利化条款以类似方式适用于第三方，这主要是因为维持两个（或更多）独立的贸易便利化机制是不切实际的。在这方面，区域贸易协定中的贸易便利化措施推动了《贸易便利化协定》放松贸易流动和实现多元化。

2.其他有助于贸易多元化的举措

（1）促贸援助

世贸组织"促贸援助"倡议于2005年在中国香港举行的第六次部长级会议上发起，旨在帮助发展中成员特别是最不发达国家提升贸易能力和基础设施建设能力。"促贸援助"倡议基于成员为贸易相关计划和项目提供的捐款和优惠贷款开展工作，其中包括技术援助（例如帮助成员制定贸易战略，提升其谈判效率和贸易成效）、改善基础设施（例如建设连接国内和全球市场的道路、港口和电信设施）、提高生产能力（例如投资工业或其他有助于提升出口多元化的部门）、建立比较优势和调整援助（例如，帮助成员降低与关税削减、优惠侵蚀或贸易条件下滑有关的成本）。

促贸援助可以通过增加进口商品的数量和进口伙伴国家的数量

（Ly-My、Lee 和 Park，2020）来提高出口产品多元化（Gnangnon，2019；Kim，2019）和进口多元化。促贸援助的三个组成部分（贸易相关基础设施援助、生产能力建设援助以及贸易政策法规和贸易调整援助）都对受援方的进口多元化做出了重大贡献。

（2）贸易融资

中小微企业数量占全球企业总数的95%，其创造的就业岗位占全球就业的60%。中小微企业参与国际贸易可以显著促进供应来源的多元化，但它们目前在国际贸易中的代表性仍然不足（WTO，2016），原因之一是国际法律环境没有充分考虑到它们的需求和制约因素，特别是在贸易融资、跨境支付和贸易便利化方面。

贸易融资对于企业尤其是中小微企业实现进出口市场多元化至关重要，但在中低收入国家，贸易融资往往越来越难以获得。2008—2009年的全球金融危机大幅提升了贸易融资难度，世贸组织为此开始与监管机构合作来推动贸易融资渠道的改善，这方面的成果已在新的金融稳定规则中得到体现。

涵盖中小微企业内容的区域贸易协定目前数量不多但正在增长（Monteiro，2016a）。在世贸组织层面，帮助和支持中小微企业参与国际贸易的工作由在2017年12月世贸组织第十一届部长级会议上成立的中小微企业非正式工作组负责。这个非正式工作组的工作范围涵盖所有地区和不同发展水平的成员。它提出了一揽子计划，旨在加强中小微企业获得市场和监管信息的能力，敦促相关机构在规则制定中纳入与中小微企业有关的内容，鼓励有效实施贸易便利化措施和全面实施贸易便利化协定，并增加中小微企业的融资渠道。

上述一揽子计划中包含六项建议和宣言，其中之一是"获得融资和跨境支付"宣言，旨在解决中小微企业在国际贸易中面临的挑战性问题。该宣言由中小微企业非正式工作组在2020年12月11日的会议上通过，呼吁世贸组织成员关注中小微企业在获得融资和进行跨境支付的过程中面临的相关贸易问题。宣言指出尤其应通过交流最佳实践以及分享技术援助和能力建设的信息来实现其目标。[22]该宣言还支持旨在促进全球法律识别（"法律实体识别码"）[23]公司系统建设的国际倡议，并邀请世贸组织成员在此类倡议中进行合作。

（3）投资便利化和投资保护

贸易和投资密切相关。然而，尽管货物贸易和货物生产投资之间的协同作用不断增强，但两者仍受不同的法律制度监管，而《服务贸易总协定》已在第二条第二款（c）项界定的四种供应模式中，涵盖了在伙伴成员建立商业存在的服务投资这一模式（模式三）。

关于投资和投资便利化的国际规则通过允许建立更靠近供应商或消费者的生产设施来促进多元化和全球价值链的完善。在2017年第十一届部长级会议上，一些成员商定了在世贸组织范围内就投资便利化进行"结构化讨论"的第一项倡议，以期制定一个推动外国直接投资（FDI）、促进发展的多边框架。继2019年11月22日发布关于投资促进发展的第二份部长级联合声明之后，参与成员决定于2019年12月进入谈判模式。根据协调员于2021年3月2日发布的非正式综合文本，谈判正在进行中。世贸组织所有成员均可参与这一联合倡议（WTO，2019d）。

由于确定性和可预测性的提高，投资便利化协定可以使投资更好地流入发展中国家的供应链。如果情况确实如此，它通常可以提高这些国家的经济韧性水平。通过扩大这些国家在目前产能不足领域，例如个人防护设备（PPE）、测试设备、药物，甚至疫苗等医疗产品领域的生产能力，将为应对未来新的可能的疫情做好准备。

在过去的几十年中，以自由化和保护外国直接投资为目标，各国建立了广泛的双边投资条约网络。随着《服务贸易总协定》的生效和"深度优惠协议"的不断发展，这些独立的双边投资条约现在正被区域贸易协定中的投资章节所补充或取代（Mattoo、Rocha 和 Ruta，2020）。许多开放服务贸易的区域贸易协定现在将服务投资的覆盖范围扩大到《服务贸易总协定》模式三之外，并制定了更广泛的投资框架，涵盖商品投资、知识产权投资和证券投资等领域。最近的许多区域贸易协定也强调并将可持续性纳入其投资目标，提升了投资作为韧性工具的潜力。

近年来，投资保护的性质和范围发生了变化，政府参与社会、健康或环境政策获得了允许，而不会因涉嫌间接征收或缺乏"公平公正待遇"而受到投资者的质疑。一项重要的变化是收紧了"投资"的定义（Mattoo、Rocha 和 Ruta，2020）。区域贸易协定的许多投资章节现在采用封闭式投资定义而不是以前的开放式定义，限制了保护范围内的资产类型，排除了许多类型的资产，如某些商业合同、贷款和债券以及用于非商业目的的资产，或使用更具选择性的方法将知识产权作为受保护资产。同样的，许多区域贸易协定也改变了"投资者"的定义，变更了可以享受其赋予的投资保护的主体范围。人们普遍认为，这种演变为外国直接投资国际规则的解释和实施带来了更大的确定性。

另一个重要的演变是在区域贸易协定的投资章节中引入市场准入条款，各方同意放宽其对外国投资的监管制度。这些规定有助于发展中经济体和新兴经济体将资源引导到重要部门，并使国内产业的发展更加高效、更具有全球竞争力和更好地融入全球生产网络。

总体而言，平衡的外国直接投资规则可以促进东道国的劳动力有效分配、提高东道国的工资水平并有利于当地产业扩张，使东道国能够更好地抵御干扰并在逆境中吸引国际支持（Adams，2009）。

（4）电子商务和网络安全

如上文所述，电子商务可以在经济多元化中发挥重要作用，尤其是在其他形式的商业活动受到干扰时。新冠肺炎疫情加速了全球经济的数字化转型，疫情后经济即使复苏也不太可能扭转这一趋势。然而，这种转变可能会扩大富国和穷国之间的数字鸿沟，带来新的贸易政策挑战。随着5G通信等新技术的推出，世贸组织目前正在讨论如何避免或限制鸿沟的扩大，保证电子商务发展成果的公平分配。

贸易刺激创新，创新反过来又将贸易扩展到新的领域，例如数据贸易（WTO，2020g）。由于部分数据可能特别敏感，因此需要保护数据交易免受欺诈行为的影响。尽管电子商务为中小微企业提供了参与国际贸易的机会，但中小微企业往往缺乏投资网络安全的资源。网络安全不仅仅只对贸易的创新形式至关重要，货物贸易和服务贸易在很大程度上都依赖于企业信息的技术资源和电信网络的可靠性，而不仅是通过电子商务这一形式。需要考虑加强网络安全方面的国际合作，因为它与国际贸易的具体限制有关。

（5）竞争

正如第三章第四节所讨论的，多元化不仅会受到政府措施的阻碍，而且还会受到国内卡特尔（垄断组织形式之一）或滥用支配地位的反竞争做法的阻碍，因此企业会寻求自身供应来源或出口的多元化。第一届世贸组织部长级会议（1996）之后，贸易与竞争政策相互作用工作组（WGTCP）得以成立，该工作组负责研究相关

问题的各个方面，所有世贸组织成员都参与其中。多哈部长级宣言
（2001）将WGTCP的任务授权集中在核心卡特尔等问题上，以及
通过能力建设逐步加强发展中国家的竞争机构。重新启动WGTCP
可能有助于解决因反竞争做法阻碍供应来源和出口市场多元化的
问题。

3.产业政策

正如第三章第四节所解释的，虽然产业政策可以成为促进贸易
多元化的工具包的一个部分，但其他形式的政府干预，例如对商业
和投资环境的改革、不偏向出口的贸易和投资政策，以及增加生产
要素、产品和服务市场的竞争可能比产业政策更适合促进多元化。
因为有针对性的产业政策干预比大多数其他政策更具扭曲性，并会
引发各种问题，例如易遭受寻租（即寻求获得额外财富而不对生产
率做出任何互惠贡献），或难以识别需要对特定部门进行干预的溢
出效应（WTO，2020g）。

正如《世界贸易报告2020》中所解释的那样，许多国家采用积
极且有针对性的产业政策——通常涉及使用金融支持或投资激励等
工具——来引导资本和劳动力进入市场可能不会选择的活动。在产
业政策背景下，扭曲市场的政府支持可能导致严重的贸易摩擦，最
好通过国际合作来解决。重要的是要区分可能扭曲市场的长期支持
与政府在疫情或其他危机背景下提供的紧急支持，后者是应对重大
的、可能是历史性的经济危机时的必要措施。然而，这两类支持的
界限有时会变得模糊。如下文所述，紧急支持的形式也可用于产业
政策目的，从长远来看可能会扭曲竞争，这种情况也应通过国际合
作来解决。

近年来，一些世贸组织成员认为，现有补贴规则可能存在不

足，需要在多边层面进行讨论（OECD，2021f；WTO，2020g）。第一个重要不足涉及透明度。为了促进关于政府支持的讨论并制定有效的规则来涵盖现有和潜在的新支持，有关政府支持的性质和规模的信息将非常有用甚至必不可少。然而，此类信息仍然有限。可能需要解决的第二个重要不足涉及正确识别全球价值链中政府支持的最终受益者。当政府支持的影响通过跨越多个行业和国家的整个价值链传播时，确定政府支持的最终受益者可能很困难。第三个不足涉及对国有或国有控股企业提出的关注，这些企业既可以是支持的重要接受者，也可以是支持的提供者。

三、加强全球价值链的韧性

在新冠肺炎疫情的早期，一些国家存在个人防护装备和其他必需品短缺的情况，引发了人们对依赖或过度依赖必需品进口以及全球价值链脆弱性的担忧。针对这些担忧，一些政界人士呼吁采取产业政策，减少对全球供应链的依赖。如第三章第三节所述，政府可以使用各种与贸易相关的策略，例如补贴、税收优惠、关税、当地含量要求、投资限制或放宽与投资相关的法规，来鼓励生产回流（reshoring）和价值链中投入品供应的多元化。此类政策在效率方面的成本很高，会带来负面跨境溢出效应，并最终可能引发其他国家的保护主义反应，引发交叉报复和进一步的收入和福利损失（OECD，2020d）。到那时，政府可能会倾向于增加财政激励措施或放宽劳动力/环境标准来补偿额外成本，从而构成逐底竞争的风险。

除了上述贸易策略，政府还有许多其他选择，例如可以通过减少必需品供应的脆弱性来增强韧性，包括：提高生产必需品价值链的透明度；建立库存或鼓励企业建立库存；促进贸易；确保必需品及其投入品的标准互认；鼓励采用灵活的生产方法，以便快速转换生产。正如新冠肺炎疫情所证明的那样，在某些类型的危机中，关于必需品的消费者行为往往会发生巨大变化。[24]如果没有足够的库存，当消费者为可能发生的隔离做准备时，医疗物资可能会出现短缺。存货成本很高，但存货太少也有风险。因此，企业需要在正常时期以减少成本的方式运营，同时保持满足突发需求高峰和应对突发公共卫生事件的能力。当预计需求将超过库存时，企业可以决定通过投入备用产能（或改造其他商品）来增加库存（Craighead、Ketchen Jr 和 Darby，2020）。

国际合作可以在帮助政府提高全球价值链的韧性和以合理成本确保必需品的供应安全方面发挥重要作用。相关合作方式包括阻止回流政策，提高必需品透明度（特别是在生产能力和价值链中的瓶颈方面），促进贸易和标准互认（特别是紧急货物），以及设定库存水平以防止过度储存。所有这些方式的合作，除了不能替代国家政策选择外，都可以有效地对国家多元化政策或储备政策的作用形成补充。

国际合作可以在不同层面进行。在某些情况下，多边合作是可能的平台，但区域或诸边层面的合作可能更容易实现；例如，在新冠肺炎疫情危机初期的短暂不合作事件之后，欧盟成员迅速恢复合作。从2017年开始，世贸组织成员不同集团已经开始谈判，可能会就具体的贸易和投资相关政策达成开放的诸边协议。开放的诸边合作有助于国家集团探索和发展其在监管事务上的潜在共同利益，同时有助于维护其在国家监管主权上的核心利益（Hoekman 和 Sabel，2019）。

1. 规范回流政策

鉴于回流政策会产生负面跨境溢出效应，政府可能会通过合作对此类政策的实施进行进一步约束。首先，需要提高回流政策的透明度。自新冠肺炎疫情暴发以来，世贸组织和其他国际组织已竭尽全力记录政府采取措施推动回流的情况。[25] 目前，这些组织还需要收集更多有关此类政策的跨境溢出效应的证据。其次，虽然原则上这些政策工具大多数都被多边协定所涵盖，但相关政策的合法性往往取决于它们的设计和实施。最后，有关多边协定仍然为政府实施回流政策留下了相当大的空间。因此，可能有必要进一步探讨收紧一些针对回流政策的协定以限制其负面影响。

鉴于上述情况，世贸组织规则不鼓励政府为回流提供财政支持也就不足为奇了。给予特定受益者利益的财政支持包括两类补贴：禁止补贴和可诉补贴。前者因被认为对贸易有负面影响而被禁止。后者则仅在对另一成员造成不利影响的情况下才受到世贸组织协定的约束。对"以……使用国产商品而非进口商品为条件"[26] 的补贴（"当地含量补贴"）属于禁止补贴，因为政府可以激励企业将生产转移至自身境内。

"当地含量"是对全球价值链有效性和韧性的一种威胁，其要求在特定市场上销售的产品包含一定比例的本地投入，或者要求在本国拥有生产设施的外国企业将其进口商品数量限定在本地生产商品数量的一定比例之内。早在全球价值链概念被引入贸易文献之前，《关贸总协定》就禁止了当地含量要求。设置当地含量要求的门槛可能会促进东道国市场上企业之间的互动，并可能在某些情况下减少国际化企业面临的外部风险和冲击，但此类要求违背全球价值链的基本理念，即在可以提供具有最佳比较优势条件的国家生产特定商品或中间品。世贸组织《与贸易有关的投资措施协定》（TRIMs协定）要求，任何世贸组织成员都不得实施任何与1994年《关贸总协定》第三条（"国内税和国内法规的国民待遇"）和第十一条（"普遍取消数量限制"）不一致的，与贸易有关的投资措施。为此，《与贸易有关的投资措施协定》附加了一份被视为违反这些规定的示例性清单。

从关于当地含量的区域性规则看，某些区域贸易协定仅仅是引述《与贸易有关的投资措施协定》。其他一些协定，如美国、加拿大和日本缔结的区域贸易协定，则明确禁止当地含量要求、贸易平衡要求、出口管制以及与企业外汇流入有关的外汇限制。还有一些超出《与贸易有关的投资措施协定》水平的协定，就货物和服务的业绩要求制定了规则，或对某些领域施增加了一些额外的限制，涵盖强制技术转让、雇用一定数量或比例的国民或采购独家供应商所生产的货物或服务等（Mattoo、Rocha和Ruta，2020）。此外，越来越多的区域贸易协定纳入了有关外国直接投资的章节。在区域贸易协定中，对外国直接投资施加的条件已在本章第四节第二部分的第2点中讨论。

2.收集和分享价值链信息

全球价值链必然是国际性的，因此通过政府之间的合作加强价值链的韧性是一个明智的办法。由于单个政府不太可能获得价值链中所有的生产信息，它们需要与其他政府合作收集和共享上游可能存在的集聚度和瓶颈问题的信息，以及合作开发必需品供应的压力测试（Hoeman等，2021；OECD，2020e）。更多的沟通当然能在全球价值链中形成更高的透明度，提升各方信心。企业需要一个监测市场条件的系统，确定其在全球网络中的薄弱环节和瓶颈，以便能够调整生产并针对需求的变化做出反应。政府也需要一个就供应能力做出选址决策的信息系统（Hoekman等，2021）。为了做好预测和减少扰乱，还需要准确地了解库存水平以及整个价值链的产出。企业通常可以评估需求及供应选项，但政府一般无法直接获得这些信息。因此，确定供应链中的瓶颈并采取措施加以解决，需要行业与政府以及政府之间开展合作。

虽然个别领先企业对自身的供应链信息非常清楚，但这些企业可能并不一定愿意分享这些信息，因为在他们看来这可能属于商业敏感信息。与之相反，政府可能会要求企业更多地分享与必需品价值链有关的信息，而且还可能会与其他政府共享此类信息。克曼（Hoekman等，2021）指出，有些监管机构，特别是新西兰药品和医疗设备安全局已经要求已获批的产品经营者披露其供应链信息，包括药物活性成分的产地和包装地（Ross，2020）。评估这些要求是否有助于增强价值链的稳健性如何增强，以及在新冠肺炎疫情等危机期间是否有助于确保必需品的供应，将是一件非常有趣的事情。

可追溯性的保证也已成为食品生产过程的重要组成部分。在农业粮食生产方面，已建立了一个促进全球农业市场信息收集和共享的系统——农业市场信息系统（AMIS），这是应二十国集团要求而建立的系统（FAO等，2011）。该系统已经帮助各国形成了宝贵的信息库和一个国际专门知识网络，为应对冲击的政策协调提供了信息支持（Hoekman等，2021；OECD，2021f）。

3.促进贸易及标准合作

降低贸易成本对确保全球价值链的韧性至关重要，而降低关税和开放某些服务市场可以有效降低贸易成本。减少与边境控制有关的行政负担和延误可以提高效率，从而提高全球价值链韧性。跨越边境控制必须保证供应链的连续性，不得过分延误关键货物的运输。必要的贸易准备以及提前将具体措施纳入海关程序和流程等工作，可以在发生危机时显著促进关键货物进口，从而增强全球价值链的韧性。贸易便利化改革，包括实施世贸组织《贸易便利化协定》（见本章第四节第二部分第1点），可在这方面发挥重要作用。第三章中讨论的其他措施，即为应对危机而可以采取的海关程序和流程简化措施，更容易通过合作方式予以制定和采用，因此可以在实施世贸组织《贸易便利化协定》的背景下加以讨论。

政府、国际组织以及可能在企业之间开展的国际合作，有助于各方制定共同的办法，例如为使必需品便利流通简化进出口程序和国际标准的协定。技术标准和监管体系方面的合作可以采取多种形式。对某些必需品采取的国内措施如果以相关国际标准为基础，将特别有助于确保这些措施与其他国家的措施相一致。通过正式方式和等效安排对国外标准进行认证并使之与国内标准等效，有助于避免机械执行国家标准以及随之产生的对贸易的有害影响（Hoekman等，2021）。认可相关的合格评定程序，例如认可由伙伴经济体进行的检测，有助于提高行政程序的效率。

在制定紧急措施时，国际监管合作可以在提高可预测性、确保政策方针的一致性以及减轻对贸易的不必要影响等方面发挥重要作用。为确保更高的透明度，应向世贸组织公布或通报那些旨在应对紧急情况但可能对贸易产生重大影响的法规草案，因为这可以使外国利益相关方有机会在法规制定阶段发表意见。国际组织可以促进对抗击新冠肺炎疫情等危机的相关特定产品达成共识，从而有助于各国之间的监管合作更为聚焦，并及时改善对必需品的获取便利程度（OECD，2021f）。

技术性贸易壁垒（TBT）和卫生与植物卫生措施(SPS)包括技术法规和标准，以及合格评定程序和等效评估程序。技术性贸易壁垒受世贸组织《技术性贸易壁垒协定》（TBT协定）管辖[27]，而卫生与植物卫生措施受《实施卫生与植物卫生措施协定》（SPS协定）管辖。[28]技术性贸易壁垒和卫生与植物卫生措施能确保进出口产品的质量，保护人类及其他动物和植物的生命健康，防止欺诈行为，从而预防或限制某些风险并提高经济韧性。在这方面，许多国家在新冠肺炎疫情的第一阶段出于健康原因，比如基于某些动物（特别是野生动物）可能将新冠病毒传播给其他动物和人类的最初假设，实施了许多进口限制措施。[29]

然而，当产品必须符合每个国家或地区的不同法规和标准时，技术性贸易壁垒和卫生与植物卫生措施可能会给出口商和进口商带来巨额成本，并削弱经济韧性。因此，《技术性贸易壁垒协定》和《实施卫生与植物卫生措施协定》的主要目的是确保技术法规、标准和合格评定程序[30]是非歧视性的，并且不会给贸易制造不必要的障碍。这两项协定还敦促成员在国际公认标准的基础上协调其SPS/TBT措施，并积极考虑将其他成员的技术标准或卫生与植物卫生措施法规作为等效措施予以接受，前提是这些法规能充分实现该成员自身标准和法规的目标。《技术性贸易壁垒协定》推动成员对由指定合格的评定机构在另一成员领土内进行的合格的评定程序予以承认。《实施卫生与植物卫生措施协定》规定，每个成员应接受其他成员采取的卫生与植物卫生措施，只要这些措施提供的保护与自身措施等效。

在新冠肺炎疫情暴发初期，一些世贸组织成员临时实施了《实施卫生与植物卫生措施协定》互认条款[31]，为当时需求旺盛的必需品进口提供了便利。

技术性贸易壁垒和卫生与植物卫生措施条款在区域贸易协定中也很常见。许多区域贸易协定的卫生与植物卫生措施章节中均引用了食品法典、世界动物卫生组织（OIE）、国际植物保护公约（IPPC）等国际标准[32]、区域标准或其他方在卫生与植物卫生措施领域的标准。大多数区域贸易协定中的技术性贸易壁垒章节都建议采用国际或区域标准，以及在国际和区域一级统一的规则和合格评定标准。事实上，许多区域贸易协定重申了缔约方对采用国际或区域标准的承诺[33]。

区域贸易协定如果包含更深层次的一体化条款，如技术标准或合格评定的协调及互认，就有助于增强各方在遭遇冲击时保持经济韧性的能力（Espitia等，2020）。理想情况下，技术标准与合格评定的互认应同时进行（Veggeland和Elvestad, 2004）。促进技术标准和合格评定互认的区域贸易协定主要在发展水平相似的国家或国际组织之间缔结，如澳大利亚、欧盟、日本和新加坡[34]。

对于标准和法规的互认，包括控制、检查和批准程序，在区域贸易协定的卫生与植物卫生措施章节中未被系统性地提及。这可能是因为"和卫生与植物卫生措施相比，（技术标准和合格评定的）互认性质更符合技术性贸易壁垒的目标"（Trivedi等，2019）。为承认另一方的卫生与植物卫生措施相关法规，区域贸易协定使用了等效条款。区域贸易协定卫生与植物卫生措施条款下的等效条款既包含有约束力的承诺[35]，又包括"尽最大努力"条款（Mattoo、Rocha和Ruta, 2020；Prabhakar等，2020）。与技术性贸易壁垒的情况一样，后一种选择不利于在危机时期创造一个有韧性的环境。

各国还可以探讨紧急协调计划，以便在危机时期加快药品、医疗用品和粮食的清关和放行。这些内容必须予以明确界定，简化海关手续以减轻企业的行政负担。2020年，世界海关组织秘书处公布了一份用于预防和治疗新冠肺炎的医疗用品和基本产品（如新冠肺炎诊断测试包、个人防护装备、呼吸机和体外膜氧合器等医疗设备）HS编码清单，并强调了世界海关组织关于促进贸易便利化和保持供应链连续性等文件的某些基本规定（WCO和WHO，2020）。

各国政府还需要确保具备关键能力的人员在需要时能安全地跨境流动。同时仍需要采取全球集体措施，使药品和医疗用品贸易自由化的单边临时措施成为永久性措施（Stellinger、Berglund和Isakson，2020）。

4.评估和管理关于瓶颈或阻塞点的风险

全球价值链高度依赖于持续和平稳的供应流。影响货物和服务贸易的国家政策只是危机时期导致供应流中断的潜在来源之一。全球当前面临的形势是下一次危机可能会来自任何方面：气候、其他环境问题、健康等。风险来源的多重性要求各国政府将风险评估和管理纳入其发展、气候、经济和贸易等政策和计划的各个方面，而且还必须确保在国内和国际上对多重危害风险采取一致的应对办法。如果各国能够识别所有风险，了解政策之间存在的差距并与其他国家合作寻找解决方案，将有助于确保价值链的韧性。

正如本章第四节第三部分第2点中所述，政府通常无法实时访问企业获得的供应链信息，而这些信息能使政府能够迅速应对发生的瓶颈，例如通过采用加快进口或促进供应来源多元化的临时措施来解决问题。在国际层面获得这些信息并制定合作安排，将使生产过剩的国家能够促进出口，供应短缺的国家则可以暂时放宽进口规则。

各国还可以单独制定规则，以防止价值链中出现可能导致整个生产和交付过程瘫痪的瓶颈或阻塞点。例如，强制工厂保持充足的库存和备用供应来源，或确保其他业务后续安排提前到位，并监督确保这些工作实际落地。不过，在适用此类规则的国家开展业务可能会导致成本上升，企业可能因此将生产转移到要求较低的国家。只有在大多数国家承诺采取此类政策时，才能通过国际合作避免发生这种情况。

目前，各方已在救灾中通过国际机构开展了资源共享和政策协调式的国际合作，这种合作还可以帮助各国政府为应对流行病等全球性扰乱做好准备。发达国家可以管理自己的储备计划，但是发展中国家可能会遇到困难，因为无论是就建立和维护这些储备（例如，如果货物易腐或有一定的保质期限）而言，还是就机会成本（建立库存可能会以牺牲其他基本政策为代价，比如提升用水卫生或其他基础设施建设方面的政策），储备的代价都很高昂。将部分必需品的储备工作移交给国际组织或区域协会[36]可以确保所有政府，而不仅仅是那些有能力建立库存的政府，在危机时期都能获得必需的储备品。但是，这一体系应与相应的激励机制相配合，以确保各国在发生危机时不会忘记自己的承诺，并且这些储备不会被持有国没收以供自己使用。最好将储备管理交给国际组织之类的中立机构，而且理想情况下，这些储备应存放在人口较少的国家，从而确保在这些国家领土内储存的必需品的产量足以使这些国家成为相关产品的净出口国。在这种情况下，这些国家征用这些应急储备的动机就会受到限制。

建立医疗设备和其他必需品的区域或国际储备，可以帮助解决未来疫情暴发时必需品供应链的中断问题。战略储备还可以减少各国对医疗产品出口实施限制的动力，并可以减轻与紧急合同相关的其他一些风险，例如在合同中未对供应商进行充分调研及核查，或合同偏向于支持国内生产企业甚至涉及腐败。正如欧盟应对新冠肺炎疫情的经验和下文所讨论的那样，区域和国际合作对储备也非常重要。

然而，如果管理不善，应对短缺的储备行为实际上反而会导致这种短缺的发生。虽然出于紧急使用目的而储备一定数量的必需药物可能是有用的，但如果储备过于本地化，可能会因总是预期需求不会持续增长而导致有实际需求的地区面临更大的短缺风险。欧盟委员会为此建议在欧盟层面协调医疗用品储备，并且成员国的任何储备都应在国家层面进行，以及基于流行病学指标确定储备的适当数量（European Commission，2020）。

如第二章所述，全球价值链也容易受到自然灾害造成的冲击。极端天气会扰乱空运及海运，破坏基础设施，增加保险成本。气候变化问题本身并不是世贸组织正在进行的工作计划的一部分，但是，政府为减缓和适应气候变化或其他灾害采取的某些措施，例如《仙台框架》下的措施，因其可能会对国际贸易产生影响，则属于世贸组织现有条款的管辖范围。1994年《关贸总协定》第二十条（b）和（g）款[37]以及《服务贸易总协定》第十四条（"一般例外"），允许成员为推行环境政策而背离其义务。如果希望就构建应对气候变化的经济韧性的政策，以及实施加强并支持可持续发展和贸易的环境、社会及治理机制等方面的政策达成一致，就需要更大程度上的国际合作。

5. 其他相关倡议

全球价值链的有效运作不能只依赖于政策和基础设施韧性。发现潜在瓶颈并提高储备只是解决方案的一部分。正如在新冠肺炎疫情期间所强调的那样，全球价值链还依赖于运输零部件和成品的卡车、火车、飞机以及船舶的操作人员，因为防疫限制措施影响了这些服务提供者。例如，为应对新冠肺炎疫情，对海员和机组人员严格实施隔离等公共卫生规则，导致了运输操作过程复杂化，大大增加了运输成本。正因如此，考虑到海员和机组人员需要定期跨境流动，国际民航组织（ICAO）、国际劳工组织（ILO）、国际海事组织（IMO）、国际移民组织（IOM）和世界卫生组织（WHO）于2021年3月25日发布了一份"关于优先为海员和机组人员接种新冠肺炎疫苗的联合声明"，鼓励主管机构将海员和机组人员指定为关键工作人员，为其接种新冠肺炎疫苗提供便利。

四、加强应急准备，限制冲击的扩散

1. 加强政府采购的实践

制定良好的政府采购措施是应急预案和应急管理的一个重要组成部分（见第三章第三节）。政府采购可以在战略储备方面发挥作用，也可以在紧急采购关键物资方面发挥作用。国际合作，例如在世贸组织范围内的合作，有助于制定良好的采购措施。不过，当许多成员同时受到新冠肺炎疫情等危机的影响时，在国家、区域等各个层级上都存在加强采购战略合作的明确诱因（OECD，2020e）。

在不同层级上开展合作和协调有特定的优势。它有助于避免向市场传递适得其反的信息。由于采购能力的提高，政府联合采购还使参与采购的实体拥有了更大的议价能力，并能更好地接触供应商，此外还可以实现规模经济，避免国家、区域和地方各级实体之间的竞争。

跨境采购合作可以采取多种形式。例如，在不同的成员之间共享关于价格和供应商的信息，可以提高对不断变化的采购环境的理解。通过为公共买家提供寻找供应商的便利工具，有助于这些买家在危机期间更快地找到关键供应商。

在多边层面，政府采购显然不受《关贸总协定》和《服务贸易总协定》的管辖。[38]但政府采购仍受一项诸边协定的管辖：世贸组织《政府采购协定》（GPA）。《政府采购协定》于2012年重新谈判。[39]目前有48个世贸组织成员是2012年《政府采购协定》的缔约方，而大多数自1995年以来加入世贸组织的成员都已加入或承诺加入《政府采购协定》。这表明各成员政府越来越重视更开放的市场、更物有所值的资金、更健全的政府采购体系和更全面的国际合作的重要性，这些在冲击预防和恢复中都至关重要。

2012年的《政府采购协定》扩展了世贸组织的一些规则，涵盖了货物、服务和建筑工程的公共采购（Anderson和Müller，2017），其涵盖的公共采购必须遵守非歧视原则。[40]2012年的《政府采购协定》还要求确保有关政府采购的法律、法规、程序和做法是透明的[41]，从而促进形成高效的采购机制（Moïsé和Geloso Grosso，2002）。此外，2012年的《政府采购协定》要求政府采购程序以公平的方式进行，不能有腐败和串通行为，这使得该协定成了一个良好治理的国际工具。

《政府采购协定》的义务可以根据世贸组织《争端解决谅解》（DSU）或在有权受理采购投诉的成员的审查机构执行。2012年的《政府采购协定》的规则运用于应对公共卫生危机的必要货物、服务和建筑工程的采购，但取决于《政府采购协定》各缔约方承诺表的覆盖范围。《政府采购协定》缔约方可运用协定所提供的灵活性，特别是在采购方法、截止日期和电子采购方面的灵活性，以必要的效率和速度获得高质量的医疗用品和服务（包括疫苗）。让大规模疫苗接种计划变得可行需要管理良好的采购程序，以及妥善组织的合同管理和产品交付。

在区域层面，过去20年区域贸易协定纳入政府采购条款进一步体现了政府采购的经济意义（Mattoo、Rocha和Ruta，2020）。

纳入政府采购透明度条款的大多数区域贸易协定广泛采纳了2012年《政府采购协定》的相应义务。非歧视条款也成为区域贸易协定的一个共同特征。一些区域贸易协定明确禁止鼓励或要求"购买国内产品"的政策、价格歧视和有利于国内公司的本地含量要求。此外，一些区域贸易协定还包括了额外条款，如要求建立或加强负责采购政策的国家机构并促进相关的改革，以及在制定国家采购政策方面进行合作的提倡性条款（Hoekman，2018）。这些规定有助于更好地全面管理政府采购，并有助于提前规划以及提高在境内和跨境灾害中应对短缺的能力。一些区域贸易协定还包含争端解决条款和经过改进的市场准入承诺表。

一些区域贸易协定包含了超越2012年《政府采购协定》的条款，这些条款为区域贸易协定缔约方的企业进入其他区域贸易协定缔约方的政府采购范围提供了便利。这些规定涵盖技术规格、电子采购和促进中小企业参与招标等方面的内容。

将双边或区域采购规则的覆盖范围扩大到更多的公共实体，并向来自区域贸易协定其他缔约方的企业开放公共采购，可以帮助政府更好地应对冲击造成的扰乱。

尽管将实质性的政府采购章节纳入区域贸易协定已成为新的趋势，但2012年的《政府采购协定》仍然是实现政府采购进一步自由化的最高效和最透明的机制（Dawar，2017）。

此外，潜在的未来冲击可能导致政府加大干预力度，建设具有韧性的基础设施（如防震医院、发电站和运输基础设施），或根据新情况升级现有的基础设施（如提高防洪堤的高度以抵御海平面上升）。2012年的《政府采购协定》本身就有一项内在的授权，要求各方进一步谈判改善协定，例如逐步减少和消除歧视性措施，并在互惠的基础上尽可能扩大其覆盖范围，同时考虑发展中成员的需要。[42]

2. 改善关键服务的提供状况

多边或区域一级的国际合作还可以帮助各成员政府在至关重要的服务部门向境外服务和服务提供者开放市场（WTO，2020g）。如第三章第三节所述，对境外天气预报、保险、电信、运输、物流和健康服务及其提供者开放成员内部市场，可在帮助企业、公民和政府更好地应对危机并快速恢复经济方面发挥关键作用。在危机发生之前建立承认其他成员资格的全面制度，有助于便利境外服务提供者在必要时入境。此外，在境内市场尚未充分发展的情况下，对境外服务和服务提供者开放该市场可对相关行业的外来投资带来积极影响，鼓励私营部门增长，提高境内服务提供能力，这对提高经济韧性和降低脆弱性至关重要。

可以说，《服务贸易总协定》第二条"最惠国待遇"、第三条"透明度"、第四条第一款"增加发展中成员的参与"，以及第六条第三款"国内规制"已经对世贸组织成员在服务领域实施国内规制施加了约束。但是，如果各方在这一敏感领域成功制定新的规则，将可以更好地预防和应对可能出现的专业技能短缺，提升世贸组织贸易规则对经济韧性的贡献。

　　服务方面的国内规制要求，许可证、资格或技术标准对于实现合法的政策目标和防止不适当的贸易做法至关重要，特别是在健康、运输或电信等基本服务领域。但是，即使没有市场准入限制或对外国服务提供者的直接歧视，国内规制仍然会对外国服务和服务提供者造成不必要的障碍。例如，它们可能通过不透明或不必要的烦琐程序来实现。但是，向外国开放适用许可证、资格要求或技术标准的关键服务并不需要降低标准或消费者保护水平。可以通过承认外国标准、资格或执业授权的等效性，或者承认外国服务提供者的资格来促进市场开放。在这方面，越来越多的政府正在提升其对公众的服务，包括在门户网站上公布规章、申请表和相关指南，以及探索以电子方式提交申请和接收反馈的可能性。上述工作有助于外国服务提供者，特别是中小微企业参与受国内规制约束的服务贸易。

　　《服务贸易总协定》第六条"国内规制"第四款要求服务贸易理事会制定必要规程，确保服务方面的国内规制不会造成不必要的贸易壁垒。1999年国内规制工作小组得以成立。该工作小组的任务是制定普遍适用的原则，并酌情制定个别行业的规则。在2017年的第十一届部长级会议上，部分成员通过了一项部长联合声明倡议，决定在开展国内规制工作小组工作的同时推进国内规制讨论。2019年5月，联合声明倡议参与方承诺继续就未决问题开展工作，以便在即将召开的第十二届部长级会议上将这一成果纳入各自的承诺表。该倡议对所有成员开放。

　　许多近期的区域贸易协定都包含服务国内规制内容，如国民待遇或最惠国待遇（Mattoo、Rocha和Ruta，2020）。大部分区域贸易协定还包含有关资格、许可和技术标准的规定。2005年以后，新一代的贸易协定开始解决由于缺乏透明度和程序上的繁文缛节而产生的贸易壁垒，以促进服务市场的良好治理。在区域贸易协定中，最突出的国内规制措施包括：在新措施实施前有义务提前公布新措施，向服务提供者提供征询意见，通过公众咨询程序让利益相关方参与。此外，在《服务贸易总协定》第六条"国内规制"第三款的基础上，许多区域贸易协定规定了某些基准程序，供主管当局在处理服务提供的授权申请时遵循。在这方面，大多数区域贸易协定要求主管当局制定处理申请的指示性时限，以便申请人提交完成申请所需的额外文件，并在拒绝申请时通知申请人，告知拒绝的理由。

区域贸易协定通常包含有关监管一致性和监管合作的条款。区域贸易协定关于法规一致性的规定明确了在制定、执行、管理和审查国内法规时必须遵守的最低标准和原则。它们的目标是通过在各司法管辖区建立最低限度的共同质量标准来解决监管分歧，并阻止不合理和不一致的行政做法。这些规定可以要求区域贸易协定的参与方在国际标准存在的情况下以其技术要求为基础，但前提是这些标准不妨碍实现合法目标。[43]

一些区域贸易协定鼓励标准制定机构和当局通过公开和透明的程序来制定和采用技术标准。[44]在企业必须申请许可证才能提供服务的部门，以及在信息缺乏、不同司法管辖区许可证要求不同、申请程序拖延或任意处理会对服务贸易产生不利影响的部门，引入一些最低限度的正当程序可能会对相关工作有所帮助。[45]

一些区域贸易协定除了制定具体服务规制的实体性规则以及适用和审查服务的程序性规则之外，还要求适用良好的管理实践。这些要求的目的是避免不必要、重复或低效的规制，提高监管成效，从而建立一个能够应对冲击的框架，做好预防工作。

3.限制通过贸易和贸易相关流动导致的疾病传播

多边或区域一级的国际合作有助于各成员政府采取和执行限制动物疾病传播的卫生和植物检疫政策。如第三章第二节所述，卫生与植物卫生措施对于防止合法动物贸易中的动物疾病传播是有效用的。《实施卫生与植物卫生措施协定》要求各方采取科学的卫生与植物卫生必要措施，保护人类及其他动物或植物的生命或健康。该协定要求各成员政府采取或执行卫生与植物检疫措施，同时在情况相同时避免成员之间任意或不合理的歧视，以此促进国际贸易。

此外，第二章第四节还显示，在新冠肺炎疫情背景下实施的旅行限制导致《服务贸易总协定》模式四（即"个人临时出境提供服务"）成本上升。国际合作可以帮助政府降低这些限制所导致的成本。在这方面，重要的是形成共同的方法和建议，同时向公众提供明确和及时的信息。开展国际合作，可以确保旅行限制措施以控制疫情传播为目的并经过了审慎的风险评估，同时确保该评估能定期对现有证据的有效性进行合理科学评价（Petersen等，2020）。此外，国际合作还有助于向有需要的成员提供检测能力，从而确保迅速隔离疑似病例、确诊病例和病例接触者。

最后，国际合作必须引导决策者和其他利益相关方在流动限制对公共健康的预期积极影响与对行动自由、经济和社会的消极影响之间取得最优平衡。经合组织（OECD，2021e）估算，七国集团2021年单方面解除国际旅行限制，将平均增加5%左右的服务出口和约3%的服务进口，但如果通过国际合作取消这些限制可以实现两倍的促进效果。

改善边境机构之间关于过境和进口关键货物的信息分享和协调，可以大大加快急需用品的出口、过境和进口。可在实施《贸易便利化协定》的背景下，进一步讨论在这些措施方面的国际合作。

自新冠肺炎疫情暴发以来，海关措施的电子处理取得了成功，应鼓励海关当局继续朝这一方向迈进。世贸组织《贸易便利化协定》和关于贸易便利化的讨论将为这一领域的进一步合作提供理想平台。

新冠肺炎疫情还在很大程度上表明，需要通过努力加强合作来减少贸易壁垒，包括在未来的贸易谈判中附加必需品互认协议。

加强卫生与植物卫生检疫机构的能力对于增强韧性，应对未来卫生与植物卫生检疫风险至关重要，但在人类、其他动物和植物卫生日益相互制约的环境下，还需要采取更全面的办法。在卫生与植物卫生措施能力建设问题上，世贸组织是标准和贸易发展基金（STDF）的合作伙伴之一。该基金的设立是为了帮助发展中成员在这一领域加强能力建设（另见本章第六节）。作为一项全球公共产品，加强卫生与植物卫生措施的能力对于帮助发展中成员从新冠肺炎疫情等冲击中恢复，并在应对未来病虫害发生时至关重要。从全球角度来看，2021年5月21日在罗马举行的全球卫生峰会认识到，通过采取"同一个健康"的方式，在人类、其他动物和植物卫生等各领域开展跨领域工作，有助于应对未来的风险和增强韧性（G20，2021）。"同一个健康"是不同计划、政策、立法和研究的一种设计和实施方法，要求多个部门在其中进行沟通和共同努力，以取得更好的公共卫生成果。此外，"同一个健康"方法在食品安全和控制人畜共患病方面尤其重要。[46]

第五节　贸易政策国际合作有助于应对冲击

本节探讨国际合作在增强贸易政策应对冲击的韧性方面所能发挥的积极作用。应对冲击的单边政策可能产生正面或负面的跨境溢出效应，包括影响在构建和支持经济韧性方面所做的努力。国际合作有助于减少负面溢出效应，增加正面溢出效应。负面的跨境溢出可以通过制定相关规则来解决，也可以通过促进合作的方式来替代导致负面跨境溢出的单边措施。至于产生正面跨境溢出效应的措施，可以制定规则加以采用或作为"最佳实践"加以推广。

一、确保在危机期间获得必需品

1. 阻止各成员政府对必需品采取出口限制

正如第二章第五节和第三章第三节所讨论的，一些生产必需药品和医疗设备的成员，在医疗用品的境内需求急剧增加时，出于保护境内民众免受新冠肺炎疫情影响方面的考虑，决定实施数量出口限制。这种限制减少了世界必需药品的供应，在全球危机中这可能严重限制进口方成员获得这些药品的机会，因为这些成员本身没有足够的生产能力。对于拯救生命的药品和设备等必需的医疗产品，如果在各成员之间分配失败，将导致一个成员的库存积累，而另一个成员的患者遭受不必要的痛苦或死亡（Berden 和 Guinea，2020）。

在2020年春季，由于出口限制带来的负面影响，相关国际组织、二十国集团贸易部长和一些世贸组织成员呼吁各成员政府保持必要的商品贸易流动，包括尽快取消对相关商品的出口限制措施。在2020年5月14日的二十国集团贸易部长声明中，各方强调为应对新冠肺炎疫情将采取一系列行动支持全球贸易和投资，其中数项措施专门针对出口限制。国际货币基金组织和世贸组织负责人在一份联合声明中，呼吁各成员政府取消对药品和食品的贸易限制，并对全球贸易融资下降表达了担忧。联合国粮农组织、世界海关组织和世界卫生组织承诺共同努力，最大限度地减少相关政策措施对医疗用品和食品流动的影响。世贸组织和世界海关组织决定建立一个促进跨境贸易的协调机制，以确保必需品可以运达最需要的国家和地区，包括最不发达国家和交通不便的内陆国家。在世贸组织中，新加坡和新西兰发布了保持市场开放原则的联合声明，有5个成员加入该声明。加拿大牵头了一项有47个成员（欧盟成员分开计算）参与的行动，承诺对全球农产品贸易保持开放并实施良好贸易实践。最后，瑞士牵头了一项承诺尽快取消为应对疫情实施的出口限制措施的倡议，得到了42个成员（多数为中等收入经济体）的支持。这些声明和倡议推动了世贸组织采取具体行动，促进医疗物资、服务和设备的跨境流动，保护农产品供应链和加强粮食安全。相关签署方还承诺不对农产品实施出口限制，因为在疫情初期一些国家已经采取了此类措施。

在全球疫情等危机下，保持国际贸易体系开放和可预测至关重要。在危机期间采取措施保护国内供给是各国的本能，但这些措施将人为加剧短缺，因而国际社会需要加强协调，努力确保为所有人提供充足的生活必需品。由于疫情初期一些国家采取出口限制措施，有必要就此进一步加强规则，减少相关措施的使用；但是规则加强也面临相关挑战，因此寻求替代方法增加必需品的供应是首要目标。

世贸组织规则的一个核心经济原理是在单边措施可能引起不良结果的领域加强贸易伙伴间的合作。然而，随着时间的推移，净出口国家和净进口国家在必需品上的利益分歧逐步增加，导致对必需品的贸易规则谈判预期趋于复杂。尽管净出口国家在危机爆发前从较低的贸易壁垒中受益，但在危机期间存在限制出口以保护本国商品供应的动机；相反，净进口国家则试图在危机爆发前保护本国市场，减少对进口的依赖并发展国内产业，但在危机期间他们更倾向维持较低的贸易壁垒，确保国内市场有充足的商品供应。由于存在这些分歧，各方很难在谈判中承诺在危机期间不实施出口限制。[47]尽管如此，避免全球必需品供给形势恶化或出现短缺，特别是在危机期间确保贸易自由流动和可预测符合各成员的共同利益。作为妥协，净进口国家可能同意在正常时期降低对必需品的进口壁垒，以换取净出口国家承诺在危机期间不使用出口限制。

正如第二章第五节所述，尽管各国政府为应对新冠肺炎疫情采取了大量的贸易便利化措施，但许多经济体在疫情初期对食品或医疗产品实施了出口限制措施，包括出口禁止、配额或许可证等。在第一波疫情之后，国际贸易迅速复苏有利于缓解疫情初期个人防护装备和其他关键医疗物资的短缺问题，但目前仅有少数国家生产新冠肺炎疫苗。如果疫苗生产一直不能满足全球需求，一些国家与制药公司签订协议以及为其居民保留一定疫苗生产资源或疫苗库存等做法，将会带来很多摩擦纠纷。

《1994年关贸总协定》第十一条第一款（"普遍取消数量限制"）禁止对货物实施除关税或其他税款及费用以外的进出口数量限制。[48]但是，为防止或缓解食品或其他方面的严重短缺，《1994年关贸总协定》第十一条第二款允许在非歧视性基础上实施临时性出口数量限制。

世贸组织成员也可以单方援引《1994年关贸总协定》第二十条

（"一般例外"）和第二十一条（"安全例外"）以及《服务贸易总协定》和世贸组织《与贸易有关的知识产权协定》（TRIPS）中的相关条款，证明在某些条件下实施与《关贸总协定》中一项或多项义务不一致的措施是正当的。例如，《1994年关贸总协定》第二十条涉及"保护人类、其他动物或植物生命或健康所必需的"措施，可能涵盖应对自然灾害、人畜共患病或流行病等危机而采取的贸易限制措施。《服务贸易总协定》第十四条（"一般例外"）也包含类似的措辞，允许成员在某些条件下限制提供服务。[49]《1994年关贸总协定》第二十条允许在应对"自然灾害"[50]等紧急情况时实施出口限制措施，但必须尊重所有世贸组织成员有权"公平分享国际供应"的原则。这些条款可能支持一些世贸组织成员关于获得更公平的全球疫苗生产份额的主张。

诸如《世贸组织协定》之类的复杂协定通常都包含部分例外条款，一国可以在继续履行其承诺的同时，就特定义务单方面援引这些例外条款。事实上，仅有这些例外条款还不足以使各国政府完全放心并遵守自己的承诺。多边贸易体制在第二次世界大战后最严重的两次经济危机（即2008—2009年全球金融危机和新冠肺炎疫情危机）中能够幸存下来，足以证明这一点。特别是在此次疫情危机中，疫情暴发早期出现了很多背离规则的做法，但到2020年年底的时候这些做法已经被取消。也就是说，世贸组织法律体系的灵活性使其更具韧性。

在区域贸易协定中，尽管数量出口限制措施被公认为对经济存在负面影响，一般应该在协定中予以禁止，但目前的趋势是在区域层面并不明确完全禁止此类措施，而是通过详细列述1994年《关贸总协定》第十一条（"普遍取消数量限制"）和第十条（"一般例外"）的例外情况，清楚地说明在哪些情况下可以合法使用或保有数量限制措施。

很多区域贸易协定包含类似1994年《关贸总协定》第十条和第十一条的条款，以及《服务贸易总协定》和《与贸易有关的知识产权协定》中的类似条款。因此，一国政府如果采取违反国际义务的政策，在多边层面和区域层面都将受到挑战。在区域层面，贸易伙伴会质疑其违反相关承诺；在多边层面，实施相关政策不仅违反对区域贸易伙伴的承诺，而且违反对其他世贸组织成员的承诺。尽管区域贸易协定中的例外条款并不一定要在1994年的《关贸总协定》《服务贸易总协定》或《与贸易有关的知识产权协定》的相关条款中增加实质性内容，但多边和区域层面的双重控制增加了成员的透明度义务，并强化了对数量限制措施等公认例外条款的国际法律监督。

尽管一直以来数量限制措施被证明并不是最优的政策工具，但新冠肺炎疫情显示了其重要性，政府实际采取或希望通过采取此类措施来保护民众的生命和健康。因此，在一个越来越容易受到冲击的世界，数量限制措施还将会被继续使用。问题的关键在于取得平衡，即能够让各国政府在政治压力巨大时援引这些例外条款，同时确保这些条款不被滥用和不会导致多边贸易体制崩溃。例如，二十国集团在新冠肺炎疫情背景下将出台这些措施的标准设定为"紧急措施……如认为必要，必须具有针对性、适当性、透明性和临时性，不会对贸易造成不必要的障碍或对全球供应链造成破坏，并且符合世贸组织规则"，以此提醒成员政府即使在危机背景下援引世贸组织的例外条款时也要适当克制，以免得不偿失。

2. 其他举措

疫情推动形成了新形式的国际合作。例如，世贸组织成员于2020年11月提出的贸易和健康倡议[51]就是一个新的政府间联合行动的例子（WTO，2020j）。该倡议的主要内容包括：一是设立一个特别投资基金。二是建议参与成员承诺不对运往其他成员处的必需品实施出口限制。如果一个成员实施此类措施，其他成员将很快对该成员需要的投入品联合实施出口限制。三是建立一个信息监测系统，提高透明度并协调政策行动。该系统可以农业市场信息系统（AMIS）为基础，但覆盖更广的产品范围，并包括所有形式（关税和/或非关税）的贸易壁垒信息。

二、提高疫苗产量并使贫穷国家获得疫苗

1. 疫苗的全球需求量以及生产集中化

全球抗疫的一个关键因素是尽快研发并分配安全有效的疫苗（WHO，2021）。毫无疑问，疫苗是一种必需品，各国政府以不同的方式参与了疫苗开发和分配的不同阶段。

得益于私人部门、公共部门的参与和国际合作，新冠肺炎疫苗研发速度史无前例。一些私营制药公司已经成功研发了或者正在研发新冠肺炎疫苗，它们受益于知识产权保护，某些情况下还获得政府的财政支持。

全球疫苗的生产和分配更具挑战性。主要的问题是由于供求因素造成各方获取疫苗的不平等（见图4-3）。

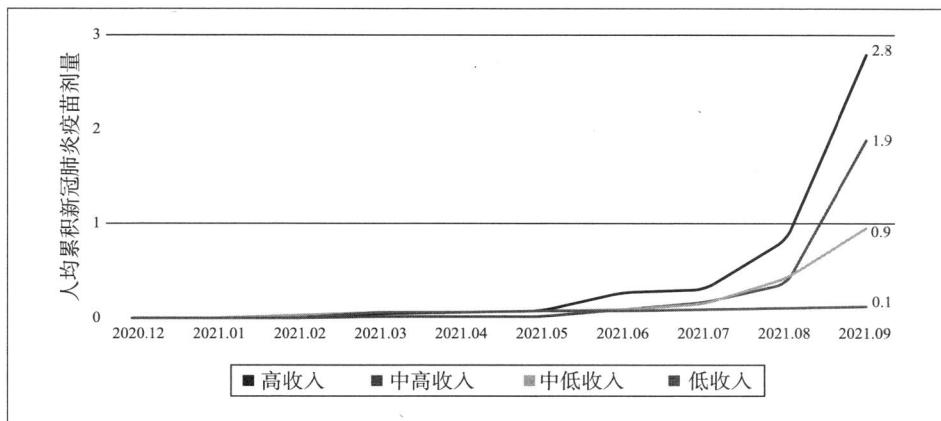

图4-3　新冠肺炎疫苗的获取

注：图4-3显示按收入水平和购买者人口比例的累积新冠肺炎疫苗购买量。国家收入水平根据世界银行的分类进行划分；数据包含政府购买的人均疫苗剂量，不包括没有特定购买日期的疫苗购买交易。

资料来源：作者根据埃弗利梯（Airfinity）的数据进行计算。

从供给端看，新冠肺炎疫苗不仅有专利保护，而且其生产过程复杂，需要多个国家的共同投入和专业知识。疫苗生产表现出的地域集中特点部分是由于以上提到的原因，这导致生产很难扩展到其他国家，特别是那些生产手段十分有限的国家很难维持这种复杂的生产流程。出于监管要求、规模经济等原因以及政治因素，估计全球约75%的疫苗主要由5个国家生产（Airfinity，2020；Evenet等，2021；Wang等，2020）。[52]伊文奈特（Evenett等，2021）以欧盟为例进行的研究表明，疫苗生产所需的投入品也存在类似情况，主要疫苗生产国既是关键投入品的主要来源地，也是出口目的地，从而导致既不生产疫苗也不产出投入品的经济体没有议价能力。此外，一些有疫苗生产能力的国家还实施了出口限制。

全球疫苗接种的经济学研究

尼尔·莫斯科维茨（Neil Moskowitz）

马里兰大学经济学教授

通过疫苗阻止全球疫情蔓延的成本并不低。尽管已有数十亿美元用于研发和分配疫苗，但在全球疫苗分配不均、贫穷国家接种率远远落后于富裕国家的情况下，关于全球疫苗接种不均衡所产生的经济成本依然引起了关注。

我和我的同事试图分析测算疫苗分配不均衡对全球经济的影响。为此，我们分析了65个国家的35个行业，包括制造业、服务业等，研究了2019年这些行业如何通过生产和贸易网络进行经济联系。例如，美国建筑业依赖从巴西进口的钢材，美国汽车制造商需要来自亚洲国家的玻璃和轮胎等等。然后，我们使用每个国家/地区的感染数据，证明了如果疫情破坏了全球贸易，包括抑制钢铁、玻璃和其他产品出口的运输等，所有国家的利益都将受到影响，而且越是依赖附近工人生产的部门，由于感染率高，受到的不利影响就越大。

研究结果表明，即使较富裕国家在2021年中期完全接种疫苗，而发展中国家如果只有一半人口接种，全球经济损失也将达到4万亿美元左右，美国、加拿大、欧洲和日本将承担几乎一半的损失，（损失高达48%）。

研究结果同时强调，任何经济体都不是孤岛，确保贫穷国家获得充足的疫苗以供接种符合富裕国家的经济利益。在富裕国家，较高水平的疫苗接种率有助于国内餐饮业、健身业和其他服务业的恢复，但对汽车制造业、建筑业和零售业等依赖从发展中国家进口材料、零部件和供应品的行业，将继续受到疫情带来的供应短缺或延误的影响。

　　在未对价格充分调整的假设情况下，我们测算了2021年疫情的每周影响。当价格上涨并且全球供应链瓶颈在2021年年底得到解决，这些不利影响便会停止，但是疫情在2021年期间所造成的不利影响已经存在。此外，只要贫穷国家人口没有完全接种疫苗，富裕国家的出口产业就不会完全恢复，因为疫情在发展中经济体持续存在将减少对发达经济体产品的需求。只有在全球范围内提供疫苗，并且每个经济体都从疫情中恢复，全球经济才能全面复苏。事实上，2021年前6个月全球复苏的不均衡已经证明了我们在研究中模拟的情况。

　　生产并向全世界提供疫苗是人道主义责任。研究结果同时强调，这不仅仅是一种慈善行为，对于发达经济体还是一种理性的经济行为，向世界其他地区的疫苗生产和分配进行投资的新冠肺炎疫苗实施计划（COVAX）等倡议将产生高额回报。因此，对疫苗供应进行全球政策协调符合所有地区的经济利益。

　　在需求方面，巨大的全球需求和中低收入国家有限的资源是主要的问题。由于疫苗生产集中在少数几个国家，而需求来自世界各个国家，因此贸易在确保全球获得疫苗方面发挥着关键作用。但是，如果没有全球协作，各国可能会相互竞价，从而推高疫苗和相关原材料的价格。

　　国际合作有助于促进疫苗的生产并帮助各国获得疫苗。为了满足全球对新冠肺炎疫苗的巨大需求，利用现有设施在短期内提高产量是必要的。如图4-4所示，预计与2020年第四季度相比，有疫苗许可生产经验的企业[53]的新冠肺炎疫苗生产能力在2022年年底时将增加20倍以上。以每人注射两剂疫苗的方案测算，让全球人口获得免疫需要160亿剂疫苗。疫苗产能的扩大是令人鼓舞的消息，只要这些疫苗能被公平地分配。

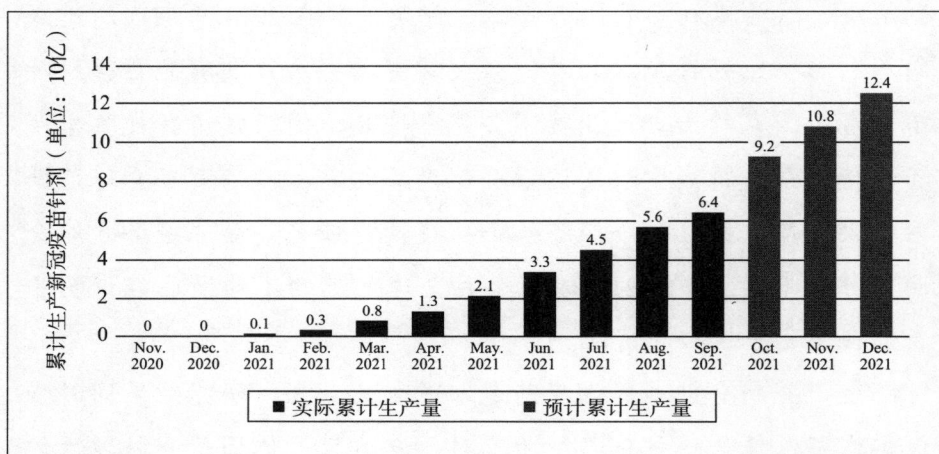

图4-4 新冠肺炎疫苗生产能力在几个月内显著提升

资料来源：作者基于埃弗利梯（Airfinity）的数据进行计算。

然而，疫苗的获得仍然不均衡。在许多发展中经济体中，给人们接种疫苗仍然面临其他挑战。因此，我们需要向第三方提供生产新冠肺炎疫苗所需的技术，以便充分利用所有的现有生产能力。与此同时，我们也要确保未来在新技术上的创新和投资不会面临风险。如第四章第四节所述，国际合作可以通过收集和共享信息，在识别并避免全球生产过于集中和瓶颈等潜在风险方面发挥重要作用。

国际合作在确保知识产权不妨碍疫苗的生产和分配，以及继续促进必要的技术合作方面也可以发挥重要作用。国际合作可以让公共部门及慈善科研资助者在健康技术方面发挥影响力，同时鼓励私营部门对医学研究进行投资。

通过跨境合作方式开展的知识技术转移，可在多种情况下促进生产制造规模的扩张。最直接的是，疫苗研制企业可以通过某种形式的许可证或生产合同，让其他企业生产其成功研发的疫苗。这种许可或生产合同包含技术诀窍转让以及正式知识产权的转让和获取相关的审批材料。知识技术转让也可以帮助竞争对手开发具有新特性的疫苗（如更大范围，更长保质期，或者更容易在疫苗接种中心分发和储存）（Price、Rai 和 Minssen，2020）。最后，转让各类疫苗的生产知识技术，还有利于促进其他传染病疫苗的生产。

2020年年初，一些世贸组织成员已经实施了具体的知识产权措施，促进与新冠肺炎疫情相关的健康技术的研发和传播，并放松程序要求和调整知识产权行政管理的截止期限。作为政府措施的有益补充，知识产权持有者也采取了自愿行动。例如，分享知识产权以支持相关研发，让相关健康技术的获得更加便利（WTO，2020e）。一些新冠肺炎疫苗研发企业宣布，它们将在疫情期间放弃实施相关专利，以允许其他新冠肺炎疫苗开发者在其基础上开发自己的技术（Mo Dana，2020）。此外，国际疫苗联盟、公共研究中心和私营公司正在合作协调相关生产许可证的转让，以便以非营利方式提供疫苗，特别是针对低收入和中等收入国家（AstraZeneca，2020）。

为了确保疫苗在全球的分发，保持一个透明和运作良好的多边贸易体制也很重要。边界的开放将决定疫苗及其原料能否到达有需求的地方。出口限制是疫苗自由流动的一个障碍。如前所述，出口限制会带来许多问题，但这并不是疫苗贸易的唯一障碍。

正如各国政府所宣布的那样，疫苗相关产品的出口必须经过具体的批准程序，这种微妙的出口限制方式已经被确认存在。关于这类限制方式，我们通过仔细研究各国政府和疫苗生产商之间的合同就会发现，尽管没有公开宣布出口限制，但合同中某些内容导致了疫苗或关键原料事实上（尽管可能是暂时的）的出口禁止。更准确地说，这种安排有利于前期对新冠肺炎疫苗研发和生产进行了投资的政府，帮助其牢牢锁定了企业生产的产品（The Economist，2021）。一些疫苗重要原料的供应商获得了补贴，以换取他们承诺优先向国内疫苗生产商供应相关原料。政府和私营企业之间的合同安排限制了疫苗出口至全球市场，并使得全球疫苗价值链出现短缺问题。全球价值链出现不可预期的贸易延迟，可能会引发贸易伙伴的报复（Evenett 等，2021）。国际合作有助于各方更好地了解此类合同的相关安排，并设法减少它们对贸易伙伴的负面溢出效应。

新冠肺炎疫情还从全球地理位置分布上展现了疫苗生产的集中程度，同时也显示了新冠肺炎疫苗研发和生产专门技术知识的集中情况。

在当前生产企业已全力运转的情况下，通过与国外的生产企业分享知识产权，例如授予疫苗或相关成分的生产许可证、分享相关诀窍等，可以解决出口限制的问题。此外，根据《与贸易有关的知识产权协定》，世贸组织成员在必要时可以颁发强制许可，用于生产疫苗或相关原料。

仅仅获得知识产权许可以及必要的原料可能仍无法让一些国家快速生产出疫苗。如果这些国家缺乏资源、专业知识、人才和技术诀窍，就无法升级现有的设施或建设新的设施。从短期看，国内关于药品或原料市场的监管规定可能会阻碍或延迟疫苗相关原料或生产设备的进口。海关监管也可能会使相关原料进口变得困难，这可能是由于复杂的卫生与植物卫生措施所致，或者是迟缓、烦琐的海关清关程序造成的。因此，开展跨境监管措施合作，包括监管措施协调和监管结果互认等，将有力地提升疫苗的分配和生产能力。

除了要促进疫苗、原料、设备和相关服务的贸易之外，为数十亿剂疫苗的出口和分发提供资金支持仍然是十分紧迫的问题，特别是对最不发达国家来说。应二十国集团的要求，一个高级别独立小组——二十国集团关于全球疫情防范和应对融资高级别独立小组提出了一些解决方案，以确保疫苗生产和供应能够获得长期资金，并能将因流行病而倍增的风险纳入考虑范围[54]。

各方还提出了一系列举措，以便在发展中国家建立技术中心（如南非的 mRNA[55] 中心），并建立更加均匀分布的生产能力，以期在新冠肺炎疫情之后保持长期的韧性。在这方面，世贸组织已经参与了一些旨在促进研发和生产地点多元化的计划[56]，其中最有名的是成立"新冠肺炎疫苗实施计划"（COVAX）制造工作组。该工作组的成立是为了寻找和解决从"新冠肺炎疫苗实施计划"中公平获得疫苗的障碍。该工作组希望利用全球疫苗界的能力来应对新冠肺炎疫苗生产中的短期、中期、长期挑战和瓶颈。工作组最紧迫且与世贸组织特别相关的目标之一是以提高供应能力的方式解决原材料和一次性材料等的短缺问题，并加快原材料、疫苗成分和制成品的跨境转移。工作组的长期目标是帮助增强区域的未来卫生安全[57]，因为未来疫情大流行的风险以及其对贸易和世界经济带来的相关成本，凸显了建立储备生产能力的必要性，同时也要通过相关的融资措施为此持续提供资金。[58]

2.《与贸易有关的知识产权协定》及疫苗的扩大生产

《与贸易有关的知识产权协定》为所有世贸组织成员[59]建立了一套保护和执行一系列知识产权的最低标准，包括其纳入的《建立世界知识产权组织公约》所载的实体性义务。[60]同样，为了实现知识产权制度的社会和经济福利目标，该协定为政府提供了广泛的选择，以确保知识产权的排他性特征不会影响公共利益。例如，政府可以扩大药品的生产和分销，即使这些药品受到专利保护。[61]

专利强制许可包括一系列制度，以确保必要时在没有专利持有人授权的情况下允许使用专利技术。例如，政府可以为了公共利益直接授权在当地生产疫苗而不顾及专利覆盖范围，或在未经专利持有人同意的情况下允许进口仿制药或关键成分。对于非商业性的公共用途，如紧急情况下政府要求扩大药品生产，相关方可以简化许可或政府授权使用程序，无须事先与专利持有人谈判。2001年11月的多哈宣言确认了成员有权颁发强制许可并确定其理由。同时，该宣言也澄清了成员有权决定何为国家紧急情况或其他极端紧急情况。这明确适用于公共卫健康危机。

作为新冠肺炎疫情应对的一部分，一些国家已考虑实施强制许可。2020年3月24日，以色列发布了进口洛匹那韦/利托那韦（属于美国艾伯维公司的快利佳药专利）仿制药的强制许可证（Kass，2020）。世贸组织正监督上述强制许可及其他的强制许可。[62]然而，南非和印度[63]正在推动采取更强有力的措施，提议对《与贸易有关的知识产权协定》中与"预防、遏制或治疗"新冠肺炎相关的部分条款予以豁免（WTO，2021b）。[64]相关提案自2020年10月提交以来，一直在世贸组织成员之间进行广泛讨论（WTO，2020n），包括以修订的提案为基础开展密集的提案条文讨论。提案的支持者认为，知识产权障碍导致无法利用发展中国家的疫苗生产能力，并强调需要克服现有协定灵活性不足的问题。与此同时，其他代表团[65]认为，现有协定的灵活性足以解决扩大疫苗生产和多元化生产方面的任何知识产权障碍（WTO，2021b）。欧盟提出了一项提案，旨在澄清这类灵活性在新冠肺炎疫情中的适用情况。[66]到目前为止，各方尚未就《与贸易有关的知识产权协定》豁免提案达成共识（参见Ellen't Hoen 和 Patrick Gaulé 的评论文章）。然而，《与贸易有关的知识产权协定》理事会已同意继续讨论知识产权如何应对新冠肺炎疫情。[67]与此同时，成员也呼吁相互之间继续开展自愿合作（WTO，2020e）。

区域贸易协定为相关方的国内知识产权体系设立了标准。这也可能对扩大新冠肺炎疫苗生产带来影响。但是，每一个区域贸易协定中的知识产权承诺内容各异，大多数只是重申各方对《与贸易有关的知识产权协定》的现有承诺并促进合作（Valdes 和 McCann，2014）。在某些情况下，各方也认识到《与贸易有关的知识产权协定》公共健康豁免的可能性。然而，相当多的区域贸易协定旨在加强对知识产权的保护，设立了超过《与贸易有关的知识产权协定》的标准（称为"TRIPS+"条款），例如对强制专利许可理由进行限制。一些区域贸易协定明确提出要促进发展中经济体和发达经济体之间的技术援助、协调、合作和能力建设，这些内容是在《与贸易有关的知识产权协定》相关条款的基础上对其加以完善而制定的。这些条款能加强可预见性和成员间的相互信任，有利于促进在疫苗等药品领域向发展中成员提供技术转让。

疫苗知识应成为全球公共产品

艾伦·霍恩（Ellen't Hoen）

律师和公共健康专家

新冠肺炎疫情引发的全球健康危机显示，国际社会缺乏有效的机制来共享诊断方法、疫苗等产品，以及与疫情应对相关的知识产权和技术。

2020年5月，早在第一种新冠肺炎疫苗上市之前，世卫组织就建立了"新冠肺炎技术获取池"机制（C-TAP）。该机制允许共享与新冠肺炎疫情相关的知识产权、诀窍、数据和技术，以满足全球对110亿剂新冠肺炎疫苗及相关诊断和治疗方法的需求。

到目前为止，各公司都拒绝与C-TAP合作，并用一个旧调重弹的观点作为其理由，即共享知识产权不利于未来的药物创新投资。但在当时，各国政府已花费930亿欧元来开发疫苗、治疗方法和诊断方法。这些前所未有的公共资金投入降低了新冠肺炎疫苗开发的风险。因此，我们有理由期待有关产品及与之相关的知识产权作为公共产品供各国共享。

"新冠肺炎疫苗实施计划"是一个确保疫苗公平分配的多边疫苗共享计划。富裕国家不但没有加入该计划，反而采取了提前订购和囤积疫苗的做法，这让发展中国家在获取疫苗的进度上落在了后面。

由于未能交付疫苗或相关产品，一些国家提出了各种涉及强制措施的提案，以便缩小技术差距。2020年10月2日，印度和南非提出了在疫情期间临时豁免《与贸易有关的知识产权协定》中的某些义务的提案，这是一个相当合理的命题，但大多数高收入国家最初都对此表示反对。美国是作为例外支持相关的豁免，但仅限于新冠肺炎疫苗。欧盟则致力于推动其提出的专利强制许可方案。

然而，对于新冠肺炎疫苗来说，这些措施存在局限性，因为疫苗的生产量和生产能力快速扩大涉及有关诀窍和技术的转让，这需要权利持有者的合作。重要的是，世贸组织《与贸易有关的知识产权协定》豁免讨论需要解决如何缩小技术诀窍差距的问题。

自世卫组织于2020年1月30日宣布新冠肺炎疫情成为国际关注的突发公共卫生事件以来，全球疫情应对状况不平衡的现象非常严重。富裕国家正开始恢复到疫情暴发前的正常水平，但新冠肺炎在疫苗供应不足的地区广泛传播，为病毒的新变异创造了滋生地，使每个人都处于危险之中。

2021年7月，非洲只有1500万人（仅占非洲总人口的1.2%）完全接种了疫苗，非洲大陆的死亡率正在迅速上升，且疫情影响主要分布于年轻人群中。我们需要立即采取行动，捐赠疫苗并让人们接种。

为了更好地应对未来疫情的暴发，世界需要制定新的规则，以确保在大流行的情况下自动获取相关技术和知识产权。在2021年秋季启动的大流行病条约谈判为规范这一问题提供了机会。相关规定应具备以下要点：

（1）垄断不能妨碍获取预防和治疗潜在大流行疾病的相关技术，应确保分享相关诀窍和技术，且不会在大流行期间引起争议。

（2）用于疫苗和治疗方法研究的公共资金应保持充足和可预测，且应符合以下条件：（a）技术诀窍是开放的，其他人可使用这些诀窍开展进一步研究或扩大生产规模；(b)在此基础上生产出来的产品价格应该保持合理。

(3)在目前没有生产能力或生产能力不足的地区构建疫苗生产能力。

我们应从现在开始为应对下一次大流行做好准备，而不是在下一场危机全面暴发的时候才采取行动。

区域贸易协定通过保护和执行知识产权能对疫苗接种技术和诀窍的传播发挥重要作用。自2000年前后开始，许多区域贸易协定制定了超过《与贸易有关的知识产权协定》内容的条款，例如，只要原研药的专利仍然有效（称为"专利链接"）[68]，则不允许有关药品监管机构注册和批准销售仿制药。其他一些区域贸易协定要求某些发展中国家就提交给监管机构的临床试验数据给予各种形式的排他性保护。这些数据是为了证明新药的质量、安全性和有效性的。[69]此举可以防止仿制药制造商将这些数据用于申请自己产品的上市许可。由于监管程序和标准的一致性有限，这种数据排他性保护可能会影响新冠肺炎疫苗的进一步生产，并阻碍新冠肺炎治疗方法的推广（Adetunji，2021）。

3.其他措施

新冠肺炎疫情凸显了创新和技术在应对冲击方面的重要作用，同时也凸显了知识产权体系在应对此类危机时发挥作用的重要性（Santavicca，2020）。在现有的多边、诸边和区域法律框架之外，一些国家以及多边和区域组织还主张加强合作[70]以保障公平和可负担的医疗服务，这促成了各方在信息和透明度、政策支持、技术合作和能力建设以及支持创新和技术转让等领域的紧密合作与一系列相关倡议的提出。[71]

例如，为解决新冠肺炎疫情相关医疗产品的大规模生产和分配中的障碍，哥斯达黎加和世界卫生组织于2020年共同发起了"团结行动呼吁"[72]，启动了世界卫生组织"新冠肺炎技术获取池"（C-TAP）[73]（WHO，2020），通过推动知识、知识产权和数据的自愿汇集来支持技术转让，在全球范围内迅速扩大新冠肺炎检测、预防和治疗相关的制造业，进而提升全球公平获取新冠肺炎健康技术的机会。上述行动还进一步呼吁资助者、研究人员、政府、知识产权和专有技术持有者支持C-TAP，特别是通过透明和非排他性的方式共享知识产权，并促进向更多制造商转让相关技术（Garrison，2020）。随后，哥斯达黎加总统和世界卫生组织总干事在一封公开信中重申了这一呼吁。[74]

2021年5月，"药品专利池"（MPP）还将其授权范围扩大到技术许可，最初的重点是新冠肺炎疫苗和新冠肺炎疫情预防。[75]"药品专利池"还开发了一个专门用于新冠肺炎疫苗的新专利数据库：VaxPaL，该数据库建立在"药品专利池"通过MedsPaL（"药品专利池"药品专利和许可证数据库）绘制关键健康技术专利图的经验之上。汇编关于新冠肺炎疫苗的专利信息是为了提高新冠肺炎关键疫苗专利的透明度，并主要（但不限于）关注疫苗开发实体所申请的专利。[76]

世界知识产权组织还在其全球PATENTSCOPE数据库中开发了新冠肺炎疫情搜索引擎。[77]该工具提供预定义的搜索字符串，支持搜索与新冠肺炎疫情相关的专利信息。欧洲专利局（EPO）等区域专利组织、PROSUR/PROSUL等区域技术合作倡议（参加方包括阿根廷、巴西、智利、哥伦比亚、哥斯达黎加、厄瓜多尔、巴拉圭、秘鲁和乌拉圭等）以及部分国家知识产权管理当局也已经开发了类似工具。[78]

2021年6月，世界银行、国际货币基金组织、世界卫生组织和世贸组织负责人举行了关于"为发展中国家提供新冠肺炎疫苗、治疗方法与诊断方法工作组"的第一次会议。在联合声明中，这些组织的负责人将工作组描述为一个"作战室"，以帮助跟踪、协调和推进向发展中国家提供新冠肺炎相关健康工具，并呼吁相关利益团体和国家领导人扫清关键障碍[79]，以支持工作组成员提出的优先事项和国际货币基金组织工作人员的建议。该声明还解释了到2025年，应对疫情的500亿美元投资将如何产生9万亿美元的全球经济收益，以及如何改善诊断、供氧、治疗，以及医疗物资和疫苗的生产、供应、贸易和公平分配。[80]

为发展中国家提供新冠肺炎疫苗、治疗方法与诊断方法工作组随后建立了一个网站，提供了一系列按国家、地区和收入水平划分的疫苗接种率以及疫苗、诊断和治疗的购买交付数据。[81]

专家观点

危机中专利和必需品的可获得性：以新冠肺炎疫苗为例

帕特里克·古勒（Patrick Gaulé）

布里斯托尔大学经济学副教授

以前所未有的速度研制出安全有效的新冠肺炎疫苗，是现代科技的重大成就。然而，如何快速为世界人口接种新冠肺炎疫苗并扩大其供应量仍然是一项关键挑战（Agarwal和Gopinath，2021）。

　　为了及时获得新冠肺炎疫苗和其他必需品，印度和南非已向世贸组织成员提议，在疫苗接种工作于全球范围内广泛开展之前，豁免适用世贸组织《与贸易有关的知识产权协定》的相关条款。对于这一提议，支持和反对的意见同时存在。

　　由于《与贸易有关的知识产权协定》豁免将针对疫情期间的必需品，因此不太可能影响未来对非疫情产品开发的激励。一个更紧迫的问题是相关豁免对未来疫情中必需品创新激励的影响。新冠肺炎疫情的经验表明，在危机期间，研发工作的强度迅速扩大（Agarwal和Gaulé，2021）。然而，在危机发生之前，疫情防范方面的研发投资往往太少（Abi Younes等，2020），在当前危机期间的知识产权豁免可能会加剧这种投资不足。增加对疫情预防研发的公共支持可能会缓解这一矛盾。

　　针对疫情的知识产权豁免在扩大新冠肺炎疫苗的供应方面效果如何？

　　在以小分子药物疗法为基础的情况下，知识产权对于供应而言非常重要。例如，在21世纪初期，一些国家利用执行强制专利许可的威胁（或实际执行强制专利许可）来获得艾滋病毒抗逆转录病毒药物的巨大优惠（WHO，2014）。

　　然而，疫苗与小分子药物的不同之处可能与知识产权豁免对供应的影响高度相关。通过简单的测试可以证明小分子药物的仿制药具有与原研药相同的效果，而仿制疫苗则需要进行临床安全性和有效性测试（Friede，2010）。此外，疫苗的生产涉及相当多的技术诀窍（即使是那些基于旧技术平台的疫苗），而大多数具有相关经验和专业知识的生产企业已经参与了新冠肺炎疫苗的生产。

在新冠肺炎疫苗生产上还存在额外的超出知识产权的准入门槛，这意味着知识产权豁免对疫苗供应的影响在短期内可能相当有限。对产能扩张进行补贴可能是加速新冠肺炎疫苗供应的更有效的一个方式。

从本质上来说，知识产权政策是在新产品的创造速度和推广速度之间做出选择。在危机中，必需品的推广速度自然更为重要。然而，在存在其他准入门槛的情况下，知识产权豁免可能无法有效地迅速扩大必需品的供应。非知识产权政策，如对研发和制造能力进行补贴，在危机应对时的必需品开发和推广方面发挥着关键作用。

4. 促进疫苗生产的其他贸易方面

如果一国到目前为止还没有能力生产新冠肺炎疫苗（或其他相关医疗产品）但认为有必要发展其生产，则可以根据世贸组织协定采取一些行动。

政府可以决定降低生产疫苗所需的设备和原料的关税，以获得本国不生产的材料或降低其生产成本。各国还可以通过采用国际标准或参与产品规格的互认，促进生产疫苗所需设备或原料的进口。

一国如不具备生产疫苗或其他医疗产品的必要技能或技术诀窍，可以根据《服务贸易总协定》向工程师、技术人员或其他专业人员开放其市场。在不降低现有标准的情况下，为这些人员遵守其国内服务规制提供便利可能有助于这方面的工作。这些国家也可以吸引这些领域的医药企业等服务提供者的投资，允许其通过组建、收购或维持特定企业来提供相关服务。[82]

由于疫苗和其他医疗产品在地理上的生产集中性，新冠肺炎疫情还暴露了某些国家存在依赖数量有限的外国供应商和面临生产国潜在出口限制的风险。通过获得替代供应来源实现生产来源的多元化，可以改善这种生产集中在一两个国家的情况。如果全球产量充足，还可以达到劝阻各国实施出口限制措施的效果。如果未来可能发生的其他疫情是通过连续感染的形式发展起来的，在世界不同地区扩大生产规模也有助于应对这些疫情，就像在第一波新冠肺炎疫情期间，一些国家能够在其余国家处于封锁状态时恢复或继续生产必需品。

预计许多国家和国家集团将扩大投资，研究新出现的传染病，建立临床试验网络，发展疫苗生产能力，并扩大区域合作，为未来可能发生的疫情做准备。[83]一些专家还主张谈判一项新的、可执行的部门性新冠肺炎疫苗投资和贸易协定（Bown 和 Bollyky，2021）。最后，在2021年5月31日的世界卫生组织年度部长级会议期间，作为其成员所设想的组织改革的一部分，世界卫生组织总干事谭德塞博士呼吁启动关于促进疫情应对的国际条约的谈判，来自世界卫生组织194个成员的部长们将于2021年11月底前举行会议，以决定是否启动该条约的谈判。[84]

三、减缓应对冲击的保护主义反应并对紧急支持加以规范

1.减缓保护主义反应

国际合作可以帮助各国限制使用贸易保护主义政策来应对危机。2008—2009年全球金融危机的经验表明，多边贸易体制可以帮助抵御保护主义势头（Agah，2015），尽管这场危机的爆发引发了人们对重新陷入类似于20世纪30年代大萧条时期的保护主义行为的担忧，但贸易壁垒的增加情况没有人们最初担心的那么严重

（Bown和Crowley，2012）。

促成这一积极发展的一个关键因素是多边贸易体制内规则的汇编和制度化。各方通过在世贸组织和各种区域贸易协定法律框架内开展的国际合作，建立了一个透明、可执行的贸易规则环境，并明确了不当贸易措施可能会引发的法律和经济后果（Agah，2015）。世贸组织的贸易政策审议机构从2008—2009年全球金融危机中吸取了关于贸易措施透明度监督重要性的教训，已定期发布贸易政策监督报告并要求成员定期向贸易政策审议机构提供信息通报（Laird和Valdés，2012）。

除了与贸易有关的合作外，实证证据还指出了货币政策领域合作的相关性。鉴于对汇率（通过影响竞争力来影响汇率）和国内生产总值的冲击是贸易保护主义的主要驱动因素之一，国际货币基金组织提供了一个就国际货币问题进行磋商和合作的平台，这对于减缓宏观经济波动并最终阻止短视的保护主义行动至关重要（Bown和Crowley，2012；IMF，2000）。

2.临时性贸易救济措施和经济韧性

虽然各方均认同自由贸易在危机时期至关重要，但政府仍可能会面临来自国内企业的压力，要求通过世贸组织允许的临时性贸易救济措施（即反倾销、反补贴或保障措施）保留国内市场或保护必需（"战略"）产业和新兴产业，这一现象在需求因经济困难而萎缩，或者本地生产商突然发现自己面临更具竞争力的外国产品冲击，又或者没有适应产能过剩的情况时尤为突出。

2008—2009年全球金融危机期间，人们越来越多地求助于临时性贸易救济措施，尤其是在发展中成员（Bown，2009）。然而，目前还没有迹象表明世贸组织成员在新冠肺炎疫情导致的经济危机中诉诸保障措施、反倾销或反补贴措施[85]等贸易政策工具。

根据1994年《关贸总协定》第二条第二款（b）项（"减让表"），世贸组织成员可在实施关税税率的基础上对被认定存在倾销或补贴行为、对国内产业造成或可能造成实质性损害的进口商品征收额外关税。然而，世贸组织《关于实施〈1994年关贸总协定〉第六条的协议》（反倾销协议）明确了在判断倾销存在、相关行为可能对国内同类产品生产商造成的伤害、可能采取的措施和相关措施的持续时间等方面的纪律，并对反倾销措施的使用设置了限制。该协议还规定了国内当局在调查有关倾销行为的投诉时应遵循的详细程序。

此外，《补贴与反补贴措施协定》（SCM协定）明确了在确定补贴存在、对生产同类产品的国内产业的损害、补贴和损害之间的因果关系、可能对获得补贴的进口产品采取的措施和措施实施期限等方面的纪律。该协定还规定了成员在调查补贴投诉时应遵循的详细程序。更广泛地说，反补贴和反倾销程序必须遵守详细但大体相似的要求。保障措施则是世贸组织成员为应对冲击导致的经济下滑和进口激增威胁国内产业的局面而可能采取的第三种贸易救济措施。

世贸组织的《保障措施协定》对保障措施的使用进行了规范。保障措施与反倾销、反补贴措施的作用不同，其目的是在特定产业或产业分支自我重组的同时，通过防止竞争产品的进口增加而对其进行暂时保护。这就是为什么保障措施是在最惠国待遇基础上适用，并且在时间上有严格限制的。与反倾销或反补贴措施不同，保障措施不要求对"不法行为"的指控。相反，可以采取保障措施防止进口激增对国内产业造成严重损害。在这方面，保障措施更像是应对国内、区域或世界性危机结构性后果的工具，而不是对不公平贸易做法的反制。保障措施可以为行业提供时间使其从冲击带来的经济后果中恢复并适应由此产生的新经济环境。

区域贸易协定框架与世贸组织协定相比，对于反倾销税、反补贴或保障措施有更严格的规范，特别是针对来自第三方的进口产品。区域贸易协定可以对缔约方之间或缔约方相对于第三方实施这些贸易救济措施施加更多的限制，而且一般倾向于这样做。区域贸易协定甚至可以决定完全禁止在缔约方之间实施贸易救济措施。

大多数区域贸易协定的规则超出了世贸组织反倾销和反补贴相关协议中对调查机构的约束（Mattoo、Rocha和Ruta，2020）。然而，只有极少数的区域贸易协定禁止缔约方之间使用反倾销程序。[86]同样，很少有区域贸易协定包含限制补贴或国家援助[87]的规则，此类规则可以免除区域贸易协定内部的反补贴税。

区域贸易协定的反倾销或反补贴条款超越了世贸组织协定，例如，规定了更高的倾销/补贴最低进口数量[88]，更高的最低倾销或补贴幅度[89]，或规定了比世贸组织反倾销、反补贴协议更短的反倾销、反补贴措施实施期限（一般为三年而非五年）。[90]许多区域贸易协定还引入联合监督机构，这往往能减少缔约方之间的反倾销和反补贴措施的数量，从而减少其推行保护主义和降低韧性的风险。[91]

3.进口许可证和其他海关程序

疫情冲击和对增加关键商品数量的迫切需求可能导致政府开放其进口许可制度。例如，阿根廷于2020年4月决定，在新冠肺炎疫情背景下，将医疗设备和个人防护用品从非自动进口许可的限制清单中删除（WTO，2021g）。

某些情况下，进口许可证可用来维护合法的公共利益，例如控制危险货物的入境。然而进口许可证也可能成为不必要的贸易壁垒，阻碍危机时期的韧性。[92]世贸组织关于进口许可的基本规则载于1994年《关贸总协定》第十一条第一款（"普遍取消数量限制"），该条款规定，"如果这种制度限制贸易"，则禁止使用基于自动或非自动进口许可制度的贸易政策。对于农产品，《农业协定》（AoA）第四条第二款（"市场准入"）禁止数量进口限制，包括禁止任意发放进口许可证，以确保此类产品边境措施的透明度。

世贸组织《进口许可程序协定》规定了更详尽的规则。进口许可程序可用于监测某些货物的贸易量和价值，而不是限制其进口。它们也可以用来管理配额和关税配额。

根据《进口许可程序协定》，进口许可制度必须保证透明度和公正性，且不得以限制贸易的方式运作。[93]例如，为了缓解严重的粮食短缺或保障国际收支，可以适用例外情况。[94]

还有一些其他形式的与海关处理有关的要求在2008—2009年全球金融危机期间采用过，并且自新冠肺炎疫情暴发以来也一直在使用。这些海关处理可能违反1994年《关贸总协定》第十一条第一款（"普遍取消数量限制"）。例如，当各国限制对特定货物进行清关的入境口岸数量时。其他限制与服务贸易有关，其合法性取决于有关成员做出的承诺。

大多数区域贸易协定载有一些条款，力求确保所有自动和非自动进口许可程序以透明和可预测的方式实施，并符合世贸组织《进口许可程序协定》。[95]这些条款中的大多数是参照1994年《关贸总协定》第十一条第一款或世贸组织《进口许可程序协定》所含义务制定的。[96]

4.对紧急支持加以规范

在2008—2009年全球金融危机和新冠肺炎疫情引发的经济危

机中，政府已经并正在以补贴或资助的形式为产业、公司和工人提供紧急支持（OECD，2021f），帮助其应对这些危机的影响，寻求增强其应对这些冲击的韧性。如上所述，紧急支持可用于产业政策目的，从长远看会扭曲竞争。如果这些措施产生负面的跨境溢出效应，就应通过国际合作加以解决。

这种合作可以采取几种不同的形式。一方面，政府在危机时期干预的一些关键原则可以帮助负面跨境影响最小化，如专栏4-4（OECD, 2020d）所列示的那样。另一方面，造成制造业和农业部门竞争扭曲的支持措施应受世贸组织规则的约束。然而，正如下文所讨论的，某些形式的扭曲性支持尚没有或没有充分地受到世贸组织现有规则的约束，这可能是造成国际紧张局势的根源，需要成员之间进行讨论，并在必要时进行新的谈判。

专栏4-4　危机时期国家干预的核心原则

（1）设计支持措施的七项核心原则

①区分能存活的企业和不能存活的。

②匹配问题和办法。

③在合适的时候考虑股权援助。

④保障完整性。

⑤确保透明度。

⑥在推进公共政策目标时有条件地考虑财政支持。

⑦加强政府向私营企业提供支持的能力。

（2）政府需要管理其在经济中的角色，避免成为"无意识的所有权人"

①为退出做好准备。

②考虑政府需要留守的地方，以国家所有权进行有效投资。

③通过负责任商业行为的案例进行引导。

④政府必须确保市场竞争包括国际竞争不被扭曲，支持以规则为基础的全球贸易。

⑤透明度是全球范围内约束政府支持措施的关键。

⑥确保政府干预行为的统一和协调，监测支持措施的影响。

关于多边规则，经合组织（2021f）确定了可能存在规则差异的，可以在多边层面展开讨论的四个领域。

第一，关于提高透明度的讨论。关于当前政府支持措施的性质和规模的信息，对于制定削减的基准以及制定处理现有和潜在的新支持措施的有效规则至关重要。然而，当前这些信息的透明度仍然有限。

第二，关于采用价值链方法的重要性的讨论。确定政府支持的最终受益者并不总是容易的，因为对产业部门的支持会传播和跨越多个行业甚至整个国家的价值链。

第三，与国有企业有关的讨论。国有企业既可以是重要的支持接受者，也可以是支持提供者。根据经合组织的研究（2021f），目前尚不清楚现有的贸易规则是否涵盖了政府投资公司（国有企业）提供的所有支持。

第四，关于通过金融体系提供的支持（低于市场水平的贷款和政府注资）的讨论。经合组织称，这些支持在许多产业都大量存在，十分复杂且难以衡量。

通过开展国际合作对受冲击影响严重的产业予以支持也可以采取其他形式，这可以从旅游部门的例子中看出（见第二章第四节）。2020年4月，联合国世界旅游组织（UNWTO）提出了23项建议供各国采纳，目的是指导各国在新冠肺炎疫情后实现复苏，减轻未来危机的不利影响并构建韧性。这些建议强调，旅游行业的贸易开放将通过创造有助于经济增长和可持续发展的新业务和就业机会在促进复苏和韧性方面发挥作用（UNWTO，2020）。一方面，建议各国政府通过取消旅行限制、便利化工作签证办理流程和开放航空运输等方式进行合作，重振各部门的就业和商业活动，提高航空运力和互联互通水平，推动经济复苏。另一方面，这些建议也为地方和中央政府、企业和银行提供了行动要点，以便与贸易、交通、教育、外交和治理方面的专家合作，成立旅游恢复委员会（UNWTO，2020）。

在2008—2009年的全球金融危机以及更早的19世纪70年代的石油危机期间，发达国家的支持方案通常依赖于采取广泛刺激的方式，包括对消费者或经济部门的财政资助、收入或价格支持计划等。多边贸易规则并不能明确正式地区分造成较少贸易扭曲的国内紧急支持措施和造成较多贸易扭曲的长期支持。前者的目标是帮助一个经济体应对冲击直接影响的支持措施，而后者表现为产业政策计划等。

当政府决定向受冲击影响特别严重的个人或家庭提供经济援助时，这可能不属于《补贴与反补贴措施协定》中所规定的"补贴"。事实上，财政支持通常不受世贸组织关于补贴的规则约束，除非它是专门授予当局辖区范围内的一个企业（行业），或一组企业（行业）。因此经济刺激方案如果采取税收优惠形式或普遍适用的其他税率调整形式，由于本地、区域或全国均可自动、非歧视性和基于客观标准地享受相关优惠，则其不属于《补贴与反补贴措施协定》规定的专向性补贴。在遵守上述要求的情况下，政府可以在不违反《补贴与反补贴措施协定》的同时，对陷入经济困难的个人或企业暂停、推迟或免除一般情况下所适用的税收，以应对冲击的直接影响。

以财政资助、收入或价格支持计划的形式向个别受冲击影响的产业或产业分支提供刺激方案的问题更为微妙。有足够财政空间的政府可能会决定以金融支持的形式实施韧性政策，以帮助某些经济部门抵御冲击甚至实现复苏。如果这种支持以"专向"形式给于某一企业或行业集团，则将受《补贴与反补贴措施协定》的约束。因此，只向受冲击影响的一个产业部门提供的财政支持可被视为补贴。根据《补贴与反补贴措施协定》的第三十一条，由于第八条（"非可诉补贴的确定"）在《补贴与反补贴措施协定》生效五年后不再适用，给予一项补贴（禁止补贴除外）[97]的理由（如开发新技术）要基于非相关性才不违反规定。（Coffin 和 Horowitz，2018）

农产品的国内支持和出口补贴受《农产品协定》[98]的特定规则约束，这是对《补贴与反补贴措施协定》的减损（《农产品协定》第二十一条第一款——"最终条款"）。只要符合某些条件，作为某些政府服务方案的一部分，对农产品提供国内支持时，不受最高限额或减少承诺的限制，包括为粮食安全目的实施的公共储备计划或为支持贫困人口实施的国内粮食援助计划。[99]这可以使相关特定规则成为应对冲击的有用工具[100]，因此一些国家已经出于救灾目的设立了这种储存方案。[101]但是，国内对农业的支持加上进口关税，可以产生强烈的保护主义效果，因为这种结合可能减损或妨碍来自进口产品的基于价格的竞争。[102]

最后，正如最近危机期间所经历的那样，各国政府可能决定向受到冲击的服务部门提供财政支持。在2008—2009年全球金融危机期间政府已向银行和保险业提供财政支持，在新冠肺炎疫情期间，由于旅行限制和封锁，政府也向航空公司和旅游业提供了财政支持。应当指出，就服务贸易而言，除了各成员在其减让表中可能就国民待遇做出的任何承诺外，补贴不受《服务贸易总协定》的管制。这意味着，时至今日，世贸组织成员在补贴服务和服务提供商方面有很大的自由裁量权。这可能导致服务部门的贸易扭曲。例如，在2008—2009年的全球金融危机期间，向银行提供个别救助的条件是，相关银行需向国内那些可能没有资格获得特定类型贷款的行业放贷或提供担保（Baldwin和Evenett，2009a）。因此，新冠肺炎疫情期间向航空公司提供的一揽子财政援助，很可能不会在世贸组织框架下引起诉讼或争议，即使它们对国际竞争产生影响，同时也因为航空运输部门本质上已从《服务贸易总协定》的范围中剥离出来[103]。

区域贸易协定与补贴的关系是多种多样的。欧洲经济区或欧盟参加的一些区域贸易协定，将与自然灾害有关的援助豁免于其补贴纪律之外。区域贸易协定还倾向于"复兴"世贸组织的不可诉补贴类别。[104]一些区域贸易协定允许如下补贴：追求横向性或普适性的目标（如环境保护）的公共服务或区域发展[105]补贴，以及对某些工业类别（如钢铁或煤炭）的补贴。另一些区域贸易协定允许特定形式的横向或部门援助，规定禁止援助陷入困境的公司"并不适用于为补偿公共服务义务履行而给予的补贴和对煤炭行业的补贴"[106]，这就允许政府维持那些可能会破产行业的运转。横向援助在新冠肺炎疫情期间很常见（Van Hove，2020）。

与补贴有关的另一个常见问题是在遭受冲击后的国内经济刺激方案缺乏透明度。尽管根据《世贸组织协定》，成员在采取此类措施之前没有相互协商或协调的义务，但计划实施刺激方案的国家之间如开展协商和协调，可以大大提高这些国内方案的效率，同时避免那些认为自己受到这种政策不利影响的国家采取反制措施。

5. 加强遵守多边和区域贸易协定

正如第三章所述，在危机期间，各国政府应遵守相关国际准则，否则可能会产生负面溢出效应，并导致多米诺骨牌效应。认为自身因其他成员违反世贸组织规则而遭受损失的成员，例如因危机期间其他成员所采取的措施而遭受损害的成员，应首先诉诸世贸组织争端解决机制，否则不能做出违反《世贸组织协定》，损害其他成员利益，或妨害《世贸组织协定》目标的决定。[107]

《世贸组织协定》和许多区域贸易协定都提供争端解决机制，但一般情况下这不适用于为应对冲击而采取的几周或几个月的临时措施，即使这些措施可能暂时性地或在一定时期内抑制或转移现有贸易流，并严重破坏现有的贸易模式。

例如，由于世贸组织争端解决机制没有"公共检察官"，这意味着至少需要一个世贸组织成员有意愿对另一成员采取的保护主义措施的合法性提出质疑。在这方面，当各成员政府都采取类似做法时，它们就可能不太热衷于提起这样的诉讼。

但是，如果把这些担忧放在一边，会发现最终的限制来自争端解决机制本身。如果成员因另一成员违反义务将其诉诸世贸组织争端解决机构（监督《争端解决谅解协议》运作的机构），必须历经多次协商、详尽的两级审查以及一个执行阶段，这个过程即使严格遵守时间表，仍然相对较长。[108]

然而，一国的贸易受到其他国家紧急政策影响时，争端解决并不是该国的唯一救济渠道。全球化进程和冲击效应使世贸组织成员都面临类似的影响。正如前文所强调的，加强国际或区域合作和保持贸易流动可以更好地解决这一问题。这意味着，随着危机频发，人们会获得更多的全球经验，实时获得更详尽的供求信息，各国政府可能会越来越多地采取类似合作和贸易的应对措施，以便从危机应对管理国际合作所产生的正面溢出倍增效应中获益。

第六节　贸易政策国际合作有助于推动经济复苏

一、贸易政策和复苏

通常情况下，一旦冲击消失或变得可控，复苏阶段就会开始。如第二章所述，复苏战略包括修复、重建、重置等系列行动和政策，在某些情况下还需要适应新的结构、基础设施、农业和环境条件。根据国家财政状况，复苏政策可以包括货币政策、财政政策、产业政策、劳动力市场政策、基础设施政策等。尽管许多复苏战略与企业、家庭和政府采取的应对策略相似，但它们往往是基于长期视角来制定的。此外，将复苏战略侧重于适应新情况和建立一个更可持续的系统有助于对风险的避免、减少和预防，并能够凸显经济韧性的动态变化和可持续性。

贸易政策可以通过改善市场准入和扩大多元化来促进经济复苏。影响贸易的复苏政策可能是支持国内经济部门的产业政策（例如本地含量要求、全球价值链回流或被视为应对未来冲击的"战略性"行业的回流），也可能是为产业实现绿色化、数字化经济转型提供的财政支持。一国与贸易有关的复苏措施可能会延迟或阻碍其他国家的复苏，而通过国际合作可以减缓这种风险。国际合作还可以在各国的复苏计划之间形成协同效应。

大多数世贸组织规则和与世贸组织兼容的区域贸易协定规则不仅有助于政府应对冲击，还有助于经济复苏。因为它们为恢复正常贸易流动建立了法律框架，并阻止成员采取扰乱或转移此类贸易流动的贸易政策或措施，而这类政策或措施可能会阻碍以适应和创新等方式实现的复苏。在这方面，前几章中关于建立多边、诸边和区域规范的讨论同样适用于复苏问题。事实上，这些规则和纪律是否发挥作用与相关危机应对和复苏政策的短期性还是长期性无关。因此，在本小节中，只有必要时我们才会讨论复苏措施的长期性和结构性问题。

二、国际合作和复苏

1. 国际规则和倡议

如上文第三章第三节第一部分所述，作为复苏计划的一部分，政府采取的一些金融措施不受世贸组织协定的约束。此外，可诉补贴，即那些在《补贴与反补贴措施协定》（《SCM协定》）第一条（"补贴的定义"）中界定的补贴但根据该协定第三条（"禁止"）不被禁止的补贴，只有在对其他成员利益造成不利影响时才会被取消，而且取消范围仅限于受到不利影响的范围。换句话说，在《补贴与反补贴措施协定》框架下，这些补贴并不一定必须被取消，只是需要进行调整，使其不再对另一个成员的利益产生不利影响即可。

除了贸易政策外，一些其他复苏政策可能会因直接或间接影响进出口而与贸易相关。例如，加强数字基础设施的政策可以使某些社会经济实体通过电子商务等方式参与商品和服务贸易，这在一些区域贸易协定中已得到了解决（见本章第四节）。加强贸易能力也是确保贸易机会得以实现的关键，特别是在发展中国家和最不发达国家，这些国家面临的风险更大，受到的冲击更严重，财政资源（包括财政空间）有限，无法更快地从冲击中恢复过来。

如第二章第六节强调的，数字鸿沟问题正受到越来越多的关注，这一鸿沟既发生在发达成员与发展中成员及最不发达国家之间（WTO, 2020g），又发生在男性和女性、年轻人和老年人、穷人和富人、一国的大型企业和小型企业之间（Antonio 和 Tuffley, 2014; Morrow-Howell、Galucia 和 Swinford, 2020; WHO,2020g）。薄弱的数字基础设施使许多人无法从事生产活动或获得基本服务，农村地区尤其如此。最不发达国家中的中小微企业和妇女获得数字技术的机会更为有限，相对更低的信息技术技能率进一步减少了他们远程工作和参与电子商务的机会，从而对从危机中复苏构成了阻碍。

事实证明，促贸援助方案在减缓新冠肺炎疫情对女性企业家的影响、帮助女性利用电子商务机会及弥合性别数字鸿沟方面具有重要价值。在此背景下，继世贸组织第十一届部长级会议通过《贸易和女性经济赋权联合宣言》后，贸易和性别问题非正式工作组在2020年成立。该工作组提出，将女性经济赋权的有关问题纳入世贸组织机构的日常工作，并将性别考量纳入世贸组织方案和战略主流框架内，从而改进促贸援助对女性的影响。

通过国际合作，发展中成员和最不发达国家可以获得与贸易有关的财政和技术援助，从而支持和加速复苏，这反过来又可以推动其他国家的复苏。世贸组织从发展目的出发提出的一些倡议也可以帮助发展中成员进行建设及支持其复苏，这些倡议的目标是推动这些成员更好地融入国际贸易，提高其抵御未来风险和冲击的经济韧性。

这些倡议至关重要，因为高收入国家有办法采取大规模复苏方案，但发展中国家的财政和其他资源有限。国际合作可以有助于解决这一差距。更具体地说，促贸援助倡议（在本章第四节第二部分第2点中讨论过）可以促进各方从新冠肺炎疫情所带来的经济冲击等影响之中复苏，从而帮助其建立经济韧性。最不发达国家还可以寻求"增强综合框架"（EIF）的支持，该框架是帮助最不发达国家利用贸易促进增长、可持续发展和减贫的多边伙伴关系，也是最不发达国家获得促贸援助的主要机制。"增强综合框架"有助于弥合促贸援助的需求和供应之间的差距，并将贸易纳入国家发展计划。它设置了相关程序来确定最不发达国家的关键需求和优先次序，涵盖贸易基础设施、供应和生产能力等与贸易有关的援助和能力建设内容，相关程序还涉及如何将这些需求提交给各国的捐助团体，以便最不发达国家获得"增强综合框架"自有信托基金之外的资金。

标准与贸易发展基金（STDF）是促进安全贸易和经济可持续增长，减少贫困并保障粮食安全的全球伙伴关系，它也与促贸援助倡议密切相关。它通过项目执行以及监测卫生与植物卫生措施领域的操作和具体问题层面的援助流程，对促贸援助形成补充。标准与贸易发展基金提供的资金用于创新性和跨领域项目的开发和交付。该基金的项目有助于发展中国家的公共和私营部门利益相关方改善食品安全和动植物健康，促进安全贸易，减少人畜共患疾病的风险。

最后，捐助方也可以根据世贸组织《贸易便利化协定》（TFA）的能力建设规则，帮助发展中成员简化进出口程序，促进复苏。当一场新的危机袭来时，受《贸易便利化协定》援助的国家将能够更迅速、更安全地进口必需品。这可以通过促进电子海关的发展等方式来加以实现。

贸易开放可能导致劳动力市场的扰乱，因为一些部门扩张的同时另一些部门往往会收缩。因此，为降低被迫调换工作或职业的工人的适应成本，对劳动力等市场进行相关的政策调整能发挥重要的配套性作用。由于调整措施可通过贸易对其他国家产生影响，而一些缔约方不一定具备相关的知识和经验，一些区域贸易协定为此明确要求就劳动力调整措施开展合作，这涵盖人力资源开发、职业培训、技能发展、终身学习计划、失业援助和社会保护计划等（WTO，2017）。降低劳动力调整成本有助于防止贸易保护主义抬头，而贸易保护主义反过来会损害经济复苏，并最终损害经济韧性。

2.“绿色复苏”与经济韧性

一些政府已经采纳或正在采纳后新冠肺炎疫情时代的经济复苏计划。这些计划都纳入了气候变化和包容性[109]等可持续发展目标，范围比传统的复苏计划更为广泛，包括环境、社会、能源、信息与通信技术、健康和教育政策等，能推动企业和家庭扩大投资和改变行为，减少漏洞和对外敞口，规避或减缓未来的风险。

诸边倡议，如之前未能达成共识的《环境产品协定》（EGA）

谈判在2021年再次受到关注。2021年3月5日，作为新启动的"贸易和环境可持续性结构化讨论"的一部分，各方表达了恢复《环境产品协定》谈判的意向。澳大利亚、韩国和新加坡的联合提案以及一些其他的单独提案均呼吁恢复环境产品谈判和环境服务讨论，以此来支持应对气候变化的国际承诺，并为更可持续发展的世界经济做出贡献。

作为广泛全面的可持续发展目标的一部分，各方正努力推动世贸组织就贸易和环境政策交叉问题进行对话和信息共享，这涉及循环经济，自然灾害，气候变化，化石燃料补贴改革，塑料污染，打击非法、未报告、无管制捕鱼行为，确保合法和可持续的野生动物贸易，对生物多样性的保护，可持续利用，蓝色经济（即海洋资源的可持续利用），可持续农业，以及环境产品贸易和服务贸易等。

一些世贸组织成员目前正在诸边推动两项与风险预防和减少相关的主要倡议：贸易和环境可持续性结构化讨论（TESSD）和塑料污染防控非正式对话。TESSD倡议将多边贸易体制对气候风险的韧性（气候适应）列为其首要任务之一。该倡议于2020年11月世贸组织贸易和环境周期间启动，53个世贸组织成员在会上宣布，它们计划"就贸易和环境可持续性开展合作，明确优先事项并推进讨论"。相关优先事项包括气候变化的紧迫挑战和从新冠肺炎疫情中吸取教训。

第七节　本章小结

国际合作可以通过协同效应来提高经济韧性。关于经济韧性的国际合作可以在冲击预防、冲击应对和从冲击中复苏经济方面发挥重要作用。它不仅可以放大为促进经济韧性构建而采取的单独政策行动的正面跨境溢出效应，还可以减缓单独政策行动可能产生的负面跨境溢出效应。

为预防或应对冲击而采取的贸易限制措施往往具有负面跨境溢出效应，例如与出口限制有关的溢出效应会破坏经济韧性。因此，全球政策协调是防止贸易政策成为冲击来源和减少贸易政策不确定性风险的重要手段。

通过进出口多元化来支持经济韧性时，开放和可预测的国际市场是关键。虽然政府可以单方开放贸易，但国际贸易合作有助于实现更高水平的开放和可预测性，并可以在应对危机时限制保护主义贸易政策的使用。多边或区域层面的国际合作有助于各国政府开放对应对冲击发挥关键作用的服务市场，如天气预报、保险、电信、运输、物流和健康服务等。

国际合作还可以在提高全球价值链韧性、以合理成本确保新冠肺炎疫苗等必需品和服务的供应方面发挥重要作用。国际合作有助于阻止回流政策，提高透明度，特别是在产能方面；还有助于识别和避免瓶颈，便利跨境贸易，加强标准互认以及管理库存、防止积压。在缺少国家政策替代选项时，国际合作可以对各国的多元化政策或储备政策形成有效补充。

世贸组织中的国际合作有助于支持经济韧性。尽管"韧性"一词并未出现在《世贸组织协定》中，但世贸组织现有框架通过更透明和可预测的贸易政策让国际市场变得更开放和更可预测，从而对经济韧性形成了支撑。

世贸组织关于公布法律法规的义务、贸易政策审议机制或贸易政策监测报告大大提高了多边贸易的透明度。在危机发生时，世贸组织《贸易便利化协定》有助于简化关键产品进口的海关程序。在技术性贸易壁垒和卫生与植物卫生措施方面，各方合作就必需品的相关标准达成互认协议，有助于提高可预测性并能促进危机时期必需品的供应。促贸援助、增强综合框架和可持续发展基金等倡议有助于使发展中国家进出口结构更为多元。世贸组织与其他国际和区域组织之间的合作还有助于促进经济韧性政策的一致性。

在很多领域，世贸组织可以通过改善相关贸易政策信息的获取和协调来帮助成员进一步增强经济韧性。所有的世贸组织协定都以各种方式规定了贸易政策措施的透明度（主要包括公布和通报形式）。在新冠肺炎疫情危机期间，各成员政府向世贸组织通报可能对贸易产生重大影响的政策（如进口便利化措施或出口限制）的比例和速度均相当可观。然而，对世贸组织通报要求的遵守情况因成员和协定而异，危机时期可能使用的某些措施（例如补贴）面临着"长期"少报的问题。因此，加强贸易政策透明度的国际承诺至关重要。

鉴于在新冠肺炎疫情等危机期间实施出口限制可能产生负面溢出效应，各方需要开展国际合作来约束或阻止使用出口限制，并找到替代措施来增加必需品的供应。降低或取消关税可以降低必需品的成本。贸易便利化改革有助于在危机时期简化关键产品进口的海关程序。关于服务国内规制的谈判有助于减缓一些国家必需服务的短缺，尤其是健康或电信部门的服务。

通过加强合作来提高影响跨境流动措施的可预测性和透明度，对于减少跨境服务提供和必需品交付的障碍也是至关重要的。关于电子商务的全球规则可以进一步促进服务和商品的交付。促进政府采购和国内采购政策的国际协调，可以使公共资源得到更有效的利用，特别是在采购疫苗等医疗产品方面。与知识产权和投资有关的新倡议也可以帮助中低收入国家获得相关技术。

尽管贸易和贸易政策可以在构建和支持经济韧性方面发挥重要作用，但它们无法克服可能阻碍经济韧性充分实现的其他障碍。鉴于风险和冲击的范围很广以及经济韧性的跨领域性质，加强世贸组织与负责经济韧性关键领域（如风险预防、救灾、公共健康、气候变化、环境保护和金融稳定等）的国际和区域专门组织之间的合作，对于协调各种构建和支持经济韧性的倡议并增强其一致性至关重要。

注释：

1. 一个很好的例子是与应对气候变化相关的碳减排政策。

2. 世贸组织正式文件编号为WT/MIN（17）/60（2017年12月13日）。

3. 本报告中提及的所有世贸组织官方文件均可通过https://docs.wto.org/获得。

4. 世贸组织正式文件编号为WT/MIN（17）/59（2017年12月13日）。

5. 世贸组织正式文件编号为WT/MIN（17）/61（2017年12月13日）。

6. 世贸组织正式文件编号为WT/MIN（17）/58（2017年12月13日）。

7. 与第十一届部长级会议上提出的其他倡议相比，这一倡议是某个提案的成果，详见世贸组织2020年11月17日的正式文件WT/CTE/W/249。

8. 1994年《关贸总协定》第二十四条第八款（"适用领土—边境贸易—关税同盟和自由贸易区"）。

9. "深度"优惠贸易协定包括《中澳自贸协定》（ChAFTA）等双边协定和《全面与进步跨太平洋伙伴关系协定》（CPTPP）等"巨型区域协定"。

10. 除了这些优先事项之外，《仙台框架》还包含了七个全球目标，目标C、D和F尤其与经济损失有关。除其他事项外，它们旨在通过充分和可持续的支持，以及通过扩大防灾和减灾领域的公共和私人投资来加强与发展中国家的国际合作。

11. https://www.undrr.org/implementing-sendaiframework/what-sendai-framework.

12. 减灾框架倡议的例子包括经合组织2014年通过的《理事会关于关键风险治理的建议》。

13. 世贸组织正式文件编号为WT/L/847和WT/L/918（关于发达成员和发展中成员对最不发达国家的服务和服务提供者的优惠待遇）。

14. 对进口和出口均可征收关税。虽然后者在谈判中一般不太受到重视，但如果征收这类出口税的国家没有或只有有限的供应替代选择，那么它们对贸易的影响就相当于出口数量限制。本章稍后将讨论出口数量限制。

15. 成员还可通过谈判新的约束税率，或通过保障措施、反倾销或反补贴措施等贸易救济措施将进口关税提高到其约束税率之上。

16. 谈判中达成的减让通过《关税减让表的修改和更正程序》

（又称为"1980年程序"，1980年3月26日决定，关贸总协定文件编号为L/4962）被纳入参与成员的世贸组织减让表中。涵盖的货物以列举方式纳入四个附件，包括制药业使用的成品药、药物活性成分和化合物等。作为《医药产品协定》及其后续审议的结果，参与成员承诺取消关税和所有其他税费，包括对所有成品药，无论是散装销售还是零售的剂量包装（对乙酰氨基酚、抗生素、疫苗等），以及对制药供应链中使用的7000多种医药活性成分和化学成分。（见关贸总协定文件L/7430和L/7430/Add.3）。

17. 自世贸组织成立以来已经进行了四次审议：1996年（世贸组织正式文件G/MA/W/10）、1998年（世贸组织正式文件G/MA/W/18）、2007年（世贸组织正式文件G/MA/W/85）和2010年（世贸组织正式文件G/MA/W/102）。

18. 例如，可以对该部门的服务提供者及其法律形式、服务运营或雇员的数量、交易价值、外国资本的参与情况施加限制。

19. 欧盟、海湾合作委员会和东非共同体。

20. 南部非洲关税同盟（SACU）。

21. 世界海关组织在2014年发布了《原产地认证准则》，旨在为其成员设计和制定原产地相关程序提供指导。该准则的第二部分涉及优惠原产地规则方面的原产地认证，用于确定优惠税率在自贸协定等优惠方案下是否适用（WCO，2018）。

22. 中小微企业非正式工作组的宣言（WTO，2020b、2021a）。

23. "法律实体标识"（LEI）是一个由20位数字组成的独特系统，用于识别参与金融交易的企业、政府或其他经济实体。LEI的主要用途是帮助金融机构快速地找到有关其客户（包括小企业）的透明的尽职调查信息（WTO，2020c）。

24. 例如，在新冠肺炎疫情暴发的前八个月，美国对防护型口罩的需求大约是其国家库存量的100倍（Cohen，2020）。

25. 世贸组织贸易监测报告（WTO，2021f）。

26.《补贴与反补贴措施协定》第三条（b）款（"禁止"）。

27. 欧共体——石绵（2001年）上诉机构报告、美国——丁香烟（2012年）上诉机构报告、美国——金枪鱼II（墨西哥）（2012年）上诉机构报告、欧共体——海豹产品（2014年）上诉机构报告、俄罗斯——铁路设备（2020年）上诉机构报告、以及澳大利亚——烟草普通包装（2020年）专家组报告。

28. 欧共体——荷尔蒙（1998年）、澳大利亚——鲑鱼（1998年）、日本——农产品II（1999年）、澳大利亚——鲑鱼（第21.5条，加拿大）（2000年）、日本——苹果（2003年）、日本——苹果（第21.5条，美国）（2005年）、欧共体——生物技术产品的批准和营销（2006年）、美国——禽肉（2010年）、澳大利亚——苹果（2010年）、印度——农产品（2015年）、美国——动物（2015年）、俄罗斯——猪（2017年）、韩国——放射性核素（2019年）。

29. 中国在2020年2月发布了一项立即和全面禁止非法野生动物贸易和消费的决定。印度尼西亚在2020年4月对来自有新冠肺炎疫情国家的活体动物进口提出了认证要求。韩国于2020年2月对被认为可能是新冠病毒传播中间宿主的野生动物实施了临时进口限制（ITC，2021）。

30. 在卫生与植物卫生领域，"合格评估"一词并不常用。虽然互认的情况不太常见，但存在"等效协议"。例如，进口国当局可以认可在出口国进行的测试或检查的结果。

31. 在新冠肺炎疫情暴发的早期阶段，面对不同国家生产的个人防护装备存在不同的技术法规和合格评估程序问题，中国发布了个人防护装备紧急进口指南，允许从欧盟、日本、韩国和美国进口尚未在中国医疗产品管理局注册的产品，条件是制造商能够提供根据其国内技术法规进行的测试结果，以及提交符合这些技术法规的合格保证书面声明。同样，美国在一定时期内允许使用未经国家职业安全卫生研究所（NIOSH）认证的呼吸器，并明确列出了相关国家及其技术标准和可接受的产品分类（另见Fu和McMahon，2021）。

32. 印度－马来西亚区域贸易协定第六条第五款。

33. 中国－韩国区域贸易协定第六条第五款。

34. 欧盟－新加坡或欧盟－日本区域贸易协定。新西兰－新加坡区域贸易协定说明了区域贸易协定缔约方如何在体现主权的监管权和"在适当和符合良好监管实践的情况下"不对缔约方之间的贸易构成不必要的障碍之间取得平衡。然而，这种"软"要求在受到冲击时可能妨碍双方的贸易，因为它为采取限制性措施预留了空间。只有少数发达国家和发展中国家之间的区域贸易协定包括互认条款。例如，日本－泰国区域贸易协定包含了关于互认的横向章节，具体承诺则是缔约方接受由注册/认可的合格评估机构开展的合格评估程序结果。

35. 包括以下区域贸易协定。欧盟－日本；中国香港－格鲁吉亚；欧盟－加拿大；欧盟－南部非洲发展共同体（SADC）；澳大利亚－中国；欧盟－格鲁吉亚；欧盟－摩尔多瓦；欧盟－乌克兰；新西兰－马来西亚。

36. 联合国粮农组织（FAO）和其他联合国关于粮食的专门机构、基金及计划，世卫组织（WHO）和联合国儿童基金会

（UNICEF）的医疗产品。欧盟联合采购协议，用于联合采购药品、医疗器械和"其他服务和货物"，以减轻或应对对健康的跨境威胁（De Ruijter，2019）；以及东盟与中日韩紧急大米储备协议（APTERR），以解决相关地区在气候和市场不确定情况下的潜在粮食短缺。

37. 1994年《关贸总协定》第二十条（b）款和第二十条（g）款分别提到了"一般例外"："（b）为保护人类、其他动物或植物的生命或健康所必需的"和"（g）与保护可用尽的自然资源有关的措施，如此类措施与限制国内生产或消费一同实施"。

38. 根据1994年《关贸总协定》第三条八款（a）项（"国内税和国内法规的国民待遇"），国民待遇义务不适用于"政府机构购买供政府使用、不以商业转售为目的或不以用以生产供商业销售为目的的产品采购的法律、法规或规定"。（另见《服务贸易总协定》关于服务采购的第十三条——"政府采购"）。

39. 2012年《政府采购协定》适用于中央、地方和其他实体出于政府目的采购的货物、服务和建筑服务，并超过协定缔约方附录规定的阈值。

40. 2012年《政府采购协定》第四条第一款（a）项和（b）项（"一般原则"）。

41. 2012年《政府采购协定》第七至十六条（"公告""参加条件""供应商资格""技术规格和招标文件""时限""谈判""限制性招标""电子拍卖""投标文件的处理和合同授予"和"采购信息的透明"）。

42. 2012年《政府采购协定》第二十二条第七款（"最后条款"）。

43. 日本－瑞士自贸协定附件四第三条。

44. 欧盟－日本经济伙伴关系协定第八条三十二款。

45. 除其他事项外,《全面经济贸易协定》(CETA)要求简化程序,并在决策过程中遵守公正和独立的标准。详见CETA第十二条第三款。

46. https://www.who.int/news-room/q-a-detail/one-health.

47. 莱博维奇和圣克雷乌(Leibovici和Santacreu,2020b)将这种现象作为时间不一致性问题来讨论。

48. 日本——半导体(1988年)专家组报告第104段。另见:印度——数量限制(1999年)专家组报告第5.129段。该案专家组进一步指出,"'限制'一词的范围也很广,从其普通意义上看,就是对'行动的限制、限制性条件或规定'"。

49. 1994年《关贸总协定》第二十条和《服务贸易总协定》第十四条规定,此类措施的实施不得在情形类似的国家之间构成任意或不合理歧视的手段或构成对国际贸易的变相限制。

50. 《关贸总协定》分析索引第二十条,第593~594页。

51. 澳大利亚、巴西、加拿大、智利、欧盟、日本、肯尼亚、韩国、墨西哥、新西兰、挪威、新加坡和瑞士。

52. 中国、法国、印度、英国和美国。

53. "许可证经验"包括开发商报告的生产能力,这些开发商在其目前的产品组合中至少有另一种疫苗已被国家监管机构许可使用。

54. https://www.g20.org/high-level-independent-panelurges-the-g20-to-launch-a-global-deal-to-preventcatastrophic-costs-of-future-pandemics.html.

55. mRNA 指信使核糖核酸。

56. 其中一项倡议是由世界银行、国际货币基金组织、世卫组织和世贸组织负责人成立的新冠肺炎发展中国家疫苗、疗法和诊断方法特别小组（https://www.wto.org/english/news_e/news21_e/covid_30jun21_e.htm）.

57. https://www.gavi.org/vaccineswork/covaxmanufacturing-task-force-tackle-vaccine-supplychallenges.

58. 2021 年 7 月 9 日《二十国集团防范和应对大流行病融资高级别独立小组的报告》（https://www.g20.org/high-level-independent-panelurges-the-g20-to-launch-a-global-deal-to-preventcatastrophic-costs-of-future-pandemics.html）。

59.《与贸易有关的知识产权协定》认识到了最不发达国家成员在履行协定规定的义务时可能面临的困难，以及它们需要灵活性来建立一个可行的技术基础。因此，它为这些成员履行本协定下除国民待遇和最惠国待遇之外的其他义务提供了 10 年的过渡期（见第六十六条第一款）。这一过渡期已被知识产权理事会延长至 2033 年 1 月 1 日。

60. 1967 年《保护工业产权巴黎公约》（巴黎公约）、1961 年《保护表演者、录音制品制作者和广播组织的国际公约》（罗马公约）、1989 年《关于集成电路的知识产权公约》（华盛顿公约）和 1971 年《保护文学艺术作品伯尔尼公约》（巴黎法案）的具体规定是《与贸易有关的知识产权协定》的组成部分。

61.《与贸易有关的知识产权协定》修正案于 2017 年 1 月 23 日生效，该修正案旨在改善贫困国家获得可负担的药品的机会。该修正案将最初于 2003 年通过的关于专利和公共卫生的决定纳入了《与贸易有关的知识产权协定》。

62. https://www.wto.org/english/tratop_e/covid19_e/covid19_e.htm.

63. 世贸组织正式文件编号为IP/C/W/669。玻利维亚、埃及、斯威士兰、肯尼亚、蒙古、莫桑比克、巴基斯坦、委内瑞拉、津巴布韦、非洲集团和最不发达国家集团为该提案的共同提案方。斐济、印度尼西亚、约旦、马尔代夫、毛里求斯、纳米比亚、瓦努阿图都表示了支持。

64. 世贸组织正式文件编号为IP/C/W/669/Rev.1。

65. "冯德莱恩主席在欧盟领导人非正式会议和欧盟-印度领导人会议后与米歇尔主席和科斯塔总理举行的联合新闻发布会上的发言"，2021年5月8日，https://ec.europa.eu/commission/presscorner/detail/en/STATEMENT_21_2361.

66. 世贸组织正式文件编号为IP/C/W/681。

67. https://www.wto.org/english/news_e/news21_e/trip_20jul21_e.htm.

68.《全面与进步跨太平洋伙伴关系协定》（CPTPP）第十八章。

69. 萨尔瓦多、危地马拉、洪都拉斯、约旦、摩洛哥、尼加拉瓜与美国签署的区域贸易协定。

70. 2021年6月24日，世卫组织、世界知识产权组织和世贸组织的负责人同意在现有的世卫组织-世界知识产权组织-世贸组织有关知识产权和公共健康三方合作承诺的基础上再接再厉（见https://www.wto.org/english/tratop_e/trips_e/who_wipo_wto_e.htm），旨在支持和帮助所有国家寻求评估和实施应对公共健康挑战的，可持续和综合的解决方案。在这次会议上，他们同意共同组织实用的能力建设研修班，以促进关于新冠肺炎这一大流行病当前发展和公平获得新冠肺炎医疗技术政策的信息流动，并建立联合平台，为各国提供与新冠肺炎医疗技术需求有关的三方技术援助（https://www.wto.org/english/news_e/news21_e/igo_23jun21_e.htm）。

71. 世贸组织向其成员和观察员提供了一份与新冠肺炎疫情有关的贸易相关知识产权措施的清单。这份非穷尽的清单由世贸组织秘书处从官方信息来源汇编而成，是一份非正式的情况报告，并试图提高新冠肺炎疫情危机背景下已采取的与知识产权有关措施的透明度（https://www.wto.org/english/tratop_e/covid19_e/trade_related_ip_measure_e.htm）。

同时，世界知识产权组织新冠肺炎知识产权政策跟踪器（https://www.wipo.int/covid19-policy-tracker/#/covid19-policytracker/ipo-operations）提供了有关知识产权局针对新冠肺炎疫情所采取措施的信息，例如延长截止期限。此外，政策跟踪器还提供立法和监管措施以及志愿行动的有关信息。

72. https://www.who.int/initiatives/covid-19-technologyaccess-pool/solidarity-call-to-action.

73. https://www.who.int/initiatives/covid-19-technologyaccess-pool.

74. https://www.who.int/news/item/27-05-2021-thepresident-of-the-republic-of-costa-rica-and-the-directorgeneral-of-the-world-health-organization-call-onceagain-on-all-who-member-states-to-actively-supportthe-covid-19-technology-access-pool-（c-tap）.

75. https://medicinespatentpool.org/news-publicationspost/covid-19-vaccine-technologies-mandateexpansion/.

76. https://medicinespatentpool.org/what-we-do/disease-areas/vaxpal/.

77. https://www.wipo.int/patentscope/en/.

78. https://www.wto.org/english/res_e/booksp_e/extract_who-wipo-wto_2020_e.pdf.

79. https://www.who.int/news-room/commentaries/detail/a-new-commitment-for-vaccine-equity-anddefeating-the-pandemic 和 https://www.worldbank.org/en/news/statement/2021/06/03/world-bank-groupand-international-monetary-fund-call-to-action-on-covidvaccine-access-for-developing-countries.

80. https://www.who.int/news/item/01-06-2021-new-50-billion-health-trade-and-finance-roadmapto-end-the-pandemic-and-secure-a-global-recovery. 国际货币基金组织提案见https://www.imf.org/en/Publications/Staff-Discussion-Notes/Issues/2021/05/19/A-Proposal-to-End-the-COVID-19-Pandemic-460263.

81. https://www.covid19taskforce.com/en/programs/task-force-on-covid-19-vaccines 和 https://www.wto.org/english/news_e/news21_e/igo_28jul21_e.htm.

82.《服务贸易总协定》第一条二款（c）项（"范围和定义"）和第二十八条（d）款（i）项（"定义"）。

83. 2021年7月9日，在威尼斯，二十国集团防范和应对大流行病融资高级别独立小组（HLIP）在第三次二十国集团财政部长和央行行长会议上做了名为"疫情时代的全球新政"的报告（https://www.bruegel.org/2021/07/a-global-deal-for-ourpandemic-age/）。对于寻求扩大卫生安全投资的国家，流行病防范创新联盟（CEPI）也可以提供多部门的伙伴关系和专业知识（CEPI，2021）。

84. https://www.reuters.com/world/china/who-agreesstudy-major-reforms-meet-again-pandemic-treaty-2021-05-31/.

85. 事实上，当阿根廷对从中国进口的某些医疗产品暂停征收反倾销税，以及巴西对从德国、英国和美国进口的采血真空塑料管征收临时反倾销税时，情况正好相反（世贸组织，2021g）。

86. 澳大利亚－新西兰（ANZCERTA）、加拿大－智利、中国内地－中国香港（CEPA）、中国内地－中国澳门（CEPA）、共同经济区（CEZ）、最初的欧共体及其各种扩展、欧洲经济区（EEA）、欧洲自由贸易联盟（EFTA）、欧洲自由贸易联盟－波斯尼亚和黑塞哥维那、欧洲自由贸易联盟－智利、欧洲自由贸易联盟－中国香港、欧洲自由贸易联盟－黑山、欧洲自由贸易联盟－塞尔维亚以及欧洲自由贸易联盟－乌克兰。

87. 加拿大－智利、澳大利亚－新西兰、加拿大－哥斯达黎加、智利－哥伦比亚、智利－尼加拉瓜、多米尼加共和国－中美洲，上述区域贸易协定禁止对农业提供某些补贴。

88. 微量数量是指低于这一数量的进口被认为不足以证明有理由继续进行反倾销案件（见《反倾销协定》第五条第八款——"发起和后续调查"）。

89. 微量倾销幅度是指被认为不足以证明继续进行反倾销案件的倾销幅度（《反倾销协定》第五条第八款——"发起和后续调查"）。

90. 安第斯共同体有更高的微量要求和更短的反倾销措施适用期。新西兰－新加坡自贸协定的微量倾销幅度（5%）和微量数量要求（5%）高于世贸组织的基准。南方共同市场（Mercosur）将反倾销税的期限限制为三年，而《世贸组织协定》规定的期限为五年。

91. 加拿大−哥斯达黎加、加拿大−智利、加勒比共同体（CARICOM）、东南非共同市场（COMESA）、北美自贸协定（NAFTA）。

92. 这种矛盾源于有关进口许可制度的争端，从1947年《关贸总协定》到关于欧共体的最低进口价格的专家组报告（1978年）再到最近的关于印尼的进口许可制度的专家组报告（2017年）。

93.《进口许可程序协定》第一条（"总则"）。

94. 分别为1994年《关贸总协定》第十一条二款（a）项（"普遍取消数量限制"）和第十八条第二款（"政府对经济发展的援助"）。

95.《美国−智利自贸协定》第三条第十一款。

96.《区域全面经济伙伴关系协定》（RCEP）第二条第十九款。

97.《补贴与反补贴措施协定》第三条（"禁止"）和第四条第三款。

98.《农业协定》第六至十条（"国内支持承诺""国内支持的一般纪律""出口竞争承诺""出口补贴承诺""防止规避出口补贴承诺"）。

99.《农业协定》附件二第三段和第四段，以及其中的脚注5和脚注6。

100. 赫本（Hepburn等，2021）的全面讨论探讨了在最近的危机中采取的影响农产品贸易和市场的政策如何对实施这些政策的国家和其他地方的生产者和消费者产生的影响，以及政府可以做什么来确保贸易政策和规则有助于提高应对未来粮食系统冲击的韧性。

101.印度、印尼、马来西亚、菲律宾、泰国和越南都储备了大米和谷物，以减轻灾害期间粮食供应的不稳定性（Chen等，2020）。

102.根据《农业协定》和《补贴与反补贴措施协定》，各国的公共储备计划可在世贸组织受到挑战。因此，关于公共储备计划数量的正确衡量标准对于各国遵守世贸组织协定至关重要。

103.航空运输服务由《服务贸易总协定》特定附件所负责。该附件将航空运输服务的最大部分（航权和与航权直接有关的服务）排除在协定之外。然而，这些服务要接受服务贸易理事会的定期审议，以考虑是否可能将《服务贸易总协定》进一步适用于该部门。

104.《补贴与反补贴措施协定》最初在其第八条（"不可诉补贴的确认"）中规定了不可诉补贴的类型。符合第八条条件的补贴既不能被征收反补贴税，也不能根据世贸组织《争端解决谅解》提出异议。这类补贴包括为研究活动提供的补贴、对贫困地区的援助，以及旨在帮助企业适应新环境要求的补贴，但这些补贴还需要符合多个条件。《补贴与反补贴措施协定》中有关这类补贴的规定在《世贸组织协定》生效之日起的五年内适用。在这一期限届满时，各方没有做出延长其适用期的决定。

105.一些区域贸易协定提出，某些补贴虽然有利于部分企业或部分产品的生产并扭曲或有可能扭曲竞争，但也可以用于实施公共政策目标，详见《欧盟－南非》自贸协定第四十一条。

106.《欧盟－韩国自贸协定》第十一条第十一款。

107.《关于争端解决规则和程序的谅解》第二十三条（"多边体制的加强"）。

108.《关于争端解决规则和程序的谅解》第二十条（"争端解决

机构决定的时限")和第二十一条第四款("对执行建议和裁决的监督")。

109. 二十国集团财政部长已经表明，他们将"致力于支持环境可持续和包容性的复苏"（二十国集团，2020a）。

第五章 结论

新冠肺炎疫情引发的卫生和经济危机既凸显了以多边贸易体制为核心、相互关联的全球经济的强大，又暴露出了它的脆弱。本报告研究了全球经济抵御危机的韧性；贸易如何在增强韧性方面发挥关键作用；以及应如何改善全球贸易体系，使各国更好地应对危机和从危机中恢复经济。

自然灾害(包括疫情)的频率、强度、规模和持续时间，以及技术和运营风险(特别是网络攻击)的发生率一直在上升，且这一趋势在未来很可能延续。社会的不平等、经济增长的脆弱、政治的不确定性和地缘政治的紧张局势都在加剧，预示着社会经济风险上升。

所有类型的冲击都可能造成重大经济和福利损失，包括相关危机造成的金钱损失、受伤、疾病和死亡。虽然冲击的经济影响可能因受影响国家、部门或家庭情况不同而程度各异，但某些脆弱群体通常会受到更大的影响。

构建经济韧性已成为减少由冲击造成的商业中断和经济损失的关键战略。尽管目前对"经济韧性"的定义还没有共识，但在本报告中，"经济韧性"被定义为企业、家庭和政府预防、应对冲击并从冲击中恢复经济的能力。

个体、企业和家庭可以采用广泛的战术和策略，构建经济韧性。例如，使生产投入有替代、生产设备有储备，以及扩大和多样化批发零售贸易网络。储备资源可以加强行业层面的经济韧性。政府可以根据冲击对经济的具体影响，通过建设相关基础设施，设计合理的财政、货币、社会、环境和卫生政策，加强经济韧性。贸易政策是另一个可以帮助各国防范、应对冲击和从冲击中恢复经济的关键领域。虽然政府可能有采取临时贸易保护主义措施来应对冲击的意愿，但当冲击来临时，政府采取的贸易政策通常既不是完全限制贸易，也不是完全的贸易自由化。

一方面，贸易可能成为冲击的传播者，增加各国的脆弱性，因为它会使各国暴露于风险和危害之中，并通过经济、金融、旅行、运输和数字技术等领域之间联系的建立而加快这些风险和危害的传播。例如，与贸易有关的人口和牲畜的流动可成为疾病传播的媒介。贸易还可能间接导致森林砍伐和气候变化，引发自然灾害。贸易驱动的相互依赖，如全球价值链的建立，也可能增加国家在危机中的脆弱性，因为对链条中一个"环节"的冲击，会通过暂时阻断或扰乱生产和分销网络来影响许多其他"环节"。冲击可以通过增加贸易成本和影响进出口的需求和供给，从不同渠道影响贸易。某些行业和贸易类型，如农产品、服务和时间敏感产品的贸易，在受到各种冲击时往往更为脆弱。

另一方面，贸易也能帮助各国更好地应对冲击。作为经济增长和生产力发展的源泉，贸易为各国提供了应对冲击的技术、制度和金融手段。贸易有助于确保天气预报、保险、电信、运输、物流和卫生等关键服务以及关键货物在冲击发生前后的及时供给。贸易还可以使各国在国内物资短缺的情况下由国内供应商转向国外供应商，从而更快、更容易地进口必要货物以应对冲击。此外，贸易通过提高分配效率和释放规模效应，创造与出口有关的就业机会，进口价格实惠的必要生产投入，促进经济从冲击中复苏，最终实现收入增加以及生产和创新能力的提升。尽管基础设施建设和人力资源发展存在很大障碍，但数字贸易仍能提供新的市场机会，成为包括中小微企业、弱势群体和最不发达国家在内的各方面经济复苏的重要方式。

经验表明，历史上大多数地区贸易成本的下降都减少了GDP的波动性。此外，更多样化的经济能够更好地应对特定的冲击，因为如果出口只集中于少数产品，其价格波动很可能导致出口收入的大幅波动，进而加剧总体经济波动。同样，如果出口集中在少数目的地，针对特定目的地的冲击也会对出口收入产生很大影响。尽管供应商、客户和贸易路线的多样化具有一定难度，但这种多样化可以减轻供应链中断带来的影响，从而增强抵御冲击的能力。相反，旨在通过生产回流、促进自给自足和取消贸易一体化来提高经济韧性的政策往往会产生相反的效果，实际上降低了经济韧性。

加强经济韧性的国际合作可以在帮助各国预防、应对冲击和从冲击中恢复经济方面发挥双重作用。它可以放大为提高经济韧性而采取的单一政策行动的正向跨境溢出效应，也可以减缓可能阻碍其他国家经济韧性的单一政策行动的负面跨境溢出效应。

尽管"韧性"一词并未出现在《世贸组织协定》中，但世贸组织框架通过减少贸易壁垒、简化海关程序、鼓励透明度、在欠发达国家加强贸易能力建设、与其他国际组织合作等方式，支持加强经济韧性，从而促进全球经济增长，保障经济安全。国际贸易与合作有助于进一步实现更开放的市场以及更包容、稳定和可预测的贸易，促进经济贸易关系的多样化，从而减少各国在危机发生时对单一出口商品和供应商的依赖。

世贸组织可以为增强经济韧性做出更大的贡献。通过确保现有的透明度机制（特别是监督和通报），及时提供相关信息，使世贸组织成员的贸易政策更加透明。鼓励世贸组织成员分享在疫苗和其他必要产品的生产、贸易和消费方面的信息，也可以帮助各国更好地评估生产能力、避免瓶颈、管理库存和防止过度储存，从而提高经济韧性。世贸组织成员在其他与贸易有关的重要领域也受益于彼此的合作与协调，包括出口限制、关键货物和服务的政府采购，以及有关自然人临时流动、补贴和电子商务的贸易措施。

本书强调了经济所面临风险和冲击的广泛性，以及经济韧性的跨领域性。加强世贸组织与专门负责经济韧性关键领域(如风险预防、救灾、公共卫生、气候变化、环境保护和金融稳定)的国际和区域组织之间的合作，可以使各方为增强经济韧性所做的努力更加一致和协调。

参考文献

[1] Abbott, P. C. (2012), "Export Restrictions as Stabilization Responses to Food Crisis", American Journal of Agricultural Economics 94(2):428-434.

[2] Abdel-Basset, M., Gunasekaran, M., Mohamed, M. and Chilamkurti, N. (2019), "A Framework for Risk Assessment, Management and Evaluation: Economic Tool for Quantifying Risks in Supply Chain", Future Generation Computer Systems 90:489-502.

[3] Abeliansky, A. L. and Hilbert, M. (2017), "Digital Technology and International Trade: Is it the Quantity of Subscriptions or the Quality of Data Speed that Matters?", Telecommunications Policy 41(1):35-48.

[4] Abi Younes, G., Ayoubi, C., Ballester, O., Cristelli, G., de Rassenfosse, G., Foray, D., Gaulé, P., Pellegrino, G., van den Heuvel, M., Webster, E. and Zhou, L. (2020), "COVID-19: Insights from Innovation Economists", Science and Public Policy 47(5), 733-745.

[5] Abman, R. and Lundberg, C. (2019), "Does Free Trade Increase Deforestation? The Effects of Regional Trade Agreements", Journal of the Association of Environmental and Resource Economists 7(1):35-72.

[6] Acemoglu, D., Aghion, P., Bursztyn, L. and Hemous, D. (2012), "The Environment and Directed Technical Change", American Economic Review 102(1):131-166.

[7] Acemoglu, D., Akcigit, U. and Kerr, W. (2016), "Networks and the Macroeconomy: An Empirical Exploration", NBER Macroeconomics Annual 30(1):273-335.

[8] Acemoglu, D., Carvalho, V. M., Ozdaglar, A. and Tahbaz-Salehi, A. (2012), "The Network Origins of Aggregate Fluctuations", Econometrica 80(5):1977-2016.

[9] Acemoglu, D. and Tahbaz-Salehi, A. (2020), "Firms, Failures, and Fluctuations: the Macroeconomics of Supply Chain Disruptions", NBER Working Paper No.

27565, Cambridge (MA): National Bureau of Economic Research (NBER).

[10] Adams, C. (2009), "FDI Regimes and Liberalization", APEC official document number 2009/SOM2/IEG-EC/SEM/009, Asia-Pacific Economic Cooperation, Singapore.

[11] Adetunji, J. (2021), "Intellectual Property and COVID-19 Medicines: Why a WTO Waiver May not be Enough", The Conversation, 24 February 2021.

[12] African Development Bank (AfDB) (2013), Financial Inclusion in Africa, Tunis: African Development Bank.

[13] African Development Bank, A. (2021), African Economic Outlook 2020 Amid COVID–19, Abidjan: African Development Bank.

[14] Agah, Y. F. (2015), "An Insurance Policy Against Protectionism", G7 Germany: The Schloss Elmau Summit, June 2015.

[15] Agarwal, R., and Gaulé, P. (2021), "What Drives Innovation? Lessons from COVID-19 R&D", IMF Working Paper No. 21/48, Washington, D.C.: International Monetary Fund (IMF).

[16] Agarwal, R., and Gopinath, G. (2021), "A Proposal to End the COVID-19 Pandemic", IMF Staff Discussion Notes 2021/004, Washington, D.C.: International Monetary Fund (IMF).

[17] Agénor, P.-R. and Pereira da Silva, L. A. (2018), "Financial Spillovers, Spillbacks, and the Scope for International Macroprudential Policy Coordination", BIS Papers No. 97, Basel: Bank for International Settlements (BIS).

[18] Aggarwal, A., Hoppe, M. and Walkenhorst, P. (2009), "Special Economic Zones in South Asia: Industrial Islands or Vehicles for Diversification?", in Newfarmer, R., Shaw, W. and Walkenhorst, P. (eds.), Breaking into New Markets: Emerging Lessons for Export Diversification, Washington, D.C.: World Bank.

[19] Aghion, P., Antonin, C. and Bunel, S. (2021), The Power of Creative Destruction: Economic Upheaval and the Wealth of Nations, Cambridge (MA):

Belknap Press.

[20] Aguirre, A. A., Catherina, R., Frye, H. and Shelley, L. (2020), "Illicit Wildlife Trade, Wet Markets, and COVID-19: Preventing Future Pandemics", World Medical & Health Policy.

[21] Ahir, H., Bloom, N. and Furceri, D. (2018), The World Uncertainty Index. Available at https://worlduncertaintyindex. com.

[22] Ahn, J., Amiti, M. and Weinstein, D. E. (2011), "Trade Finance and the Great Trade Collapse", American Economic Review 101(3):298-302.

[23] Ahuja, A., Athey, S., Baker, A., Budish, E., Castillo, J. C., Glennerster, R., Kominers, S. D., Kremer, M., Lee, J. N. and Prendergast, C. (2021), "Preparing for a Pandemic: Accelerating Vaccine Availability", NBER Working Paper No. 28115, Cambridge (MA): National Bureau of Economic Research (NBER).

[24] Aichele, R. and Felbermayr, G. (2015), "Kyoto and Carbon Leakage: An Empirical Analysis of the Carbon Content of Bilateral Trade", Review of Economics and Statistics 97(1):104-115.

[25] Airfinity (2020), Snapshot COVID-19 Data: Science, Trial Forecast, Production and News Analysis, London: Airfinity.

[26] Alam, M. Z. (2021), "Is Population Density a Risk Factor for Communicable Diseases Like COVID-19? A Case of Bangladesh", Asia Pacific Journal of Public Health.

[27] Alcayna, T. (2020), At What Cost: How Chronic Gaps in Adaptation Finance Expose the World's Poorest People to Climate Chaos, Flood Resilience Alliance.

[28] Allianz SE (2021), The Suez Canal Ship is not the Only Thing Clogging Global Trade, Munich: Allianz.

[29] Alon, T., Coskun, S., Doepke, M., Koll, D. and Tertilt, M. (2021), "From Mancession to Shecession: Women's Employment in Regular and Pandemic Recessions", IZA Institute of Labor Economics Discussion Paper No. 14223,

Bonn: IZA Institute of Labor Economics.

[30] Altenberg, P. (2020), Improving Economic Resilience Through Trade – Should We Rely On Our Own Supply?, Stockholm: National Board Trade Sweden.

[31] Altomonte, C., Di Mauro, F., Ottaviano, G., Rungi, A. and Vicard, V. (2013), "Global Value Chains during the Great Trade Collapse: A Bullwhip Effect?", ECB Working Paper No. 1412, Frankfurt: European Central Bank (ECB).

[32] Amendola, A., Ferragina, A., Pittiglio, R. and Reganati, F. (2012), "Are Exporters and Multinational Firms More Resilient Over a Crisis? First Evidence for Manufacturing Enterprises in Italy", Economics Bulletin 32(3):1914-1926.

[33] Amir, E., Levi, S. and Livne, T. (2018), "Do Firms Underreport Information on Cyber-attacks? Evidence from Capital Markets", Review of Accounting Studies 23(3):1177-1206.

[34] Anbumozhi, V., Kimura, F. and Thangavelu, S. (2020), Supply Chain Resilience: Reducing Vulnerability to Economic Shocks, Financial Crises, and Natural Disasters, Singapore: Springer Singapore.

[35] Anderson, J. E. and Marcouiller, D. (2002), "Insecurity and the Pattern of Trade: An Empirical Investigation", Review of Economics and Statistics 84(2):342-352.

[36] Anderson, R. D. and Müller, A. C. (2017), "The Revised WTO Agreement on Government Procurement (GPA): Key Design Features and Significance for Global Trade and Development", Staff Working Paper No. ERSD-2017-04, Geneva: WTO.

[37] Andreoni, M. and Casado, L. (2021), "Vale Mining Company to Pay $7 Billion in Compensation for Brazil Dam Collapse", New York Times, 4 February 2021.

[38] Andrijcic, E. and Horowitz, B. (2006), "A Macro-Economic Framework for Evaluation of Cyber Security Risks Related to Protection of Intellectual

Property", Risk Analysis 26(4):907-923.

[39] Antonio, A. and Tuffley, D. (2014), "The Gender Digital Divide in Developing Countries", Future Internet 6(4):673-687.

[40] Antràs, P. (2020), "De-Globalisation? Global Value Chains in the Post-COVID-19 Age", NBER Working Paper No. 28115, Cambridge (MA): National Bureau of Economic Research (NBER).

[41] Antràs, P., Fort, T. C. and Tintelnot, F. (2017), "The Margins of Global Sourcing: Theory and Evidence from US Firms", American Economic Review 107(9):2514-2564.

[42] Antràs, P., Redding, S. J. and Rossi-Hansberg, E. (2020), "Globalization and Pandemics", NBER Working Paper No. 27840, Cambridge (MA): National Bureau of Economic Research (NBER).

[43] Antràs, P. and Yeaple, S. R. (2014), "Multinational Firms and the Structure of International Trade", Handbook of International Economics, Amsterdam: Elsevier.

[44] Apedo-Amah, M. C., Avdiu, B., Cirera, X., Cruz, M., Davies, E., Grover, A., Iacovone, L., Kilinc, U., Medvedev, D., Maduko, F. O., Poupakis, S., Torres, J. and Tran, T. T. (2020), Unmasking the Impact of COVID-19 on Businesses: Firm Level Evidence from Across the World, Washington, D.C.: World Bank.

[45] Arriola, C., Guilloux-Nefussi, S., Koh, S.-H., Kowalski, P., Rusticelli, E. and van Tongeren, F. (2020), "Efficiency and Risks in Global Value Chains in the Context of COVID-19", OECD Economics Department Working Papers No. 1637, Paris: Organisation for Economic Co-operation and Development (OECD).

[46] AstraZeneca (2020), "AstraZeneca Takes Next Steps Towards Broad and Equitable Access to Oxford University's COVID-19 Vaccine", Astra Zeneca, Press Release, 4 June 2020.

[47] Atteslander, J. and Ramò, M. (2020), "Why Trade Supports Rather Than Hinders Sustainable Development, DOSSIERPOLITIK No. 6/20, Zurich:

Economiesuisse.

[48] Attiah, E. (2019), "The Role of Manufacturing and Service Sectors in Economic Growth: An Empirical Study of Developing Countries", European Research Studies Journal XXII(1):112-127.

[49] Auboin, M. (2009), "Restoring Trade Finance During a Period of Financial Crisis: Stock-taking of Recent Initiatives", Staff Working Paper No. ERSD-2009-16, Geneva: WTO.

[50] Auboin, M. (2021), "Trade Finance, Gaps and the COVID-19 Pandemic: A Review of Events and Policy Responses to Date", Staff Working Paper No. ERSD-2021-5, Geneva: WTO.

[51] Auboin, M. and Borino, F. (2017), "The Falling Elasticity of Global Trade to Economic Activity: Testing the Demand Channel", Staff Working Paper No. ERSD-2017-09, Geneva: WTO.

[52] Auray, S., Devereux, M. B. and Eyquem, A. (2020), "The Demand for Trade Protection Over the Business Cycle", Working Papers No. 2020-08, Palaiseau: Center for Research in Economics and Statistics (CREST).

[53] Autor, D. H., Dorn, D. and Hanson, G. H. (2016), "The China Shock: Learning from Labor Market Adjustment to Large Changes in Trade", Annual Review of Economics 8:205-240.

[54] Ayyub, B. M. (2014), Risk Analysis in Engineering and Economics, London: Chapman and Hall/CRC.

[55] Bacchetta, M., Bekkers, E., Piermartini, R., Rubínová, S., Stolzenburg, V. and Xu, A. (2021), "COVID-19 and Global Value Chains: A Discussion of Arguments on Value Chain Organization and the Role of the WTO", Staff Working Paper No. ERSD-2021-3, Geneva: WTO.

[56] Bacchetta, M. and Piermartini, R. (2011), "The Value of Bindings", Staff Working Paper No. ERSD-2011-13, Geneva: WTO.

[57] Bachev, H. I. and Ito, F. (2014), "Implications of Fukushima Nuclear Disaster for Japanese Agri-food Chains", International Journal of Food Agricultural

Economics 2(1):95-120.

[58] Badoux, A., Andres, N., Techel, F. and Hegg, C. (2016), "Natural Hazard Fatalities in Switzerland from 1946 to 2015", Natural Hazards and Earth System Sciences 16:2747–2768.

[59] Baez, J. E., Lucchetti, L., Genoni, M. E. and Salazar, M. (2016), "Gone with the Storm: Rainfall Shocks and Household Wellbeing in Guatemala", The Journal of Development Studies, 58(3):1253-1271.

[60] Baez, J. E. and Santos, I. V. (2007), Children's Vulnerability to Weather Shocks: A Natural Disaster as a Natural Experiment, Washington, D.C.: World Bank.

[61] Baghdadi, L. and Medini, A. (2021), "COVID-19 Shock on Imports in Tunisia: Drivers of Vulnerability vs. Factors of Resilience", Presented on March 4th, 2021 at the WTO Webinar Series on Economic Resilience "Economic Resilience Is the New Normal". Available at https://www.wto.org/ english/ res_e/reser_e/economic_resilience_040321_e.htm.

[62] Bagwell, K. and Staiger, R. W. (2002), The Economics of the World Trading System, Cambridge (MA): Massachusetts Institute of Technology (MIT) Press.

[63] Bailey, T., Del Miglio, A. and Richter, W. (2014), "The Rising Strategic Risks of Cyberattacks", McKinsey Quarterly, May 2014.

[64] Baker, S., Bloom, N. and Davis, S. (2019), "The Extraordinary Rise in Trade Policy Uncertainty", VoxEU, CEPR Policy Portal, 17 September 2019.

[65] Baker, S. R., Bloom, N. and Davis, S.J. (2021), Global Economic Policy Uncertainty Index, Available at: https://www. policyuncertainty.com.

[66] Baldwin, J. and Yan, B. (2011), "The Death of Canadian Manufacturing Plants: Heterogeneous Responses to Changes in Tariffs and Real Exchange Rates", Review of World Economics 147(1):131-167.

[67] Baldwin, R. and Evenett, S. (2009a), "Introduction and Recommendations for the G20", in Baldwin, R. and Evenett, S. (eds.), The Collapse of Global

Trade, Murky Protectionism and the Crisis: Recommendations for the G20, London: Centre for Economic Policy Research (CEPR).

[68] Baldwin, R. and Evenett, S. (2009b), The Collapse of Global Trade, Murky Protectionism, and the Crisis: Recommendations for the G20. London: Centre for Economic Policy Research (CEPR).

[69] Baldwin, R. and Tomiura, E. (2020), "Thinking Ahead About the Trade Impact of COVID-19", in Baldwin, R. and Weder di Mauro, B. (eds) (2020), Economics in the Time of COVID-19, London: Centre for Economic Policy Research (CEPR).

[70] Banga, K. and te Velde, D. W. (2020), "COVID-19 and Disruption of the Digital Economy: Evidence from Low and Middle-income Countries", Digital Pathways at Oxford Paper Series No. 7, Oxford (UK): University of Oxford.

[71] Barattieri, A., Cacciatore, M. and Ghironi, F. (2021), "Protectionism and the Business Cycle", Journal of International Economics 129:103417.

[72] Barrot, J.-N. and Sauvagnat, J. (2016), "Input Specificity and the Propagation of Idiosyncratic Shocks in Production Networks", The Quarterly Journal of Economics 131(3):1543-1592.

[73] Barry, J. (2004), "Supply Chain Risk in an Uncertain Global Supply Chain Environment", International Journal of Physical Distribution and Logistics Management 34(9):695-697.

[74] Bastos, P., Straume, O. R and Urrego, J. A. (2013), "Rain, Agriculture, and Tariffs", Journal of International Economics 90(2):364-377.

[75] Bauerle Danzman, S. and Gertz, G. (2020), "Facilitating Sustainable Investment: The Role and Limits of Investment Promotion Agencies", in Beverelli, C., Kurtz, J. and Raess, D. (eds.), International Trade, Investment, and the Sustainable Development Goals, Cambridge (UK): Cambridge University Press.

[76] Baylis, K., Jolejole-Foreman, M. C. and Mallory, M. L. (2014), "Effects of Export Restrictions on Domestic Market Efficiency: The Case of India's Rice

and Wheat Export Ban", Unpublished Manuscript.

[77] Beattie, A. (2021), "The distant bugles of a new currency war", Financial Times, 15 March 2021.

[78] Behlert, B., Diekjobst, R., Felgentreff, C., Manandhar, T., Mucke, P., Pries, L., Radtke, K. and Weller, D. (2020), World Risk Report 2020: Focus: Forced Displacement and Migration, Berlin: Bündnis Entwicklung Hilft and Institute for International Law of Peace and Armed Conflict (IFHV).

[79] Behrens, K., Corcos, G. and Mion, G. (2013), "Trade Crisis? What Trade Crisis?", Review of Economics and Statistics 95(2):702-709.

[80] Bekaert, G., Engstrom, E. and Ermolov, A. (2020), Aggregate Demand and Aggregate Supply Effects of COVID-19: A Realtime Analysis," Finance and Economics Discussion Series No. 2020-049, Washington, D.C.: Board of Governors of the Federal Reserve System.

[81] Bellora, C., Bois, C. and Jean, S. (2020), "Le Commerce Européen dans la Crise Sanitaire: des Problèmes de Dépendance plus que de Vulnérabilité", La Lettre du CEPII No. 412-412, Paris: Centre d'Études Prospectives et d'Informations Internationales (CEPII).

[82] Bellora, C., Bureau, J.-C., Bayramoglu, B., Gozlan, E. and Jean, S. (2020), "Trade and Biodiversity", Report for the European.

[83] Parliament's Committee on International Trade (INTA), Brussels: European Parliament.

[84] Beltran-Alcrudo, D., Falco, J. R., Raizman, E. and Dietze, K. (2019), "Transboundary Spread of Pig Diseases: the Role of International Trade and Travel", BMC Veterinary Research 15(1):64.

[85] Bems, R., Johnson, R. C. and Yi, K. M. (2011), "Vertical Linkages and the Collapse of Global Trade", American Economic Review 101(3):308-312.

[86] Bems, R., Johnson, R. C. and Yi, K.-M. (2013), "The Great Trade Collapse", Annual Review of Economics, 5(1):375-400.

[87] Benguria, F. and Taylor, A. M. (2020), "After the Panic: Are Financial Crises

Demand or Supply Shocks? Evidence from International Trade", American Economic Review: Insights 2(4):509-526.

[88] Benson, C. and Clay, E. J. (2004), Understanding the Economic and Financial Impacts of Natural Disasters: Washington, D.C.: World Bank.

[89] Benz, S., Gonzales, F. and Mourougane, A. (2020), "The Impact of COVID-19 International Travel Restrictions on Services-trade Costs", OECD Trade Policy Paper No. 237, Paris: Organisation for Economic Co-operation and Development (OECD).

[90] Berden, K. and Guinea, O. 2020. "Trade Policy and COVID-19: Openness and Cooperation in Times of a Pandemic", Brussels: European Federation of Pharmaceutical Industries and Associations.

[91] Bernard, A. B., Jensen, J. B., Redding, S. J. and Schott, P. K. (2018), "Global Firms", Journal of Economic Literature 56(2):565-619.

[92] Bernard, A. B., Moxnes, A. and Saito, Y. U. (2019), "Production Networks, Geography, and Firm Performance", Journal of Political Economy 127(2):639-688.

[93] Berthou, A. and Stumpner, S. (2021), "Trade Under Lockdown", paper presented at the National Bureau of Economic Research (NBER) conference on The Future of Globalization Conference, 9-10 April 2021.

[94] Berz, G., Kron, W., Loster, T., Rauch, E., Schimetschek, J., Schmieder, J., Siebert, A., Smolka, A. and Wirtz, A. (2001), "World Map of Natural Hazards – A Global View of the Distribution and Intensity of Significant Exposures", Natural hazards and earth system sciences(23):443-465.

[95] Bevere, L. (2019), Sigma 2/2019: Secondary Natural Catastrophe Risks on the Front Line, Swiss Re Institute.

[96] Beverelli, C., Keck, A., Larch, M. and Yotov, Y. (2018), "Institutions, Trade and Development: A Quantitative Analysis", CESifo Working Paper Series No. 6920, Munich: Center for Economic Studies and Institute for Economic Research (CESifo).

[97] Beverelli, C., Stolzenburg, V., Koopman, R. and Neumueller, S. (2019), "Domestic Value Chains as Stepping Stones to Global Value Chain Integration", The World Economy 42(5):1467-1494.

[98] Beverelli, C. and Ticku, R. (2020), "Illicit Trade and Infectious Diseases", Staff Working Paper No. ERSD-2020-13, Geneva: WTO.

[99] Bhadra, A., Mukherjee, A. and Sarkar, K. (2020), "Impact of Population Density on COVID-19 Infected and Mortality Rate in India", Modeling Earth Systems and Environment 7:623–629.

[100] Bier, V. M., Haimes, Y. Y., Lambert, J. H., Matalas, N. C. and Zimmerman, R. (1999), "A Survey of Approaches for Assessing and Managing the Risk of Extremes", Risk Analysis 19(1):83-94.

[101] Blattman, C. and Miguel, E. (2010), "Civil War", Journal of Economic Literature 48(1):3-57.

[102] Blomberg, S. B. and Hess, G. D. (2006), "How Much Does Violence Tax Trade?", The Review of Economic Statistics 88(4):599-612.

[103] Bluedorn, J., Caselli, F., Hansen, N.-J., Shibata, I. and Tavares, M. M. (2021), "Gender and Employment in the COVID-19 Recession: Evidence on 'She-cessions'", IMF Working Paper No. 21/095, Washington, D.C.: International Monetary Fund (IMF).

[104] Boehm, C. E., Flaaen, A. and Pandalai-Nayar, N. (2019), "Input Linkages and the Transmission of Shocks: Firm-level Evidence from the 2011 T hoku Earthquake", Review of Economics and Statistics 101(1):60-75.

[105] Boehm, C. E., Levchenko, A. A. and Pandalai-Nayar, N. (2020), "The Long and Short (Run) of Trade Elasticities", NBER Working Paper No. 27064, Cambridge (MA): National Bureau of Economic Research (NBER).

[106] Bohara, A. K. and Kaempfer, W. H. (1991), "A Test of Tariff Endogeneity in the United States", American Economic Review 81(4):952-960.

[107] Böhringer, C. and Vogt, C. (2003), "Economic and Environmental Impacts of the Kyoto Protocol", The Canadian Journal of Economics / Revue

canadienne d'Économique 36(2):475-496.

[108] Boileau, D. and Sydor, A. (2020), "Vulnerability of Canadian Industries to Disruptions in Global Supply Chains", in Canada's State of Trade 2020, Ottawa: Global Affairs Canada.

[109] Bojanc, R. and Jerman-Blaži, B. (2008), "Towards a Standard Approach for Quantifying an ICT Security Investment", Computer Standards and Interfaces 30(4):216-222.

[110] Bolatto, S., Naghavi, A., Ottaviano, G. I. P. and Zajc, K. (2017), "Intangible Assets and the Organization of Global Supply Chains", Quaderni - Working Paper DSE No. 1105, Bologna: University of Bologna.

[111] Bøler, E. A., Javorcik, B. and Ulltveit-Moe, K. H. (2018), "Working Across Time Zones: Exporters and the Gender Wage Gap", Journal of International Economics 111:122-133.

[112] Bollyky, T. J. and Bown, C. P. (2020), "The Tragedy of Vaccine Nationalism: Only Cooperation Can End the Pandemic", Foreign Affairs 9(5).

[113] Bombardini, M., Head, K., Tito, M. D. and Wang, R. (2020), "How the Breadth and Depth of Import Relationships Affect the Performance of Canadian Manufactures", CEMFI Working Paper No. 2011, Madrid: Centro de Estudios Monetarios y Financieros (CEMFI).

[114] Bonadio, B., Huo, Z., Levchenko, A. A. and Pandalai-Nayar, N. (2020), "Global Supply Chains in the Pandemic", NBER Working Paper No. 27224, Cambridge (MA): National Bureau of Economic Research (NBER).

[115] Borchert, I. and Mattoo, A. (2009), "The Crisis-resilience of Services Trade", The Service Industries Journal 30(13):2115-2136.

[116] Borino, F., Carlson, E., Rollo, V. and Solleder, O. (2021), "International Firms and COVID-19: Evidence from a Global Survey", COVID Economics: Vetted Real-Time Papers (75):30-59.

[117] Borsky, S., Hennighausen, H., Leiter, A. and Williges, K. (2020), "CITES and the Zoonotic Disease Content in International Wildlife Trade",

Environmental and Resource Economics 76:1001-1017.

[118] Bouët, A. and Laborde, D. (2012), "Food Crisis and Export Taxation: the Cost of Non-cooperative Trade Policies", Review of World Economics 148(1):209-233.

[119] Bouët, A., Odjo, S. P. and Zaki, C. (2020), Africa Agriculture Trade Monitor 2020, Washington, D.C.: International Food Policy and Research Institute (IFPRI).

[120] Bown, C. P. (2009), The Global Resort to Antidumping, Safeguards, and Other Trade Remedies Amidst the Economic Crisis, Washington, D.C.: World Bank.

[121] Bown, C. P. (2011), "Introduction", in Bown, C. P. (ed.), The Great Recession and Import Protection: The Role of Temporary Trade Barriers, London and Washington, D.C.: Centre for Economic Policy Research (CEPR) and World Bank.

[122] Bown, C. P. and Bollyky, T. J. (2021), "Here's How to Get Billions of COVID-19 Vaccine Doses to the World", Washington, D.C.: Peterson Institute for International Economics (PIIE).

[123] Bown, C. P. and Crowley, M. A. (2012), "How Did US and EU Trade Policy Withstand the Great Recession?", VoxEU, CEPR Policy Portal, 28 April 2012.

[124] Bown, C. P. and Crowley, M. A. (2014), "Emerging Economies, Trade Policy, and Macroeconomic Shocks", Journal of Development Economics 111:261-273.

[125] Boylaud, O. and Nicoletti, G. (2000), "Regulation, Market Structure and Performance in Telecommunications", OECD Economics Department Working Papers No. 237, Paris: Organisation for Economic Co-operation and Development (OECD).

[126] Bradsher, K. (2020), "China Delays Mask and Ventilator Exports After Quality Complaints", The New York Times, 11 April 2020.

[127] Brand, F. S. and Jax, K. (2007), "Focusing the Meaning(s) of Resilience: Resilience as a Descriptive Concept and a Boundary Object", Ecology and Society 12(1):23.

[128] Brandi, C. (2017), "Trade Elements in Countries' Climate Contributions Under the Paris Agreement", Issue paper, Geneva: International Centre for Trade and Sustainable Development (ICTSD).

[129] Bricongne, J.-C., Fontagné, L., Gaulier, G., Taglioni, D. and Vicard, V. (2012), "Firms and the Global Crisis: French Exports in the Turmoil", Journal of International Economics 87(1):134-146.

[130] Briguglio, L. (1995), "Small Island Developing States and their Economic Vulnerabilities", World Development 23(9):1615-1632.

[131] Briguglio, L., Cordina, G., Farrugia, N. and Vella, S. (2009), "Economic Vulnerability and Resilience: Concepts and Measurements", Oxford Development Studies 37(3):229-247.

[132] Brinca, P., Duarte, J. B. and Faria-e-Castro, M. (2020), "Measuring Sectoral Supply and Demand Shocks During COVID-19", Working Paper Series No. 2020-011G, St. Louis (MO): Federal Reserve Bank of St. Louis.

[133] Buchholz, K. (2020), "Natural Disasters on the Rise Around the Globe", Statista, Online Version, 25 August 2020.

[134] Buera, F. J. and Oberfield, E. (2020), "The Global Diffusion of Ideas", Econometrica 88(1):83-114.

[135] Burgess, R. and Donaldson, D. (2010), "Can Openness Mitigate the Effects of Weather Shocks? Evidence from India's Famine Era", American Economic Review 100(2):449-453.

[136] Burgess, R. and Donaldson, D. (2012), "Railroads and the Demise of Famine in Colonial India", Unpublished Manuscript.

[137] Bussière, M., Callegari, G., Ghironi, F., Sestieri, G. and Yamano, N. (2013), "Estimating Trade Elasticities: Demand Composition and the Trade Collapse of 2008-2009", American Economic Journal: Macroeconomics 5(3):118-151.

[138] Busvine, D. and Rosemain, M. (2021), "Money No Object as Governments Race to Build Chip Arsenals", Reuters, 26 March 2021.

[139] Cadot, O., Carrère, C. and Strauss-Kahn, V. (2011), "Export Diversification: What's Behind the Hump?", Review of Economics and Statistics 93(2):590-605.

[140] Cadot, O., Carrère, C. and Strauss-Kahn, V. (2014), "OECD Imports: Diversification of Suppliers and Quality Search", Review of World Economics 150(1):1-24.

[141] Cai, J., Li, N. and Santacreu, A. M. (forthcoming), "Knowledge Diffusion, Trade, and Innovation across Countries and Sectors", American Economic Journal: Macroeconomics.

[142] Cajal-Grossi, J., Macchiavello, R. and Noguera, G. (2019), "International Buyers' Sourcing and Suppliers' Markups in Bangladeshi Garments", CEPR Discussion Papers No. 13482, London: Centre for Economic Policy Research (CEPR).

[143] Çakmaklı, C., Demiralp, S., Kalemli-Özcan, Ş., Yeşiltaş, S., and Yıldırım, M. A. (2021), "The Economic Case for Global Vaccinations: An Epidemiological Model with International Production Networks", NBER Working Paper No. 28395, Cambridge (MA): National Bureau of Economic Research (NBER).

[144] Caldara, D., Iacoviello, M., Molligo, P., Prestipino, A. and Raffo, A. (2020), "The Economic Effects of Trade Policy Uncertainty", Journal of Monetary Economics 109:38-59.

[145] Callo-Müller, M. V. (2020), Micro, Small and Medium Enterprises (MSMEs) and the Digital Economy, Bangkok: The United Nations Economic and Social Commission for Asia and the Pacific (UNESCAP).

[146] Canadian Imperial Bank of Commerce (CIBC) (2020), "COVID- 19 Impact Felt by 81 Per Cent of Canadian Small Business Owners", Cision, 4 May 2020.

[147] Canis, B. (2011) "Motor Vehicle Supply Chain: Effects of the Japanese Earthquake and Tsunami", CRS Report No. R41831, Washington, D.C.: Congressional Research Service (CRS).

[148] Cao, V. T. and Flach, L. (2015), "The Effect of GATT/WTO on Export and Import Price Volatility", The World Economy 38(12):2049-2079.

[149] Carfì, A., Bernabei, R., Landi, F. (2020), "Persistent Symptoms in Patients After Acute COVID-19", JAMA 324(6):603-605.

[150] Carney, M. (2017), "Ten Years On: Fixing the Fault Lines of the Global Financial Crisis", Financial Stability Review 21:13-20.

[151] Carreau, D. and Juillard, P. (1998), Droit International Économique, Paris: Librairie Générale de Droit et de Jurisprudence (LGDJ) / Montchrestien.

[152] Carvalho, B. P., Peralta, S. and dos Santos, J. P. (2020), "Regional and Sectorial Impacts of the COVID-19 Crisis: Evidence from Electronic Payments", ECARES Working Papers No. 2020-48, Bruxelles: Université Libre de Bruxelles (ULB).

[153] Carvalho, M., Dechezleprêtre, A. and Glachant, M. (2017), "Understanding the Dynamics of Global Value Chains for Solar Photovoltaic Technologies", Economic Research Working Paper No. 40, Geneva: World Intellectual Property Organization (WIPO).

[154] Carvalho, V. M. (2014), "From Micro to Macro Via Production Networks", Journal of Economic Perspectives 28(4):23-48.

[155] Carvalho, V. M., Nirei, M., Saito, Y. U. and Tahbaz-Salehi, A. (2021), "Supply Chain Disruptions: Evidence from the Great East Japan Earthquake", The Quarterly Journal of Economics 136(2):1255–1321.

[156] Caselli, F., Koren, M., Lisicky, M. and Tenreyro, S. (2020), "Diversification Through Trade", The Quarterly Journal of Economics 135(1):449-502.

[157] Cassing, J., McKeown, T. J. and Ochs, J. (1986), "The Political Economy of the Tariff Cycle", The American Political Science Review 80(3):843-862.

[158] Chang, S.-S., Stuckler, D., Yip, P. and Gunnell, D. (2013), "Impact of 2008

Global Economic Crisis on Suicide: Time Trend Study in 54 countries", The BJM 347(7925).

[159] Chang, S. (2016), "Socioeconomic Impacts of Infrastructure Disruptions", Oxford Research Encyclopedia of Natural Hazard Science, Oxford (UK): Oxford University Press.

[160] Chen, Y., Rajabifard, A., Sabri, S., Potts, K. E., Laylavi, F., Xie, Y. and Zhang, Y. (2020), "A Discussion of Irrational Stockpiling Behaviour During Crisis", Journal of Safety Science and Resilience 1(1):57-58.

[161] Cheong, J., Won Kwak, D. and Yuan, H. (2017), "Trade to Aid: EU's Temporary Tariff Waivers for Flood-hit Pakistan", Journal of Development Economics 125:70-88.

[162] Cherniwchan, J., Copeland, B. R. and Taylor, M. S. (2017), "Trade and the Environment: New Methods, Measurements, and Results", Annual Review of Economics 9:59-85.

[163] Chetty, K., Qigui, L., Gcora, N., Josie, J., Wenwei, L. and Fang, C. (2017), "Bridging the Digital Divide: Measuring Digital Literacy", Economics Discussion Papers No. 2017-69, Kiel: Kiel Institute for the World Economy.

[164] Chhabra, M., Giri, A. K. and Kumar, A. (2021), "The Impact of Trade Openness on Urbanization: Empirical Evidence from BRICS Economies", Journal of Public Affairs (forthcoming).

[165] Chimeli, A. B. and Soares, R. R. (2017), "The Use of Violence in Illegal Markets: Evidence from Mahogany Trade in the Brazilian Amazon", American Economic Journal: Applied Economics 9(4):30-57.

[166] Chinazzi, M., Davis, J. T., Ajelli, M., Gioannini, C., Litvinova, M., Merler, S., Pastore, Y. P. A., Mu, K., Rossi, L., Sun, K., Viboud, C., Xiong, X., Yu, H., Halloran, M. E., Longini, I. M., Jr. and Vespignani, A. (2020), "The Effect of Travel Restrictions on the Spread of the 2019 Novel Coronavirus (COVID-19) Outbreak", Science 368(6489):395-400.

[167] Chomel, B. B., Belotto, A. and Meslin , F.-X. (2007), "Wildlife, Exotic Pets,

and Emerging Zoonoses", Emerging Infectious Diseases 13(1):6-11.

[168] Chor, D. and Manova, K. (2012) "Off the Cliff and Back? Credit Conditions and International Trade During the Global Financial Crisis", Journal of International Economics 87(1):117-133.

[169] Chowdhury, M. M. H. and Quaddus, M. (2017), "Supply Chain Resilience: Conceptualization and Scale Development Using Dynamic Capability Theory", International Journal of Production Economics 188:185-204.

[170] Chudik, A., Mohaddes, K. and Raissi, M. (2021), "COVID-19 Fiscal Support and Its Effectiveness", Economics Letters 205:109939.

[171] Cirer-Costa, J. C. (2015), "Tourism and Its Hypersensitivity to Oil Spills", Marine Pollution Bulletin 91(1):65-72.

[172] Ciuriak, D., Dadkhah, A. and Lysenko, D. (2020), "The Effect of Binding Commitments on Services Trade", World Trade Review 19(3):365-378.

[173] Clemens, M. A. and Ginn, T. (2020), "Global Mobility and the Threat of Pandemics: Evidence from Three Centuries", IZA Institute of Labor Economics Discussion Paper No. 13947, Bonn: IZA Institute of Labor Economics.

[174] Coalition for Epidemic Preparedness Innovations (CEPI)(2021), The Urgency of Now, Oslo: CEPI.

[175] Coffin, D. and Horowitz, J. (2018), "The Supply Chain for Electric Vehicle Batteries", Journal of International Commerce and Economics (December 2018):1-21.

[176] Cohen, D. (2020), "Why a PPE Shortage Still Plagues America and What We Need to Do About It", Opinion – The Path Forward, CNBC, 22 August 2020.

[177] Cohn, A. S., Mosnier, A., Havlík, P., Valin, H., Herrero, M., Schmid, E., O"Hare, M. and Obersteiner, M. (2014), "Cattle Ranching Intensification in Brazil Can Reduce Global Greenhouse Gas Emissions by Sparing Land From Deforestation", Proceedings of the National Academy of Sciences

111(20):7236-7241.

[178] Cole, M. A., Elliott, R. J. R., Okubo, T. and Strobl, E. (2017), "Pre-disaster Planning and Post-disaster Aid: Examining the Impact of the Great East Japan Earthquake", International Journal of Disaster Risk Reduction 21:291-302.

[179] Collins, C., Landivar, L. C., Ruppanner, L. and Scarborough, W. (2021), "COVID-19 and the Gender Gap in Work Hours", Gender, Work and Organization 28(S1):101-112.

[180] Colon, C., Hallegatte, S. and Rozenberg, J. (2019), Transportation and Supply Chain Resilience in the United Republic of Tanzania: Assessing the Supply-Chain Impacts of Disaster-Induced Transportation Disruptions, Washington, D.C.: World Bank.

[181] Colon, C., Hallegatte, S. and Rozenberg, J. (2021), "Criticality Analysis of a Country's Transport Network Via an Agent-based Supply Chain Model", Nature Sustainability 4(3):209-215.

[182] Combes, J.-L., Minea, A. and Sow, M. (2017), "Is Fiscal Policy Always Counter-(Pro-) Cyclical? The Role of Public Debt and Fiscal Rules", Economic Modelling 65:138-146.

[183] Combes, P.-P. and Lafourcade, M. (2005), "Transport Costs: Measures, Determinants, and Regional Policy Implications for France", Journal of Economic Geography 5(3):319-349.

[184] Conte, B., Desmet, K., Nagy, D. K. and Rossi-Hansberg, E. (2020), "Local Sectoral Specialization in a Warming World", NBER Working Paper No. 28163, Cambridge (MA): National Bureau of Economic Research (NBER).

[185] Conti, A. (2008), "Quarantine Through History", International Encyclopedia of Public Health:454-462.

[186] Conti, A. (2020), "Historical and Methodological Highlights of Quarantine Measures: From Ancient Plague Epidemics to Current Coronavirus Disease (COVID-19) Pandemic", Acta Biomedica 91(2):226-229.

[187] Cosgrove, E. (2019), "How P&G Created a 'Ready-For- Anything' Supply Chain", Supply Chain Dive, 3 June 2019.

[188] Costa, S., Pappalardo, C. and Vicarelli, C. (2014), "Financial Crisis, Internationalization Choices and Italian Firm Survival", MPRA Paper No. 54107, Munich: University Library of Munich.

[189] Costinot, A., Donaldson, D. and Smith, C. (2016), "Evolving Comparative Advantage and the Impact of Climate Change in Agricultural Markets: Evidence From 1.7 Million Fields Around the World", Journal of Political Economy 124(1):205-248.

[190] Cousins, S. (2020), "COVID-19 Has 'Devastating' Effect on Women and Girls", The Lancet 396(10247):301-302.

[191] Craighead, C. W., Ketchen Jr, D. J. and Darby, J. L. (2020), "Pandemics and Supply Chain Management Research: Toward a Theoretical Toolbox", Decision Sciences 51(4):838-866.

[192] Cristea, A., Hummels, D., Puzzello, L. and Avetisyan, M. (2013), "Trade and the Greenhouse Gas Emissions from International Freight Transport", Journal of Environmental Economics and Management 65(1):153-173.

[193] Crosignani, M., Macchiavelli, M. and Silva, A. F. (2020), "Pirates Without Borders: the Propagation of Cyberattacks Through Firms' Supply Chains", Staff Report No. 937, New York: Federal Reserve Bank of New York.

[194] Crowley, M. A. (2010), "Split Decisions in Antidumping Cases", The BE Journal of Economic Analysis Policy 10(1):1-26.

[195] Crowley, M. A. (2011), "Cyclical Dumping and US Antidumping Protection: 1980-2001", Working Paper No. 2007-21, Chicago: Federal Reserve Bank of Chicago.

[196] Cummis, J. D. and Mahul, O. (2009), Catastrophe Risk Financing in Developing Countries: Principles for Public Intervention, Washington, D.C.: World Bank.

[197] Currie, D. (1993), "International Cooperation in Monetary Policy: Has It a

Future?", The Economic Journal 103(416):178-187.

[198] Cutter, S. L., Barnes, L., Berry, M., Burton, C., Evans, E., Tate, E. and Webb, J. (2008), "A Place-Based Model for Understanding Community Resilience to Natural Disasters", Global Environmental Change 18(4):598-606.

[199] D'Aguanno, L., Davies, O., Dogan, A., Freeman, R., Lloyd, S., Reinhardt, D., Sajedi, R. and Zymek, R. (2021), "Global Value Chains, Volatility and Safe Openness: Is Trade a Double-edged Sword?", Bank of England Financial Stability Paper No. 46, London: Bank of England.

[200] Da Silva, J. and Cernat, L. (2012), "Coping With Loss: the Impact of Natural Disasters on Developing Countries' Trade Flows", DG TRADE Chief Economist Notes No. 2012-1, Brussels: European Commission.

[201] Danzer, A. M. and Danzer, N. (2016), "The Long-run Consequences of Chernobyl: Evidence on Subjective Wellbeing, Mental Health and Welfare", Journal of Public Economics 135:47-60.

[202] Dawar, K. (2017), Openness of Public Procurement Markets in Key Third Countries, Brussels: European Parliament.

[203] De Melo, J. and Solleder, J.-M. (2020), "Barriers to Trade in Environmental Goods: How Important They Are and What Should Developing Countries Expect From Their Removal", World Development 130:104910.

[204] De Ruijter, A. (2019), EU Health Law and Policy: The Expansion of EU Power in Public Health and Health Care, Oxford (UK): Oxford University Press.

[205] Dechezleprêtre, A., Glachant, M. and Ménière, Y. (2013), "What Drives the International Transfer of Climate Change Mitigation Technologies? Empirical Evidence From Patent Data", Environmental and Resource Economics 54(2):161-178.

[206] Dechezleprêtre, A., Martin, R. and Bassi, S. (2019), "Climate Change Policy, Innovation and Growth", Handbook on Green Growth, Cheltenham (UK):

Edward Elgar Publishing.

[207] Del Ninno, C., Dorosh, P. A. and Smith, L. C. (2003), "Public Policy, Markets and Household Coping Strategies in Bangladesh: Avoiding a Food Security Crisis Following the 1998 Floods", World Development 31(7):1221-1238.

[208] Del Rio-Chanona, R. M., Mealy, P., Pichler, A., Lafond, F. and Farmer, J. D. (2020), "Supply and Demand Shocks in the COVID-19 Pandemic: An Industry and Occupation Perspective", Oxford Review of Economic Policy 36(Supplement 1):S94-S137.

[209] Dell'Osso, L., Carmassi, C., Massimetti, G., Conversano, C., Daneluzzo, E., Riccardi, I., Stratta, P. and Rossi, A. (2011), "Impact of Traumatic Loss on Post-traumatic Spectrum Symptoms in High School Students After the L'Aquila 2009 Earthquake in Italy", Journal of affective disorders 134(1-3):59-64.

[210] Deloitte and Manufacturers Alliance for Productivity and Innovation (MAPI) (2016), Cyber Risk in Advanced Manufacturing, New York and Arlington (VA): Deloitte & Touche LLP and MAPI.

[211] Delpeuch, S., Fize, E. and Martin, P. (2021), "Trade Imbalances and the Rise of Protectionism", CEPR Discussion Paper No. 15742, London: Centre for Economic Policy Research (CEPR).

[212] Dennis, A. and Shepherd, B. (2011), "Trade Facilitation and Export Diversification", The World Economy 34(1):101-122.

[213] Deutsche Gesellschaft für Internationale Zusammenarbeit (GIZ)(2016), "G7 InsuResilience to Benefit the Vulnerable in Climate Risk Insurance", GIZ, Online Version, 16 December 2016.

[214] Di Giovanni, J. and Levchenko, A. A. (2009), "Trade Openness and Volatility", The Review of Economics and Statistics 91(3):558-585.

[215] Di Giovanni, J., Levchenko, A. A. and Méjean, I. (2018), "The Micro Origins of International Business-Cycle Comovement", American Economic

Review 108(1):82-108.

[216] Didier, T., Hevia, C. and Schmukler, S. (2012), "How Resilient and Countercyclical Were Emerging Economies During the Global Financial Crisis?", Journal of International Money 31(8):2052-2077.

[217] Dobson, A. P., Pimm, S. L., Hannah, L., Kaufman, L., Ahumada, J. A., Ando, A. W., Bernstein, A., Busch, J., Daszak, P., Engelmann, J., Kinnaird, M. F., Li, B. V., Loch-Temzelides, T., Lovejoy, T., Nowak, K., Roehrdanz, P. R. and Vale, M. M. (2020), "Ecology and Economics for Pandemic Prevention", Science 369(6502):379-381.

[218] Dolgui, A., Ivanov, D. and Sokolov, B. (2018), "Ripple Effect in the Supply Chain: an Analysis and Recent Literature", International Journal of Production Research 56(1-2):414-430.

[219] Doll, C., Klug, S. and Enei, R. (2014), "Large and Small Numbers: Options for Quantifying the Costs of Extremes on Transport Now and in 40 years", Natural Hazards 72:211–239.

[220] Dollar, D. (2001), "Is Globalization Good for Your Health?", Bulletin of the World Health Organization 79:827-833.

[221] Doocy, S., Daniels, A., Murray, S. and Kirsch, T. (2013), "The Human Impact of Floods: a Historical Review of Events 1980-2009 and Systematic Literature Review", PLoS Currents Disasters 1(5).

[222] Dornbusch, R. (1979), "Monetary Policy Under Exchange Rate Flexibility", NBER Working Paper No. 311, Cambridge (MA): National Bureau of Economic Research (NBER).

[223] Duffy, M. (2009), "Economies of Size in Production Agriculture", Journal of Hunger and Environmental Nutrition 4(3-4):375-392.

[224] Dursun-de Neef, H. Ö. and Schandlbauer, A. (2020), "COVID-19 and Bank Loan Supply", Unpublished Manuscript, Frankfurt: Goethe University Frankfurt.

[225] Duval, R. and Vogel, L. (2008), "Economic Resilience to Shocks", OECD

Journal: Economic Studies 2008(1):1-38.

[226] Eaton, J., Kortum, S., Neiman, B. and Romalis, J. C. (2016), "Trade and the Global Recession", American Economic Review 106(11):3401-3438.

[227] Eckardt, M., Kappner, L. and Wolf, N. (2020), "COVID-19 across European Regions: the Role of Border Controls", CEPR Discussion Paper No. 15178, London: Centre for Economic Policy Research (CEPR).

[228] The Economist (2009), "Small Business, Big Problem", 12 December 2009 Edition, London. Available at: https://www.economist.com/leaders/2009/12/10/small-business-bigproblem.

[229] The Economist (2014), "Don't Bank on the Banks", 14 August 2014 Edition, Paris. Available at: https://www.economist.com/finance-and-economics/2014/08/14/dont-bank-on-the-banks.

[230] The Economist (2020), "The Changes COVID-19 Is Forcing on to Business", 11 April 2020 Edition, London. Available at: https://www.economist.com/briefing/2020/04/11/thechanges- covid-19-is-forcing-on-to-business.

[231] The Economist (2021), "The Many Guises of Vaccine Nationalism", The Economist, 13 March 2021 Edition, Washington, D.C. Available at: https://www.economist.com/ finance-and-economics/2021/03/11/the-many-guises-ofvaccine- nationalism.

[232] Égert, B. (2012), "Fiscal Policy Reaction to the Cycle in the OECD: Pro-or Counter-cyclical?", CESifo Working Paper Series No. 3777, Munich: Center for Economic Studies and Institute for Economic Research (CESifo).

[233] El-Erian, M. A. (2021), "No One is Safe Until Everyone is Safe", Project Syndicate, 22 February 2021.

[234] El Hadri, H., Mirza, D. and Rabaud, I. (2018), "Why Natural Disasters Might Not Lead to a Fall in Exports in Developing Countries?", LEO Working Papers No. 2570, Orléans: Laboratoire d'Economie d'Orléans (LEO), University of Orléans.

[235] EM-DAT (2020), EM-DAT: The Emergency Events Database, Brussels: Centre for Research on the Epidemiology of Disasters(CRED), Université Catholique de Louvain (UCLouvain).

[236] Enia, J. (2020), "Is There an International Disaster Risk Reduction Regime? Does It Matter?", Progress in Disaster Science 7:100098.

[237] Eppinger, P., Felbermayr, G. J., Krebs, O. and Kukharskyy, B.(2021), "Decoupling Global Value Chains", CESifo Working Paper No. 9079, Munich: Center for Economic Studies and Institute for Economic Research (CESifo).

[238] Eppinger, P., Meythaler, N., Sindlinger, M.-M. and Smolka, M.(2018), "The Great Trade Collapse and the Spanish Export Miracle: Firm-level Evidence From the Crisis", The World Econonomy 41(2):457– 493.

[239] Erman, A., Robbé, S. A. D. V., Thies, S. F., Kabir, K. and Maruo,M. (2021), Gender Dimensions of Disaster Risk and Resilience, Washington, D.C.: World Bank and Global Facility for Disaster Risk Reduction (GFDRR).

[240] Eschenbach, F. and Francois, J. (2002), "Financial Sector Competition, Services Trade, and Growth", CEPR Discussion Paper No. 3573, London: Centre for Economic Policy Research (CEPR).

[241] Eschenbach, F. and Hoekman, B. M. (2006), "Services Policy Reform and Economic Growth in Transition Economies", Review of World Economics 142(4):746-764.

[242] Espinosa, R., Tago, D. and Treich, N. (2020), "InfectiousDiseases and Meat Production", Environmental and Resource Economics 76(4):1019-1044.

[243] Espitia, A., Mattoo, A., Rocha, N., Ruta, M. and Winkler, D. (2021), "Pandemic Trade: COVID-19, Remote Work and Global Value Chains", The World Economy (Early View).

[244] Espitia, A., Pardo, S., Piermartini, R. and Rocha, N. (2020), "Technical Barriers to Trade", in Mattoo, A., Rocha, N. and Ruta, M. (eds.), Handbook of Deep Trade Agreements, Washington, D.C.: World Bank.

[245] Espitia, A., Rocha, N. and Ruta, M. (2020), "COVID-19 and Food Protectionism: The Impact of the Pandemic and Export Restrictions on World Food Markets", Policy Research Working Paper No. 9253. Washington, D.C.: World Bank.

[246] Esposito, F. (2016), "Risk Diversification and International Trade". SED Meeting Papers No. 302, Minneapolis (MN): Society for Economic Dynamics (SED).

[247] Estrada-Peña, A., Ostfeld, R. S., Peterson, A. T., Poulin, R. and de la Fuente, J. (2014), "Effects of Environmental Change on Zoonotic Disease Risk: an Ecological Primer", Trends in Parasitology 30(4):205-214.

[248] Etemad, H. (2020), "Managing uncertain consequences of a global crisis: SMEs Encountering Adversities, Losses, and New Opportunities", Journal of International Entrepreneurship 18:125-144.

[249] Ettredge, M., Guo, F. and Li, Y. (2018), "Trade Secrets and Cyber Security Breaches", Journal of Accounting and Public Policy 37(6):564-585.

[250] European Central Bank (ECB) (2010), "Euro Area Fiscal Policies and the Crisis", ECB Occasional Paper Series No.109, Frankfurt: ECB.

[251] European Commission (2012) "Trade, Growth and Development: Tailoring Trade and Investment Policy For Those Countries Most In Need", Communication from the European Commission to the European Parliament, the Council and the European Economic and Social Committee, Brussels: European Commission.

[252] European Commission (2016), Trade Sustainability Impact Assessment on the Environmental Goods Agreement, Brussels: European Commission.

[253] European Commission (2020), "Guidelines on the Optimal and Rational Supply of Medicines to Avoid Shortages during the COVID-19 Outbreak", Communication from the European Commission, Brussels: European Commission.

[254] European Commission (2021a), The EU's 2021-2027 Longterm Budget and

Next Generation EU: Facts and Figures, Brussels: European Commission.

[255] European Commission (2021b), "Questions and Answers: An Open, Sustainable and Assertive Trade Policy", Press Corner, Brussels: European Commission.

[256] European Patent Office (EPO) and European Union Intellectual Property Office (EUIPO) (2019), IPR-Intensive Industries and Economic Performance in the European Union, Industry-Level

[257] Analysis Report, September 2019 Third edition, Munich and Alicante: EPO and EUIPO.

[258] Evenett, S. (2020), "Tackling COVID-19 Together: The Trade Policy Dimension", Global Trade Alert, St. Gallen: University of St. Gallen.

[259] Evenett, S., Fiorini, M., Fritz, J., Hoekman, B., Lukaszuk, P., Rocha, N., Ruta, M., Santi, F. and Shingal, A. (2020), "Trade Policy Responses to the COVID-19 Pandemic Crisis: Evidence from a New Data Set", Policy Research Working Paper No. 9498, Washington, D.C.: World Bank.

[260] Evenett, S. and Fritz, J. (2020), Collateral Damage: Cross- Border Fallout from Pandemic Policy Overdrive. The 26th Global Trade Alert Report, London: CEPR Press.

[261] Evenett, S. J., Hoekman, B., Rocha, N. and Ruta, M. (2021), "The COVID-19 Vaccine Production Club: Will Value Chains Temper Nationalism?", Policy Research Working Paper No. 9565, Washington, D.C.: World Bank.

[262] Fang, X., Kothari, S., McLoughlin, C. and Yenice, M. (2020), "The Economic Consequences of Conflict in Sub-Saharan Africa", IMF Working Paper No. 2020/221, Washington, D.C.: International Monetary Fund (IMF).

[263] Faria, W. R. and Almeida, A. N. (2016), "Relationship Between Openness to Trade and Deforestation: Empirical Evidence from the Brazilian Amazon", Ecological Economics 121:85-97.

[264] Federico, G., Morton, F. S. and Shapiro, C. (2020), "Antitrust and

Innovation: Welcoming and Protecting Disruption", Innovation Policy and the Economy 20:125-190.

[265] Felbermayr, G. and Gröschl, J. (2013), "Natural Disasters and the Effect of Trade on Income: A New Panel IV Approach", European Economic Review 58:18-30.

[266] Felbermayr, G. and Gröschl, J. (2014), "Naturally Negative: The Growth Effects of Natural Disasters", Journal of Development Economics 111:92-106.

[267] Felbermayr, G., Gröschl, J. and Heid, B. (2020), "Quantifying the Demand, Supply, and Welfare Effects of Natural Disasters Using Monthly Trade Data", CESifo Working Paper Series No. 8798, Munich: Center for Economic Studies and Institute for Economic Research (CESifo).

[268] Fernandes, A. M., Mattoo, A., Nguyen, H. and Schiffbauer, M. (2019), "The Internet and Chinese Exports in the Pre-Ali Baba Era", Journal of Development Economics 138:57-76.

[269] Ferreira, S. (2004), "Deforestation, Property Rights, and International Trade", Land Economics 80(2):174-193.

[270] Fèvre, E. M., Bronsvoort, B. M., Hamilton, K. A. and Cleaveland, S. (2006), "Animal Movements and the Spread of Infectious Diseases", Trends in Microbiology 14(3):125-131.

[271] Financial Stability Board (FSB) (2011), Overview of Progress in the Implementation of the G20 Recommendations for Strengthening Financial Stability: Report of the Financial Stability Board to G20 Leaders, Basel: FSB.

[272] Financial Stability Board (FSB) (2014), Progress in the Implementation of the G20 Recommendations for Strengthening Financial Stability: Report of the Financial Stability Board to G20 Leaders, Basel: FSB.

[273] Financial Times (2020), "The Modern Era of Globalisation is in Danger", Financial Times 24 May 2020.

[274] Fink, C., Mattoo, A. and Neagu, I. C. (2002), "Trade in International Maritime Services: How Much Does Policy Matter?", The World Bank Economic Review 16(1):81-108.

[275] Fink, C., Mattoo, A. and Neagu, I. C. (2005), "Assessing the Impact of Communication Costs on International Trade", Journal of International Economics 67(2):428-445.

[276] Fiorini, M., Hoekman, B. and Yildirim, A. (2020), "COVID-19: Expanding Access to Essential Supplies in a Value Chain World", in Baldwin, R. E. and Evenett, S. J. (eds.), COVID-19 and Trade Policy: Why Turning Inward Won't Work, London: CEPR Press.

[277] Fisman, D. N. and Laupland, K. B. (2010), "The 'One Health' Paradigm: Time for Infectious Diseases Clinicians to Take Note?", Canadian Journal of Infectious Diseases and Medical Microbiology 21(3):111-4.

[278] Fisman, R. and Wei, S.-j. (2004), "Tax Rates and Tax Evasion: Evidence from 'Missing Imports' in China", Journal of Political Economy 112(2):471-496.

[279] Fitzpatrick, M., Gill, I., Libarikian, A., Smaje, K. and Zemmel, R. (2020), "The digital-led Recovery From COVID-19: Five Questions for CEOs", McKinsey Digital, 20 April 2020, New York: McKinsey & Company.

[280] Food and Agriculture Organization of the United Nations (FAO) (2018), The Impact of Disasters and Crises on Agriculture and Food Security: 2017, Rome: FAO.

[281] Food and Agriculture Organization of the United Nations(FAO), International Fund for Agricultural Development (IFAD), International Monetary Fund (IMF), Organisation for Economic Co-operation and Development (OECD), United Nations Conference on Trade And Development (UNCTAD), World Food Programme (WFP), World Bank, World Trade Organization (WTO), International Food Policy and Research Institute (IFPRI) and United Nations High-Level Task Force on Global Food and Nutrition Security (UN HLTF)

(2011), Price Volatility in Food and Agricultural Markets: Policy Responses, Rome: FAO.

[282] Foreign Policy (2020), "Is This the End of Globalization?", Foreign Policy, Spring 2020 Issue.

[283] Forslid, R., Okubo, T. and Ulltveit-Moe, K. H. (2018), "Why Are Firms That Export Cleaner? International Trade, Abatement and Environmental Emissions", Journal of Environmental Economics and Management 91:166-183.

[284] Franco, G. H. B. (1990), "Fiscal Reforms and Stabilisation: Four Hyperinflation Cases Examined", The Economic Journal 100(399):176-187.

[285] Freightos (2021) Freightos Baltic Index (FBX): Global Container Freight Index. Available at: https://fbx.freightos.com.

[286] Friede, M. (2010), "Intellectual Property and License Management With Respect to Vaccines", Presentation, Geneva: World Health Organization (WHO).

[287] Friedman, M. (1995), "A Monetary and Fiscal Framework for Economic Stability", Essential Readings in Economics, London: Springer.

[288] Friedt, F. L. (2021), "Natural Disasters, Aggregate Trade Resilience, and Local Disruptions: Evidence from Hurricane Katrina", Review of International Economics:1-40.

[289] Fu, J. and McMahon, J. A. (2021), "Tackling Technical Barriers to PPE: Pathways to Mutual Recognition Agreements in the Post-Pandemic Future", Global Trade and Customs Journal 16(1):31-38.

[290] Gabaix, X. (2011), "The Granular Origins of Aggregate Fluctuations", Econometrica 79(3):733-772.

[291] Garrison, C. (2020), "Urgent Collective Action to Meet the Challenge of this Pandemic Crisis: a Coronavirus Related Intellectual Property Pool", Medicines Law and Policy.

[292] Gassebner, M., Keck, A. and Teh, R. (2010), "Shaken, Not Stirred: the

Impact of Disasters on International Trade", Review of International Economics 18(2):351-368.

[293] Gawande, K., Hoekman, B. and Cui, Y. (2015), "Global Supply Chains and Trade Policy Responses to the 2008 Crisis", The World Bank Economic Review 29(1):102-128.

[294] Geddes, A., Gerasimchuk, I., Viswanathan, B., Picciariello, A., Tucker, B., Doukas, A., Corkal, V., Mostafa, M., Roth, J., Suharsano, A. and Gençsü, I. (2020), Doubling Back and Doubling Down: G20 Scorecard on Fossil Fuel Funding, Winnipeg: International Institute for Sustainable Development (IISD).

[295] Gensini, G. F., Yacoub, M. H. and Conti, A. A. (2004), "The Concept of Quarantine in History: From Plague to SARS", Journal of Infection 49(4):257-261.

[296] George , K., Ramaswamy, S. and Rassey, L. (2014), "Nextshoring: A CEO's guide", McKinsey Quarterly 1 January 2014, New York: McKinsey & Company.

[297] Georgeson, L., Maslin, M. and Poessinouw, M. (2017), "Global Disparity in the Supply of Commercial Weather and Climate Information Services", Science Advances 3(5):1-9.

[298] Ghafur, S., Kristensen, S., Honeyford, K., Martin, G., Darzi, A. and Aylin, P. (2019), "A Retrospective Impact Analysis of the WannaCry Cyberattack on the NHS", NPJ Digital Medicine, 2(98):1-7.

[299] Ghoshal, R. (2020), "Twin Public Health Emergencies: COVID-19 and Domestic Violence", Indian Journal of Medical Ethics 5(3):1-5.

[300] Gibb, R., Redding, D. W., Chin, K. Q., Donnelly, C. A., Blackburn, T. M., Newbold, T. and Jones, K. E. (2020), "Zoonotic Host Increases in Human-dominated Ecosystems", Nature 584(7821):398-402.

[301] Giovannetti, G., Mancini, M., Marvasi, E. and Vannelli, G. (2020), "Il Ruolo delle Catene Globali del Valore nella Pandemia: Effetti Sulle Imprese

Italiane", Rivista di Politica Economica 2:77-99.

[302] Giri, R., Quayyum, S. N. and Yin, R. J. (2019), "Understanding Export Diversification: Key Drivers and Policy Implications", IMF Working Paper No. 19/105, Washington, D.C.: International Monetary Fund (IMF).

[303] Glaeser, E. L. and Kohlhase, J. E. (2004), "Cities, regions and the decline of transport costs", Papers in Regional Science 83:197-228.

[304] Glauber, J., Laborde, D., Martin, W. and Vos, R. (2020), "COVID-19: Trade Restrictions are Worst Possible Response to Safeguard Food Security", in Swinnen, J. and McDermott, J. (eds.) COVID-19 and Global Food Security, Washington, D.C.: International Food Policy Research Institute (IFPRI).

[305] Gleditsch, N., Wallensteen, P., Eriksson, M., Sollenberg, M. and Strand, H. (2002), "Armed Conflict 1946–2001: A New Dataset", Journal of Peace Research 39(5):615–637.

[306] Glick, R. and Taylor, A. M. (2010), "Collateral Damage: Trade Disruption and the Economic Impact of War", Review of Economics and Statistics 92(1):102–127.

[307] Global Subsidies Initiative (2019), "Stop Fossil Fuel Subsidies Campaign", Geneva: Global Subsidies Initiative.

[308] Global Terrorism Database (GTD) (2021), Global Terrorism Database, Maryland: National Consortium for the Study of Terrorism and Responses to Terrorism (START).

[309] Global Trade Alert (2021), The Essential Goods Monitoring Initiative, St. Gallen: University of St. Gallen.

[310] Gnangnon, S. K. (2019), "Aid For Trade and Export Diversification in Recipient-Countries", The World Economy 42(2):396-418.

[311] Goering, K., Kelly, R. and Mellors, N. (2018), "The Next Horizon for Industrial Manufacturing: Adopting Disruptive Digital Technologies in Making and Delivering", Digital McKinsey, 15/11/2018, New York: McKinsey & Company.

[312] Goldin, I. (2020), "Rethinking Global Resilience", Finance and Development (September 2020), Washington, D.C.: International Monetary Fund (IMF).

[313] Goldin, I. and Mariathasan, M. (2014), The Butterfly Defect: How Globalization Creates Systemic Risks, and What to do About It, Princeton (NJ) and Oxford (UK): Princeton University Press.

[314] Gomez, A. and Aguirre, A. A. (2008), "Infectious Diseases and the Illegal Wildlife Trade", Annals of the New York Academy of Sciences 1149:16-9.

[315] Goodall, J. (2020), "Humanity Is Finished If It Fails to Adapt After COVID-19", The Guardian, 3 June 2020.

[316] Goodrich, J. N. (2002), "September 11, 2001 Attack on America: A Record of the Immediate Impacts and Reactions In the USA Travel and Tourism Industry", Tourism Management, 23(6):573-580.

[317] Görg, H. and Spaliara, M.-E. (2014), "Exporters in the Financial Crisis", National Institute Economic Review 228(1):49-57.

[318] Gouel, C. and Laborde, D. (2018), "The Crucial Role of International Trade in Adaptation to Climate Change", NBER Working Paper No. 25221, Cambridge (MA): National Bureau of Economic Research (NBER).

[319] Gourinchas, P. O., Kalemli-Ozcan, S., Penciakova, V. and Sander, N. (2020), "COVID-19 and SME Failures", NBER Working Paper No. 27877, Cambridge (MA): National Bureau of Economic Research (NBER).

[320] Government of Canada (2021), "Government of Canada to Invest $100 Million to Support Women Impacted by the Pandemic", Ottawa: Government of Canada.

[321] Government of Colombia (2020), "Con el nuevo 'Compromiso por el Futuro de Colombia', el país está haciendo las grandes apuestas: Duque", Bogota: Government of Colombia.

[322] Government of Ireland (2021), Our Rural Future: Rural Development Policy 2021-2025, Dublin: Government of Ireland.

[323] Government of Mauritius (2021), Statistics Mauritius, Port Louis: Mauritius.

[324] Government of Peru (2021), "Ministerio de Transportes y Comunicaciones (MTC) Lanza Medidas Para Que 3.2 Millones de Peruanos Accedan a Internet", Lima: Government of Peru.

[325] Granskog, A., Lee, L., Magnus, K. and Sawers, C. (2020), "Survey: Consumer Sentiment on Sustainability in Fashion", McKinsey & Company, New York: McKinsey & Company.

[326] Greeley, B. (2021), "The Bank Effect and the Big Boat Blocking the Suez", Financial Times, 25 March 2021.

[327] Gregor, M. (2006), Bird Flu: A Virus of Our Own Making, New York: Lantern Books.

[328] Grilli, E. (1988), "Macro-Economic Determinants of Trade Protection", The World Economy 11(3):313-326.

[329] Grossman, G., Helpman, E. and Lhuillier, H. (2021), "Supply Chain Resilience: Should Policy Promote Diversification or Reshoring?", Webinar Presentation, Princeton (NJ): Princeton University.

[330] Group of Seven (G7) (2020), "G7 Finance Ministers and Central Bank Governors' Statement on Digital Payments", G7 Research Group, Washington, D.C.: G7.

[331] Group of Twenty (G20) (2008), "Declaration of the Summit on Financial Markets and the World Economy: G20 Leaders" Declaration, Washington, D.C.: G20.

[332] Group of Twenty (G20) (2009), "G20 Leaders Statement: The Pittsburgh Summit", Washington, D.C.: G20.

[333] Group of Twenty (G20) (2017), "Note on Resilience Principles in G20 Economies", Hamburg: G20.

[334] Group of Twenty (G20) (2020a), "G20 Finance Ministers and Central Bank Governors Meeting: Communiqué", Rome: G20.

[335] Group of Twenty (G20) (2020b), "G20 Trade and Investment Ministerial

Meeting: Ministerial Statement", Rome: G20.

[336] Group of Twenty (G20) (2021), "The Rome Declaration - Global Health Summit", Rome: G20.

[337] Grundke, R. and Moser, C. (2019), "Hidden Protectionism? Evidence from Non-Tariff Barriers to Trade in the United States", Journal of International Economics, 117:143-157.

[338] Guan, D., Wang, D., Hallegatte, S., Davis, S. J., Huo, J., Li, S., Bai, Y., Lei, T., Xue, Q. and Coffman, D. M. (2020), "Global Supply-chain Effects of COVID-19 Control Measures", Nature Human Behaviour 4:577-587.

[339] Guinea, O. and Forsthuber, F. (2020), "Globalization Comes to the Rescue: How Dependency Makes us More Resilient", ECIPE Occasional Paper No. 06/2020, Brussels: European Centre for International Political Economy.

[340] Haddad, M., Lim, J. J., Pancaro, C. and Saborowski, C. (2013), "Trade Openness Reduces Growth Volatility When Countries Are Well Diversified", Canadian Journal of Economics 46(2):765-790.

[341] Hale, T., Angrist, N., Goldszmidt, R., Kira, B., Petherick, A., Phillips, T., Webster, S., Cameron-Blake, E., Hallas, L., Majumdar, S. and Tatlow, H. (2021), "A Global Panel Database of Pandemic Policies (Oxford COVID-19 Government Response Tracker)", Nature Human Behaviour 5(4):529-538.

[342] Hallegatte, S. (2014), "Economic Resilience: Definition and Measurement", Policy Research Working Paper No. 6852, Washington, D.C.: World Bank.

[343] Hallegatte, S., Bangalore, M., Bonzanigo, L., Fay, M., Kane, T., Narloch, U., Rozenberg, J., Treguer, D. and Vogt-Schilb, A. (2016), Shock Waves: Managing the Impacts of Climate Change on Poverty, Washington, D.C.: World Bank.

[344] Hallegatte, S., Vogt-Schilb, A., Bangalore, M. and Rozenberg, J. (2017), Unbreakable: Building the Resilience of the Poor in the Face of Natural Disasters, Washington, D.C.: World Bank.

[345] Hallegatte, S., Rentschler, J. and Rozenberg, J. (2019), "Lifelines: The

Resilient Infrastructure Opportunity", Washington, D.C.: World Bank.

[346] Hamano, M. and Vermeulen, W. N. (2020), "Natural Disasters and Trade: the Mitigating Impact of Port Substitution", Journal of Economic Geography 20(3):809-856.

[347] Hamidi, S., Sabouri, S. and Ewing, R. (2020), "Does Density Aggravate the COVID-19 Pandemic?", Journal of the American Planning Association 86(4):495-509.

[348] Hamilton, J. D. (2009), "Causes and Consequences of the Oil Shock of 2007-08", NBER Working Paper No. 15002, Cambridge (MA): National Bureau of Economic Research(NBER).

[349] Handley, K. and Limao, N. (2018), "Policy Uncertainty, Trade and Welfare: Theory and Evidence for China and the U.S.", American Economic Review 107(9):2731-2783.

[350] Handmer, J., Stevance, A.-S., Rickards, L. and Nalau, J. (2019), "Achieving Risk Reduction Across Sendai, Paris and the SDGs", ISC Policy Brief, Paris: International Science Council(ISC).

[351] Harvey, F. (2020), "Revealed: COVID Recovery Plans Threaten Global Climate Hopes", The Guardian, 9 November 2020.

[352] Hausmann, R. and Hidalgo, C. A. (2011), "The Network Structure of Economic Output", Journal of Economic Growth 16(4):309-342.

[353] Hausmann, R. and Rodrik, D. (2003), "Economic Development as Self-Discovery", Journal of Development Economics 72(2):603-633.

[354] Hay, L. J. (2020), "Do Insurers Have COVID-19 Covered?", KPMG Insights, Amstelveen: KPMG.

[355] Heiland, I. and Ulltveit-Moe, K.-H. (2020), "An Unintended Crisis: COVID-19 Restrictions Hit Sea Transportation", VoxEU, CEPR Policy Portal, 17 May 2020.

[356] Helpman, E., Melitz, M. and Rubinstein, Y. (2008), "Estimating Trade Flows: Trading Partners and Trading Volumes", Quarterly Journal of

Economics 123(2):441-487.

[357] Hepburn, J., Omari-Motsumi, K., Smaller, C. and Zoundi, Z. (2021), How Could Trade Policy Better Address Food System Shocks?, Winnipeg: International Institute for Sustainable Development (IISD).

[358] Herskovic, B., Kelly, B., Lustig, H. and Van Nieuwerburgh, S. (2020), "Firm Volatility in Granular Networks", Journal of Political Economy 128(11):4097-4162.

[359] Hertel, T. W. and Rosch, S. D. (2010), "Climate Change, Agriculture, and Poverty", Applied Economic Perspectives Policy Issues 32(3):355-385.

[360] High-Level Commission on Carbon Prices (2017), Report of the High-Level Commission on Carbon Prices, Washington, D.C.: World Bank.

[361] Hill, R., Skoufias, E. and Maher, B. (2019), The Chronology of a Disaster: A Review and Assessment of the Value of Acting Early on Household Welfare, Washington, D.C.: World Bank.

[362] Ho, W., Zheng, T., Yildiz, H. and Talluri, S. (2015), "Supply Chain Risk Management: A Literature Review", International Journal of Production Research 53(16):5031-5069.

[363] Hochman, G., Tabakis, C. and Zilberman, D. (2013), "The Impact of International Trade on Institutions and Infrastructure", Journal of Comparative Economics 41(1):126-140.

[364] Hoegh-Guldberg, O., Jacob, D., Bindi, M., Brown, S., Camilloni, I., Diedhiou, A., Djalante, R., Ebi, K., Engelbrecht, F. and Guiot, J. (2018), Impacts of 1.5°C Global Warming on Natural and Human Systems, Geneva: Intergovernmental Panel of Climate Change (IPCC).

[365] Hoekman, B. (2018), "'Behind-the-Border' Regulatory Policies and Trade Agreements", East Asian Economic Review 22(3):243-273.

[366] Hoekman, B., Fiorini, M. and Yildirim, A. (2020), "Export Restrictions: A Negative-Sum Policy Response to the COVID-19 Crisis", EUI Working Paper RSCAS No. 2020/23, Florence:Robert Schuman Centre for Advanced

Studies (RSCAS).

[367] Hoekman, B. and Sabel, C. (2019), "Open Plurilateral Agreements, International Regulatory Cooperation and the WTO", Global Policy 10(3):297-312.

[368] Hoekman, B., Shingal, A., Eknath, V. and Ereshchenko, V. (2021), "COVID-19, Public Procurement Regimes and Trade Policy", Policy Research Working Paper No. 9511, Washington, D.C.: World Bank.

[369] Hong, H., Wang, N. and Yang, J. (2020), "Implications of Stochastic Transmission Rates for Managing Pandemic Risks", NBER Working Paper No. 27218, Cambridge (MA): National Bureau of Economic Research (NBER).

[370] Hook, L. (2020), "The Next Pandemic: Where Is It Coming From and How Do We Stop It?", Financial Times, 29 October 2020.

[371] Hosoya, K. (2016), "Recovery From Natural Disaster: A Numerical Investigation Based on the Convergence Approach", Economic Modelling 55:410-420.

[372] Huang, H. (2019), "Germs, Roads and Trade: Theory and Evidence on the Value of Diversification in Global Sourcing", Unpublished Manuscript, Hong Kong, China: City University of Hong Kong.

[373] Huang, K., Madnick, S. E. and Johnson, S. (2018), "Interactions Between Cybersecurity and International Trade: A Systematic Framework", MIT Sloan Research Paper No. 5727-18, Cambridge (MA): Massachusetts Institute of Technology (MIT).

[374] Humphreys, M. (2005), "Natural Resources, Conflict, and Conflict Resolution: Uncovering the Mechanisms", Journal of Conflict Resolution 49(4):508-537.

[375] Huneeus, F. (2018), "Production Network Dynamics and the Propagation of Shocks", Unpublished Manuscript, New Haven(CT): Yale University.

[376] Hyun, J., Kim, D. and Shin, S.-R. (2020), "The Role of Global

Connectedness and Market Power in Crises: Firm-level Evidence from the COVID-19 Pandemic", COVID Economics: Vetted Real-Time Papers (49):148-171.

[377] Ichino, A. and Winter-Ebmer, R. (2004), "The Long-run Educational Cost of World War II", Journal of Labor Economics 22(1):57-87.

[378] Imbs, J. and Wacziarg, R. (2003), "Stages of Diversification", American Economic Review 93(1):63-86.

[379] Independent Evaluation Group (IEG) (2012), The World Bank Group's Response to the Global Economic Crisis—Phase II, Washington, D.C.: World Bank.

[380] Inoue, A. and Rossi, B. (2019), "The Effects of Conventional and Unconventional Monetary Policy on Exchange Rates", Journal of International Economics 118:419-447.

[381] Inoue, H. and Todo, Y. (2019), "Firm-level propagation of shocks through supply-chain networks", Nature Sustainability 2(9):841-847.

[382] Inoue, H. and Todo, Y. (2020), "The Propagation of Economic Impacts Through Supply Chains: The Case of a Mega-city Lockdown to Prevent the Spread of COVID-19", PloS One 15(9).

[383] Insurance Development Forum (IDF) (2020), The Development Impact of Risk Analytics: A Call to Action for Public and Private Collaboration, London: IDF.

[384] InsuResilience Global Partnership for Climate and Disaster Risk Finance and Insurance (2017), The InsuResilience Global Partnership, Bonn: InsuResilience Global Partnership.

[385] InsuResilience Global Partnership for Climate and Disaster Risk Finance and Insurance (2020), "Outlook for the Partnership 2021", in InsuResilience Global Partnership (ed.), Annual Report 2020, Bonn: InsuResilience Global Partnership.

[386] Inter-American Development Bank (IDB) (2020), Trade and Integration

Monitor 2020: The COVID-19 Shock: Building Trade Resilience for After the Pandemic, Washington, D.C.: IDB.

[387] Inter-American Network on Government Procurement (INGP)(2020), Mapping of LAC Procurement Agencies capacity in responding to COVID-19, Washington, D.C.: INGP.

[388] Intergovernmental Panel on Climate Change (IPCC) (2014), Climate Change 2014: Synthesis Report. Contribution of Working Groups I, II and III to the Fifth Assessment Report of the Intergovernmental Panel on Climate Change, Geneva: IPCC.

[389] International Air Transport Association (IATA) (2020a), "Cargo Volumes Plunge But Lack of Capacity Boosts Loads and Yields", Cargo Chartbook – Q2 2020, Montreal: IATA.

[390] International Air Transport Association (IATA) (2020b), Annual Review 2020, Montreal: IATA.

[391] International Chamber of Commerce (ICC) (2020), "Guidance paper on the impact of COVID-19 on trade finance transactions issued subject to ICC rules", Paris: ICC.

[392] International Cooperative and Mutual Insurance Federation (ICMIF) and United Nations Office for Disaster Risk Reduction (UNDRR) (2021), From Protection to Prevention: The Role of Cooperative and Mutual Insurance in Disaster Risk Reduction, Cheshire (UK): ICMIF.

[393] International Federation of Red Cross and Red Crescent Societies (IFRC) (2014), Regulatory Barriers to Providing Emergency and Transitional Shelter After Disasters: Country Case Study: Nepal, Geneva: IFRC.

[394] International Finance Corporation (IFC) (2014), Women-Owned SMEs: A Business Opportunity for Financial Institutions, Washington, D.C.: IFC.

[395] International Labour Organization (ILO) (2012), Multi-hazard Business Continuity Management: Guide for Small and Medium Enterprises, Geneva: ILO.

[396] International Labour Organization (ILO) (2020), ILO SCORE Global Covid-19 Enterprise Survey, Geneva: ILO.

[397] International Livestock Research Institute (ILRI) (2012), Mapping of Poverty and Likely Zoonoses Hotspots, Nairobi: ILRI.

[398] International Monetary Fund (IMF) (2000), "Providing the Machinery for Consultation and Collaboration on International Monetary Problems", Introduction to the IMF, Washington, D.C.: IMF.

[399] International Monetary Fund (IMF) (2008), The Fund's Response to the 2007–08 Financial Crisis – Stocktaking and Collaboration with the Financial Stability Forum, Washington, D.C.: IMF.

[400] International Monetary Fund (IMF) (2010), World Economic Outlook: Recovery, Risk, and Rebalancing, Washington, D.C.: IMF.

[401] International Monetary Fund (IMF) (2014), IMF Multilateral Policy Issues Report: 2014 Spillover Report, Washington, D.C.: IMF.

[402] International Monetary Fund (IMF) (2015), IMF Response to the Financial and Economic Crisis, Washington, D.C.: IMF.

[403] International Monetary Fund (IMF) (2016), "The Growing Importance of Financial Spillovers from Emerging Market Economies", in IMF (ed.), Global Financial Stability Report, April 2016: Potent Policies for a Successful Normalization, Washington, D.C.: IMF.

[404] International Monetary Fund (IMF) (2019), "Building Resilience in Developing Countries Vulnerable to Large Natural Disasters", IMF Policy Paper No. 19/020, Washington, D.C.: IMF.

[405] International Monetary Fund (IMF) (2020a), World Economic Outlook: A Long and Difficult Ascent, Washington, D.C.: IMF.

[406] International Monetary Fund (IMF) (2020b), Fiscal Monitor: Policies for the Recovery, Washington, D.C.: IMF.

[407] International Monetary Fund (IMF) (2021a), World Economic Outlook: Managing Divergent Recoveries, Washington, D.C.: IMF.

[408] International Monetary Fund (IMF) (2021b), "The G20 Common Framework for Debt Treatments Beyond the DSSI", Questions and Answers on Sovereign Debt Issues, Washington, D.C.: IMF.

[409] International Telecommunication Union (ITU) (2019), "Disruptive Technologies and Their Use in Disaster Risk Reduction and Management", Background Document, Geneva: ITU.

[410] International Trade Centre (ITC) (2020), SME Competitiveness Outlook 2020: COVID-19: The Great Lockdown and Its Impact on Small Business, Geneva: ITC.

[411] International Trade Centre (ITC) (2021), COVID-19 Temporary Trade Measures. Geneva: ITC. Available at https://www. macmap.org/en/covid19.

[412] International Transport Forum (ITF) (2021), ITF Transport Outlook 2021, Paris: OECD.

[413] Jackson, A. (2011), "The Empire/Commonwealth and the Second World War", The Round Table 100(412):65-78.

[414] Jackson, S. and Roberts, M. (2015), "Exploring the Nexus Between Trade Policy and Disaster Response", The Trade Post, Washington, D.C.: World Bank.

[415] Jaimovich, E. (2012), "Import Diversification Along the Growth Path", Economics Letters 117(1) 306-310.

[416] Jain, N., Girotra, K. and Netessine, S. (2016), "Recovering From Supply Interruptions: The Role of Sourcing Strategy", INSEAD Working Paper No. 2016/58/TOM, Fontainebleau: Institut Européen d'Administration des Affaires (INSEAD).

[417] Jain, N., Girotra, K. and Netessine, S. (forthcoming), "Recovering Global Supply Chains from Sourcing Interruptions: The Role of Sourcing Strategy", Manufacturing and Service Operations Management (forthcoming). Jakubik, A. and Piermartini, R. (2019), "How WTO Commitments Tame Uncertainty", Staff Working Paper No. ERSD-2019-06, Geneva: WTO.

[418] Jaravel, X. and Méjean, I. (2021), "Quels Intrants Vulnérables Doit-on Cibler?", CAE Focus No. 057-2021, Paris: Conseild'Analyse Economique (CAE).

[419] Jayasuriya, S. and McCawley, P. (2008), "Reconstruction After A Major Disaster: Lessons from the Post-tsunami Experience in Indonesia, Sri Lanka, and Thailand", ADB Institute Working Paper No. 125, Tokyo: Asian Development Bank (ADB) Institute.

[420] Jiborn, M., Kander, A., Kulionis, V., Nielsen, H. and Moran, D. D. (2018), "Decoupling or Delusion? Measuring Emissions Displacement in Foreign Trade", Global Environmental Change 49:27-34.

[421] Jones, B. F. and Olken, B. A. (2010), "Climate Shocks and Exports", American Economic Review 100(2):454-59.

[422] Jones, C. (2011), "Intermediate Goods and Weak Links in the Theory of Economic Development", American Economic Journal: Macroeconomics 3(2):1-28.

[423] Jumia (2019), Hospitality Africa 2019, 3rd Edition, Lagos: Jumia Travel.

[424] Kadi, N. and Khelfaoui, M. (2020), "Population Density, a Factor in the Spread of COVID-19 in Algeria: Statistic Study", Bulletin of the National Research Centre 44(1):138.

[425] Karesh, W. B., Cook, R. A., Bennett, E. L. and Newcomb, J. (2005), "Wildlife Trade and Global Disease Emergence", Emerging Infectious Diseases 11(7):1000-1002.

[426] Kashiwagi, Y., Todo, Y. and Matous, P. (2018), "Propagation of Shocks by Natural Disasters Through Global Supply Chains", RIETI Discussion Paper Series No. 18-E-041, Tokyo: Research Institute of Economy, Trade and Industry (RIETI).

[427] Kass, D. (2020), "Israel Defies AbbVie IP To Import Generic Drugs For COVID-19", Law360, Online Version, 19 March 2020.

[428] Katsaliaki, K., Galetsi, P. and Kumar, S. (2021), "Supply Chain Disruptions

and Resilience: a Major Review and Future Research Agenda", Annals of Operations Research:1-38.

[429] Kaul, I. (2020), "Redesigning International Co-operation Finance for Global Resilience", in Organisation for Economic Co-operation and Development (OECD) (ed.), Development Co-operation Report 2020: Learning from Crises, Building Resilience, Paris: OECD.

[430] Kazandjian, R., Kolovich, L., Kochhar, A. and Newiak, M. (2016), "Gender Equality and Economic Diversification", IMF Working Paper No. 16/140, Washington, D.C.: International Monetary Fund (IMF).

[431] Kee, H. L., Neagu, C. and Nicita, A. (2013), "Is Protectionism on the Rise? Assessing National Trade Policies During the Crisis of 2008", Review of Economics and Statistics 95(1):342-346.

[432] Keita, S. (2020), "Air Passenger Mobility, Travel Restrictions, and the Transmission of the COVID-19 Pandemic Between Countries", COVID Economics: Vetted Real-Time Papers (9):80-99.

[433] Kellenberg, D. and Mobarak, A. M. (2011), "The Economics of Natural Disasters", Annual Review of Resource Economics 3(1):297-312.

[434] Khalid, U., Okafor, L. E. and Shafiullah, M. (2020), "The Effects of Economic and Financial Crises on International Tourist Flows: a Cross-country Analysis", Journal of Travel Research 59(2):315-334.

[435] Kim, Y., Tanaka, K. and Matsuoka, S. (2020), "Environmental and Economic Effectiveness of the Kyoto Protocol", PloS One 15(7):e0236299.

[436] Kim, Y. R. (2019), "Does Aid for Trade Diversify the Export Structure of Recipient Countries?", The World Economy 42(9):2684-2722.

[437] King, I., Wu, D. and Pogkas, D. (2021), "How a Chip Shortage Snarled Everything From Phones to Cars", Bloomberg, Online Version, 29 March 2021.

[438] Klomp, J. and Hoogezand, B. (2018), "Natural Disasters and Agricultural Protection: A Panel Data Analysis", World Development 104:404-417.

[439] Knetter, M. M. and Prusa, T. J. (2003), "Macroeconomic Factors and AntiDumping Filings: Evidence from Four Countries", Journal of International Economics 61(1):1-17.

[440] Knoema (2019), "The Future of Global Conflicts", New York: Knoema Insights Available at https://insights.knoema. com/2019/10/24/the-future-of-global-conflicts.

[441] Knowler, G. (2020), "Italy's freight flows slow on COVID-19 travel restrictions", The Journal of Commerce Online, 11 March 2020.

[442] Koren, M. and Tenreyro, S. (2007), "Volatility and Development", The Quarterly Journal of Economics 122(1):243-287.

[443] Kose, M. A., Sugawara, N. and Terrones, M. E. (2020), "Global Recessions", Policy Research Working Paper No. 9172, Washington, D.C.: World Bank.

[444] Koshimura, S. and Shuto, N. (2015), "Response to the 2011 Great East Japan Earthquake and Tsunami Disaster", Philosophical Transactions of the Royal Society A: Mathematical, Physical Engineering Sciences 373(2053):20140373.

[445] Kramarz, F., Martin, J. and Méjean, I. (2020), "Volatility in the Small and in the Large: The Lack of Diversification in International Trade", Journal of International Economics 122:103276.

[446] Krause, V. and Suzuki, S. (2005), "Analysis: Trade Openness, Economic Development and Civil War Onset in the Postcolonial World, 1950–1992", Conflict, Security and Development 5(1):23-43.

[447] Kreickemeier, U. and Richter, P. M. (2014), "Trade and the Environment: The Role of Firm Heterogeneity", Review of International Economics 22(2):209-225.

[448] Kremer, M. (1993), "The O-ring Theory of Economic Development", The Quarterly Journal of Economics 108(3):551-575.

[449] Krugman, P. (2019), "Tariff Tantrums and Recession Risks: Why Trade War Scares the Market So Much", The New York Times, Online Version, 7

August 2019.

[450] Krugman, P. R. (1979), "Increasing Returns, Monopolistic Competition, and International Trade", Journal of International Economics 9(4):469-479.

[451] Kumala Dewi, L. P. R. and Dartanto, T. (2019), "Natural Disasters and Girls Vulnerability: Is Child Marriage a Coping Strategy of Economic Shocks in Indonesia?", Vulnerable Children Youth Studies 14(1):24-35.

[452] Kyvik-Nordås, H. and Rouzet, D. (2016), "The Impact of Services Trade Restrictiveness on Trade Flows", The World Economy 40(6):1155-1183.

[453] Laeven, L. and Valencia, F. (2018), "Systemic Banking Crises Revisited", IMF Working Paper No. 18/206, Washington, D.C.: International Monetary Fund (IMF).

[454] Laird, S. and Valdés, R. (2012), "The Trade Policy Review Mechanism", in Daunton, M., Narlikar, A. and Stern, R. M.

[455] (eds.), The Oxford Handbook on The World Trade Organization, Oxford (UK): Oxford University Press.

[456] Lamy, P. and Fabry, E. (2020), "Trade in Pandemic Times", in Notre Europe, Paris: Jacque Delors Institute, 2 September 2020.

[457] Lane, N. (2020), "The New Empirics of Industrial Policy", Journal of Industry, Competition and Trade 20(2):209-234.

[458] Lane, P. R. and Milesi-Ferretti, G. M. (2011), "The Crosscountry Incidence of the Global Crisis", IMF Economic Review, 59(1):77-110.

[459] Längle, K., Xu, A. and Tian, R. (2020), "The Weakest Link: Assessing the Supply Chain Effect of Natural Disasters", Unpublished Manuscript, Geneva: WTO.

[460] Laugé, A., Hernantes, J. and Sarriegi, J. M. (2013), "The Role of Critical Infrastructures" Interdependencies on the Impacts Caused by Natural Disasters", in: Luiijf, E. and Hartel, P. (eds.) Critical Information Infrastructures Security (CRITIS) 2013, Lecture Notes in Computer Science 8328, Cham: Springer.

[461] Lederman, D., Olarreaga, M. and Payton, L. (2010), "Export Promotion Agencies: Do They Work?", Journal of Development Economics 91(2):257-265.

[462] Lee, J. N., Mahmud, M., Morduch, J., Ravindran, S. and Shonchoy, A. S. (2021), "Migration, Externalities, and the Diffusion of COVID-19 in South Asia", Journal of Public Economics 193:104312.

[463] Leering, R., Spakman, T. and Konings, J. (2020), "COVID-19 Calls for More Resilient Production Chains, but That's Easier Said Than Done", Amsterdam: ING.

[464] Leibovici, F. and Santacreu, A. M. (2020a), "International Trade of Essential Goods During a Pandemic", Working Paper Series No. 2020-010D, St. Louis (MO): Federal Reserve Bank of St. Louis.

[465] Leibovici, F. and Santacreu, A. M. (2020b), "Import Dependence on Essential Medical Goods During a Pandemic", VoxEU, CEPR Policy Portal, 14 June 2020.

[466] Le Moigne, M., Ossa, R. and Ritel, M. (2021), "Recessionary Shocks, Economic Resilience, and International Trade", Unpublished Manuscript, Zurich: University of Zurich.

[467] Lestage, R., Flacher, D., Kim, Y., Kim, J. and Kim, Y. (2013), "Competition and Investment in Telecommunications: Does Competition Have the Same Impact on Investment by Private and State-Owned Firms", Information Economics and Policy 25(1):41-50.

[468] Li, J., Pradeep, R., Seale, H. and Macintyre, C. R. (2012), "An E-Health Readiness Assement Framework for Public Health Services – Pandemic Perspective", 2012 45th Hawaii International Conference on System Sciences:2800-2809.

[469] Liker, J. K. and Choi, T. Y. (2004), "Building Deep Supplier Relationships", Harvard Business Review 82(12):104-113.

[470] Linka, K., Peirlinck, M., Sahli Costabal, F. and Kuhl, E. (2020), "Outbreak

Dynamics of COVID-19 in Europe and the Effect of Travel Restrictions", Computer Methods in Biomechanics and Biomedical Engineering 23(11):710-717.

[471] Lis, P. and Mendel, J. (2019), "Cyberattacks on Critical Infrastructure: An Economic Perspective", Economics Business Review 5(2):24-47.

[472] Logistics Cluster (2015), Nepal Lessons Learned Report, Budapest: Logistics Cluster.

[473] Long, A. G. (2008), "Bilateral Trade in the Shadow of Armed Conflict", International Studies Quarterly 52(1):81–101.

[474] Looney, R. (2002), "Economic Costs to the United States Stemming From the 9-11 Attacks", Strategic Insights 1(6).

[475] Loungani, P., Saurabh, M., Papageorgiou, C. and Wang, K. (2017), "World Trade in Services: Evidence from A New Dataset", IMF Working Paper No.17/77, Washington, D.C.: International Monetary Fund (IMF).

[476] Lundgren, N. G. (1996), "Bulk Trade and Maritime Transport Costs: The Evolution of Global Markets", Resources Policy 22(1-2):5-32.

[477] Ly-My, D., Lee, H. H. and Park, D. (2020), "Does Aid for Trade Promote Import Diversification?", The World Economy 44(6):1740-1769.

[478] Lyon, S. and Weiss, D. J. (2010), "Oil Spills by the Numbers: The Devastating Consequences of Exxon Valdez and BP Gulf", Center for American Progress, 30 April 2010.

[479] MacDonald, J. M. and McBride, W. D. (2009), "The Transformation of U.S. Livestock Agriculture: Scale, Efficiency, and Risks", Economic Information Bulletin No. 43., Washington, D.C.: United States Department of Agriculture.

[480] Mahase, E. (2020), "COVID-19: What Do We Know About 'Long COVID'?", BMJ 370:m2815.

[481] Malgouyres, C., Mayer, T. and Mazet-Sonilhac, C. (2021), "Technology-Induced Trade Shocks? Evidence from Broadband Expansion in France",

Journal of International Economics 133: 103520.

[482] Managi, S., Hibiki, A. and Tsurumi, T. (2009), "Does Trade Openness Improve Environmental Quality?", Journal of Environmental Economics and Management 58(3):346-363.

[483] Mansfield, E. D. and Reinhardt, E. (2008), "International Institutions and the Volatility of International Trade", International Organization 62(4):621-652.

[484] Margesson, R. and Taft-Morales, M. (2010), "Haiti Earthquake: Crisis and Response", CRS Report No. R41023, Washington, D.C.: Congressional Research Service (CRS).

[485] Martin, J., Méjean, I. and Parenti, M. (2020), "Relationship Stickiness, International Trade, and Economic Uncertainty", CEPR Discussion Paper No. 15609, London: Centre for Economic Policy Research (CEPR).

[486] Martin, L. A. (2011a), "Energy Efficiency Gains From Trade: Greenhouse Gas Emissions and India's Manufacturing Sector", Unpublished Manuscript, Berkeley (CA): University of California.

[487] Martin, P., Mayer, T. and Thoenig, M. (2008a), "Civil Wars and International Trade", Journal of the European Economic Association 6(2/3):541-550.

[488] Martin, P., Mayer, T. and Thoenig, M. (2008b), "Make Trade Not War?", Review of Economic Studies 75(3):865-900.

[489] Martin, R. (2011b), "The Local Geographies of the Financial Crisis: From the Housing Bubble to Economic Recession and Beyond", Journal of Economic Geography 11(4):587–618.

[490] Martin, R. (2012), "Regional economic resilience, Hysteresis and Recessionary Shocks", Journal of Economic Geography 12(1):1-32.

[491] Matous, P. and Todo, Y. (2017), "Analyzing the Coevolution of Interorganizational Networks and Organizational Performance: Automakers' Production Networks in Japan", Applied Network Science 2(1):1-24.

[492] Mattoo, A., Nielsen, J. and Kyvik-Nordås, H. (2006), "Liberalization and Universal Access to Basic Services: Telecommunications, Water and

Sanitation, Financial Services, and Electricity", OECD Trade Policy Studies, Paris and Washington, D.C.: Organisation for Economic Co-operation and Development (OECD) and World Bank.

[493] Mattoo, A., Rathindran, R. and Subramanian, A. (2006), "Measuring Services Trade Liberalization and Its Impact on Economic Growth: An Illustration", Journal of Economic Integration 21(1):64-98.

[494] Mattoo, A., Rocha, N. and Ruta, M. (2020), Handbook of Deep Trade Agreements, Washington, D.C.: World Bank.

[495] Mattoo, A. and Subramanian, A. (2013), Greenprint: A New Approach to Cooperation on Climate Change, Washington, D.C.: Center for Global Development (CGD).

[496] McAuley, L. (2020), Key Trends Report: APEC Global Supply Chains Resiliency Survey – Small to Medium Enterprises (SMEs), Singapore: APEC Secretariat.

[497] McDonald, D. C. (1985), "Trade Data Discrepancies and the Incentive to Smuggle: An Empirical Analysis", International Monetary Fund (IMF) Staff Papers 32(4):668-692.

[498] McKinsey Digital (2019), "Mastering the Duality of Digital: How Companies Withstand Disruption", McKinsey Digital Insights, 16 September 2019, New York: McKinsey & Company.

[499] McKinsey Global Institute (2020), Risk, Resilience, and Rebalancing in Global Value Chains, Washington, D.C.: McKinsey Global Institute.

[500] McLaren, J. (2012), International Trade, 1st Edition, New Jersey: Wiley.

[501] Mehndiratta, S. R. (2020), "Low-carbon and Climateresilient Transport Infrastructure Development", Presentation, Washington, D.C.: World Bank.

[502] Mehran, H., Morrison, A. and Shapiro, J. (2011), "Corporate Governance and Banks: Have We learned From the Crisis", Staff Reports No. 502, New York: Federal Reserve Bank of New York.

[503] Melitz, M. J. (2003), "The Impact of Trade on Intra-Industry Reallocations

and Aggregate Industry Productivity", Econometrica 71(6):1695-1725.

[504] Meltzer, J. P. (2020), "Cybersecurity, Digital Trade, and Data Flows: Rethinking a Role for International Trade Rules", Global Economy and Development Working Paper No. 132, Washington, D.C.: Brookings Institution.

[505] Mendoza, E. G. (1995), "The Terms of Trade, the Real Exchange Rate, and Economic Fluctuations", International Economic Review 36(1):101-137.

[506] Mezzadri, A. and Ruwanpura, K. N. (2020), "How Asia's Clothing Factories Switched to Making PPE – But Sweatshop Problems Live On", The Conversation, 29 June 2020.

[507] Milner, C. and Zgovu, E. (2006), "A Natural Experiment for Identifying the Impact of 'Natural' Trade Barriers on Exports", Journal of Development Economics 80(1):251-268.

[508] Minetti, R., Murro, P., Rotondi, Z. and Zhu, S. C. (2019), "Financial Constraints, Firms' Supply Chains, and Internationalization", Journal of the European Economic Association 17(2):327-375.

[509] Miroudot, S. (2020), "Resilience Versus Robustness in Global Value Chains: Some Policy Implications", in Baldwin, R. E. and Evenett, S. J. (eds.), COVID-19 and Trade Policy: Why Turning Inward Won't Work, London: CEPR Press.

[510] Miroudot, S. and Nordström, H. S. (2019), "Made in the World Revisited", EU Working Paper RSCAS No. 2019/84, Florence: Robert Schuman Centre for Advanced Studies Global Governance (RSCAS).

[511] Mishkin, F. S. (2011), "Monetary Policy Strategy: Lessons from the Crisis", NBER Working Paper No. 16755, Cambridge (MA): National Bureau of Economic Research (NBER).

[512] Mishra, P. and Rajan, R. (2016), "Rules of the Monetary Game", RBI Working Paper Series No. 04/2016, Mumbai: Reserve Bank of India (RBI).

[513] Moderna (2020), "Statement by Moderna on Intellectual Property Matters

during the COVID-19 Pandemic", Moderna, Press Release, 8 October 2020.

[514] Mohan, P. (2017), "Impact of Hurricanes on Agriculture: Evidence from the Caribbean", Natural Hazards Review 18(3):04016012.

[515] Moïsé, E. and Geloso Grosso, M. (2002), "Transparency in Government Procurements: The Benefits of Efficient Governance and Orientations for Achieving It", Working Party of the Trade Committee, OECD Official Document TD/TC/WP(2002)31/FINAL, Paris: Organisation for Economic Co-operation and Development (OECD).

[516] Monarch, R. (2021), "'It's Not You, It's Me': Prices, Quality, and Switching in U.S.-China Trade Relationships", The Review of Economics and Statistics:1-49.

[517] Monarch, R. and Schmidt-Eisenlohr, T. (2020), "Longevity and the Value of Trade Relationships", International Finance Discussion Papers No. 1218, Washington, D.C.: Board of Governors of the Federal Reserve System.

[518] Monteiro, J.-A. (2016a), "Provisions on Small and Medium-sized Enterprises in Regional Trade Agreements", Staff Working Paper No. ERSD-2016-12, Geneva: WTO.

[519] Monteiro, J.-A. (2016b), "Typology of Environment-related Provisions in Regional Trade Agreements", Staff Working Paper No. ERSD-2016-13, Geneva: WTO.

[520] Monteiro, J.-A. (2021a), "Hold the Line: The Evolution of Telecommunications Provisions in Regional Trade Agreements", Staff Working Paper No. ERSD-2021-7, Geneva: WTO.

[521] Monteiro, J.-A. (2021b), "Provisions on Natural Disasters in Regional Trade Agreements", Unpublished Manuscript, Geneva: WTO.

[522] Monteiro, J.-A. and Teh, R. (2017), "Provisions on Electronic Commerce in Regional Trade Agreements", Staff Working Paper No. ERSD-2017-11, Geneva: WTO.

[523] Moran, T. H. (2013), "Dealing with Cybersecurity Threats Posed by

Globalized Information Technology Suppliers", Policy Briefs PB13-11, Washington, D.C.: Peterson Institute for International Economics (PIIE).

[524] Morrow-Howell, N., Galucia, N. and Swinford, E. (2020), "Recovering From the COVID-19 Pandemic: a Focus on Older Adults", Journal of Aging and Social Policy 32(4-5):526-535.

[525] Mundell, R. (1962), "The Appropriate Use of Monetary and Fiscal Policy for Internal and External Stability", International Monetary Fund (IMF) Staff Papers 9(1):70-79.

[526] Munich Re, "Natural Catastrophes Factsheet 2019", Munich Re's NatCatSERVICE, Munich: Munich Re.

[527] Murdoch, J. C. and Sandler, T. (2004), "Civil Wars and Economic Growth: Spatial Dispersion", American Journal of Political Science 48(1):138-151.

[528] Nagy, D. K. (forthcoming), "Trade and Urbanization: Evidence from Hungary", American Economic Journal: Microeconomics.

[529] Napolitano, G. (2011), "The Two Ways of Global Governance After the Financial Crisis: Multilateralism Versus Cooperation Among Governments", International Journal of Constitutional Law 9(2):310-339.

[530] Narjoko, D. and Hill, H. (2007), "Winners and Losers during a Deep Economic Crisis: Firm-level Evidence from Indonesian Manufacturing", Asian Economic Journal 21(4):343-368.

[531] National Aeronautics and Space Administration (NASA)(2021), "Asteroids, Comets and Meteors", NASA Solar System Exploration, Washington, D.C.: NASA.

[532] Nath, H. K. (2009), "Country Risk Analysis: A Survey of the Quantitative Methods", SHSU Economics and International Business Working Paper No. 08-04, Huntsville (TX): Sam Houston State University (SHSU).

[533] Neufeld, N. (2014), "Trade Facilitation Provisions in Regional Trade Agreements - Traits and Trends", Staff Working Paper No. ERSD-2014-01, Geneva: WTO.

[534] Nielsen, T., Baumert, N., Kander, A., Jiborn, M. and Kulionis, V. (2021), "The Risk of Carbon Leakage in Global Climate Agreements", International Environmental Agreements: Politics, Law and Economics 21:147–163.

[535] Nier, E. W. and Merrouche, O. (2010), "What Caused the Global Financial Crisis? Evidence on the Drivers of Financial Imbalances 1999-2007", IMF Working Paper No. 10/265, Washington, D.C.: International Monetary Fund (IMF).

[536] Nitsch, V. and Schumacher, D. (2004), "Terrorism and International Trade: An Empirical Investigation", European Journal of Political Economy 20(2):423-433.

[537] Nohara, Y. (2021), "Japan Boosts Incentives to Counter China's Factory Dominance", Bloomberg, Online Version, 3 February 2021.

[538] Nordås, H. and Piermartini, R. (2004), "Infrastructure and Trade", Staff Working Paper No. ERSD-2004-04, Geneva: WTO.

[539] Nordhaus, W. D. (2012), "Economic Policy in the Face of Severe Tail Events", Journal of Public Economic Theory 14(2):197-219.

[540] Nordhaus, W. D. (2014), "Learning Model for Modeling Endogenous Technological Change", The Energy Journal 35(1):13.

[541] Noy, I. (2009), "The Macroeconomic Consequences of Disasters", Journal of Development economics 88(2):221-231.

[542] Nurse, K. and Cabral, M. (2020), Disaster Risk Reduction and the Caribbean Private Sector: The Role of the Telecommunications Sector in the Context of COVID-19, Geneva: United Nations Office for Disaster Risk Reduction(UNDRR).

[543] O'Reilly, C. (2021), "Violent Conflict and Institutional Change", Economics of Transition and Institutional Change 29(2):257-317.

[544] O'Callaghan, B. J. and Murdock, E. (2021), Are We Building Back Better, Geneva: United Nations Environment Programme(UNEP).

[545] Office of the United Nations High Commissioner for Human Rights

(OHCHR) (2016), The Right to Development and International Cooperation, Geneva: OHCHR.

[546] Office of the United States Trade Representative (2021), "Trade Policy, the Environment and Climate Change", Remarks from Ambassador Katherine Tai, Washington, D.C.: Office of the United States Trade Representative.

[547] Oh, C. H. (2017), "How Do Natural and Man-made Disasters Affect International Trade? A Country-Level and Industry-level Analysis", Journal of Risk Research 20(2):195-217.

[548] Oh, C. H. and Reuveny, R. (2010), "Climatic Natural Disasters, Political Risk, and International Trade", Global Environmental Change 20(2):243-254.

[549] Olivero, J., Fa, J. E., Real, R., Marquez, A. L., Farfan, M. A., Vargas, J. M., Gaveau, D., Salim, M. A., Park, D., Suter, J., King, S., Leendertz, S. A., Sheil, D. and Nasi, R. (2017), "Recent Loss of Closed Forests Is Associated with Ebola Virus Disease Outbreaks", Scientific Reports 7(1):14291.

[550] Organisation for Economic Co-operation and Development (OECD) (2008), Enhancing the Role of SMEs in Global Value Chains, Paris: OECD.

[551] Organisation for Economic Co-operation and Development (OECD) (2014), Guidelines for Resilience Systems Analysis: How to Analyse Risk and Build a Roadmap to Resilience, Paris: OECD.

[552] Organisation for Economic Co-operation and Development (OECD) (2017), "Making Trade Work for All", OECD Trade Policy Papers No. 202, Paris: OECD.

[553] Organisation for Economic Co-operation and Development (OECD) (2020a), Seven Lessons Learned About Digital Security During the COVID-19 Crisis, Paris: OECD.

[554] Organisation for Economic Co-operation and Development (OECD) (2020b), Job Retention Schemes During the COVID-19 Lockdown and Beyond, Paris: OECD.

[555] Organisation for Economic Co-operation and Development (OECD) (2020c), Green Budgeting and Tax Policy Tools to Support a Green Recovery, Paris: OECD.

[556] Organisation for Economic Co-operation and Development (OECD) (2020d), "Shaping Government Interventions for a Faster and More Resilient Economic Recovery", Statement from the OECD Secretary-General, 8 June 202, Paris: OECD.

[557] Organisation for Economic Co-operation and Development (OECD) (2020e), COVID-19 and Global Value Chains: Policy Options to Build More Resilient Production Networks, Paris: OECD.

[558] Organisation for Economic Co-operation and Development (OECD) (2020f), The Face Mask Global Value Chain in the COVID-19 Outbreak: Evidence and Policy Lessons, Paris: OECD.

[559] Organisation for Economic Co-operation and Development (OECD) (2020g), E-commerce In the Time of COVID-19, Paris: OECD.

[560] Organisation for Economic Co-operation and Development (OECD) (2020h), Insolvency and Debt Overhang Following the COVID-19 Outbreak: Assessment of Risks and Policy Responses, Paris: OECD.

[561] Organisation for Economic Co-operation and Development (OECD) (2020i), Stocktaking Report on Immediate Public Procurement and Infrastructure Responses to COVID-19, Paris: OECD.

[562] Organisation for Economic Co-operation and Development (OECD) (2021a), The OECD Green Recovery Database: Examining the environmental implications of COVID-19 recovery policies, Paris: OECD.

[563] Organisation for Economic Co-operation and Development (OECD) (2021b), OECD Economic Outlook Interim Report -Strengthening the recovery: The Need for Speed, Paris: OECD.

[564] Organisation for Economic Co-operation and Development (OECD) (2021c), Global Value Chains: Efficiency and Risks in the Context of COVID-19,

Paris: OECD.

[565] Organisation for Economic Co-operation and Development (OECD) (2021d), Economic Policy Reforms 2021: Going for Growth: Shaping a Vibrant Recovery, Paris: OECD.

[566] Organisation for Economic Co-operation and Development (OECD) (2021e), COVID-19, International Mobility and Trade in Services: The Road to Recovery, Paris: OECD.

[567] Organisation for Economic Co-operation and Development (OECD) (2021f), Fostering Economic Resilience in a World of Open and Integrated Market Risks, Vulnerabilities, and Areas for Policy Action, Paris: OECD.

[568] Organisation for Economic Co-operation and Development (OECD) (2021g), Using Trade to Fight COVID-19: Manufacturing and Distributing Vaccines, Paris: OECD.

[569] Organisation for Economic Co-operation and Development (OECD) (2021h), "One Year of SME and Entrepreneurship Policy Responses to COVID-19: Lessons Learned to 'Build Back Better'", Paris: OECD.

[570] Organisation for Economic Co-operation and Development (OECD) and World Trade Organization (WTO) (2009), Aid for Trade at a Glance 2009: Maintaining Momentum, Paris and Geneva: OECD and WTO.

[571] Organisation for Economic Co-operation and Development (OECD) and World Trade Organization (WTO) (2019), Aid for Trade at a Glance 2019. Economic Diversification and Empowerment, Paris and Geneva: OECD and WTO.

[572] Organisation for Economic Co-operation and Development (OECD), World Trade Organization (WTO) and United Nations Conference on Trade And Development (UNCTAD), (2021), Reports on G20 Trade and Investment Measures (Mid-October 2020 to Mid-May 2021), Paris and Geneva: OECD, WTO and UNCTAD.

[573] Orkoh, E. and Stolzenburg, V. (2020), "Gender-specific Differences in

Geographical Mobility: Evidence from Ghana", Staff Working Paper No. ERSD-2020-01, Geneva: WTO.

[574] Osberghaus, D. (2019), "The Effects of Natural Disasters and Weather Variations on International Trade and Financial Flows: a Review of the Empirical Literature", Economics of Disasters and Climate Change 3(3):305-325.

[575] Osnago, A., Piermartini, R., Gaffurri, R. and Nadia, P. (2018), "The Heterogeneous Effects of Trade Policy Uncertainty: How Much Do Trade Commitments Boost Trade?", Policy Research Working Paper No. 8567, Washington, D.C.: World Bank.

[576] Ossa, R. and Le Moigne, M. (2021), "Crumbling Economy, Booming Trade – The Surprising Resilience of World Trade in 2020", Kühne Center Impact Series, Zurich: Kühne Center for Sustainable Globalization (University of Zurich).

[577] Oster, E. (2012), "Routes of Infection: Exports and HIV Incidence in Sub-Saharan Africa", Journal of the European Economic Association 10(5):1025-1058.

[578] Owen, A. L. and Wu, S. (2007), "Is Trade Good for Your Health?", Review of International Economics 15(4):660-682.

[579] Owen, B. M., Argue, D. A., Furchtgott-Roth, H. W., Hurdle, G. J. and Mosteller, G. (1995), The Economics of a Disaster: the Exxon Valdez Oil Spill, Westport (CT): Praeger Publishers.

[580] Oxford Analytica (2020), "Beirut Blast Could Bring Hunger, Disease and Fury", Oxford Analytica Expert Daily Briefings, 5 August 2020.

[581] Parteka, A. and Tamberi, M. (2013), "Product Diversification, Relative Specialisation and Economic Development: Import-Export Analysis", Journal of Macroeconomics 38(A):121-135.

[582] Peaks, C. M., Childs, L. M., Grad, Y. H. and Buckee, C. O. (2017), "Comparing Nonpharmaceutical Interventions for Containing Emerging

epidemics", Proceedings of the National Academy of Sciences of the United States 114(15):4023-4028.

[583] Pequeno, P., Mendel, B., Rosa, C., Bosholn, M., Souza, J. L., Baccaro, F., Barbosa, R. and Magnusson, W. (2020), "Air Transportation, Population Density and Temperature Predict the Spread of COVID-19 in Brazil", PeerJ 8:e9322.

[584] Persson, M. and Wilhelmsson, F. (2016), "EU Trade Preferences and Export Diversification", The World Economy 39(1):16-53.

[585] Pesce, M. A. (2014), "International Financial Spillovers: Policy Responses and Coordination", BIS Papers No. 78, Basel: Bank for International Settlements (BIS).

[586] Peters, G. P., Minx, J. C., Weber, C. L. and Edenhofer, O. (2011), "Growth in Emission Transfers Via International Trade from 1990 to 2008", Proceedings of the National Academy of Sciences 108(21):8903-8908.

[587] Petersen, E., McCloskey, B., Hui, D. S., Kock, R., Ntoumi, F., Memish, Z. A., Kapata, N., Azhar, E. I., Pollack, M., Madoff, L. C., Hamer, D. H., Nachega, J. B., Pshenichnaya, N. and Zumla, A. (2020), "COVID-19 Travel Restrictions and the International Health Regulations – Call for an Open Debate on Easing of Travel Restrictions", International Journal of Infectious Diseases 94:88-90.

[588] Pfizer (2021) "An Open Letter From Pfizer Chairman and CEO to Colleagues", 7 May 2021, New York: Pfizer.

[589] Pforr, C. (2009), "Crisis Management in Tourism: A Review of the Emergent Literature", in Pforr, C. and Hosie, P. (eds.), Crisis Management in the Tourism Industry: Beating the Odds, London: Routledge.

[590] Piermartini, R. (2004), "The Role of Export Taxes in the Field of Primary Commodities", WTO Discussion Papers No. 4, Geneva: WTO.

[591] Piermartini, R. and Rubínová, S. (2021), "How Much Do Global Value Chains Boost Innovation?", Canadian Journal of Economics (Early View).

[592] Pilbeam, K. (1998), "International Macroeconomic Policy Coordination", in Pilbeam, K. (ed.), International Finance, London: Palgrave.

[593] Pirnia, B., Pirnia, F. and Pirnia, K. (2020), "Honour Killings and Violence Against Women in Iran During the COVID-19 Pandemic", The Lancet Psychiatry 7(10):e60.

[594] Pisch, F. (2020), "Managing Global Production: Theory and Evidence from Just-in-Time Supply Chains", CEP Discussion Papers No. 1689, London: Centre for Economic Performance.

[595] Prabhakar, D., Lee, S., Li, M. and Ngo, C.-L. (2020), Strengthening International Regulatory Cooperation for Medical Supplies in Times of Medical Emergencies, Bangkok: The United Nations Economic and Social Commission for Asia and the Pacific (UNESCAP).

[596] Prasad, E. and Foda, K. (2010), "TIGER: Tracking Indexes for the Global Economic Recovery", Washington, D.C.: Brookings Institution.

[597] Price, W. N., Rai, A. K. and Minssen, T. (2020), "Knowledge Transfer for Large-scale Vaccine Manufacturing", Science 369(6506):912-914.

[598] Razzaque, M. A. and Ehsan, S. M. (2019), "Global Trade Turmoil: Implications for LDCs, Small States and Sub-Saharan Africa", International Trade Working Paper No. 2019/03, London: Commonwealth Secretariat.

[599] Reinhart, C. and Rogoff, K. (2013), "Financial and Sovereign Debt Crises: Some Lessons Learned and Those Forgotten", IMF Working Paper WP/13/266, Washington, D.C.: International Monetary Fund (IMF).

[600] Reinhart, C., Rogoff, K., Trebesch, C. and Reinhart, V. (2021) Behavioural Finance and Financial Stability Database: Global Crises Data by Country, Harvard: Harvard Business School.

[601] Ringwood, L., Watson, P. and Lewin, P. (2019), "A Quantitative Method for Measuring Regional Economic Resilience to the Great Recession", Growth and Change 50:381-402.

[602] Ritchie, B. W., Crotts, J. C., Zehrer, A. and Volsky, G. T. (2014),

"Understanding the Effects of a Tourism Crisis: The Impact of the BP Oil Spill on Regional Lodging Demand", Journal of Travel Research 53(1):12-25.

[603] Ritchie, H., Ortiz-Ospina, E., Beltekian, D., Mathieu, E., Hasell, J., Macdonald, B., Giattino, C., Appel, C., Rodés-Guirao, L. and Roser, M. (2021), "Coronavirus Pandemic (COVID-19)", Our World in Data, Oxford (UK): Oxford Martin School and University of Oxford.

[604] Robalino, J. and Herrera, L. D. (2010), "Trade and Deforestation: A literature Review", Staff Working Paper No. ERSD-2010-04, Geneva: WTO.

[605] Robinson, D. (2020), "How the 1989 Exxon Valdez Oil Spill Unfolded and Its Impact on the Energy Industry", NS Energy, 5 June 2020.

[606] Rodrik, D. (2021), "Why Does Globalization Fuel Populism? Economics, Culture, and the Rise of Right-Wing Populism", Annual Review of Economics 13:133-170.

[607] Rogers, D. P. and Tsirkunov, V. V. (2013), Weather and Climate Resilience: Effective Preparedness through National Meteorological and Hydrological Services, Washington, D.C.: World Bank.

[608] Röhn, O., Sánchez, A. C., Hermansen, M. and Rasmussen, M. (2015), "Economic Resilience: A New Set of Vulnerability Indicators for OECD countries", OECD Economics Department Working Papers No. 1249, Paris: Organisation for Economic Co-operation and Development (OECD).

[609] Romalis, J. (2004), "Factor Proportions and the Structure of Commodity Trade", American Economic Review 94(1):67-97.

[610] Rose, A. (2004), "Defining and Measuring Economic Resilience to Disasters", Disaster Prevention and Management 13(4):307-314.

[611] Rose, A. (2009), "Economic Resilience to Disasters", CARRI Research Report No. 8, Oak Ridge (TN): Community and Regional Resilience Institute (CARRI).

[612] Rose, A. (2017), Defining and Measuring Economic Resilience from

Societal Environmental and Security Perspective, Berlin: Springer.

[613] Rose, A. and Liao, S. Y. (2005), "Modeling Regional Economic Resilience to Disasters: A Computable General Equilibrium Analysis of Water Service Disruptions", Journal of Regional Science 45(1):75-112.

[614] Rose, A., Oladosu, G., Lee, B. and Asay, G. B. (2009), "The Economic Impacts of the September 11 Terrorist Attacks: A Computable General Equilibrium Analysis", Peace Economics, Peace Science and Public Policy 15(2):217-244.

[615] Rose, A. and Wei, D. (2013), "Estimating the Economic Consequences of a Port Shutdown: The Special Role of Resilience", Economic Systems Research 25(2):212-232.

[616] Ross, R. (2020), "Experts Say COVID-19 Will Likely Lead to US Drug Shortages", CIDRAP News, Minnesota: Center for Infectious Disease Research and Policy (CIDRAP).

[617] Rubínová, S. and Sebti, M. (2021), "The WTO Trade Cost Index and Its Determinants", Staff Working Paper No. ERSD-2021-6, Geneva: WTO.

[618] Ruddy, B. (2010), "The Critical Success of the WTO: Trade Policies of the Current Economic Crisis", Journal of International Economic Law 13(2):475-495.

[619] Said, F. (2020) "From the Ground Up: Malaysia's Digital Space Amidst a Pandemic", LSE Southeast Asia Blog, London: London School of Economics (LSE).

[620] Sakaki, H. (2019), "Oil Price Shocks and the Equity Market: Evidence for the S&P 500 Sectoral Indices", Research in International Business 49:137-155.

[621] Santavicca, G. (2020), "Intellectual Property Resilience in the Era of COVID-19", Media Laws, 4 May 2020.

[622] Schanz, K.-U. (2018), Understanding and Addressing Global Insurance Protection Gaps, Zurich: The Geneva Association.

[623] Scheibe, K. P. and Blackhurst, J. (2018), "Supply Chain Disruption Propagation: A Systemic Risk and Normal Accident Theory Perspective", International Journal of Production Research 56(1-2):43-59.

[624] Schloenhardt, A. (2020), "Wildlife Trafficking: Causes, Characteristics, and Consequences", in Ege, G., Schloenhardt, A. and Schwarzenegger, C. (eds.), Wildlife Trafficking: The Illicit Trade in Wildlife, Animal Parts, and Derivatives, Berlin: Carl Grossmann Verlag.

[625] Schott, P., Pierce, J., Schaur, G. and Heise, S. (2017), "Trade Policy Uncertainty and the Structure of Supply Chains", SED Meeting Papers No. 788, Minneapolis (MN): Society for Economic Dynamics (SED).

[626] Sela, S., Yang, A. and Zawacki, M. (2020), Trade and COVID-19 Guidance Note: Trade Facilitation Best Practices Implemented in Response to the COVID-19 Pandemic, Washington, D.C.: World Bank.

[627] Shah, M. and Steinberg, B. M. (2017), "Drought of Opportunities: Contemporaneous and Long-term Impacts of Rainfall Shocks on Human Capital", Journal of Political Economy 125(2):527-561.

[628] Shapiro, J. S. (2016), "Trade Costs, CO2, and the Environment", American Economic Journal: Economic Policy 8(4):220-54.

[629] Shapiro, J. S. (2021), "The Environmental Bias of Trade Policy", The Quarterly Journal of Economics 136(2):831-886.

[630] Sharp, J. M. (2015), "Yemen: Civil War and Regional Intervention", CRS Report No. R43960, Washington, D.C.: Congressional Research Service (CRS).

[631] Shepherd, B. (2010), "Geographical Diversification of Developing Country Exports", World Development 38(9):1217-1228.

[632] Shih, W. C. (2020), "Global Supply Chains in a Post-Pandemic World", Harvard Business Review September-October 2020 Issue.

[633] Shrestha, N., Shad, M. Y., Ulvi, O., Khan, M. H., Karamehic-Muratovic, A., Nguyen, U.-S. D. T., Baghbanzadeh, M., Wardrup, R., Aghamohammadi, N.,

Cervantes, D., Nahiduzzaman, K. M., Zaki, R. A. and Haque, U. (2020), "The Impact of COVID-19 on Globalization", One Health 11:100180.

[634] Sivaraman, S. and Varadharajan, S. (2021), "Investigative Consequence Analysis: A Case Study Research of Beirut Explosion Accident", Journal of Loss Prevention in the Process Industries 69:104387.

[635] Smeets, M. (2021), Adapting to the Digital Trade Era: Challenges and Opportunities, Geneva: WTO.

[636] Smith, K. M., Anthony, S. J., Switzer, W. M., Epstein, J. H., Seimon, T., Jia, H., Sanchez, M. D., Huynh, T. T., Galland, G.

[637] G., Shapiro, S. E., Sleeman, J. M., McAloose, D., Stuchin, M., Amato, G., Kolokotronis, S.-O., Lipkin, W. I., Karesh, W. B., Daszak, P. and Marano, N. (2012), "Zoonotic Viruses Associated with Illegally Imported Wildlife Products", PloS One 7(1):e29505.

[638] Smithsonian Institution (2013), "Has Volcanic Activity Been Increasing?" in Venzke, E. (ed.), Global Volcanism Program, Washington, D.C.: Smithsonian Institution.

[639] Statista (2021), "Amazon's Net Income from 1st Quarter 2009 to 1st Quarter 2021 (in Million U.S. Dollars)", Statista. Available at https://www.statista.com/statistics/276418/amazonsquarterly-net-income/.

[640] Statt, N. (2020), "3D Printers Are on the Front Lines of the COVID-19 Pandemic", The Verge, 25 May 2020.

[641] Stellinger, A., Berglund, I. and Isakson, H. (2020), "How Trade Can Fight the Pandemic and Contribute to Global Health", in Baldwin, R. E. and Evenett, S. J. (eds.), COVID-19 and Trade Policy: Why Turning Inward Won't Work, London: CEPR Press.

[642] Stiglitz, J. E. (2010), The Stiglitz Report: Reforming the International Monetary and Financial Systems in the Wake of the Global Crisis, New York: The New Press.

[643] Stockholm Environment Institute (SEI), International Institute for

Sustainable Development (IISD), Overseas Development Institute (ODI), Third Generation Environmentalism Ltd (E3G) and United Nations Environment Program (UNEP) (2020), The Production Gap Report: 2020 Special Report, Stockholm: SEI.

[644] Strusani, D. and Houngbonon, G. V. (2020), "What COVID-19 Means for Digital Infrastructure in Emerging Markets", EMCompass Note No. 83, Washington, D.C.: International Finance Corporation (IFC).

[645] Suk, J. E., Van Cangh, T., Beaute, J., Bartels, C., Tsolova, S., Pharris, A., Ciotti, M. and Semenza, J. C. (2014), "The Interconnected and Cross-border Nature of Risks Posed by Infectious Diseases", Global Health Action 7(1):25287.

[646] Sun, S. and Larouche-Maltais, A. (2020), "Digital Trade Facilitation for Women Cross-border Traders", UNCTAD Transport and Trade Facilitation Newsletter N°88, Geneva: United Nations Conference on Trade and Development (UNCTAD).

[647] Suppasri, A., Goto, K., Muhari, A., Ranasinghe, P., Riyaz, M., Affan, M., Mas, E., Yasuda, M. and Imamura, F. (2015), "A Decade After the 2004 Indian Ocean Tsunami: the Progress in Disaster Preparedness and Future Challenges in Indonesia, Sri Lanka, Thailand and the Maldives", Journal of Pure Applied Geophysics 172(12):3313-3341.

[648] Surís-Regueiro, J. C., Garza-Gil, M. D. and Varela-Lafuente, M. M. (2007), "The Prestige Oil Spill and Its Economic Impact on the Galician Fishing Sector", Disasters 31(2):201-215.

[649] Swiss Re Group (2019), "Confronting the Cost of Catastrophe", Zürich: Swiss Re Group.

[650] Sy, K. T. L., White, L. F. and Nichols, B. E. (2021), "Population Density and Basic Reproductive Number of COVID-19 Across United States Counties", PloS One 16(4):e0249271.

[651] Taghizadeh-Hesary, F., Yoshino, N., Mortha, A. and Sarker, T. (2019),

"Quality Infrastructure and Natural Disaster Resiliency", ADBI Working Paper No. 991, Tokyo: Asian Development Bank Institute (ADBI).

[652] Tarwater, P. M. and Martin, C. F. (2001), "Effects of Population Density on the Spread of Disease", Complexity 6(6):29-36.

[653] Taylor, J. B. (2013), "International Monetary Policy Coordination: Past, Present and Future", BIS Working Paper No. 437, Basel: Bank for International Settlements (BIS).

[654] Thangavelu, M., Ing, L. Y. and Urata, S. (2015), "Services Productivity and Trade Openness: Case of ASEAN", ERIA Discussion Paper ERIA-DP-2015-56, Jakarta: Economic Research Institute for ASEAN and East Asia (ERIA).

[655] Thia, J. P. (2016), "Trade and Urbanisation", The World Economy 39(6):853-872.

[656] Thomas, V. and López, R. (2015), "Global Increase in Climate-Related Disasters", ADB Economics Working Paper No. 466, Manila: Asian Development Bank (ADB).

[657] Tinbergen, J. (1952), On the Theory of Economic Policy, Amsterdam: North-Holland Publishing Company.

[658] Tixier, J., Dusserre, G., Salvi, O. and Gaston, D. (2002), "Review of 62 Risk Analysis Methodologies of Industrial Plants", Journal of Loss Prevention in the Process Industries 15(4):291-303.

[659] Todo, Y., Nakajima, K. and Matous, P. (2015), "How Do Supply Chain Networks Affect the Resilience of Firms to Natural Disasters? Evidence from the Great East Japan Earthquake", Journal of Regional Science 55(2):209-229.

[660] Tognotti, A. (2013), "Lessons from the History of Quarantine, from Plague to Influenza A", Emerging Infectious Diseases 19(2):254-259.

[661] Tokui, J., Kawasaki, K. and Miyagawa, T. (2017), "The Economic Impact of Supply Chain Disruptions From the Great East-Japan Earthquake", Japan

and the World Economy 41:59-70.

[662] Toya, H. and Skidmore, M. (2007), "Economic Development and the Impacts of Natural Disasters", Economics letters 94(1):20-25.

[663] Trivedi, J., Duval, Y., Bajt, D. and Yoo, J. H. (2019), "Non-Tariff Measures in Regional Trade Agreements in Asia and the Pacific: SPS, TBT and Government Procurement", Trade, Investment and Innovation Working Paper No. 03/2019, Bangkok: United Nations Economic and Social Commission for Asia and the Pacific (UNESCAP).

[664] Tulpulé, V., Brown, S., Lim, J., Polidano, C., Pant, H. and Fisher, B. S. (1998), "An Economic Assessment of the Kyoto Protocol Using the Global Trade and Environment Model", OECD

[665] Workshop on the Economic Modelling of Climate Change, Paris: OECD.

[666] Tuthill, L., Carzaniga, A. and Roy, M. (2020), "How Digitization Is Transforming Trade", in Taubman, A. and Watal, J. (eds.), Trade in Knowledge, Cambridge (UK) and Geneva: Cambridge University Press and WTO.

[667] United Nations (UN) (2008), Report of the Commission of Experts of the President of the UN General Assembly on Reforms of the International Monetary and Financial System, New York: UN.

[668] United Nations (UN) (2015), Addis Ababa Action Agenda of the Third International Conference on Financing for Development(Addis Ababa Action Agenda), Resolution Adopted by the General Assembly on 27 July 2015 (A/RES/69/313), New York: UN.

[669] United Nations (UN) (2021), "A New Era of Conflict and Violence", UN Issue Briefs, New York: UN.

[670] United Nations Children's Fund (UNICEF), United Nations Population Fund (UNFPA), World Health Organization (WHO) and SickKids' Center for Global Child Health (2021), Direct and Indirect Effects of COVID-19 Pandemic and Response in South Asia, Kathmandu: UNICEF.

[671] United Nations Conference on Trade and Development (UNCTAD) (2020a), A Comparison of Selected Stimulus Packages in 2008 and 2020: Investing in Renewable Energy, Sustainable Agriculture and Food Security, and Gender Equality and the Empowerment of Women for Structural Economic Transformation, New York: UNCTAD.

[672] United Nations Conference on Trade and Development (UNCTAD) (2020b), Climate Change Adaptation for Seaports in Support of the 2030 Agenda for Sustainable Development, Geneva: UNCTAD.

[673] United Nations Conference on Trade And Development (UNCTAD) (2020c), How Countries Can Leverage Trade Facilitation to Defeat the COVID-19 Pandemic, Geneva: UNCTAD.

[674] United Nations Conference on Trade And Development (UNCTAD) (2020d), "COVID-19: A 10-point Action Plan to Strengthen International Trade and Transport Facilitation in Times of Pandemic", Policy Brief No. 79, Geneva: UNCTAD.

[675] United Nations Conference on Trade and Development (UNCTAD) (2021a), COVID-19 and E-commerce: A Global Review, Geneva: UNCTAD.

[676] United Nations Conference on Trade and Development (UNCTAD) (2021b), Trade and Development Report Update: Out of the Frying Pan... into the Fire?, Geneva: UNCTAD.

[677] United Nations Conference on Trade and Development (UNCTAD) (2021c), "COVID-19 Shows Need to Close Financial Inclusion Gender Gap", Commentary, Geneva: UNCTAD.

[678] United Nations Conference on Trade And Development (UNCTAD) (2021d), How COVID-19 Triggered the Digital and E-commerce Turning Point, Geneva: UNCTAD.

[679] United Nations Economic Commission for Africa (UNECA), Trade Mark East Africa and African Economic Research Consortium (2021), Waving or Drowning? The Impact of COVID-19 on East African Trade, Addis Ababa:

UNECA.

[680] United Nations Economic Commission for Europe (UNECE) (2020), Climate Change Impacts and Adaptation for Transport Networks and Nodes, Geneva: UNECE.

[681] United Nations Framework Convention on Climate Change (UNFCCC) (2020), "The Paris Agreement", Process and Meetings, Bonn: UNFCCC. Available at https://unfccc.int/process-and-meet ings/the-pari s-agreement the-pari sagreement.

[682] United Nations Global Compact (UN Global Compact) (2018), Decent Work in Global Supply Chains — A Baseline Report, New York: UN Global Compact.

[683] United Nations High Commissioner for Refugees (UNHCR) (2020), Global Trends: Forced Displacement in 2019, Geneva: UNHCR.

[684] United Nations Office for Disaster Risk Reduction (UNDRR) (2014), Risk-Informed Public Policy and Investment, Geneva: UNDRR.

[685] United Nations Office for Disaster Risk Reduction (UNDRR) (2017), UNISDR Strategic Framework 2016-2021, Geneva: UNDRR.

[686] United Nations Office for Disaster Risk Reduction (UNDRR) (2019), Global Assessment Report on Disaster Risk Reduction, Geneva: UNDRR.

[687] United Nations Office for Disaster Risk Reduction (UNDRR) (2020), Hazard Definition and Classification Review: Technical Report, Geneva: UNDRR.

[688] United Nations Office for Disaster Risk Reduction (UNDRR) (2021a), "Delivering Risk-informed Investment", Geneva: UNDRR.

[689] United Nations Office for Disaster Risk Reduction (UNDRR) (2021b), Business Continuity Planning with Focus on Prevention: A Guide for Businesses, Policymakers and Financiers, Geneva: UNDRR.

[690] United Nations Office for Disaster Risk Reduction (UNDRR) and Centre for Research on the Epidemiology of Disasters (CRED) (2020), Human Cost

of Disasters: An Overview of the Last 20 Years 2000-2019, Geneva and Brussels: UNDRR and CRED.

[691] United Nations Statistics Division (UNSTATS) (2021), UN Global SDG Indicators Database, New York: UNSTATS.

[692] United Nations World Tourism Organization (UNWTO) (2021), UNWTO World Tourism Barometer, Madrid: UNWTO.

[693] United States Congress (2021), American Rescue Plan Act of 2021, Washington, D.C.: United States Congress.

[694] United States Geological Survey (USGS) (2021), Worldwide Earthquakes 2000-2019 Statistics, Washington, D.C.: USGS.

[695] Upton, M. and Otte, J. (2004), "The Impact of Trade Agreements on Livestock Producers", in Owen, E., Smith, T., Steele, M. A., Anderson, S., Duncan, A. J., Herrero, M., Leaver, J. D., Reynolds, C. K., Richards, J. I. and Ku-Vera, J. C. (eds.), Responding to the Livestock Revolution: The Role of Globalisation and Implications for Poverty Alleviation, Nottingham: Nottingham University Press.

[696] US Department of Transportation (2018), Bureau of Transportation Statistics: U.S. Air Carrier Safety Data, Washington, D.C.: US Department of Transportation.

[697] Valdés, R. and McCann, M. (2014), Intellectual Property Provisions in Regional Trade Agreements, Staff Working Paper No. ERSD-2014-14, Geneva: WTO.

[698] Van Hove, J. (2020), Impact of State Aid on Competition and Competitiveness During the COVID-19 Pandemic: An Early Assessment, Luxembourg: European Parliament.

[699] Van Raemdonck, D. C. and Diehl, P. F. (1989), "After the Shooting Stops: Insights on Postwar Economic Growth", Journal of Peace Research 26(3):249-264.

[700] Van Uhm, D. P. (2016), The Illegal Wildlife Trade: Inside the World of

Poachers, Smugglers and Traders, Basel: Springer International Publishing.

[701] Vannoorenberghe, G., Wang, Z. and Yu, Z. (2016), "Volatility and Diversification of Exports: Firm-level Theory and Evidence", European Economic Review 89:216-247.

[702] Vassilevskaya, Y. (2020), "Trade Facilitation in Times of Pandemic: Practices from North and Central Asia", ARTNeT Working Paper Series No. 197, Bangkok: Asia-Pacific Research and Training Network on Trade (ARTNeT).

[703] Veggeland, F. and Elvestad, C. (2004), Equivalence and Mutual Recognition in Trade Arrangements Relevance for the WTO and the Codex Alimentarius Commission, Oslo: Norwegian Agricultural Economics Research Institute (NILF).

[704] Veiga, A. (2021), "Suez Canal Blockage Adds to Pressure Points in Global Trade", Associated Press News, 29 March 2021.

[705] Verpoorten, M. (2005), "The Death Toll of the Rwandan Genocide: A Detailed Analysis for Gikongoro Province", Population 60(4):401-439.

[706] Vision of Humanity (2019), "Global Number of Natural Disasters Increases Ten Times", Sydney: Institute for Economics and Peace.

[707] Viswanadham, N. (2018), "Performance Analysis and Design of Competitive Business Models", International Journal of Production Research 56(1-2):983-999.

[708] Von Peter, G., Von Dahlen, S. and Saxena, S. C. (2012), "Unmitigated Disaster? New Evidence on the Macroeconomic Cost of Natural Catastrophes", BIS Working Paper No. 394, Basel: Bank for International Settlements (BIS).

[709] Voth, H.-J. (2020), "Trade and Travel in Time of Epidemics", VoxEU, CEPR Policy Portal, 26 May 2020.

[710] Waddington, I., Thomas, P., Taylor, R. and Vaughan, G. (2017), "J-value Assessment of Relocation Measures Following the Nuclear Power

Plant Accidents at Chernobyl and Fukushima Daiichi", Process Safety Environmental Protection 112:16-49.

[711] Wagner, J. and Gelübcke, J. P. W. (2014), "Risk or Resilience? The Role of Trade Integration and Foreign Ownership for the Survival of German Enterprises During the Crisis 2008–2010", Jahrbücher für Nationalökonomie und Statistik 234(6):757-774.

[712] Wall, H. J. (2009) "The 'Man-Cession' of 2008-2009: It's Big, but It's Not Great", The Regional Economist, Federal Reserve Bank of St. Louis, October:4-9.

[713] Wang, W., Wu, Q., Yang, J., Dong, K., Chen, X., Bai, X., Chen, X., Chen, Z., Viboud, C., Ajelli, M. and Yu, H. (2020), "Global, Regional, and National Estimates of Target Population Sizes for COVID-19 Vaccination: Descriptive Study", BMJ 371:m4704.

[714] Wells, C. R., Sah, P., Moghadas, S. M., Pandey, A., Shoukat, A., Wang, Y., Wang, Z., Meyers, L. A., Singer, B. H. and Galvani, A. P. (2020), "Impact of International Travel and Border Control Measures on the Global Spread of the Novel 2019 Coronavirus Outbreak", Proceedings of the National Academy of Sciences of the United States of America 117(13):7504-7509.

[715] Wheatley, J. (2021), "Poorest Countries Suffering 'Staggering' Hardship During Virus", Financial Times, 5 February 2021.

[716] The White House (2021), Building Resilient Supply Chains, Revitalizing American Manufacturing, and Fostering Broad-Based Growth, Washington, D.C.: The White House.

[717] Wiebers, D. O. and Feigin, V. L. (2020), "What the COVID-19 Crisis Is Telling Humanity", Neuroepidemiology 54(4):283-286.

[718] Williams, H. O. and Grante, V. T. (2009), Illegal Trade in Wildlife, New York: Nova Science Publishers.

[719] Wilmsmeier, G. and Hoffmann, J. (2008), "Liner Shipping Connectivity and Port Infrastructure as Determinants of Freight Rates in the Caribbean",

Maritime Economics and Logistics 10(1-2):130-151.

[720] Wood, R., Stadler, K., Simas, M., Bulavskaya, T., Giljum, S., Lutter, S. and Tukker, A. (2018), "Growth in Environmental Footprints and Environmental Impacts Embodied in Trade: Resource Efficiency Indicators from EXIOBASE3", Journal of Industrial Ecology 22(3):553-564.

[721] World Bank (2007), International Trade and Climate Change: Economic, Legal, and Institutional Perspectives, Washington, D.C.: World Bank.

[722] World Bank (2015), Emergency Procurement for Recovery and Reconstruction, Washington, D.C.: World Bank.

[723] World Bank (2020b), Tourism Industry Survey of South Africa: COVID-19 – Impact, Mitigation and the Future: Survey 1, Washington, D.C.: World Bank.

[724] World Bank (2021a), "Small and Medium Enterprises (SMEs) Finance: Improving SMEs' Access to Finance and Finding Innovative Solutions to Unlock Sources of Capital", Washington, D.C.: World Bank.

[725] World Bank (2021b), "COVID-19: Debt Service Suspension Initiative", Brief, Washington, D.C.: World Bank.

[726] World Bank (2021c), Pacific Region Trade Facilitation Challenges for Women Traders and Freight Forwarders: Survey Findings and Recommendations, Washington, D.C.: World Bank.

[727] World Bank (2021d), Global Economic Prospects, January 2021, Washington, D.C.: World Bank.

[728] World Bank (2021e), "The Global Economy: On Track for Strong but Uneven Growth as COVID-19 Still Weighs 2021", Feature Story, 8 June 2021, Washington, D.C.: World Bank.

[729] World Bank (2021f), Transparency in Trade (TNT): A Global Public Good, Washington, D.C.: World Bank. Available at http://www.tntdata.org/about_tnt.html.

[730] World Customs Organization (WCO) (2018), Guidelines on Certification of

Origin, Brussels: WCO.

[731] World Customs Organization (WCO) and World Health Organization (WHO) (2020), HS Classification Reference for COVID-19 Medical Supplies, 2nd Edition, Brussels: WCO.

[732] World Economic Forum (WEF) (2019), The Global Risks Report 2019, Geneva: WEF.

[733] World Economic Forum (WEF) (2020), The Global Risks Report 2020, Geneva: WEF.

[734] World Health Organization (WHO) (2014), Access to Affordable Medicines for HIV/AIDS and Hepatitis, New Delhi: WHO Regional Office for South-East Asia.

[735] World Health Organization (WHO) (2020), "WHO COVID-19 Technology Access Pool", Geneva: WHO. Available at https://www.who.int/initiatives/covid-19-technology-access-pool.

[736] World Health Organization (WHO) and International Federation of Red Cross and Red Crescent Societies (IFRC) (2017) The Regulation and Management of International Emergency Medical Teams, Geneva: WHO and IFRC.

[737] World Health Organization (WHO), World Organisation for Animal Health (OIE) and United Nations Environment Programme (UNEP) (2021), Reducing Public Health Risks Associated with the Sale of Live Wild Animals of Mammalian Species in Traditional Food Markets – Interim Guidance, 12 April 2021, Geneva: WHO.

[738] World Meteorological Organization (WMO), World Bank, Global Facility for Disaster Reduction and Recovery (GFDRR) and United States Agency for International Development (USAID) (2015), Valuing Weather and Climate: Economic Assessment of Meteorological and Hydrological Services, Geneva and Washington, D.C.: WMO, World Bank, GFDRR and USAID.

[739] World Tourism Organization (UNWTO) (2020), Supporting Jobs and Economies through Travel and Tourism: A Call for Action to Mitigate the Socio-Economic Impact of COVID-19 and Accelerate Recovery, Madrid: UNWTO.

[740] World Trade Organization (WTO) (2005), Doha Work Programme, Ministerial Declaration adopted on 18 December 2005 (WT/MIN(05)/DEC), Geneva: WTO.

[741] World Trade Organization (WTO) (2012), World Trade Report 2012. Trade and Public Policies: A Closer Look at Non-tariff Measures in the 21st Century, Geneva: WTO.

[742] World Trade Organization (WTO) (2013), World Trade Report 2013. Factors Shaping the Future of World Trade, Geneva: WTO.

[743] World Trade Organization (WTO) (2014), World Trade Report 2014. Trade and Development: Recent Trends and the Role of the WTO, Geneva: WTO.

[744] World Trade Organization (WTO) (2015), World Trade Report 2015. Speeding up Trade: Benefits and Challenges of Implementing the WTO Trade Facilitation Agreement, Geneva: WTO.

[745] World Trade Organization (WTO) (2016), World Trade Report 2016. Levelling the Trading Field for SMEs, Geneva: WTO.

[746] World Trade Organization (WTO) (2017), World Trade Report 2017. Trade, Technology and Jobs, Geneva: WTO.

[747] World Trade Organization (WTO) (2018), World Trade Report 2018. The Future of World Trade: How Digital Technologies Are Transforming Global Commerce, Geneva: WTO.

[748] World Trade Organization (WTO) (2019a), World Trade Report 2019. The Future of Services Trade, Geneva: WTO.

[749] World Trade Organization (WTO) (2019b), Natural Disasters and Trade Research Study II: A Legal Mapping, Geneva: WTO.

[750] World Trade Organization (WTO) (2019c) Natural disasters and trade study I,

Geneva, Switzerland: WTO.

[751] World Trade Organization (WTO) (2019d), "Joint Ministerial Statement on Investment Facilitation for Development", WTO

[752] Official Document Number WT/L/1072/Rev.1, Geneva: WTO. World Trade Organization (WTO) (2019e), "Overview of Developments in the International Trading Environment: Annual Report by the Director-General (Mid-October 2018 to Mid-October 2019)", WTO Official Document Number WT/TPR/OV/22. Geneva: WTO.

[753] World Trade Organization (WTO) (2020a), "Export Prohibitions and Restrictions", Information Note, Geneva: WTO.

[754] World Trade Organization (WTO) (2020b), "Informal Working Group on MSMEs: Declaration on Micro, Small and Medium-Sized Enterprises (MSMEs)", WTO Official Document Number INF/MSME/4, Geneva: WTO.

[755] World Trade Organization (WTO) (2020c), "Working Group Finalises Package of Declarations and Recommendations to Assist Small Business", News Item, 5 November 2020, Geneva: WTO.

[756] World Trade Organization (WTO) (2020d), "Trade Costs in the Time of Global Pandemic", Information Note, Geneva: WTO.

[757] World Trade Organization (WTO) (2020e), "The TRIPS Agreement and COVID-19", Information Note, Geneva: WTO.

[758] World Trade Organization (WTO) (2020f), "Standards, Regulations and COVID-19 – What Actions Taken by WTO Members?", Information Note, Geneva: WTO.

[759] World Trade Organization (WTO) (2020g), World Trade Report 2020: Government Policies to Promote Innovation in the Digital Age, Geneva: WTO.

[760] World Trade Organization (WTO) (2020h), "How WTO Members Have Used Trade Measures to Expedite Access to COVID-19 Critical Medical

Goods and Services, Information Note, Geneva: WTO.

[761] World Trade Organization (WTO) (2020i), "Brexit, EU's Carbon Border Adjustment Mechanism Take Centre Stage at Market Access Committee", News Item, 16 November 2020, Geneva:WTO.

[762] World Trade Organization (WTO) (2020j), "COVID-19 and Beyond: Trade and Health – Communication from Australia, Brazil, Canada, Chile, The European Union, Japan, Kenya, Republic of Korea, Mexico, New Zealand, Norway, Singapore and Switzerland", WTO Official Document Number WT/GC/223, Geneva: WTO.

[763] World Trade Organization (WTO) (2020k), "Trade in Services in the Context of COVID-19", Information Note, Geneva: WTO.

[764] World Trade Organization (WTO) (2020l), "The Economic Impact of COVID-19 on Women in Vulnerable Sectors and Economies", Information Note, Geneva: WTO.

[765] World Trade Organization (WTO) (2020m), "Overview of Developments in the International Trading Environment: Annual Report by the Director-General (Mid-October 2019 to Mid-October 2020)", WTO Official Document Number WT/TPR/OV/23, Geneva: WTO.

[766] World Trade Organization (WTO) (2020n), "Members to Continue Discussion on Proposal for Temporary IP Waiver in Response to COVID-19", News Item, 10 December 2020, Geneva: WTO.

[767] World Trade Organization (WTO) (2021a), "Informal Working Group on MSMEs: Declaration on Micro, Small and Medium-Sized Enterprises (MSMEs)", WTO Official Document Number INF/MSME/4/Rev.1, Geneva: WTO.

[768] World Trade Organization (WTO) (2021b), "Members Discuss TRIPS Waiver, LDC Transition Period and Green Tech Role for Small Business", News Item, 11 March 2021, Geneva: WTO.

[769] World Trade Organization (WTO) (2021c), "World Trade Primed for Strong

But Uneven Recovery After COVID-19 Pandemic Shock", News Item, 31/03/2021, Geneva: WTO.

[770] World Trade Organization (WTO) (2021d), COVID-19 and World Trade. Available at https://www.wto.org/english/tratop_e/covid19_e/covid19_ e.htm.

[771] World Trade Organization (WTO) (2021e), "WHO, WIPO, WTO Map Out Further Collaboration to Tackle COVID-19 Pandemic", News Item, 24 June 2021, Geneva: WTO.

[772] World Trade Organization (WTO) (WTO 2021f) Trade Monitoring, Geneva: WTO. Available at https://www.wto.org/english/tratop_e/tpr_e/trade_ monitoring_e.htm.

[773] World Trade Organization (WTO) (2021g), COVID-19: Measures Affecting Trade in Goods", Geneva: WTO. Available at: https://www.wto.org/english/ tratop_e/covid19_e/trade_related_goods_measure_e.htm.

[774] World Trade Organization (WTO), Institute of Developing Economies (IDE-JETRO), Organisation for Economic Co-operation and Development (OECD), Research Center of Global Value Chains (RCGVC-UIBE) and World Bank (2019), Global Value Chain Development Report 2019: Technological Innovation, Supply Chain Trade, and Workers in a Globalized World, Geneva: WTO.

[775] World Trade Organization (WTO), Trade Facilitation Agreement Facility (TFAF), International chamber of Commerce (ICC) and Global Alliance for Trade Facilitation (2020), The COVID-19 Crisis and Trade Facilitation: Results of WTO/ICC/Global Alliance Trade Facilitation Survey, Geneva: WTO.

[776] World Trade Organization (WTO) and United Nations Environment Program (UNEP) (2018), Making Trade Work for the Environment, Prosperity and Resilience, Geneva: WTO and UN Environment.

[777] World Trade Organization (WTO) and World Bank (2020), Women and

Trade: The Role of Trade in Promoting Gender Equality, Geneva and Washington, D.C.: WTO and World Bank.

[778] World Travel and Tourism Council (WTTC) (2018), Caribbean Resilience and Recovery: Minimising the Impact of the 2017 Hurricane Season on the Caribbean's Tourism Sector, London:WTTC.

[779] Worldand, J. (2015), "How the Amtrak Crash Is Hurting the U.S. Economy", Time, 14 May 2015.

[780] Yang, S., Fichman P., Zhu, X., Sanfilippo, M., Li, S. and Fleischmann, K. R. (2020), "The Use of ICT During COVID-19", Proceedings of the Association for Information Science and Technology. Association for Information Science and Technology 57(1):e297.

[781] Ye, Y., Zhang, Q., Cao, Z., Chen, F. Y., Yan, H., Stanley, H. E. and Zeng, D. D. (2021), "Impacts of Export Restrictions on the Global Personal Protective Equipment Trade Network During COVID-19", Physics and Society, arXiv:2101.12444.

[782] Yi, K. M. (2009), "The Collapse of Global Trade: The Role of Vertical Specialisation", in Baldwin, R. and Evenett, S. (eds.), The Collapse of Global Trade, Murky Protectionism, and the Crisis: Recommendations for the G20, London: Centre for Economic Policy Research (CEPR).

[783] Yilmazkuday, H. (2019), "Estimating the Trade Elasticity Over Time", Economics Letters 183:108579.

[784] Yu, M. (2010), "Trade, Democracy, and the Gravity Equation", Journal of Development Economics 91(2):289-300.

[785] Zavala-Alcívar, A., Verdecho, M. J. and Alfaro-Saíz, J. J. (2020), "A Conceptual Framework to Manage Resilience and Increase Sustainability in the Supply Chain", Sustainability 12(16):6300.

[786] Zhang, H., Dolan, C., Jing, S. M., Uyimleshi, J. and Dodd, P. J. S. (2019), "Bounce Forward: Economic Recovery in Post-disaster Fukushima", Sustainability 2019, 11(23):6736.

[787] Zhu, L., Ito, K. and Tomiura, E. (2016), "Global Sourcing in the Wake of Disaster: Evidence from the Great East Japan Earthquake", RIETI Discussion Paper Series No. 16-E-089, Tokyo: Research Institute of Economy, Trade and Industry (RIETI).

技术说明

地区和其他经济集团				
北美				
百慕大	加拿大*	墨西哥*	圣皮埃尔岛和密克隆岛	美国*
南美、中美和加勒比				
安奎拉	巴西*	厄瓜多尔*	蒙特塞拉特岛	苏里南*
安提瓜和巴布达*	开曼群岛	萨尔瓦多*	尼加拉瓜*	特立尼达和多巴哥*
阿根廷*	智利*	格林纳达*	巴拿马*	特克斯和凯科斯群岛
阿鲁巴（荷兰属）	哥伦比亚*	危地马拉*	巴拉圭*	乌拉圭*
巴哈马**	哥斯达黎加*	圭亚那*	秘鲁*	委内瑞拉*
巴巴多斯*	古巴*	海地*	圣基茨和尼维斯*	
伯利兹*	库拉索岛	洪都拉斯*	圣卢西亚*	
玻利维亚*	多米尼克*	牙买加*	圣马丁岛	
博内尔岛，圣尤斯达蒂斯和萨巴	多米尼加共和国*	马提尼克岛	圣文森特和格林纳丁斯*	
欧洲				
阿尔巴尼亚*	丹麦*	冰岛*	荷兰*	西班牙*
安道尔**	爱沙尼亚*	爱尔兰*	北马其顿共和国*	瑞典*
奥地利*	芬兰*	意大利*	挪威*	瑞士*
比利时*	法国*	拉脱维亚*	波兰*	土耳其*
波斯尼亚和黑塞哥维那**	德国*	列支敦士登	葡萄牙*	英国*
保加利亚*	直布罗陀	立陶宛*	罗马尼亚*	
克罗地亚*	希腊*	卢森堡*	塞尔维亚**	

塞浦路斯*	格陵兰	马耳他*	斯洛伐克*	
捷克*	匈牙利*	黑山共和国*	斯洛文尼亚*	
独立国家联合体，包括非正式成员国和前成员国				
亚美尼亚*	格鲁吉亚*	摩尔多瓦*	土库曼斯坦	
阿塞拜疆**	哈萨克斯坦*	俄罗斯*	乌克兰*	
白俄罗斯**	吉尔吉斯斯坦*	塔吉克斯坦*	乌兹别克斯坦**	
非洲				
阿尔及利亚**	刚果（布）*	加纳*	毛里求斯*	索马里**
安哥拉*	科特迪瓦*	几内亚*	摩洛哥*	南非*
贝宁*	刚果（金）*	几内亚比绍	莫桑比克*	南苏丹**
博茨瓦纳*	吉布提*	肯尼亚*	纳米比亚*	苏丹**
布基纳法索*	埃及*	莱索托*	尼日尔*	坦桑尼亚*
布隆迪*	赤道几内亚**	利比里亚*	尼日利亚*	多哥*
佛得角*	厄立特里亚	利比亚**	卢旺达*	突尼斯*
喀麦隆*	斯威士兰*	马达加斯加*	圣多美和普林西比**	乌干达*
中非共和国*	埃塞俄比亚**	马拉维*	塞内加尔*	赞比亚*
乍得*	加蓬*	马里	塞舌尔*	津巴布韦*
科摩罗**	冈比亚*	毛里塔尼亚*	塞拉利昂*	
中东				
巴林*	以色列*	黎巴嫩**	沙特*	也门*
伊朗**	约旦*	阿曼*	叙利亚**	
伊拉克**	科威特*	卡塔尔*	阿联酋*	
亚洲				
阿富汗*	关岛	马尔代夫*	巴基斯坦*	东帝汶**
美洲萨摩亚群岛	中国香港*	马绍尔群岛	帕劳	帕克劳群岛

澳大利亚*	印度*	密克罗尼西亚联邦	巴布亚新几内亚*	汤加*
孟加拉国*	印度尼西亚*	蒙古国*	菲律宾*	图瓦卢
不丹**	日本*	缅甸*	皮特凯恩群岛	瓦努阿图*
文莱*	基里巴斯	瑙鲁	萨摩亚*	越南*
柬埔寨*	韩国*	尼泊尔*	新加坡*	瓦利斯和富图纳群岛
中国*	朝鲜	新喀里多尼亚	所罗门群岛*	东帝汶**
库克群岛	老挝*	新西兰*	斯里兰卡*	
斐济*	中国澳门*	纽埃	中国台北*	
法属波利尼西亚	马来西亚*	北马里亚纳群岛邦	泰国*	

区域贸易协定

安第斯共同体

玻利维亚	哥伦比亚	厄瓜多尔	秘鲁

东南亚国家联盟

文莱	印度尼西亚	马来西亚	菲律宾	泰国
柬埔寨	老挝	缅甸	新加坡	越南

中美洲共同市场

哥斯达黎加	萨尔瓦多	危地马拉	洪都拉斯	尼加拉瓜

加勒比共同体

安提瓜和巴布达	伯利兹	圭亚那	蒙特塞拉特	圣文森特和格林纳丁斯
巴哈马	多米尼克	海地	圣基茨和尼维斯	苏里南
巴巴多斯	格林纳达	牙买加	圣卢西亚	特立尼达和多巴哥

中非经济与货币共同体

喀麦隆	乍得	刚果（布）	赤道几内亚	加蓬
中非共和国				

续 表

东南非共同市场				
布隆迪	厄立特里亚	马达加斯加	索马里	津巴布韦
科摩罗	斯威士兰	马拉维	苏丹	
刚果（金）	埃塞俄比亚	毛里求斯	突尼斯	
吉布提	肯尼亚	卢旺达	乌干达	
埃及	利比亚	塞舌尔	赞比亚	
西非国家经济共同体				
贝宁	科特迪瓦	几内亚	马里	塞内加尔
布基纳法索	冈比亚	几内亚比绍	尼日尔	塞拉利昂
佛得角	加纳	利比里亚	尼日利亚	多哥
欧洲自由贸易联盟				
冰岛	列支敦士登	挪威	瑞士	
欧盟				
奥地利	丹麦	匈牙利	马耳他	斯洛文尼亚
比利时	爱沙尼亚	爱尔兰	荷兰	西班牙
保加利亚	芬兰	意大利	波兰	瑞典
克罗地亚	法国	拉脱维亚	葡萄牙	
塞浦路斯	德国	立陶宛	罗马尼亚	
捷克	希腊	卢森堡	斯洛伐克	
海湾阿拉伯国家合作委员会				
巴林	阿曼	卡塔尔	沙特	阿联酋
科威特				
南方共同市场				
阿根廷	巴西	巴拉圭	乌拉圭	委内瑞拉
北美自由贸易协定				
加拿大	墨西哥	美国		

南部非洲发展共同体

安哥拉	斯威士兰	马拉维	纳米比亚	坦桑尼亚
博茨瓦纳	莱索托	毛里求斯	塞舌尔	赞比亚
科摩罗	马达加斯加	莫桑比克	南非	津巴布韦
刚果（金）				

南亚自由贸易协定

阿富汗	不丹	马尔代夫	巴基斯坦	斯里兰卡
孟加拉国	印度	尼泊尔		

西非经济货币联盟

贝宁	科特迪瓦	马里	塞内加尔	多哥
布基纳法索	几内亚比绍	尼日尔		

其他集团

非洲、加勒比和太平洋国家

安哥拉	科特迪瓦	几内亚比绍	纳米比亚	所罗门群岛
安提瓜和巴布达	古巴	圭亚那	瑙鲁	索马里
巴哈马	刚果（金）	海地	尼日尔	南非
巴巴多斯	吉布提	牙买加	尼日利亚	苏丹
伯利兹	多米尼克	肯尼亚	纽埃	苏里南
贝宁	多米尼加	基里巴斯	帕劳	坦桑尼亚
博茨瓦纳	赤道几内亚	莱索托	巴布亚新几内亚	东帝汶
布基纳法索	厄立特里亚	利比里亚	卢旺达	多哥
布隆迪	斯威士兰	马达加斯加	圣基茨和尼维斯	汤加
佛得角	埃塞俄比亚	马拉维	圣卢西亚	特立尼达和多巴哥
喀麦隆	斐济	马里	圣文森特和格林纳丁斯	图瓦卢
中非	加蓬	马绍尔群岛	萨摩亚	乌干达
乍得	冈比亚	毛里塔尼亚	圣多美和普林西比	瓦努阿图

科摩罗	加纳	毛里求斯	塞内加尔	赞比亚
刚果（布）	格林纳达	密克罗尼西亚	塞舌尔	津巴布韦
库克群岛	几内亚	莫桑比克	塞拉利昂	
非洲				
北非				
阿尔及利亚	埃及	利比亚	摩洛哥	突尼斯
撒哈拉以南非洲				
西非				
贝宁	冈比亚	几内亚比绍	毛里塔尼亚	塞内加尔
布基纳法索	加纳	利比里亚	尼日尔	塞拉利昂
佛得角	几内亚	马里	尼日利亚	多哥
科特迪瓦				
中非				
布隆迪	中非共和国	刚果（布）	赤道几内亚	卢旺达
喀麦隆	乍得	刚果（金）	加蓬	圣多美和普林西比
东非				
科摩罗	肯尼亚	马约特岛	塞舌尔	苏丹
吉布提	马达加斯加	留尼汪	索马里	坦桑尼亚
厄立特里亚	毛里求斯	卢旺达	南苏丹	乌干达
埃塞俄比亚				
南非				
安哥拉	斯威士兰	马拉维	纳米比亚	赞比亚
博茨瓦纳	莱索托	莫桑比克	南非	津巴布韦
亚洲				
东亚				
中国	日本	韩国	蒙古国	

中国香港	朝鲜	中国澳门	中国台北	
东南亚				
文莱	老挝	缅甸	新加坡	东帝汶
柬埔寨	马来西亚	菲律宾	泰国	越南
印度尼西亚				
南亚				
阿富汗	不丹	马尔代夫	巴基斯坦	斯里兰卡
孟加拉国	印度	尼泊尔		
大洋洲				
澳大利亚	图瓦卢	基里巴斯	新西兰	所罗门群岛
瑙鲁	斐济	马绍尔群岛	巴布亚新几内亚	汤加
帕劳	印度尼西亚	密克罗尼西亚	萨摩亚	瓦努阿图
亚太经合组织				
澳大利亚	中国香港	墨西哥	俄罗斯	泰国
文莱	印度尼西亚	新西兰	新加坡	美国
加拿大	日本	巴布亚新几内亚	中国台北	越南
智利	韩国	秘鲁		
中国	马来西亚	菲律宾		
金砖国家				
巴西	中国	印度	俄罗斯	南非
二十国集团				
阿根廷	中国	印度	韩国	南非
澳大利亚	欧盟	印度尼西亚	墨西哥	土耳其
巴西	法国	意大利	俄罗斯联邦	英国
加拿大	德国	日本	沙特	美国
最不发达国家				
阿富汗	科摩罗	老挝	尼日尔	东帝汶

安哥拉	刚果（金）	莱索托	卢旺达	多哥
孟加拉国	吉布提	利比里亚	圣多美和普林西比	图瓦卢
贝宁	厄立特里亚	马达加斯加	塞内加尔	乌干达
不丹	埃塞俄比亚	马拉维	塞拉利昂	瓦努阿图
布基纳法索	冈比亚	马里	所罗门群岛	也门
布隆迪	几内亚	毛里塔尼亚	索马里	赞比亚
柬埔寨	几内亚比绍	莫桑比克	南苏丹	
中非共和国	海地	缅甸	苏丹	
乍得	基里巴斯	尼泊尔	坦桑尼亚	
六个东亚贸易体				
中国香港	马来西亚	新加坡	中国台北	泰国
韩国				

　　*：世界贸易组织成员

　　**：观察员政府

　　世界贸易组织成员通常被称为“国家”，尽管有些成员不是传统意义上的国家，而是正式的“关税区”（customs territories）。本报告中对地理分组和其他分组的定义不代表秘书处对任何国家或领土的地位及其边界界定方面的观点，也不暗含对任何世界贸易组织成员在世界贸易组织协定下的权利和义务表达的意见。出版物中标明的地图颜色、边界、名称和分类，并不代表世界贸易组织对任何领土的法律或其他地位做出任何判断，也不代表对任何边界的认可或接受。

　　在本报告中，南美洲和中美洲及加勒比地区被称为中南美洲。

　　荷属阿鲁巴岛，委内瑞拉玻利瓦尔共和国，中国香港特别行政区，大韩民国，以及台湾、澎湖、金门和马祖单独关税区分别采用以下表述：阿鲁巴（荷兰属）、委内瑞拉、中国香港、韩国和中国台北。

　　世界贸易组织没有关于发达成员和发展中成员的定义。本报告中提到的发展中成员和发达成员以及任何其他成员分类，仅出于统计目的，不意味着秘书处对任何国家或领土的地位、其边界的划分以及任何世界贸易组织成员在世界贸易组织协定方面的权利和义务表明立场。

　　《世界贸易报告2021》提供的数据截至2021年9月1日有效。

缩写与符号

ACP   Organisation of African, Caribbean and Pacific States
非洲、加勒比和太平洋地区国家集团

AoA   Agreement on Agriculture 农业协定

APEC   Asia-Pacific Economic Cooperation 亚太经济合作组织

ASEAN   Association of Southeast Asian Nations 东南亚国家联盟

CEMAC   Communauté Economique Monétaire Afrique Centrale
中部非洲经济和货币共同体

COMESA   Common Market for Eastern and Southern Africa
东部和南部非洲共同市场

COVID-19   Corona virus disease 2019 新型冠状病毒肺炎

C-TAP   COVID-19 technology access pool 新冠肺炎技术获取池

DSU   Understanding on Rules and Procedures Governing the
Settlement of Disputes 关于争端解决规则与程序的谅解

EAC   East African Community 东非共同体

EGA   Environmental Goods Agreement 环境产品协定

EIF   enhanced integrated framework 增强综合框架

EM-DAT   emergency events database 紧急事件数据库

FAO   Food and Agriculture Organization of the United Nations
联合国粮食及农业组织

FDI   foreign direct investment 外商直接投资

FTA   Free Trade Agreement 自由贸易协定

GATS   General Agreement on Trade in Services 服务贸易总协定

GATT   General Agreement on Tariffs and Trade 关税与贸易总协定
GDP   gross domestic product 国内生产总值
GHG   greenhouse gas 温室气体
GPA   Government Procurement Agreement 政府采购协定
GVC   global value chain 全球价值链
HS   harmonized system 协调制度
IATA   International Air Transport Association 国际航空运输协会
ICC   International Chamber of Commerce 国际商会
ICT   information and communication technologies
            信息与通信技术
IMF   International Monetary Fund 国际货币基金组织
IP   intellectual property 知识产权
IPR   intellectual property rights 知识产权
LDC   least developed country 最不发达国家
MERCOSUR   Southern Common Market 南方共同市场
MFN   most favoured nation 最惠国
MSME   micro,small and medium-sized enterprise 中小微企业
NGO   non-governmental organizations 非政府组织
OECD   Organization for Economic Co-operation and Development
            经济合作与发展组织
OIE   Office International Des Epizooties 世界动物卫生组织
PPE   personal protective equipment 个人防护设备
QR   quantitative restrictions 数量限制
R&D   research and development 研究与开发
RTA   regional trade agreement 区域贸易协定

SACU   Southern African Customs Uion 南部非洲关税同盟

SCM   subsidies and countervailing measures 补贴与反补贴措施

SPS   sanitary and phytosanitary 实施卫生与植物卫生措施协定

STDF   standards and trade development facility
标准与贸易发展设施

TFA   Trade Facilit Ation 贸易便利化协定

TRIMs   Agreement on Trade-Related Investment Measures
与贸易有关的投资措施协定

TRIPS   Trade-Related Aspects of Intellectual Property Rights
与贸易有关的知识产权协定

UN   United Nations 联合国

UNDRR   United Nations for Disaster Risk Reduction
联合国防灾减灾署

WCO   World Customs Organization 世界海关组织

WHO   World Health Organization 世界卫生组织

WIPO   World Intellectual Property Organization
世界知识产权组织

WTO Agreement   WTO 协定

图、表及专栏目录

第三章　贸易在经济复苏中的作用

● 图

● 表

● 专栏

第四章 国际合作在构建经济韧性中的作用

● 图

● 专栏

世界贸易组织成员

（截至 2021 年 9 月 17 日）

阿富汗	加纳	挪威
阿尔巴尼亚	希腊	阿曼
安哥拉	格林纳达	巴基斯坦
安提瓜和巴布达	危地马拉	巴拿马
阿根廷	几内亚	巴布亚新几内亚
亚美尼亚	几内亚比绍	巴拉圭
澳大利亚	圭亚那	秘鲁
奥地利	海地	菲律宾
巴林	洪都拉斯	波兰
孟加拉国	中国香港	葡萄牙
巴巴多斯	匈牙利	卡塔尔
比利时	冰岛	罗马尼亚
伯利兹	印度	俄罗斯
贝宁	印度尼西亚	卢旺达
玻利维亚	爱尔兰	圣基茨和尼维斯
博兹瓦纳	以色列	圣卢西亚
巴西	意大利	圣文森特和格林纳丁斯
文莱	牙买加	萨摩亚
保加利亚	日本	沙特王国
布基纳法索	约旦	塞内加尔
布隆迪	哈萨克斯坦	塞舌尔
佛得角	肯尼亚	塞拉利昂
柬埔寨	韩国	新加坡
喀麦隆	科威特	斯洛伐克

加拿大	吉尔吉斯斯坦	斯洛文尼亚
中非	老挝	所罗门群岛
乍得	拉脱维亚	南非
智利	莱索托	西班牙
中国	利比里亚	斯里兰卡
哥伦比亚	列支敦士登	苏里南
刚果（布）	立陶宛	瑞典
哥斯达黎加	卢森堡	瑞士
科特迪瓦	中国澳门	中国台北
克罗地亚	马达加斯加	塔吉克斯坦
古巴	马拉维	坦桑尼亚
塞浦路斯	马来西亚	泰国
捷克	马尔代夫	北马其顿共和国
刚果（金）	马里	多哥
丹麦	马耳他	汤加
吉布提	毛里塔尼亚	特立尼达和多巴哥
多米尼克	毛里求斯	突尼斯
多米尼加	墨西哥	土耳其
厄瓜多尔	摩尔多瓦	乌干达
埃及	蒙古国	乌克兰
萨尔瓦多	黑山	阿联酋
爱沙尼亚	摩洛哥	英国
斯威士兰	莫桑比克	美国
欧盟	缅甸	乌拉圭
斐济	纳米比亚	瓦努阿图
芬兰	尼泊尔	委内瑞拉

续　表

法国	荷兰	越南
加蓬	新西兰	也门
冈比亚	尼加拉瓜	赞比亚
格鲁吉亚	尼日尔	津巴布韦
德国	尼日利亚	

历年《世界贸易报告》一览

• 2020——数字时代政府政策推动创新

近年来，越来越多的政府采取了旨在支持向数字经济转型的政策。《世界贸易报告2020》探讨了这些政策趋势以及国际贸易和世贸组织如何与之相适应。

• 2019——服务贸易的未来

服务业已成为全球贸易中最动态的组成部分，但服务业对全球贸易的贡献程度并未被充分了解。《世界贸易报告2019》试图弥补这一点，审视了服务贸易的演变及为何服务业非常重要。

• 2018——数字技术如何改变全球商务

《世界贸易报告2018》研究了数字技术，尤其是物联网、人工智能、3D打印和区块链将如何影响贸易成本、交易内容的性质和贸易构成。报告对未来15年这些技术对全球贸易可能产生的影响进行了预测。

• 2017——贸易、技术和就业

《世界贸易报告2017》研究了技术和贸易将如何影响劳动关系和薪资。它从以下三方面进行了分析：劳工面临的挑战、公司为应对劳动力市场变化所作的调整和政府为确保贸易和技术的包容性该如何协助此种调整。

• 2016——为中小企业提供公平贸易平台

《世界贸易报告2016》考察了中小企业参与国际贸易的情况。它着眼于中小企业的国际贸易格局如何变化，以及多边贸易体制为鼓励中小企业参与全球市场所做的和可做的事情。

• 2015——《贸易便利化协定》的收益与挑战

世界贸易组织成员在2013年12月部长级会议上通过的世界贸易组织《贸易便利化协定》（TFA）是自1995年世贸组织成立以来缔结的第一个多边贸易协定。《世界贸易报告2015》是在对最终协定文本进行全面分析的基础上，首次对《贸易便利化协定》的潜在影响进行详细研究的报告。

• 2014——贸易和发展：最近的趋势和世界贸易组织的作用

《世界贸易报告2014》着眼于千禧年以来改变贸易与发展之间关系的四大趋势：发展中经济体的经济崛起、全球生产通过供应链的日益一体化、农产品和自然资源价格的上涨和世界经济日益相互依赖。

• 2013——影响未来世界贸易的因素

《世界贸易报告2013》着眼于过去影响全球贸易的因素，并回顾了人口变化、投资、技术进步、运输和能源/自然资源部门的发展以及与贸易有关的政策和制度如何影响国际贸易。

• 2012——贸易和公共政策：21世纪的非关税措施探析

针对货物和服务贸易的监管措施为21世纪的国际合作所带来的挑战，《世界贸易报告2012》探讨了政府为何采用非关税措施和服务措施以及这些措施对国际贸易可能产生多大程度的影响。

• 2011——世贸组织与优惠贸易协定：从共存到共融

优惠贸易协定（PTA）数量的不断增加是国际贸易发展的一个突出特点。《世界贸易报告2011》介绍了优惠贸易协定的历史发展和当前的协定格局。报告考察了建立优惠贸易协定的原因、优惠贸易协定的经济影响、协定本身的内容以及优惠贸易协定与多边贸易体制之间的相互作用。

• 2010——自然资源贸易

《世界贸易报告2010》侧重于关注燃料、林业、矿业和渔业等自然资源贸易情况。报告分析了自然资源贸易的特点、政府的政策选择以及国际合作，特别是世贸组织对于实现能源行业科学管理的重要作用。

• 2009——贸易政策承诺和应急措施

《世界贸易报告2009》审查了贸易协定中可采取的应急措施的范围及其作用。本报告的一个重要目标是分析世贸组织的相关规定能否为成员提供一种平衡，既为其应对经济困境提供必要的灵活性，同时又通过充分定义这些措施，以限制其用于保护主义目的。

• 2008——全球化世界的贸易

《世界贸易报告2008》提醒我们从国际贸易中得到了什么，并强调深层次融合带来的挑战。报告回答了一些问题，即什么构成了全球化、什么驱动了全球化进程、全球化带来了什么收益与挑战，以及贸易在这个相互依赖逐步增强的世界中起到了什么作用等。

• 2007——多边贸易体制60年：成就与挑战

2008年1月1日，多边贸易体制庆祝成立60周年。《世界贸易报告2007》深入探讨了《关税与贸易总协定》（GATT）及其后续的世贸组织的相关内容，即它们的起源、成就、面临的挑战以及未来的发展，以庆祝这一具有里程碑意义的周年纪念日。

• 2006——探索补贴、贸易与世贸组织的关系

《世界贸易报告2006》探讨了如何定义补贴、什么经济理论可以帮助我们理解补贴、为何政府使用补贴、补贴应用最多的部门以及世贸组织协定在管制国际贸易补贴中起到的作用。本报告还就某些特定贸易问题提供了简要的分析性评论。

• 2005——贸易、标准与世贸组织

《世界贸易报告2005》分析了制定统一标准的多种作用及其影响，重点关注国际贸易标准的经济性、标准制定和合格评定的制度设计，以及世贸组织协定在使标准的政策性应用与一个公开的非歧视的贸易体系相协调方面的作用。

• 2004——政策一致性

《世界贸易报告2004》关注分析相互依赖的政策的一致性概念：贸易与宏观经济政策之间的相互关系、基础设施在贸易和经济发展中的作用、国内市场结构、管理与制度，以及加强国际合作在促进政策一致性方面的作用。

• 2003——贸易和发展

《世界贸易报告2003》关注发展问题。它解释了这个问题的起源，并提供了一个解决贸易与发展之间关系问题的分析框架，从而有助于进行更为深刻的探讨。